VOM POL ZUM ÄQUATOR

Die
abenteuerlichen
Reisen der
großen Entdecker
und
Eroberer

Reader's Digest

DEUTSCHLAND · SCHWEIZ · ÖSTERREICH

Henry M. Stanley

Wie ich Livingstone fand

Die legendäre
Suchexpedition
in die Wildnis
Afrikas

Einleitung

Im Jahre 1869 erhielt der junge Journalist Henry Morton Stanley vom Herausgeber des New York Herald *den Auftrag, ins ferne Afrika zu reisen, um dort den verschollenen Missionar und Entdecker David Livingstone zu suchen – ein scheinbar hoffnungsloses Unterfangen.*

Weshalb nahm die Weltöffentlichkeit solchen Anteil am Verschwinden des Dr. Livingstone? Was hatte es mit diesem Mann auf sich, dessen Name in aller Welt zum Mythos geworden war und für dessen Wiederauffinden Henry Morton Stanleys Expedition unmenschliche Strapazen auf sich nahm?

Nichts an Livingstones Herkunft deutete auf das abenteuerliche Leben hin, das er einmal führen würde. Am 19. März 1813 wurde er in ärmlichen Verhältnissen in Schottland geboren und bereits mit zehn Jahren für zwölf Stunden täglich in die Baumwollspinnerei geschickt. Damit er die Abendschule absolvieren konnte, stellte Livingstone ein Lehrbuch auf die Maschinen und warf so oft wie möglich einen Blick hinein. Mit 17 Jahren besuchte er die Universität und studierte Medizin, Theologie und Griechisch. In dieser Zeit erwachte in ihm auch der Wunsch, Missionar zu werden.

Erste Pläne, nach China zu gehen, scheiterten, doch ein Vortrag des Missionars Robert Moffat brachte Livingstone auf den Gedanken, nach Afrika zu reisen – ein bis dahin weitgehend unerforschter, geheimnisvoller Kontinent. Somit wurde er 1844, im Alter von 31 Jahren, von der Missionsgesellschaft nach Südafrika geschickt.

Durch sein Interesse für die Eingeborenen unterschied sich Livingstone sehr von seinen Zeitgenossen. Er war bestrebt, ihre Lebensweise kennen und verstehen zu lernen, zudem gewann er durch seine medizinischen Kenntnisse ihr Vertrauen. Er brachte ihnen Sympathie und Verständnis entgegen und wurde später zu einem engagierten Kämpfer gegen die Sklaverei.

Das vorrangige Ziel seiner Expeditionen ins unbekannte Zentralafrika war immer die Verbreitung des Glaubens, doch bald erwachte in ihm die Entdeckerfreude: Livingstone war der erste Europäer, der den Schwarzen Kontinent von Ost nach West durchquerte. Dabei fand er unter anderem die Victoriafälle, die einzige Entdeckung, der er keinen afrikanischen Namen gab.

Als Livingstone, inzwischen verheiratet mit der Tochter Moffats, 1856 für zwei Jahre nach England zurückkehrte, war er ein berühmter Mann. Er veröffentlichte seine Abenteuer unter dem Titel „Missionsreisen und Forschungen in Südafrika", und das Buch wurde zum Bestseller. Trotz der Bewunderung, die ihm in England entgegengebracht, und trotz der Ehrungen, mit denen er überhäuft wurde, zog es Livingstone nach Afrika zurück. Seine Reisen unternahm er von nun an nicht mehr im Auftrag der Missionsgesellschaft – der seine Entdeckerfreude ein Dorn im Auge war –, sondern im Auftrag der zahlungskräftigen englischen Regierung.

Auf der Suche nach den Nilquellen starb Livingstone 1873 an der Ruhr. Sein Leichnam wurde nach England überführt und in der Westminster Abbey in London beigesetzt. Sein Herz wurde jedoch in Afrika begraben.

Während seiner dreißig Jahre währenden Entdeckertätigkeit hatte Livingstone mehr für die Erforschung Afrikas getan als jeder andere zuvor. Seine interessierte und aufgeschlossene Art des Reisens wurde nicht nur für Stanley zum Vorbild, sondern auch für die vielen weiteren Wissenschaftler, die nach Livingstone kommen sollten.

WIE ALLES BEGANN

Am 16. Oktober 1869 war ich von den Kämpfen bei Valencia soeben in Madrid angekommen. Um zehn Uhr vormittags überreicht man mir dort ein Telegramm, welches lautet: „Kommen Sie wegen einer dringenden Angelegenheit sofort nach Paris."

Absender des Telegramms ist James Gordon Bennett jun., der junge Direktor des *New York Herald*.

Schleunigst packe ich meine Bücher und Andenken in meine Koffer, meine gewaschene, aber teilweise noch nicht getrocknete Kleidung wird hastig zusammengerafft, und nach ein paar Stunden eiliger und angestrengter Arbeit ist mein Gepäck geschnürt und nach Paris aufgegeben.

Der Eilzug nach Hendaye verlässt Madrid um drei Uhr nachmittags; ich habe also noch Zeit, meinen Freunden Lebewohl zu sagen. Einer von ihnen ist Korrespondent für verschiedene Londoner Tageszeitungen. Er wohnt in Nr. 6 Calle Chova im vierten Stock und hat mehrere Kinder, die eine wahre Freude sind. Ich habe mich mit den beiden Kleinen, Charlie und Willie, sehr schnell angefreundet; sie hören sehr gern von meinen Abenteuern, und es war mir immer ein Vergnügen, ihnen etwas zu erzählen, jetzt aber muss ich ihnen Lebewohl sagen.

Wie oft habe ich während meines aufregenden Lebens als reisender Journalist denselben Schmerz beim Scheiden von ebenso lieben Freunden empfunden.

Aber ein Journalist wie ich muss lernen, solche Dinge zu ertragen. Wie ein Gladiator in der Arena muss er stets zum Kampf bereit sein; wenn er feige zurückweicht, ist er verloren. So, wie der Gladiator keine andere Wahl hat, als sich dem gezückten Schwert zu stellen, das gegen ihn gerichtet ist, so muss der Reisekorrespondent dem Befehl gehorchen, der ihn seinem Verhängnis entgegenschicken kann.

In Paris kam ich erst in der folgenden Nacht an. Ich begab mich direkt ins Grand Hotel und klopfte an Mr Bennetts Zimmertür.

„Herein!", rief eine Stimme.

Bei meinem Eintritt fand ich Mr Bennett im Bett.

„Wer sind Sie?", fragte er.

„Mein Name ist Stanley", antwortete ich.

„Ach ja! Nehmen Sie Platz. Ich habe einen wichtigen Auftrag für Sie."

Nachdem er sich seinen Schlafrock umgeworfen hatte, fragte mich Mr Bennett: „Wo hält sich Livingstone auf? Was glauben Sie?"

„Das weiß ich wirklich nicht."

„Glauben Sie, dass er noch lebt?"

„Kann sein, kann aber auch nicht sein", antwortete ich.

„Ich glaube, er ist noch am Leben und man kann ihn finden, und ich will Sie ausschicken, um ihn ausfindig zu machen."

„Wie?", fragte ich. „Sie meinen wirklich, dass ich imstande sei, Dr. Livingstone zu finden? Wollen Sie damit sagen, dass ich nach Zentralafrika gehen soll?"

„Genau das meine ich. Sie sollen hinfahren und ihn dort suchen, wo auch immer Sie vermuten, dass er sich aufhalten könnte. Weiterhin sollen Sie alle Nachrichten, deren Sie habhaft werden, über ihn sammeln. Und vielleicht", fügte er in nachdenklichem Ton hinzu, „ist der alte Mann in Not. Nehmen Sie genug mit sich, um ihm gegebenenfalls in jeder Form Beistand leisten zu können. Natürlich werden Sie nach eigenem Gutdünken vorgehen und das tun, was Sie für das Beste halten, aber – finden Sie Livingstone!"

Völlig verblüfft über die Kaltblütigkeit, mit der Mr Bennett jemanden ins weitgehend unerforschte Innere Afrikas schicken wollte, um einen Mann ausfindig zu machen, den ich wie fast die ganze übrige Welt für tot hielt, fragte ich: „Haben Sie auch ernsthaft die enormen Geldaufwendungen bedacht, die so eine kleine Expedition für Sie bedeutet?"

„Was wird es kosten?", fragte er kurz.

„Burtons und Spekes Expedition nach Zentralafrika hat zwischen

James Gordon Bennett

dreitausend und fünftausend Pfund Sterling gekostet, und ich denke, man kann die Reise nicht für weniger als zweieinhalbtausend Pfund machen."

„Gut, dann will ich Ihnen sagen, was zu tun ist. Erheben Sie zunächst tausend Pfund, und wenn Sie diese verbraucht haben, ziehen Sie erneut einen Wechsel über tausend Pfund, und wenn diese verausgabt sind, abermals tausend Pfund, und wenn Sie damit zu Ende sind, noch tausend Pfund und so weiter, aber – finden Sie Livingstone!"

Erstaunt, aber nicht irregemacht durch diese Anweisungen – ich wusste, dass Mr Bennett nicht leicht von seinem Plan abging, wenn er sich einmal zu etwas entschlossen hatte –, meinte ich doch, dass er noch nicht völlig die Gründe und Gegengründe dieses Riesenunternehmens bei sich erwogen habe, und sagte: „Ich habe gehört, dass Sie den *Herald* verkaufen und sich vom Geschäft zurückziehen wollen, wenn Ihr Herr Vater stirbt."

„Wer Ihnen das gesagt hat, hat Ihnen etwas Falsches berichtet, denn es gibt gar nicht genug Geld in New York, um den *New York Herald* zu kaufen. Mein Vater hat ihn zu einem großen Nachrichtenblatt gemacht, aber ich gedenke, ihn noch bedeutend zu vergrößern. Ich wünsche, dass er Neuigkeiten in dem wahren Sinne des Wortes bringen soll, und zwar alles, was die Welt interessiert, gleichviel, was das kosten möge."

Ich erwiderte ihm: „Wenn dem so ist, habe ich nichts weiter hinzuzufügen. – Wollen Sie, dass ich direkt nach Afrika reise, um Dr. Livingstone zu suchen?"

„Nein; ich wünsche, dass Sie sich zuerst zur Einweihung des Sueskanals begeben und dann den Nil hinauffahren. Und wenn Sie dort unterwegs sind, beschreiben Sie möglichst genau alles, was für Touristen von Interesse ist. Schreiben Sie einen Führer, einen recht praktischen, für Unterägypten, in dem Sie uns alles berichten, was es dort Sehenswertes gibt und wie man es anstellt, an diese Stätten zu gelangen. Dann können Sie sich nach Livingstone umschauen. Vermutlich werden Sie bis dahin gehört haben, dass er sich auf dem Rückweg nach Sansibar befindet, wenn nicht, so dringen Sie ins Innere vor und suchen ihn dort. Wenn er am Leben ist, versuchen Sie, von ihm so viel wie möglich über seine Entdeckungen in Erfahrung zu bringen, und wenn er tot ist, versuchen Sie aller möglichen Beweise für seinen Tod habhaft zu werden. Das ist alles. Gute Nacht, und Gott sei mit Ihnen!"

„Gute Nacht", sagte ich, „ich will alles tun, was immer menschenmöglich ist."

WAS MEINE Reisen anbelangt, bevor ich nach Ostafrika gelangte, so will ich darauf nicht näher eingehen, weil sie den Leser nicht interessieren. Sie haben mich durch viele Länder geführt, aber dieses Buch ist nur eine Beschreibung der Expedition, auf welcher ich Livingstone, den großen Afrikareisenden, suchte.

Am 12. Oktober 1870 fuhr ich auf der *Polly* nach Mauritius. Da die *Polly* ein langsames Schiff war, dauerte die Überfahrt 37 Tage. An Bord befand sich ein gewisser William Lawrence Farquhar aus Leith in Schottland als Erster Offizier. Er war ein ausgezeichneter Schiffer, und da ich meinte, dass er mir von Nutzen sein könnte, nahm ich ihn in Dienst unter der Bedingung, dass er seinen Sold von dem Tag an bekommen solle, an dem wir von Sansibar aus nach Bagamoyo abfahren würden. Da sich keine Gelegenheit ergab, von Mauritius aus direkt nach Sansibar zu fahren, nahmen wir ein Schiff zu den Seychellen. Drei oder vier Tage nach meiner Ankunft in Mahé, einer Insel der Seychellen, hatte ich das Glück, auf einem amerikanischen Walfangschiff mit William Lawrence Farquhar und Selim, einem arabischen Christenknaben aus Jerusalem, der als Dolmetscher fungieren sollte, nach Sansibar zu segeln, wo wir am 26. Januar 1871 ankamen.

Noch ein Wort vorweg: An vielen Stellen in diesem Buch werde ich mich des Begriffs „Soldaten" bedienen. Die bewaffnete Begleitung, welche ein Reisender in Sold nimmt, um ins Innere Afrikas ziehen zu können, besteht aus freien Schwarzen, Eingeborenen aus Sansibar, oder befreiten Sklaven aus Innerafrika, welche sich „Askari" nennen, ein indisches Wort, das übersetzt „Soldaten" bedeutet. Sie sind wie Soldaten bewaffnet und ausgerüstet, obgleich sie sich auch als Dienstboten verdingen.

Aber es wäre bei weitem anmaßender von mir, sie Bedienstete statt Soldaten zu nennen. Und da ich es mir angewöhnt hatte, die Mitglieder der bewaffneten Eskorte im Unterschied zu den reinen Dienern (den Matuma) „Soldaten" zu nennen, so konnte ich mir das nicht mehr abgewöhnen; deshalb habe ich den Ausdruck „Soldaten" stehen lassen, schicke jedoch dieses Wort der Entschuldigung voran.

Auch habe ich vielleicht das persönliche Fürwort der ersten Person Singular „ich" häufiger gebraucht, als die Bescheidenheit es eigentlich gestattet, aber man darf nicht vergessen, dass ich eine Erzählung meiner eigenen Abenteuer und Reisen schreibe und dass ich annehme, dass das größte Interesse bis zu dem Punkt, wo ich mit Livingstone zusammenkomme, sich an mich, meine Märsche, meine Schwierigkeiten, meine

Gedanken und Eindrücke knüpft. Trotzdem folgt aus der Tatsache, dass ich hin und wieder von meiner Expedition oder meiner Karawane spreche, keineswegs, dass ich mir ein Besitzrecht daran anmaße. Denn ich bemerke ausdrücklich, dass es die Expedition des *New York Herald* ist, dass mir nur die Kommandogewalt über dieselbe von Mr James Gordon Bennett, dem Besitzer des *New York Herald*, übertragen worden ist und ich meinerseits von diesem Herrn besoldet worden bin.

Ich habe mich dafür entschieden, die Darstellung meiner Reise in Form einer Erzählung wiederzugeben, weil mir dies anschaulicher und lebendiger zu sein scheint als die Form des Tagebuches. Außerdem glaube ich, dadurch Wiederholungen zu vermeiden, ein großer Fehler, den man vielen Reisenden zum Vorwurf macht.

Nach diesen Erläuterungen halte ich es nicht für nötig, noch irgendetwas darüber Hinausgehendes in der Einleitung zu sagen, und beginne daher meine Erzählung.

London,
8, Duchess Street, Portland Place,
Oktober 1872

Henry M. Stanley

ERSTES KAPITEL

Eine der fruchtbarsten Inseln des Indischen Ozeans ist Sansibar. Als ich mich anschickte, die Expedition des *New York Herald* in das unbekannte Herz Afrikas zu führen, war meine vage Vorstellung von der Insel die, dass sie nichts anderes als eine große Sandbank oder ein Stückchen vom Meer umgebene Sahara sei, in der sich ein paar mäßig große Oasen befänden und in der die Cholera, das Fieber und andere namenlose, aber schreckliche Krankheiten zu wüten pflegten. Ich glaubte, sie sei von unwissenden Schwarzen mit dicken Lippen bewohnt, die von einem despotischen, griesgrämigen Araber beherrscht würden.

Es war am frühen Morgen, als wir durch die Meerenge segelten, welche Sansibar von Afrika trennt. Im Morgengrauen wurden die Höhen des Festlandes gleich langen Schatten sichtbar; die Insel lag in einer Entfernung von nur sieben Kilometern zur Linken vor uns und trat mit dem vorrückenden Tag aus den sie umhüllenden Nebeln allmählich hervor, bis sie endlich deutlich in Sicht war und so schön aussah wie das schönste Kleinod der Schöpfung. Sie schien niedrig, aber nicht flach zu sein, hin und wieder sah ich sanfte Höhen, die sich über den anmutigen Wipfeln der Kokospalmen erhoben, welche sich längs der Insel hinzogen. Auch wurden diese Höhen in angenehmer Weise durch Talsenkungen unterbrochen, wo diejenigen, die Schutz vor der heißen Sonne suchten, Kühlung finden konnten. Mit Ausnahme des schmalen Sandstreifens, über den das blaugrüne Wasser in beständigem Gemurmel dahinrollte, schien die Insel ganz in Grün gehüllt.

Auf dem herrlichen Spiegel der Meerenge befanden sich mehrere Dauen, arabische Zweimaster, die rasch mit schwellenden Segeln der Bai von Sansibar zueilten oder dieselbe verließen. Über dem Horizont des

Meeres erschienen nach Süden zu die nackten Masten einiger großer Schiffe und östlich von diesen eine dicht gedrängte Menge weißer Häuser mit flachen Dächern. Dies war Sansibar, die Hauptstadt der Insel, welche sich bald als eine ziemlich große, eng bebaute Stadt enthüllte, an der man alle charakteristischen Merkmale der arabischen Baukunst erkennen konnte. Über einigen der größten Häuser, die sich an der Seeseite der Stadt hinzogen, flatterten das blutrote Banner des Sultans Said Bargasch und die Flaggen der amerikanischen, englischen, norddeutschen und französischen Konsulate.

Mit aufrichtiger Höflichkeit und Gastfreundlichkeit empfing mich der nordamerikanische Konsul Kapitän Francis R. Webb (der früher in der nordamerikanischen Flotte gedient hatte). Hätte dieser Herr mir nicht so willkommene Dienste erwiesen, wäre ich gezwungen gewesen, mein amerikanisches Doppelzelt auf dem Strand dieser tropischen Insel aufzuschlagen, was keineswegs wünschenswert gewesen wäre.

Aber Kapitän Webbs sehr gelegen kommendes Angebot, sein bequemes, komfortables Haus zu dem meinigen zu machen, mich gemütlich einzurichten und mir alles zur Verfügung zu stellen, dessen ich bedurfte, beseitigte alle Unannehmlichkeiten.

Ein Tag in Sansibar brachte mir meine Unwissenheit in Bezug auf das Volk und die Dinge des alltäglichen Lebens in Afrika vollauf zum Bewusstsein.

Ich spazierte durch die Stadt und verschaffte mir allgemeine Eindrücke. Ich sah gekrümmte, enge Gassen, weiß getünchte Häuser und mit Mörtel gepflasterte Straßen – in den reinlichen Stadtvierteln. In dem Teil, den ich das Banianenviertel nennen will, erblickte ich auf jeder Seite sehr vertiefte Alkoven, vor denen rot beturbante Banianen saßen, und im Hintergrund dünne Baumwollstoffe, Kalikogewebe, bedruckte Stoffbahnen und dergleichen mehr. Auf den Fluren lagen Elfenbeinzähne dicht gedrängt; in dunklen Ecken Haufen von ungereinigter, loser Baumwolle, Vorräte von Steingut, Nägeln, billigen Eisenwaren und Werkzeugen. Im Negerquartier rochen die Straßen sehr übel nach den gelben und schwarzen Bewohnern, welche mit ihren Wollköpfen vor den Türen ihrer elenden Hütten schwatzend, lachend, feilschend und keifend saßen. Der Geruch war ein Gemisch von Häuten, Teer, Schmutz, verrottendem Obst und Gemüse, Exkrementen und so weiter.

Ich sah Straßen, die von solide aussehenden Häusern mit flachen Dächern gesäumt wurden, mit großen, geschnitzten Türen und Messingklopfern, vor denen Sklaven mit übereinander geschlagenen Beinen saßen und die Eingänge zu den Häusern ihrer Herren bewachten: Eine seichte Meeresbucht, auf der sich Dauen, Nachen, Boote und ein paar vereinzelte Bugsierdampfer befanden, welche auf dem von der Ebbe zurückgelassenen Schlammmeer seitlich übergeneigt dalagen. Ich sah einen Ort, der *Nasi-Moja* heißt, wohin sich die Europäer des Abends mit langsamen Schritten, fast wie Sterbende, begeben, um die liebliche Luft einzuatmen, die, wenn die rote Sonne im Westen untergeht, von der See ausströmt. Ich sah noch viele andere Dinge, die sich so ineinander wirrten, dass ich zu Bett gehen musste, wenn ich imstande bleiben wollte, die sich verschiebenden Bilder auseinander zu halten und das Arabische vom Afrikanischen, dies vom Banianischen, dieses wieder vom Hindustanischen und Letzteres endlich vom Europäischen zu unterscheiden.

Sansibar ist das Bagdad, das Isfahan oder Istanbul, wie man will, von Ostafrika. Es ist der große Markt, welcher die Elfenbeinhändler aus dem Inneren Afrikas anlockt. Dahin kommen das Kopalharz, die Häute, das Bauholz und die schwarzen Sklaven Afrikas. Bagdad hat große Seidenbasare, Sansibar Elfenbeinmagazine; Bagdad hat einst mit Juwelen gehandelt, Sansibar handelt mit Kopalharz. Istanbul ist der Umschlagplatz für tscherkessische und georgische Sklaven, Sansibar importiert schwarze Schönheiten vom benachbarten Festland.

Dieselbe Art des Handels herrscht hier wie in allen mohammedanischen Ländern vor, ja, es ist dieselbe, wie sie lange vor der Geburt Moses' existiert hat. Der Araber ist unveränderlich, er hat die Sitten seiner Vorfahren mitgebracht, als er auf diese Insel kam, er ist hier ebenso sehr Araber wie in Maskat oder Bagdad. Wohin er auch geht, bringt er seinen Harem, seine Religion, sein langes Gewand, sein Hemd, seine Pantoffeln und seinen Dolch mit sich. Wenn er ins Innere von Afrika

vordringt, so vermag aller Spott der Schwarzen nicht, seine Lebensweise zu verändern. Dennoch ist Sansibar nicht orientalisch geworden, der Araber ist nicht imstande gewesen, der Insel seinen Stempel nachhaltig aufzudrücken. Land und Landschaft sind eher afrikanisch geprägt, die Stadt wirkt nur teilweise arabisch.

Dem Neuankömmling erscheinen die Maskat-Araber von Sansibar im höchsten Grade interessant. Sie haben eine gewisse Geschäftigkeit

Sansibar

an sich, die man bewundern muss. Die meisten kommen als Handelsreisende. Oft schon haben sie sich in gefahrvollen Lagen befunden, die sie meistern mussten, wenn sie in Zentralafrika vordrangen, um das kostbare Elfenbein zu bekommen, und dies sowie ihre reichen Erfahrungen haben ihrem Gesicht einen gewissen unverkennbaren Zug von Selbstvertrauen und Selbstgenügsamkeit gegeben, sie haben etwas Ruhiges, Entschlossenes, Trotziges, Unabhängiges an sich, was jedem unbewusst Respekt abnötigt. Die Erzählungen einiger dieser Leute könnten meines Erachtens viele Bände spannender Abenteuer füllen.

Der aus Indien eingewanderte Baniane ist ein geborener Handelsmann, der Idealtypus eines schlauen, Geld verdienenden Menschen. Das Geld fließt ihm so natürlich in die Tasche wie das Wasser von einer Höhe hinab, und nie werden Gewissensbisse ihn daran hindern, seinen Mitmenschen zu betrügen. Er übertrifft den Juden, und sein einziger ebenbürtiger Konkurrent auf dem Markt ist der Perser. Der Araber ist dagegen wie ein Kind. Es ist Geldes wert zu beobachten, wie der Baniane mit aller Energie der Seele und des Leibes daran arbeitet, den Eingeborenen selbst um die allerkleinste Geldsumme zu übervorteilen. Hat zum Beispiel der Eingeborene einen Elfenbeinzahn, der drei bis vier Frasilehs wiegt, die Waage zeigt auch das Gewicht von ungefähr einem Zentner richtig an, und der Eingeborene versichert aufs Feierlichste, dass das Gewicht mehr als drei Frasilehs betragen müsse, so wird unser Baniane auf alle mögliche Weise behaupten und schwören, dass der Eingeborene nichts davon verstehe und dass die Waage falsch austariert sei. Er nimmt seine ganze Kraft zusammen, um den Zahn hochzuheben. „Er ist ja so leicht, er wiegt noch nicht mal ein Frasileh. Komm", sagt er, „Knicker, nimm das Geld, das ich dir gebe, und geh deiner Wege. Bist du verrückt?"

Wenn der Eingeborene zaudert, so pflegt der Baniane vor Wut laut aufzuschreien, er schiebt ihn weg, stößt das Elfenbein mit verächtlicher Gleichgültigkeit mit dem Fuß fort, kurz, nirgends wird solch ein Lärm um nichts gemacht. Obgleich er nun dem erstaunten Eingeborenen befiehlt, sich zu trollen, so beabsichtigt er dennoch keineswegs, sich dieses Geschäft entgehen zu lassen. Von allen Klassen und Volksgruppen üben die aus Indien stammenden Banianen den größten Einfluss auf den Handel mit Zentralafrika aus.

Auf die Banianen folgen in Sansibar, was die Machtstellung betrifft, die mohammedanischen Hindu. Eine Zeit lang war ich wirklich im Zweifel, ob die Hindu nicht ebenso arg im Handel betrügen wie die Banianen, und wenn ich den Letzteren die Palme gereicht habe, so ist das nur mit Widerstreben geschehen. Dieser Stamm der Inder erzeugt Massen gewissenloser Schurken, während er kaum einen ehrlichen Kaufmann aufzuweisen hat.

Einer der anständigsten Menschen von allen, ob weiß oder schwarz, ob rot oder gelb, ist ein mohammedanischer Hindu namens Tarja Topan. Unter den Europäern in Sansibar ist er durch seine Ehrlichkeit und strenge Rechtschaffenheit im Geschäft sprichwörtlich geworden. Er ist sehr reich, besitzt mehrere Schiffe und Dauen und nimmt eine hervorragende Stellung im Rat von Said Bargasch ein. Tarja hat viele Kinder, darunter zwei oder drei erwachsene Söhne, die er ganz nach seinem Vorbild erzogen hat. Aber Tarja steht nur für eine sehr, sehr kleine Minderheit.

Die Araber, die Banianen und die mohammedanischen Hindu bilden die höheren und mittleren Klassen der Bevölkerung. Sie sind im Besitz der Landgüter, der Schiffe und der Handelshäuser; vor ihnen beugen sich die Mischlinge und die Schwarzen.

Nach diesen ist das bedeutendste Volk, welches zur gemischten Bevölkerung dieser Insel beiträgt, das der Neger. Sie bestehen aus den eingeborenen Suaheli, Somali, Komoranen, Unjamwesi und einer Anzahl Repräsentanten der verschiedenen Stämme von Innerafrika.

Für einen weißen Fremdling, der im Begriff steht, ins Innere von Afrika vorzudringen, ist ein Spaziergang durch die Wohnquartiere der Unjamwesi und Suaheli höchst interessant; denn hier lernt man, dass die schwarzen Menschen sind wie unsereins, obgleich von anderer Hautfarbe; dass sie Leidenschaften und Vorurteile, Sympathien und Antipathien, Geschmacksrichtungen und Empfindungen haben wie alle anderen Menschen. Je eher man diese Tatsache einsieht und sich nach ihr richtet, umso leichter wird einem die Reise unter den verschiedenen Stämmen des Innern werden; je anpassungsfähiger man von Natur ist, umso gedeihlicher werden die Reisen ausfallen.

Die Schwarzen der Insel bilden ungefähr zwei Drittel der gesamten Bevölkerung; sie sind die arbeitenden Klassen, gleichgültig, ob als Sklaven oder als Freie. Die Sklaven verrichten die Arbeit auf den Plantagen, auf den Landgütern und in den Gärten der Gutsbesitzer oder dienen als Hamals oder Lastträger in der Stadt genauso wie auf dem Land. Auf dem Land sieht man sie mit sehr großen Lasten auf dem Kopf ganz zufrieden und heiter, nicht etwa, weil sie freundlich behandelt werden oder leichte Arbeit haben, sondern weil sie ihrer Natur nach heiter und leichten Herzens sind, weil sie weder Vergnügungen noch Hoffnungen haben, die sie nicht nach Belieben befriedigen können, und keinem Ehrgeiz frönen, dem sie nicht Genüge tun können, daher auch in ihren Hoffnungen nicht getäuscht worden sind.

In der Stadt hört man zu allen Stunden Negerhamals, die mit dem Transport von Säcken mit Gewürz, Warenkisten und dergleichen beschäftigt sind, zu zweien vom Magazin zu der Wassertreppe und von dort zum Strand gehen und dabei eine Art monotone Melodie singen, durch die sie sich gegenseitig aufmuntern und nach der sie marschieren, wenn sie sich barfuß durch die Straßen bewegen. Man kann diese Leute in kurzer Zeit leicht als alte Bekannte an der Konsequenz erkennen, mit welcher sie ihre Melodien singen. Mehrmals am Tag habe ich dasselbe Paar unter den Fenstern des Konsulats vorbeigehen und immer dieselbe Melodie mit denselben Worten wiederholen hören. Mancher wird diese Lieder vermutlich für albern halten, aber für mich hatten sie einen gewissen Reiz, und ich halte sie für vollständig zweckentsprechend.

Die Europäer und die Amerikaner, die in der Stadt Sansibar wohnen, sind entweder Regierungsbeamte oder unabhängige Kaufleute oder Vertreter einiger großer europäischer und amerikanischer Handelshäuser. Das wichtigste Konsulat ist das britische. Als ich in Sansibar meine Expedition ins Innere von Afrika ausrüstete, war Dr. John Kirk dort britischer Konsul und Geschäftsträger. Ich war sehr begierig, diesen Herrn kennen zu lernen, weil sein Name so oft im Zusammenhang mit Dr. David Livingstone genannt wurde. In fast allen Zeitungen wurde er als der „ehemalige Gefährte von Dr. Livingstone“ bezeichnet. Nach allem, was ich gelesen hatte, bildete ich mir ein, wenn ich überhaupt irgendwelche positive Kunde in Bezug auf den Aufenthaltsort von Dr. Livingstone erhalten könnte, mir dieselbe von Dr. Kirk zukommen würde; daher erwartete ich die Ehre, von Kapitän Webb bei ihm eingeführt zu werden, mit nicht geringer Ungeduld.

Am zweiten Morgen nach meiner Ankunft in Sansibar gingen der amerikanische Konsul und ich, in Übereinstimmung mit der Etikette des Ortes, auf die Straße hinaus, und nach einigen Augenblicken stand ich vor diesem viel zitierten Herrn. Kapitän Webb sagte zu einem Mann von dünner, hagerer Gestalt, der einfach gekleidet war und etwas gebückt ging, ein schmales Gesicht und eingefallene Wangen hatte und schwarze Haare und einen Bart trug: „Herr Dr. Kirk, erlauben Sie mir, Ihnen Mr Stanley vom *New York Herald* vorzustellen."

Ich glaubte zu bemerken, dass der Herr in diesem Augenblick seine Augenlider merklich hob und dadurch den ganzen Umfang seiner Augen zeigte. Wenn ich einen solchen Blick beschreiben sollte, so würde ich ihn als ein Anstarren bezeichnen. Während der Unterhaltung, die sich über verschiedene Gegenstände verbreitete, sah ich sein Gesicht, welches ich aufmerksam beobachtete, sich nur einmal beleben und erregt werden, und zwar, als er uns einige seiner Jagdgeschichten erzählte. Da der Gegenstand, der meinem Herzen am nächsten lag, nicht zur Sprache kam, nahm ich mir vor, ihn über Dr. Livingstone bei unserer nächsten Begegnung, vielleicht anlässlich eines Besuchs, auszufragen.

Wie die Sansibarer wissen, geben Herr und Frau Kirk dienstags ihre Gesellschaftsabende. Das Vergnügen, an einem solchen Abend teilzunehmen, wird von der zivilisierten Bevölkerung von Sansibar im Allgemeinen ignoriert, aber die offiziellen Repräsentanten der europäischen Kolonie besuchen sie trotzdem. An ebendiesem Abend war die ortsansässige „obere Gesellschaftsschicht" ziemlich stark vertreten.

Da wir Amerikaner zeitig ankamen, konnte ich bemerken, wie die anderen Gäste die Unterhaltung anfingen, und war erstaunt zu hören, wie ein jeder derselben nach der ersten Begrüßung ängstlich den Konsul und seine Frau danach fragte, ob sie heute Abend in Nasi-Moja gewesen seien, worauf sie verneinend antworteten, denn zufälligerweise hatten sie gerade an dem Abend ihren Erholungsspaziergang nicht bis zum klassischen Boden von Nasi-Moja ausgedehnt. „Oh", sagte jeder

Henry Morton Stanley

Gast im Ton freudig triumphierender Bewunderung, „ich glaubte, ich hätte Sie dort nur nicht gesehen.“

„Wo und was ist denn eigentlich Nasi-Moja?“, fragte ich Kapitän Webb sofort.

„Nasi-Moja“, sagte dieser liebenswürdige Zyniker, „bedeutet ‚ein Kokosbaum‘ und ist eine beliebte Promenade unmittelbar hinter Ras Schangani (Sandy Point), wo man gegen Abend hingeht, um die frische Seeluft zu genießen. Sich nach dieser Promenade zu erkundigen ist die gewöhnliche Form, wie man hier eine Unterhaltung anfängt, da wir jetzt gerade einen großen Mangel an Konversationsstoff haben.“

Kapitän Webb sprach durchaus die Wahrheit, wenn er sagte, dass großer Mangel an Konversationsthemen herrschte. Meine spätere Erfahrung lehrte mich, dass die reizenden Europäer von Sansibar, wenn ihnen die Themen ausgingen, das kleinste bisschen Skandal benutzten, um ihre Abende angenehm und amüsant zu gestalten.

Die Erfrischungen, welche der britische Konsul nebst Frau ihren Gästen an ihren Empfangsabenden anboten, bestanden aus einer Art milden Weines und Zigarren, nicht weil sie nichts anderes zu Hause hatten, etwa Tee oder ein paar Kuchen, sondern vermutlich weil es die Sitte eines sansibarisierten Europäers ist, dergleichen, mit etwas Soda- oder Selterswasser gemischt, als eine Art Reizmittel für das bisschen Klatsch zu sich zu nehmen, das gewöhnlich unter dem Einfluss des Weines Anteil nehmende und eifrige Zuhörer findet.

Das mag alles schön und gut sein, trotzdem hielt ich diesen Abend für einen der langweiligsten, die ich je erlebt hatte, bis Dr. Kirk aus Mitleid für die Langeweile, an der ich litt, mich beiseite rief, um mir eine schöne Elefantenflinte zu zeigen, welche ihm, wie er sagte, vom Gouverneur von Bombay geschenkt worden sei. Ich hörte nun Loblieder auf ihre tödliche Kraft und ihre Verderben bringende Präzision und ließ mir einige Anekdoten von dem Leben im Schilfmoor, einige Jagd-abenteuer und Erlebnisse auf seinen Reisen mit Livingstone erzählen.

„Ach ja, Herr Doktor“, sagte ich in beiläufigem Tonfall, „was Livingstone betrifft – wo, glauben Sie, hält er sich im Moment auf?“

„Tja“, erwiderte er, „das ist schwer zu sagen; er kann tot sein. Wir wissen nichts Definitives, worauf wir uns mit Sicherheit verlassen könnten. Ich bin davon überzeugt, dass kein Mensch auf dieser Welt eine verlässliche Auskunft über seinen Verbleib geben kann, zumindest im Hinblick auf die vergangenen zwei Jahre. Dennoch glaube ich, dass er am Leben ist. Wir schicken ihm beständig irgendetwas zu. In Bagamoyo befindet sich eben eine kleine Expedition, die im Begriff steht aufzubrechen. Ich glaube wirklich, dass der alte Mann jetzt nach Hause kommen sollte; er wird alt, wie Sie wissen, und wenn er stirbt, so wird die Welt nichts von seinen Entdeckungen haben. Er schreibt weder Notizen noch Tagebücher, und nur sehr selten bringt er seine Beobachtungen zu Papier, sondern macht nur ein Zeichen oder einen Punkt oder etwas Ähnliches auf eine Karte, was niemand außer er selbst verstehen kann. Ja, wenn er noch am Leben ist, so sollte er unter allen Umständen heimkehren und einen jüngeren Mann an seine Stelle treten lassen.“

„Wie ist er im Umgang, Herr Doktor?“, fragte ich mit lebhaftem Interesse.

„Nun, ich glaube, dass es im Ganzen sehr schwer ist, mit ihm ein auskömmliches Verhältnis zu finden. Ich habe persönlich zwar nie mit ihm Streit gehabt, aber ich habe ihn gegenüber anderen Leuten oft hitzig werden sehen, und das ist, wie ich glaube, der hauptsächlichste Grund, weshalb er niemanden gern um sich hat.“

„Wie ich höre, ist er ein sehr bescheidener Mann, nicht wahr?“, fragte ich.

„Nun, er kennt den Wert seiner eigenen Entdeckungen besser als irgendein anderer. Er ist nicht gerade ein Engel“, sagte Dr. Kirk lachend.

„Nun, gesetzt, ich begegnete ihm auf meinen Reisen; es könnte ja sein, dass ich zufällig mit ihm zusammentreffe, wenn er in die Richtung reist, die ich selbst nehme. Wie würde er sich mir gegenüber verhalten?“

„Um Ihnen die Wahrheit zu sagen“, erwiderte Dr. Kirk, „so glaube ich nicht, dass er darüber sehr begeistert wäre. Eines weiß ich sicher: Wenn

Livingstone in Erfahrung brächte, dass Burton oder Grant oder Baker oder sonst einer von diesen Forschungsreisenden ihn aufsuchen wollte, dann würde er es sehr schnell so einrichten, dass sich hundertfünfzig Kilometer Sumpfboden zwischen ihnen befänden. Das glaube ich bestimmt – auf mein Wort!"

Ich brauche wohl nicht zu betonen, dass diese Kunde von einem Herrn, der erwiesenermaßen gut mit Dr. Livingstone bekannt war, eher dazu beitrug, den Enthusiasmus für meine Sache zu dämpfen, als ihn zu beleben. Ich fühlte mich sehr verstimmt und überlegte mir, ob ich mein Unternehmen lieber gleich aufgeben sollte; aber meine Anweisung lautete: „Finden Sie Livingstone!"

Außerdem hatte ich nicht angenommen, obgleich ich sehr gern darauf eingegangen war, den Doktor ausfindig zu machen, dass der Weg nach Zentralafrika mit Rosen bestreut sein werde.

Dr. Kirk versprach mir freundlich alle in seiner Macht stehende Unterstützung und dass er mir all seine Erfahrung zur Verfügung stellen wolle; aber ich erinnere mich weder, dass er mir in irgendeiner Weise wirkliche Unterstützung angedeihen ließ, noch finde ich es in meinem Tagebuch verzeichnet.

Natürlich wusste Dr. Kirk nicht, dass meine Befehle dahin lauteten, den Verbleib von Dr. Livingstone ausfindig zu machen, sonst hätte er zweifelsohne sein Versprechen eingelöst. Er glaubte, ich stünde im Begriff, den Rusidi-Fluss bis an seine Quellen zu verfolgen. Aber welche Zeitung würde wohl einen Spezialkorrespondenten ausschicken, um die Quellen eines so unbedeutenden Flusses wie des Rusidi zu entdecken?

Das Klima von Sansibar ist nicht das angenehmste der Welt; ich habe es von Amerikanern und Europäern herzlich verwünschen hören. Ich habe es erlebt, dass an einem Tag sich fast die halbe weiße Kolonie krank zu Bett legen musste. Eine schädliche Malaria steigt aus dem seichten Meerbusen des Malagasch herauf, und nicht abgeleiteter Schmutz, Abfälle aller Art, tote Mollusken, tote Pariahunde, tote Katzen, allerlei Aas und Überreste von unbeerdigten Menschen und Tieren tragen dazu bei, Sansibar zu einer sehr ungesunden Stadt zu machen.

Dies müsste allerdings nicht so sein, die Stadt könnte vielmehr sehr gesund sein, weil die Natur dem Menschen hier die Mittel dazu an die Hand gibt und ihn sehr unterstützt.

So ist es erstaunlich, dass der herrschende Fürst nicht den Vorschriften der Vernunft gehorcht und einen Abwasserkanal in die Bucht bauen lässt. Ich habe diesen Vorschlag nie machen hören, aber ich meine, die fremden Konsuln, die in Sansibar wohnen, könnten dieses Vorhaben beim Sultan empfehlen und sich so den Ruhm erwerben, die Stadt ebenso gesund zu machen wie irgendeine andere in der Nähe des Äquators liegende.

Bei dieser Gelegenheit erinnere ich mich daran, was mir der amerikanische Konsul, Kapitän Webb, gleich nach meiner Ankunft sagte, als ich meine Verwunderung angesichts der Apathie und Trägheit von Männern zum Ausdruck brachte, die mit der unbezwinglichen Energie geboren sind, welche für die Europäer und Amerikaner kennzeichnend ist, von Männern also, die den vorwärts schreitenden Instinkt der Weißen haben und doch zu blassen Phantomen ihrer Gattung, zu hoffnungslosen, hypochondrischen Invaliden werden und sich resigniert dem Glauben an die Tödlichkeit des Klimas hingeben ohne eine Spur von dem unternehmenden und unbesiegbaren Geist, der die Welt regiert.

„Ja“, sagte Kapitän Webb, „Sie haben gut reden über Energie und dergleichen Dinge, aber ich versichere Ihnen, dass ein Aufenthalt von vier oder fünf Jahren auf dieser Insel, unter Leuten wie den hiesigen, Sie bald fühlen lassen würde, dass es eine hoffnungslose Aufgabe ist, dem Einfluss des Beispiels zu widerstehen, durch welches die energischsten Geister unterjocht werden und dem Sie sich mit der Zeit, früher oder später, unterwerfen müssen. Wir waren alle furchtbar energisch, als wir zuerst herkamen, und kämpften tapfer dafür, die Dinge so zu handhaben, wie wir es zu Hause gewohnt waren; aber wir haben gefunden, dass wir mit unserem Kopf ganz vergeblich gegen Granitmauern anrennen. Diese Kerle, die Araber, Banianen und Hindu, kann man weder durch Scheltworte noch durch Bitten veranlassen, rasch zu sein, und in kurzer Zeit sieht man die Torheit ein, gegen unüberwindliche Schwierigkeiten ankämpfen zu wollen. Seien Sie geduldig, und ärgern Sie sich nicht, das ist mein Rat, oder Sie werden es hier nicht lange aushalten."

Trotzdem gab es drei bis vier ungemein fleißige Leute in Sansibar, die den ganzen Tag auf den Beinen waren. Ich könnte noch leicht Beweise für den Fleiß anderer anführen, aber sie sind alle gute Bekannte von mir, und sie sind gute Menschen. Die Amerikaner, Engländer, Deutschen und Franzosen, die hier leben, haben mich mit einer Höflichkeit und Güte behandelt, die ich nie vergessen werde. Alles in allem genommen, dürfte es schwer fallen, eine gastfreundlichere und liebenswürdigere Kolonie von Weißen irgendwo auf der Welt zu finden.

ZWEITES KAPITEL

Da ich das Innere Zentralafrikas nicht im Geringsten kannte, war es schwer zu wissen, was ich brauchte, um eine Expedition dorthin zu unternehmen. Frühere Forschungsreisende wie Kapitän Burton, Speke oder Grant hatten in ihren Aufzeichnungen keine Belehrung dahingehend hinterlassen, wie man eine Expedition auszurüsten habe.

Einige der Fragen, die ich mir stellte, wenn ich mich nachts im Bett herumwälzte, lauteten: Wie viel Geld ist nötig? Wie viele Lastträger? Wie viele Soldaten? Wie viel Tuch? Wie viele Perlen? Wie viel Draht? Welche Sorten von Stoffen und Tuch sind für die verschiedenen Stämme als Tauschmittel nötig?

Ich mochte mir diese Fragen noch so häufig stellen, so kam ich dem Punkt doch nicht näher, den ich zu erreichen wünschte. Ich beschrieb mehrere Bogen Papier mit Schätzungen, mit Verzeichnissen von Material, mit Berechnungen der Kosten für hundert Mann pro Jahr, à soundso viel Meter verschiedener Tuchsorten. Zwar konnte ich einiges an Information über die geographischen, ethnologischen und dergleichen Verhältnisse Innerafrikas den Aufzeichnungen von Burton, Speke und Grant entnehmen, aber ich fand in keinem etwas in Bezug auf die Ausrüstung einer Expedition. Unwillig warf ich die Bücher von mir. Auch die Europäer in Sansibar wussten so gut wie nichts darüber. Es gab nicht einen Weißen in Sansibar, der mir sagen konnte, wie viele Doti Stoff eine Truppe von hundert Mann pro Tag für ihren Unterhalt benötigte.

Ich erachtete es daher für das Beste, einen arabischen Kaufmann aufzutreiben, der mit Elfenbein handelte oder der vor kurzem aus Innerafrika zurückgekommen war.

Scheich Haschid war ein reicher und angesehener Mann in Sansibar. Er hatte selbst eine Anzahl Karawanen ins Innere des afrikanischen Kontinents gesandt und war infolgedessen mit verschiedenen hervorragenden Händlern bekannt, die in sein Haus kamen und sich mit ihm über ihre Abenteuer und Geschäfte unterhielten. Auch war er der Besitzer des großen Hauses, das Kapitän Webb bewohnte, und lebte selbst auf der anderen Seite der engen Straße, die sein Haus vom Konsulat trennte. Scheich Haschid war also vor allen anderen der Mann, dessen Rat einzuholen war, und daher wurde er auch aufgefordert, mich im Konsulat zu besuchen.

Von diesem graubärtigen, ehrwürdig aussehenden Scheich habe ich über afrikanische Tauschwerte, die Art, mit ihnen umzugehen, die Menge und Qualität der Stoffe, die ich brauchte, mehr Auskunft erhalten als aus einem dreimonatigen Studium von Büchern über Zentralafrika. Auch von anderen arabischen Kaufleuten, mit denen der alte Scheich mich bekannt machte, erhielt ich sehr wertvolle Andeutungen und Winke, welche mich schließlich in den Stand setzten, meine Expedition auszurüsten.

In Europa und im Orient, ja selbst in Arabien und Turkestan ist die Art zu reisen im Vergleich mit der von Afrika ganz ausgezeichnet. Überall nimmt man in jenen Ländern bares Geld, wodurch ein Reisender in den Stand gesetzt wird, seinen Unterhalt ohne weitere Hilfsmittel aus seiner mitgeführten Kasse zu bestreiten. In Ost- und Mittelafrika hingegen wird ein

Halsband statt eines Cent verlangt, zwei Meter amerikanische Leinwand statt eines halben Dollars oder eines Gulden und ein Stück dicker Messingdraht statt eines Goldstücks.

Der Leser darf nicht vergessen, dass ein Reisender nur das braucht, was für Reise und Forschung nötig ist, und dass ein Überfluss an Gütern oder Mitteln ihm ebenso verderblich wird wie der Mangel an solchen Vorräten. Gerade diese Frage der Qualität und Quantität der mitgeführten Tauschwaren ist es, welche der Reisende zuerst mit Sorgfalt und Umsicht klarstellen muss.

Meine Berater gaben mir zu verstehen, dass hundert Menschen mit dem Tauschwert von zehn Doti oder vierzig Meter Tuch täglich für ihre Nahrung auskommen; es war also angebracht, zweitausend Doti amerikanische Leinwand, tausend Doti blaues Kaniki aus Indien und 650 Doti farbige Stoffsorten, wie zum Beispiel blaues Barsati, das in Unjamwesi beliebt ist, rosafarbenes Sohari, das in Ugogo genommen wird, und einige andere Sorten zu beschaffen. Dies hielt man für völlig ausreichend für den Unterhalt von hundert Mann auf zwölf Monate. Nach diesem Maßstab würden also für zwei Jahre viertausend Doti oder 16 000 Meter amerikanische Leinwand, zweitausend Doti oder achttausend Meter Kaniki, 1300 Doti oder 5200 Meter verschiedenfarbige Stoffe benötigt werden.

Die zweite wichtige Frage war: Wie viel und welche Sorten von Perlen sind nötig? Perlen sollten unter einigen Stämmen Innerafrikas an die Stelle der Zahlung mit Tuch treten. Der eine Stamm zieht weiße Perlen den schwarzen, braune den gelben, rote den grünen, grüne den weißen und so weiter vor. So nimmt man in Unjamwesi rote Perlen (Sami-Sami) mit Freuden, während man alle anderen verschmäht. Schwarze Perlen (Bubu) gelten in Ugogo als Geld, bei allen anderen Stämmen aber sind sie nichts wert; die Eierperlen (Sungomassi) finden in Udschidschi und Uguhha als Zahlungsmittel Verwendung, werden aber in allen anderen Ländern nicht angenommen. Die weißen Perlen sind eine Art Währung in Usipa und in einigen Teilen von Usagara und Ugogo, werden aber in Useguhha und Ukonongo nicht geschätzt. Daher musste ich mir den Weg und die Dauer des Aufenthalts meiner Expedition in den verschiedenen Gebieten genau überlegen und vorausberechnen, damit ich genug von jeder Gattung hatte und doch einen zu großen Überschuss vermied.

Ich studierte die schweren Namen und Maße wiederholt durch, lernte die vielsilbigen Wörter auswendig und hoffte, imstande zu sein, allmählich zu einem Verständnis der Bezeichnungen zu gelangen. Ich wiederholte beständig im Geiste die Worte Mukunguri, Chulabio, Sungomassi, Kadunduguru, Mutunda, Sami-Sami, Bubu, Merikani, Hasde, Lunghio-Rega und Lathio, bis ich ganz außer mir geriet.

Nach den Perlen kam die Drahtfrage. Ich machte nach bedeutender Mühe die Entdeckung, dass die Nummern 5 und 6, die fast die Dicke von Telegrafendraht haben, als die besten für Handelszwecke gelten. Perlen vertreten in Afrika die Kupfermünzen, Tuche und Stoffe die Silbermünzen, Draht gilt als Gold in den Ländern jenseits des Tanganjika. Zehn Frasileh oder 350 Pfund Messingdraht hielt mein arabischer Ratgeber für völlig ausreichend.

Nachdem ich meine Einkäufe an Tuch, Perlen und Draht gemacht hatte, überblickte ich mit nicht geringem Stolz die stattlichen Stoffballen und Pakete, welche reihenweise in dem geräumigen Vorratsraum von Kapitän Webbs Haus aufgehäuft lagen. Damit war aber meine Arbeit nicht zu Ende, sondern fing erst an. Noch waren viele andere Dinge wie Kochgeräte, Boote, Seile, Bindfaden, Zelte, Esel, Sättel, Packleinwand, Segeltuch, Teer, Nähnadeln, Handwerkszeug, Munition, Flinten, Reisegerät, Beile, Arzneimittel, Bettzeug, Geschenke für Häuptlinge, kurz tausenderlei einzukaufen. Die Feuerprobe, die ich beim Schachern und Feilschen mit hartherzigen Banianen, Hindu, Arabern und Mischlingen zu bestehen hatte, war sehr anstrengend. Ich kaufte zum Beispiel 22 Esel in Sansibar, wofür mir 40 bis 50 Dollar abgefordert wurden, was ich mit einem ungeheuren Aufwand an Argumenten, die einer besseren Sache würdig waren, auf 15 bis 20 herabdrücken musste. Meine Erfahrungen mit den Eselhändlern wiederholten sich bei den Kleinkrämern: Nicht ein Paket Stecknadeln war zu kaufen, ohne wegen eines Nachlasses um fünf Prozent zu feilschen, was natürlich sehr viel Zeit und Geduld erforderte.

Nachdem ich die Esel zusammengebracht hatte, entdeckte ich, dass man in Sansibar keine Packsättel bekommen konnte. Nun waren aber die Esel ohne Packsattel für mich ganz nutzlos. Ich erfand also einen Sattel, den ich und mein weißer Diener, der Seemann Farquhar, einzig und allein aus Segeltuch, Stricken und Baumwolle fabrizieren mussten. Baumwolltuch mit einem Gesamtgewicht von zwei bis drei Zentnern und zehn Stück Segeltuch würden für die Herstellung der Sättel nötig sein. Ich selbst verfertigte einen Mustersattel zur Probe, damit wurde ein Esel gesattelt und ihm eine Last von 140 Pfund aufgepackt. Und obgleich das Tier sich wie eine wilde Bestie bäumte und wütend gebärdete, so blieb doch die ganze Last fest sitzen. Nach diesem Experiment ließ ich Farquhar noch 21 Sättel nach demselben Muster fabrizieren.

Um eine Beschäftigung zu erlangen, wandte sich ein gebürtiger Londoner namens John William Shaw an mich, der bisher Dritter Offizier auf dem amerikanischen Schiff *Nevada* gewesen war. Obgleich mir seine Entlassung von der *Nevada* etwas verdächtig erschien, besaß er doch all die Eigenschaften eines Menschen, wie ich ihn brauchte; er war vertraut mit der Nadel und verstand aus Segeltuch alles zu machen, war ein vorzüglicher Schiffer und willig, soweit seine Kenntnisse und Fertigkeiten reichten. Ich sah keinen Grund, seine Dienste abzuweisen, und nahm ihn daher gegen ein Jahresgehalt von dreihundert Dollar als Zweiten im Range nach William L. Farquhar in Dienst.

Farquhar war ein ausgezeichneter Schiffer und vorzüglicher Rechner; er war kräftig, energisch und gescheit, aber leider ein starker Trinker. Während unseres Aufenthalts in Sansibar war er jeden Tag benebelt, und das wüste, lasterhafte Leben, das er hier führte, wurde ihm, wie wir sehen werden, bald nachdem wir auf den Kontinent kamen, zum Verhängnis.

Meine nächste Aufgabe bestand darin, eine zuverlässige bewaffnete Eskorte von zwanzig Mann für meine Karawane anzuwerben und dementsprechend auszurüsten. Es war mir schon vorher klar geworden, dass es am besten wäre, wenn es mir gelänge, einige mit den Sitten der Weißen vertraute Leute in Dienst zu nehmen, welche andere veranlassen könnten, sich der Expedition anzuschließen. Besonders hatte ich dabei an den Sidy Mbarak Mombay, gewöhnlich Bombay genannt, gedacht, der trotz seines „Holzkopfes“ und seiner „plumpen Hände“ als der „Getreueste der Getreuen“ galt.

Shaw und Farquhar

In der Zeit von ein paar Stunden nahm ich fünf Männer mit Namen Uledi, Ulimengo, Baruti, Ambari und Mabruki in meine Dienste. Diese hatten schon Speke als „Getreue“ bei dessen Unternehmung gedient. Als ich sie fragte, ob sie bereit seien, abermals an der Expedition eines Musungu, eines Weißen, nach Udschidschi am Tanganjikasee teilzunehmen, erwiderten sie bereitwilligst, dass sie sehr gern mit einem Bruder von Speke reisen wollten. Der englische Konsul Dr. John Kirk, der zugegen war, sagte ihnen darauf, dass ich kein Bruder von Speke sei, sondern nur seine Sprache redete; aber auf diese Unterscheidung legten sie keinen Wert, und ich hörte, wie sie mit großer Freude ihre Bereitwilligkeit erklärten, überallhin mit mir zu gehen und alles zu tun, was ich wünschte.

Mombay, wie sie ihn nannten, oder Bombay, unter welchem Namen wir Musungu ihn kennen, war nach Pemba, einer Insel im Norden von

Sansibar, gegangen. Uledi aber war der bestimmten Überzeugung, dass Mombay bei der Aussicht auf eine neue Expedition vor Freude Luftsprünge machen würde. Er erhielt daher den Auftrag, ihm nach Pemba zu schreiben und ihn von dem ihm bevorstehenden Glück zu benachrichtigen.

Am vierten Morgen nach Abgang des Briefes erschien der berühmte Bombay, dem die übrigen „Getreuen" von Speke ihrem Rang gemäß folgten. Vergeblich sah ich nach dem „Holzkopf" und den „Alligatorzähnen", von denen sein früherer Herr in seinem Bericht gesprochen hatte. Ich sah einen schlanken, kurzen Mann von etwa fünfzig Jahren, mit grauem Kopf, ungewöhnlich hoher, enger Stirn und großem Mund, der sehr unregelmäßige, weit auseinander stehende Zähne hatte. Bei seiner ersten Erscheinung war ich von Bombay trotz seines rauen Gesichts, seines großen Mundes, seiner kleinen Augen und seiner platten Nase sehr eingenommen.

„Salaam aleikum!" waren die Worte, mit denen er mich begrüßte.

„Aleikum salaam!", antwortete ich mit allem Ernst, den ich aufbieten konnte. Dann teilte ich ihm mit, dass ich ihn zum Hauptmann meiner Soldaten zu machen wünsche, die meine Expedition an den Tanganjikasee, nach Udschidschi, begleiten sollten. Seine Antwort lautete, er sei bereit, allen meinen Befehlen nachzukommen, überallhin zu gehen, wohin ich ihn schickte, kurz, ein Muster von einem Diener und ein gutes Beispiel für die Soldaten abzugeben. Er hoffe, ich würde ihn mit einer Uniform und einem guten Gewehr versehen, was ich ihm beides versprach.

Bombay gelang es, noch 18 weitere freie Männer als Askari (Soldaten) anzuwerben, Leute, von denen er wusste, dass sie nicht desertieren würden, und für die er sich verantwortlich erklärte. Es waren lauter sehr stattliche Burschen und weit intelligenter in ihrem Aussehen, als ich jemals von afrikanischen Barbaren hätte glauben mögen. Als Sold wurden einem jeden von ihnen 36 Dollar für das Jahr ausgesetzt oder drei Dollar für den Monat; jeder Soldat sollte Feuerschlossmuskete, Pulverhorn, Kugeltasche, Messer, Beil und hinreichend Pulver und Kugeln für zweihundert Schuss erhalten. Bombay bekam im Hinblick auf seinen

Rang und seine früheren treuen Dienste achtzig Dollar pro Jahr, wovon er die halbe Summe im Voraus erhielt, einen guten gezogenen Vorderlader und außerdem eine Pistole, ein Messer und ein Beil. Die anderen fünf „Getreuen", Ambari, Mabruki, Ulimengo, Baruti und Uledi, wurden zu vierzig Dollar pro Jahr und mit der gehörigen Ausrüstung als Soldaten in Dienst genommen.

Da ich alle erreichbaren Reisebeschreibungen über Ost- und Mittelafrika ziemlich gründlich studiert hatte, so hatte ich einen einigermaßen deutlichen Begriff von den Schwierigkeiten, die sich mir bei der Suche nach Dr. Livingstone, dessen Aufenthalt ich am Tanganjikasee vermutete, entgegenstellen würden. Diese so weit zu vermeiden, als Menschenwitz es vermag, war das beständige Ziel meiner Gedanken.

Soll ich mich, wenn ich von Udschidschi über die Wasser des Tanganjikasees aufs andere Ufer blicke, auf der Schwelle des Erfolgs durch die Unverschämtheit eines Stammesfürsten oder die Launen irgendeines Scheichs aufhalten lassen?, fragte ich mich. Um mich gegen solche Zufälligkeiten zu wappnen, entschloss ich mich, meine eigenen Boote mitzunehmen. Dann, dachte ich, kann ich, wenn ich höre, dass Livingstone auf dem Tanganjika ist, meine Boote vom Stapel lassen und ihm folgen.

Ich kaufte mir also vom amerikanischen Konsul ein großes Boot für achtzig Dollar, das imstande war, zwanzig Leute mit hinreichenden Vorräten und Waren für eine Seefahrt aufzunehmen, und ein kleineres von einem anderen Amerikaner für vierzig Dollar. Das letztere konnte bequem sechs Mann mit den dazugehörigen Vorräten transportieren.

Die Boote wollte ich aber nicht als Ganze mitführen, sondern die Bretter herausnehmen und bloß das Gerippe mittragen lassen. Als Ersatz für die Bretter wollte ich jedes Boot mit einem Überzug von wohl geteertem doppeltem Segeltuch versehen. Die Arbeit, diese Boote auseinander zu nehmen und von den Brettern zu befreien, fiel mir zu, und diese kleine Aufgabe beschäftigte mich ungefähr fünf Tage. John Shaw, der Seemann von der *Nevada*, zeichnete sich in der Bearbeitung des Segeltuchs für die Boote aus; als die Überzüge fertig waren, passten sie genau zu den Gerippen.

Nachdem ich meine Einkäufe vollendet hatte und alles reihenweise geschichtet aufgehäuft sah, hier Kochgeräte, da Bündel von Stricken,

Zelten, Sätteln, dort wieder Koffer und Kisten, die alles Mögliche enthielten, gestehe ich, dass ich angesichts meiner eigenen Kühnheit verlegen wurde. Da lagen wenigstens sechs Tonnen Material! Wie wird es nur möglich sein, dachte ich, diese Menge durch die zwischen dem Meer und den großen Seen von Afrika befindliche Wildnis zu transportieren? Doch wirf nur alle deine Zweifel hinter dich, Mensch, und lass sie fahren! Jeder Tag hat genug an seinen eigenen Sorgen, ohne dass er noch die des nächsten hinzuzunehmen braucht.

Der Reisende, der einen See in der Mitte jenes weiten afrikanischen Kontinents vor sich hat, muss natürlich in ganz anderer Weise reisen, als er es von anderen Ländern her gewöhnt ist. Er muss das mit sich nehmen, was ein Schiff braucht, wenn es auf eine lange Reise geht. Er muss sich eine Kiste mit Tee, einen kleinen Vorrat wohl verwahrter Leckerbissen, Arzneien, außerdem Flinten, Pulver, Kugeln mitnehmen, um nötigenfalls auch verschiedene Kämpfe gehörig bestehen zu können. Er muss Leute haben, die ihm diese mannigfachen Gegenstände transportieren, und da das Höchste, was ein einzelner Mann tragen kann, nur siebzig Pfund sind, braucht man, um 11000 Pfund zu transportieren, ungefähr 160 Leute.

Der Reisende in Afrika kann sich weder Wagen noch Kamele, weder Pferde noch Maulesel mieten, um im Inneren des Kontinents voranzukommen. Seine Transportmittel sind auf nackte Eingeborene beschränkt, die wenigstens 15 Dollar pro Kopf verlangen.

Was für eine schwere Aufgabe aber ist es für einen Einzelnen, eine solche Expedition in Bewegung zu setzen! Wenn der Tag vorüber und ich in der Gluthitze einer unbarmherzigen Sonne von Laden zu Laden geeilt war, um mich mit viel Ausdauer und Geduld für das Feilschen mit dem dunklen Hindu zu rüsten, und allen Mut und Witz zusammengenommen hatte, um den schurkischen Goanesen einzuschüchtern und dem listigen Banianen Paroli zu bieten; wenn ich den Tag über ganze Bände zusammengesprochen, Schätzungen korrigiert, Rechnungen gemacht, die Ablieferung von gekauften Gegenständen überwacht und sie gemessen und gewogen hatte; wenn ich endlich die Aufsicht über Farquhar und Shaw geführt hatte, welche Eselsättel, Segel, Zelte, Boote für die Expedition herstellten – dann fühlte ich, dass Körper und Geist der Ruhe bedurften. So mühte ich mich ohne Unterlass einen ganzen Monat ab.

Nachdem ich Wechsel auf Mr James Gordon Bennett vom *New York Herald* im Betrag von mehreren tausend Dollar für Stoffe, Perlen, Draht, Esel und tausend andere Bedürfnisse gezogen, die weiße und schwarze Begleitung meiner Expedition besoldet, Kapitän Webb und seine Familie mehr als genug mit dem Lärm der Vorbereitung belästigt und sein Haus mit meinen Gütern angefüllt hatte, blieb mir nichts anderes mehr zu tun, als formell von den Europäern Abschied zu nehmen und dem Sultan und den Herren, die mir beigestanden hatten, zu danken, ehe ich mich nach Bagamoyo an der Sansibar gegenüberliegenden afrikanischen Festlandküste einschiffte.

Am Tag vor meiner Abreise aus Sansibar kleidete sich der amerikanische Konsul in einen schwarzen Rock und schmückte sich mit einem außergewöhnlich schönen schwarzen Hut, um im Staatsanzug zu erscheinen, und ging mit mir in den Palast von Sultan Said Bargasch. Der Fürst war sehr gütig gegen mich gewesen, er hatte mich mit einem arabischen Pferd beschenkt, mit Einführungsbriefen an seine Agenten und Hauptrepräsentanten in Afrika versehen und sich mir in mancher anderen Weise wohlgeneigt erwiesen.

Sein Palast ist ein sehr großes, geräumiges, hohes viereckiges Haus, das in der Nähe des Forts liegt, aus Korallen gebaut und stark mit Kalkmörtel beworfen. Das Äußere ist halb arabisch und halb italienisch. Lebhaft grün gefärbte Jalousien bilden die Läden, die sehr von den weiß getünchten Mauern abstechen. Vor der großen, hohen, breiten Tür standen in zwei Halbkreisen verschiedene Belutschen und persische Söldner, die mit großen Schwertern und Schilden aus Rhinozeroshaut bewaffnet waren.

Wir wurden vom Sultan begrüßt, welcher uns unter vielen Verbeugungen unsererseits über eine Treppe in den Thronsaal geleitete. Ich bemerkte, dass der hohe Raum im arabischen Stil bemalt war, die dicken Teppiche waren persische Arbeit, und die Möbel bestanden aus einem Dutzend vergoldeter Stühle und einem Armleuchter.

Wir nahmen Platz. Said Bargasch saß auf einem vergoldeten Stuhl zwischen dem Amerikaner und seinen Räten. Der Dolmetscher stand demütig vor dem Sultan, bereit, ihm das zu übersetzen, was wir dem Fürsten mitzuteilen hatten. Kaffee wurde in Tassen, die auf goldenen Tabletts standen, serviert, ebenso Kokosmilch und prächtiger süßer Sorbet.

Die Unterhaltung begann mit der Frage an den Konsul: „Sind Sie wohl?"

Konsul: „Ja, ich danke Ihnen; wie befindet sich Seine Hoheit?"

Hoheit: „Ganz wohl."

Hoheit zu mir: „Sind Sie wohl?"

Antwort: „Ja, wohl, ich danke."

Der Konsul fing nun an, Geschäftliches zu besprechen, und es folgten Fragen Seiner Hoheit bezüglich meiner Reise.

Nachdem ich diese Fragen zur Befriedigung Seiner Hoheit beantwortet hatte, gab er mir Einführungsbriefe an seine Beamten in Bagamoyo und einen allgemeinen Einführungsbrief an alle arabischen Kaufleute, die ich unterwegs treffen könnte.

Wir gingen mit denselben Verbeugungen von ihm fort, mit denen wir hereingekommen waren, und der Sultan begleitete uns bis an die Eingangstür.

Ein seit langer Zeit in Sansibar lebender amerikanischer Kaufmann, Mr Goodhue aus Salem, schenkte mir, als ich ihm Adieu sagte, ein edles kastanienbraunes Pferd, das vom Kap der Guten Hoffnung importiert und in Sansibar mindestens fünfhundert Dollar wert war.

Am 4. Februar, 28 Tage nach meiner Ankunft in Sansibar, war die Expedition des *New York Herald* vollständig ausgerüstet und organisiert; die Zelte und Sättel waren fabriziert, die Boote und Segel fertig. Die Esel schrien, und die Pferde wieherten ungeduldig nach dem Aufbruch.

Die Etikette verlangte, dass ich noch einmal meine Karte bei den europäischen und amerikanischen Konsuln in Sansibar abgab und jedermann Adieu sagte.

Am 5. Februar ankerten vier Dauen vor dem amerikanischen Konsulat; in eine derselben wurden die zwei Pferde gebracht, in zwei andere die Esel, in die vierte, welche die größte war, die schwarze Begleitung und die viel Raum einnehmenden Tauschwaren für die Expedition.

Als ich den Befehl zur Abfahrt erteilen wollte, fehlten die beiden Weißen, Farquhar und Shaw. Nach eifriger Nachforschung fand man sie irgendwo in den Schenken, in Gesellschaft von etwa einem Dutzend guter Kameraden. Dort hielten sie Reden über die Größe der Kunst, Afrika zu erforschen, und versuchten vermittels des Branntweins die schrecklichen Vorahnungen abzuwehren, welche sich ihnen heimtückisch hin und wieder aufdrängten und ihnen warnend zuraunten: Es könne doch in den neuen Ländern, die sie kennen lernen sollten, trotz aller Romantik, mit der die Phantasie dieselben ausstatte, etwas stecken, was …, nun, was …

„Kerls, macht, dass ihr sofort in die Dauen kommt! Das ist ein schlechter Anfang, nachdem ihr eure Dienstverträge unterzeichnet habt!“, sagte ich, als ich sie in Gesellschaft von Bombay und vier oder fünf Soldaten der neu angeworbenen Eskorte zum Ufer wanken sah.

„Bitte, Herr, darf…, darf …, darf ich Sie wohl fragen, glauben Sie, dass ich ganz richtig gehandelt habe, als ich Ihnen versprach, Sie nach Afrika zu begleiten?“, fragte Shaw in zögerndem und bewegtem Ton.

„Habt ihr nicht eine Vorauszahlung bekommen? Habt ihr nicht den Vertrag unterzeichnet?“, fragte ich. „Und jetzt wollt ihr kneifen? Macht, dass ihr ins Boot kommt, rasch! Jetzt sind wir alle daran gebunden und müssen zusammen schwimmen oder untergehen, leben oder sterben. Keiner darf sich seiner Pflicht entziehen!“

Kurz vor zwölf Uhr segelten wir ab. Die amerikanische Flagge, ein Geschenk der gütigen Mrs Webb an die Expedition, wurde am Mast gehisst; der Konsul, seine Gattin und seine prächtigen Kinderchen Mary und Charley befanden sich auf dem Dach ihres Hauses und schwenkten das Sternenbanner sowie Hüte und Taschentücher mir und den meinigen als Abschiedsgruß zu.

Glückliche und gute Menschen, möge euer Lebenslauf und der unsrige vom Glück begünstigt sein, und möge Gottes Segen auf uns allen ruhen!

DRITTES KAPITEL

Langsam entzog sich die Insel Sansibar mit ihren Hainen von Kokospalmen und Mangobäumen, von Gewürznelken und Zimtstauden, mit ihrer weiß getünchten Stadt und ihren Düften nach Johannisbrot, mit ihrem Hafen und den Seeschiffen unseren Blicken. Im Westen erhob sich der afrikanische Kontinent, ein in Grün gehülltes Gestade, das dem ähnlich war, welches zurückweichend sich jetzt in eine bloße, über den Horizont sich hinschlängelnde Linie verwandelt hatte, und erschien in nördlicher Richtung als hohe Bergkette. Die Entfernung von Sansibar nach Bagamoyo beträgt ungefähr vierzig Kilometer, aber die langsamen, schwerfälligen Dauen brauchten zehn Stunden, ehe sie auf dem Korallenriff ankerten, welches wenige Fuß über dem Wasserspiegel, ungefähr hundert Meter vom Ufer entfernt, sichtbar ist.

Die neu angeworbenen Soldaten, welche Lärm und Aufregung liebten, gaben wiederholt Salven ab, um die am Ufer versammelten Araber, Banianen und Suaheli zu begrüßen, die dort standen, um die Musungu zu empfangen, was sie durch allgemeines Angaffen und ein im Chor gebrülltes *„Jambo, Bwana?“* („Wie befinden Sie sich, Herr?“) taten.

Einer, der von allen Anwesenden als der bedeutendste anerkannt wurde und der wie alle großen Männer besondere Aufmerksamkeit in Anspruch nahm, kam hervor, um ein besonderes „Jambo“ seinerseits mit uns auszutauschen und uns die Hand zu drücken. Diese Persönlichkeit mit langem, herabhängendem Turban war Djemadar Esau, Kommandant der in Bagamoyo stationierten Sansibarer Soldatentruppe, Polizei- oder Belutsch-Gendarmen. Er hatte Speke und Grant auf ihren Reisen ins Innere des Kontinents ein großes Stück begleitet, und sie wie alle anderen englischen Reisenden hatten ihn freigebig belohnt. Jetzt nahm er die Verantwortung auf sich, bei der Ausschiffung der Expedition zu helfen, und trotz seiner unwürdigen Erscheinung, seines schmählichen Schmutzes und behaarten Gesichts empfehle ich ihn doch wegen seines Einflusses auf den Pöbel allen künftigen Reisenden in Ostafrika.

Unter den Ersten, die uns hier begrüßten, war ein Pater der Gesellschaft des Heiligen Geistes, der mit den anderen Jesuiten unter dem Superior Horner einen Missionsposten von bedeutendem Einfluss und Verdienst in Bagamoyo eingerichtet hatte. Sie luden uns ein, von der Gastfreundschaft der Mission Gebrauch zu machen, unsere Mahlzeiten dort einzunehmen und, wenn wir es wünschten, unser Lager auf ihrem Grund und Boden aufzuschlagen. Aber wie liebenswürdig auch immer eine Begrüßung und wie aufrichtig herzlich eine Einladung sein mag, so ziehe ich doch, wo es möglich ist, die Unabhängigkeit vor. Deshalb sagte ich dem freundlichen Pater, dass ich mich nur auf eine Nacht von meinem Lager entfernen könne.

Ich suchte ein Haus nahe der westlichen Umgebung der Stadt aus, wo ein großer, offener Platz liegt, über welchen die Straße nach Unjanjembe führt. Unjanjembe war unsere erste wichtige Etappe, die große arabische Zentralstation der Karawanen, der Hauptstapelplatz für Elfenbein im Innern Ostafrikas, ungefähr auf halbem Weg zum Tanganjikasee gelegen, an dem ich den Aufenthalt von Dr. Livingstone in der Umgebung von Udschidschi vermutete.

Wäre ich einen ganzen Monat in Bagamoyo gewesen, so hätte ich keinen besseren Platz auswählen können. Meine Zelte wurden gegenüber dem *Tembe* (Haus), das ich mir ausgesucht hatte, aufgeschlagen und schlossen einen kleinen Platz ein, wo man Geschäfte machen, Warenballen nachsehen, untersuchen und signieren konnte, ohne von der Zudringlichkeit Neugieriger belästigt zu werden. Nachdem ich die 25 Tiere der Expedition in einen eingehegten Platz hinter dem Haus hatte treiben lassen, die Güterballen aufgespeichert und einen Kordon von Soldaten herumgestellt hatte, begab ich mich, müde und hungrig, in die Jesuitenmission, um ein spätes Mittagessen einzunehmen. Das neu gebildete Lager ließ ich unter Aufsicht von Farquhar und Shaw und des Soldatenhauptmanns Bombay.

Die Missionsanstalt liegt rund einen Kilometer nördlich von der Stadt entfernt; sie bildet eigentlich ein Dorf für sich und zählt ungefähr 15 Häuser für mehr als zehn Patres und ebenso viele Schwestern.

Das für die Patres und ihren Gast bereitete Mittagessen bestand aus ebenso vielen Schüsseln, wie ein Hotel ersten Ranges in Paris sie aufzutischen pflegt, und war mit ebenso viel Kunst gekocht, obwohl die Umgebungen keineswegs die gleichen waren. Ich bin überzeugt, dass die Patres außer ihrem guten Geschmack für Speisen auch nicht ermangeln, ihre Gedanken durch die Flüssigkeit zu beflügeln, die von Horaz bis Byron von allen großen Dichtern gepriesen worden ist. Der Champagner – man denke sich Cliquot in Ostafrika –, Lafitte, Larose, Burgunder und Bordeaux waren von allerbester Qualität, und die sanften, demütigen Blicke der Patres verklärten sich sichtlich unter dem Einfluss des Weines. Diese Patres verstehen etwas vom Leben und wissen es zu würdigen, solange es dauert. Ihre Festtafel treibt das *Mukunguru* (afrikanisches Sumpffieber) von ihrer Tür und mildert den Trübsinn und das Gefühl der Verlassenheit, welche jeden mit Schrecken befallen, wenn man aus dem hellen Zimmer sich hinausbegibt in das tiefe Dunkel der afrikanischen Nacht, die nur durch das ermüdende, eintönige Geräusch der Frösche und Heimchen und das ferne Geheul der Hyänen belebt wird.

Es gehört etwas mehr als Menschenkraft dazu, um ohne Unterstützung der erheiternd wirkenden rötlichen Flüssigkeit stets leutselig und

Bagamoyo

höflich unter den trüben Lebensverhältnissen der Eingeborenen Afrikas zu bleiben.

Nach dem Essen, das meine schwindenden Kräfte wieder belebt hatte und für das ich außerordentlich dankbar war, kamen die fortgeschrittensten Zöglinge, etwa zwanzig an der Zahl, mit Blasinstrumenten heraus und bildeten ein vollständiges Musikkorps. Ich war ziemlich erstaunt, so harmonische Töne von diesen wollköpfigen Burschen zu hören, bekannte französische Musik in diesem einsamen Hafen zu vernehmen und mir von Negerknaben, die vor einigen Monaten nichts als die Überlieferung ihrer unwissenden Mütter kannten, Pariser Lieder über französische Tapferkeit und französischen Ruhm mit der ganzen Kaltblütigkeit von Gassenjungen des Faubourg St-Antoine vorsingen zu lassen.

Ich genoss eine sehr erquickende Nachtruhe und suchte bei Tagesgrauen mit frischem Mut für das neu beginnende Leben mein Feldlager auf. Als ich die Tiere zählte, fehlten zwei Esel, und als ich meine afrikanischen Tauschwaren durchmusterte, war eine Rolle Draht, Nr. 6, nicht zu finden. Offenbar hatten sich alle meine Leute auf den Boden geworfen, um zu schlafen, und hatten die Tatsache vergessen, dass auf dem Platz nachts viele Diebe herumschleichen.

Ich schickte also Soldaten in die Stadt, um diese samt ihrer Nachbarschaft abzusuchen, und ließ den Polizeikommandanten Djemadar Esau, den Mann mit dem Schleppturban und dem schmutzigen Gesicht und Hals, von unserem Verlust in Kenntnis setzen und durch das Versprechen einer Belohnung dazu anspornen, die Tiere zu suchen. Vor dem Abend entdeckte man einen der Esel außerhalb der Stadt, wo er Maniokblätter fraß, aber das andere Tier und die Drahtrolle fanden sich nicht.

Unter den Leuten, die mich an diesem ersten Tag meines Aufenthalts in Bagamoyo besuchten, befand sich Ali ben Salim, ein Bruder des berühmten Said ben Salim, früher Kas Kasilah, der bei Burton und Speke und darauf auch bei Speke und Grant gewesen war. Er war mit seinen Salaams sehr freigebig, und außerdem sollte sein Bruder mein Agent in Unjamwesi sein; ich zögerte mithin nicht, sein Anerbieten, mir zu helfen, anzunehmen. Aber leider wurde dieser Ali ben Salim angesichts meiner dem Weißen eigenen Arglosigkeit zu einer Schlange, zu einem wirklich bösen Dorn in meinem Fleisch. Ich wurde in sein bequemes Haus zum Kaffee gebeten und ging dorthin; der Kaffee war gut, aber ohne Zucker, seine Versprechungen waren zahlreich, aber ohne Wert. Er sagte zu mir: „Ich bin Ihr Freund, ich wünsche Ihnen zu dienen, was könnte ich für Sie tun?"

Ich antwortete: „Ich bin Ihnen sehr dankbar, ich bedarf eines guten Freundes, der die Sprache und Sitten der Unjamwesi kennt und imstande ist, mir die Lastenträger zu beschaffen, die ich brauche, um mit meiner Ausrüstung und mit meinen Tauschwaren aufbrechen zu können. Ihr Bruder Said ben Salim ist mit den Musungu bekannt und weiß, dass sie ihr Wort halten. Beschaffen Sie mir hundertvierzig Lastenträger, und ich will Ihnen dafür zahlen, was Sie fordern."

Mit salbungsvoller Höflichkeit sagte die Schlange, die ich hegte und pflegte: „Ich wünsche nichts von Ihnen, mein Freund, für einen so kleinen Dienst. Bleiben Sie ruhig und zufrieden. Sie sollen sich keine vierzehn Tage hier aufhalten. Morgen früh komme ich und werde mir Ihre Waren ansehen, um zu berechnen, was nötig ist." Als ich mich von ihm verabschiedete, war ich von dem beglückenden Gedanken beseelt, dass ich bald auf dem Weg nach Unjanjembe sein würde.

Am nächsten Tag besuchte Ali ben Salim, wie versprochen, mein Feldlager mit sehr wichtiger Miene und teilte mir, nachdem er die Ballen mit den Stoffbahnen besichtigt hatte, mit, dass ich sie mit Makandas, das heißt Binsenbeuteln, bedecken müsse. Er sagte, er werde mir einen Mann schicken, um dazu Maß zu nehmen, riet mir aber, mit diesem nicht wegen der Beutel zu verhandeln, da er selbst alles in Ordnung bringen werde.

Während wir mit lobenswerter Geduld die 140 Träger, die uns Ali ben Salim versprochen hatte, erwarteten, beschäftigten wir uns mit allem, was nötig war, um uns auf die Reise angemessen vorzubereiten. Unser kurzer Aufenthalt in Bagamoyo zeigte uns schon, was uns fehlte, was überflüssig und was unentbehrlich war. In einer Nacht wurden wir von einem Sturm mit furchtbarem Regen heimgesucht. Ich hatte Tuchwaren im Wert von 1500 Dollar in meinem Zelt. Am Morgen besah ich es, und siehe da, der Drillich hatte den Regen durchgelassen wie ein Sieb, und jeder Meter Tuch war nass. Es bedurfte zweier Tage, um die Stoffbahnen zu trocknen und wieder zusammenzufalten. Das Drillichzelt wurde also verworfen und eines aus Hanfsegeltuch Nr. 5 gemacht. Erst danach gewann ich die Überzeugung, dass meine Stoffballen und die Munition für ein Jahr sicher seien und der Regenzeit Trotz bieten könnten. Die bevorstehende Regenzeit war auch der wichtigste Grund, warum ich meine ganze Energie darauf verwenden musste, die Expedition so rasch wie möglich aus Bagamoyo fortzuführen.

Lager in Bagamoyo

Wenn die Regenzeit mich noch in Bagamoyo überraschte, so hätte ich meine Abreise bis nach Beendigung derselben aufschieben müssen, was mir einen Aufenthalt von vierzig Tagen verursacht hätte, denn es sollte während dieser Periode, nach den Darstellungen der Leute, mit denen ich in Berührung kam, vierzig Tage ohne Unterbrechung regnen. Dies stand, wie ich wusste, in der Tat zu befürchten, denn ich erinnerte mich einer großen Reihe von Unannehmlichkeiten, die durch den Regen verursacht werden, zum Beispiel des Schimmels, der rheumatischen Fieber und Wechselfieber und ähnlicher Dinge. Und was kann aus einem Land werden, dessen Erdboden schon bei gutem Wetter „schwarzer Schlamm" genannt wird, wenn ein vierzigtägiger Regen es durchfeuchtet hat und die Füße von Lastenträgern und Eseln es durchknetet haben?

Der 15. Tag, zu welchem mir Ali ben Salim die Träger versprochen hatte, ging vorüber, und auch nicht ein einziger zeigte sich in meinem

Lager. Ich schickte also einen von meinen Soldaten, den stiernackigen Mabruki, zu Ali ben Salim, um ihm meine Salaams zu überbringen und die Hoffnung auszudrücken, dass er sein Wort halten werde. Nach einer halben Stunde kam Mabruki mit der Antwort von dem Araber zurück, dass er in ein paar Tagen imstande sein werde, alle Träger zusammenzubringen, „aber", fügte Mabruki schlau hinzu, „Bwana, ich glaube ihm nicht; er sprach so laut zu sich selbst, dass ich es hören konnte: ‚Warum sollte ich diesem Musungu Träger verschaffen?'"

Nach meiner Überzeugung war es jetzt Zeit zu handeln. Ali ben Salim sollte einsehen, dass es ein übel Ding ist, mit einem Weißen, der ernstlich abreisen wollte, sein Spiel zu treiben. Ich ritt also zu seinem Haus, um ihn zu fragen, was er eigentlich meine.

Seine Antwort war, Mabruki habe eine Lüge gesagt, die so schwarz sei wie sein Gesicht; wenn er (Ali) je etwas Derartiges gesagt hätte, so wolle er selbst mein Sklave oder ein Lastenträger werden. Aber hier brachte ich den redseligen Ali zum Schweigen und erwiderte ihm, dass ich nicht daran denken könne, ihn als Träger zu benutzen, oder von einem Menschen, der mich einmal wie Ali ben Salim hintergangen habe, irgendeinen Dienst annehmen wolle. Es wäre daher besser, wenn er künftig aus meinem Lager wegbliebe.

Ich hatte also 14 Tage verloren, und in dieser Not erinnerte ich mich des Versprechens, das mir der große Kaufmann von Sansibar, Tarja Tapan, der wirklich ehrliche mohammedanische Hindu, gemacht hatte. Tarja Tapan hatte mir einen Einführungsbrief an einen jungen Mann namens Sur Hadschi Pallu geben wollen, der in Bagamoyo am besten imstande sein sollte, Lastenträger zu verschaffen.

Ich schickte also meinen arabischen Dolmetscher Selim in einer Dau nach Sansibar mit der inständigen Bitte an Kapitän Webb, dass er mir von Tarja Topan den so lange verschobenen Einführungsbrief verschaffe.

Dies war die letzte Karte, die ich ausspielen konnte.

Nach drei Tagen kam der junge Selim zurück und brachte mir nicht nur einen Brief an Sur Hadschi Pallu, sondern auch eine Menge guter Dinge aus dem stets gastfreien Haus von Mr Webb.

Sehr kurze Zeit nach dem Empfang des Briefes kam der ausgezeichnete junge Mann Sur Hadschi Pallu zu mir und teilte mir mit, dass er von Tarja Topan gebeten sei, für mich 140 Träger nach Unjanjembe so rasch wie möglich anzumieten. Er sagte, dies sei sehr kostspielig, denn es gebe eine Menge von arabischen und suahelischen Kaufleuten, welche auf jede Karawane lauerten, und diese pflegten jedem Träger zwanzig Doti, also rund achtzig Meter Tuch, zu zahlen. Da viele dieser Kaufleute nicht willens oder imstande gewesen seien, mehr zu zahlen, so hätten sie sechs Monate warten müssen, ehe sie ihre Leute bekommen hätten.

„Wenn Sie", fuhr er fort, „rasch fortzukommen wünschen, so müssen Sie fünfundzwanzig bis vierzig Doti bezahlen, und dann kann ich Sie vor Ablauf eines Monats losschicken."

Ich erwiderte ihm darauf: „Mehr als fünfundzwanzig Doti will ich nicht bezahlen. Sorgen Sie dafür, dass hundertvierzig Träger mit meinen Lasten nach Unjanjembe abgehen, und ich werde Sie mit dem größten Geschenk, das Sie je erhalten haben, erfreuen."

Mit erquicklicher Naivität erwiderte der „junge Mann", dass er kein Geschenk wünsche, er werde mir die betreffende Anzahl Träger schon besorgen und dann könne ich den anderen Musungu sagen, was für ein guter „junger Mann" er sei, und er werde infolge davon den Vorteil haben, dass sein Geschäft zunehme. Er schloss diese Erwiderung mit der erfreulichen Bemerkung, dass er schon zehn Träger in seinem Hause habe, und wenn ich so gut sein wolle, vier Ballen Stoff, zwei Beutel Perlen und zwanzig Rollen Draht in sein Haus bringen zu lassen, so könnten diese Träger unter Bedeckung von drei Soldaten schon am nächsten Morgen Bagamoyo verlassen. „Denn", bemerkte er, „es ist viel besser und billiger, viele kleine Karawanen als eine große zu expedieren. Die großen Karawanen laden zum Angriff ein oder werden von habsüchtigen Häuptlingen unter den albernsten Vorwänden aufgehalten, wogegen kleine unbemerkter vorüberziehen."

Die Ballen und Perlen wurden folglich in Sur Hadschi Pallus Haus geschickt, und ich brachte den Tag damit zu, mich innerlich über mein großes Glück zu freuen, von der geschäftlichen Begabung des jungen Hindu sowie vom Einfluss Tarja Topans und Mr Webbs Güte zu profitieren, die meine Abreise von Bagamoyo so sehr beschleunigt hatten. In meinem Geist gelobte ich, dem Sur Hadschi Pallu ein prächtiges Geschenk und eine große Reklame in meinem Buch angedeihen zu lassen, und mit frohem Herzen machte ich diese Soldaten für ihren Marsch nach Unjanjembe fertig.

Die Aufgabe, diese erste Karawane für den Weg nach Unjanjembe reisefertig zu machen, belehrte mich über mehrere Dinge, welche von meinen Vorgängern in Ostafrika unberücksichtigt gelassen worden sind und die, wenn ich sie rechtzeitig in Sansibar gekannt hätte, mir im Ankauf und in der Auswahl der richtigen Tuchsorten von großem Nutzen gewesen wären.

Aber ehe mich meine erste Karawane verließ, mussten der würdige Jüngling Sur Hadschi Pallu und ich zu einer abschließenden Verständigung über die Geldangelegenheiten gelangen. An dem Morgen, an dem die Abreise stattfinden sollte, kam Sur Hadschi Pallu in meine Hütte und überreichte mir mit der ehrbarsten Miene der Unschuld eine Rechnung darüber, dass er jeden der Träger mit 25 Doti als Mietgeld für ihre Trägerdienste bis nach Unjanjembe versehen habe, und bat sich sofortige Bezahlung in Gold aus.

Worte können das Erstaunen, das ich fühlte, gar nicht ausdrücken, dass dieser so schlau aussehende Jüngling so bald den mündlichen Kontrakt vergessen haben sollte, den ich mit ihm am Morgen vorher abgeschlossen hatte, welcher dahin lautete, dass alle meine Lastenträger von Bagamoyo nach Unjanjembe von den in meinem Zelt lagernden Stoffen, die ausdrücklich für das Mieten von Trägern angeschafft waren, bezahlt werden sollten. Als ich ihn fragte, ob er sich des Kontraktes erinnere, bejahte er dies; seine Gründe, ihn so bald zu brechen, bestanden darin, dass er lieber seine eigenen Stoffe als die meinigen verkaufe. Für seine Stoffe brauche er aber Geld und könne für dieselben keine anderen in Tausch nehmen. Ich gab ihm jedoch zu verstehen, dass er, da er die Träger für mich anschaffe, meine Träger auch mit meinen Stoffen zu bezahlen habe; dass ich ihm nicht mehr zu zahlen gedächte als genau die Summe, die nach meinem Dafürhalten seine Mühen entgelte, die er als mein Agent gehabt habe, und dass er nur auf diese

Bedingungen hin in dieser Angelegenheit wie in jeder anderen für mich zu handeln habe, kurz, dass der Musungu nicht daran gewöhnt sei, sein Wort zurückzunehmen.

Das Vorstehende fasst eine große Anzahl Worte in wenige zusammen. Es repräsentiert ein einstündiges Zwiegespräch, einen bösen Zank von einer halben Stunde, ein Gelübde des Sur Hadschi Pallu, sich um mein Geschäft nicht mehr kümmern zu wollen, wenn ich sein Tuch nicht als Bezahlung der Träger akzeptiere, viele Tränen, Bitten, schmerzliche Reue und noch manches andere, worauf ich einfach erwiderte: „Tun Sie, was ich von Ihnen verlange, oder tun Sie gar nichts!"

Schließlich kam die Sache zu einem glücklichen Ende. Sur Hadschi Pallu verließ mich mit heiterem Gesicht, denn er nahm *Poscho* (Nahrungsmittel) für die drei Soldaten und *Honga* (Tribut) für die Karawane mit sich. Wohl mir, dass es so endete und dass die späteren Streitigkeiten ähnlicher Art immer so friedlich verliefen, sonst bezweifle ich, dass meine Abreise von Bagamoyo so rasch vor sich gegangen wäre, wie es der Fall war. Da ich gerade bei diesem Thema bin, welches faktisch jeden Augenblick meiner Zeit in Bagamoyo in Anspruch nahm, so kann ich gleich in Bezug auf Sur Hadschi Pallu und seine Verbindung mit meiner Expedition ausführlicher sprechen.

Sur Hadschi Pallu war ein gewandter junger Geschäftsmann, energisch, ein rascher Rechner und schien zum glücklichen Kaufmann geboren. Seine Augen ruhten nie, seine Blicke wanderten über jeden Teil meines Körpers, über das Zelt, das Bett, die Flinten, die Stoffe, und nachdem sie ihren Rundgang beendet hatten, fingen sie ihn schweigend von neuem an. Seine Finger ruhten nie still, sie hatten eine rastlose, nervöse Tätigkeit in ihren Spitzen und waren beständig im Begriff, nach etwas herumzuwühlen. Während er mit mir sprach, pflegte er sich vorzulehnen und das Gewebe meines Hosenstoffes, meines Rockes oder meine Schuhe und meine Socken zu befühlen. Dann betastete er sein eigenes leichtes Hemd oder sein Lendentuch, bis sich sein Blick zufälligerweise auf einen neuen Gegenstand heftete, sein Körper sich vorbeugte und sein Arm sich mit den ungeheuren Fingern danach ausstreckte. Auch seine Kinnladen waren in einer ständigen Bewegung, die durch die schlechte Gewohnheit bedingt war, Betelnuss mit Kalk oder bisweilen Tabak mit Kalk zu kauen. Sie gaben einen schnalzenden Ton von sich, ähnlich wie ein junges Ferkel beim Saugen. Er war ein frommer Mohammedaner und beobachtete die äußerlichen Zeremonien der wahrhaft Gläubigen. Er pflegte mich freundlich zu grüßen, seine Schuhe abzunehmen und in mein Zelt immer mit der Versicherung einzutreten, dass er nicht wert sei, in meiner Gegenwart zu sitzen, und nachdem er sich gesetzt hatte, brachte er in umständlicher Weise sein Anliegen vor. Von Ehrlichkeit, wirklich praktischer Ehrlichkeit, wusste dieser Jüngling nichts; die reine Wahrheit war ihm völlig fremd; die Lügen, die er während seines kurzen Lebens gesagt hatte, schienen ihm schon den kühnen Blick der schuldlosen Jugend aus den Augen ausgelöscht, selbst den Schein aller Wahrhaftigkeit aus den Zügen verbannt, kurz ihn, ein Bürschchen von zwanzig Jahren, zu einem vollendeten Schurken und kompletten Betrüger gemacht zu haben.

Während der sechs Wochen, die ich in Bagamoyo war und auf meine Träger wartete, hat mir dieser zwanzig Jahre alte Bursche so viel Mühe gemacht, wie alle Schurken von New York zusammengenommen dem dortigen Polizeipräsidenten bereiten. Zehnmal am Tag ertappte man ihn bei Unehrlichkeiten, aber er schämte sich deswegen nie. Als er zum Beispiel seine Rechnungen über die Stoffe präsentierte, mit denen er die Träger versehen hatte, behauptete er, dass er jedem 25 Doti bezahlt hätte. Daraufhin hatte ich jemanden losgeschickt, der die Sache untersuchen musste, und es stellte sich heraus, dass die meisten zwanzig und einige sogar nur zwölf bekommen hatten. Sur Hadschi Pallu gab an, die Stoffe seien alle von erster Qualität gewesen, Uljah-Tuche, welche auf dem Markt viermal so viel wert seien als die gewöhnliche Sorte, die den Trägern gegeben wird; aber eine persönlich angestellte Untersuchung erwies, dass es die dünnsten verkäuflichen Stoffe waren.

Ferner betrog er mich auch um bares Geld, verlangte zum Beispiel vier Dollar für die Kingani-Fähre für je zehn Träger, während das Fährgeld doch nur zwei Dollar betrug. Vier Wochen lang wurde dieses Betrugssystem täglich fortgesetzt. An jedem Tag entwarf er ein Dutzend neuer Pläne, jeden Augenblick schien er sich zu überlegen, wie er uns ausplündern konnte, bis ich schließlich nicht mehr wusste, wie ich ihn daran hindern sollte, denn wenn ich ihn der Menge seiner Genossen gegenüber bloßstellte, so brachte das keine Schamröte auf seine fahlen Wangen, er hörte dann mit einem Achselzucken zu; das war alles, und dies konnte ich mir auslegen, wie ich wollte. Eine Drohung, sein Geschenk zu reduzieren, hatte gar keine Wirkung. Ein Spatz in der Hand war für ihn mehr wert als eine Taube auf dem Dach, und daher waren ihm gestohlene Waren im Wert von zehn Dollar, die er aber faktisch besaß, erstrebenswerter als zwanzig Dollar, deren Besitz ihm für einige Tage später zugesichert wurde, selbst wenn das Versprechen von einem Musungu herrührte.

Die Leser werden sich natürlich fragen, warum ich nicht nach der ersten Entdeckung dieses schamlosen Verfahrens die Verbindung zu ihm abbrach, worauf ich zu erwidern habe, dass ich nicht ohne ihn auskommen konnte und dass ich mich nie von einem anderen Menschen so abhängig gefühlt habe; ohne seine Hilfe oder die eines ebensolchen Menschen hätte ich mich in Bagamoyo wenigstens sechs Monate aufhalten müssen, nach welcher Zeit die Expedition unnütz geworden wäre, da sich das Gerücht von derselben überallhin verbreitet haben würde. Die sofortige Abreise aus Bagamoyo war für meinen Erfolg notwendig, später konnte ich mein eigenes Schicksal zum großen Teil selbst lenken.

Ich war noch nicht lange in Bagamoyo angekommen, als ich unter anderem auch zu dem Lager Mussoudis hinüberging, um die „Livingstone-Karawane“ zu besuchen, welche der britische Konsul am 1. November 1870 ausgeschickt hatte, um Hilfsgüter zu Livingstone zu transportieren. Die Zahl ihrer Traglasten betrug 35, und diese bedurften ebenso vieler Menschen, um zunächst nach Unjanjembe, der großen Zwischenstation halbwegs zum Tanganjikasee, gebracht zu werden. Die Eskorte dieser Karawane bestand aus sieben Männern, und von diesen sieben waren vier Sklaven. Sie alle führten hier ein vergnügtes Leben, ohne an ihren Auftrag zu denken oder sich um die Folgen zu bekümmern. Was diese Leute die ganze Zeit über in Bagamoyo getan haben, außer ihren lasterhaften Neigungen zu frönen, begreife ich nicht.

Es wäre Unsinn zu behaupten, dass es keine Träger gegeben habe, denn ich weiß, dass wenigstens 15 Karawanen seit dem Ramadan (15. Dezember 1870) ins Innere abgegangen waren. Und die Livingstone-Karawane war schon am 2. November in der kleinen Stadt Bagamoyo angekommen und hier bis zum 10. Februar, im Ganzen also hundert Tage, liegen geblieben, weil ihr die geringfügige Zahl von 35 Trägern, die man durch den Einfluss des Konsuls in zwei Tagen hätte bekommen können, fehlte. Wenn der britische Konsul sich damit entschuldigt, er habe gar nicht gewusst, dass seine für Livingstone bestimmten Vorräte nach wie vor in Bagamoyo lägen, so beweist mir das nur, dass er in strafwürdigster Weise seine Pflicht gegen einen britischen Untertanen und Kollegen vernachlässigt hatte, dessen Lebensunterhalt völlig von ihm abhing.

Schon am ersten Abend meiner Ankunft in Sansibar erfuhr ich, dass eine Karawane in Bagamoyo im Begriff stand abzureisen, um Dr. Livingstone Vorräte ins Innere zu bringen. Damals wusste ich noch gar nicht, ob es ein schweres oder leichtes Ding sei, eine Karawane nach Innerafrika auszurüsten und loszuschicken. Man kann sich daher meine Verwunderung leichter vorstellen, als ich sie zu beschreiben vermag, nachdem ich die Entdeckung machte, dass diese kleine Karawane von nur 35 Mann sich immer noch im Lager in Bagamoyo befand.

Angesichts dieser Situation fragte ich mich natürlich, wie viel Tage vergehen müssten, bis ich, ein bloßer Privatmann, 140 Leute zusammenbringen könne, wenn die kleine Zahl von 35 Mann noch nicht innerhalb hundert Tagen von einem britischen Konsul zusammengebracht werden konnte.

Um den 10. Februar herum verbreitete sich das Gerücht in den Basaren von Bagamoyo und von dort aus in meinem Lager, dass der englische Gesandte nach Bagamoyo kommen werde, um den Abgang der Livingstone-Karawane zu beschleunigen. Am selben Abend schon oder am nächsten Morgen ging dieselbe aus Furcht ins Innere ab, aber nur mit vier Mann Begleitung. Bagamoyo hat ein sehr angenehmes Klima. Es ist in jeder Beziehung dem von Sansibar sehr vorzuziehen. Wir konnten in freier Luft schlafen und standen am Morgen erfrischt und gesund auf, um unser Frühbad im Meer zu genießen, und bei Sonnenaufgang waren wir schon mit verschiedenartigen Vorbereitungen für unsere Abreise beschäftigt.

Unsere Tage in Bagamoyo wurden durch Besuche von Arabern belebt, die auch nach Unjanjembe reisen wollten. Ferner kamen komische Szenen im Lager vor; bisweilen Kriegsgerichte, die über die Widerspenstigen abgehalten wurden; Boxkämpfe zwischen Farquhar und Shaw, die auch mein Einschreiten erforderlich machten, wenn sie gar zu hitzig wurden; hin und wieder ein Jagdausflug zur Ebene und zu dem Fluss Kingani; gesellige Unterhaltungen mit dem alten Djemadar Esau und seiner Belutschenbande, die nie müde wurden, mich vor der Ankunft der Regenzeit zu warnen und mir den Rat zu erteilen, mich so rasch wie möglich auf den Weg zu machen, ehe der Regen eine Reise unmöglich machte.

Farquhar und Shaw, meine Weißen, arbeiteten fleißig an wasserdichten Zelten aus Hanfsegeltuch, denn ich ersah aus den vorangehenden Regengüssen, welche die Annäherung der Regenzeit kennzeichneten, dass ein gewöhnliches Zelt aus leichtem Tuch mich der Feuchtigkeit und meine Waren dem Verschimmeln aussetzen würde. Jetzt war noch Zeit, alle die Irrtümer, welche sich aus Unwissenheit oder übergroßer Eile in meinen Plan eingeschlichen hatten, zu korrigieren.

John Shaw pflegte sehr verdrießlich zu werden, sooft Besuche von den schwarzen Magnaten von Bagamoyo stattfanden. Bei diesen Gelegenheiten war es nämlich meine erste Pflicht nach der Sitte der Araber, ihnen Erfrischungen und Kaffee anzubieten, und zwar sie zuerst zu bedienen und dann erst das Tablett den Weißen darzureichen.

Ich bemerkte hierbei, dass Shaw sehr ungehalten aussah, und als ich mich nach der Ursache erkundigte, sagte man mir, ich habe ihn dadurch sehr beleidigt, dass ich die Araber oder „Niggers“, wie er sie zu nennen beliebte, eher als ihn, einen Weißen, habe bedienen lassen. Der arme Shaw war unwissend wie ein Kind in Bezug auf die noch bevorstehenden Widerwärtigkeiten in jenem Land, auf welches sich jetzt seine Gedanken richteten. Was würde er nicht darum gegeben haben zu wissen, was für ganz andere Beschwerden als diese seiner Hautfarbe angetane Beleidigung ihm auf dieser gefahrvollen Expedition noch bevorstanden. Sein Verhalten bewies es deutlich, dass der ungebildete Angelsachse nicht geeignet ist, zu reisen und mit anderen Rassen in Verkehr zu treten.

Im Laufe der Zeit fand ich, dass es notwendig war, Farquhar und Shaw voneinander zu trennen, denn der Letztere hatte keine Spur von Humor in seinem Wesen, aber eine sehr leicht verletzliche Eitelkeit und einen himmelhoch fliegenden, grenzenlosen Ehrgeiz.

Ich glaubte, Farquhar würde für sich allein viel besser daran sein als mit Shaw zusammen, der ohne Zweifel ein für Farquhars Charakter und Intelligenz höchst aufregendes Benehmen hatte. Deshalb erwählte ich ihn dazu, die dritte Karawane ins Innere zu führen, und nachdem ich ihm dies angekündigt hatte, war der Friede sogleich zwischen den widerspenstigen Gegnern hergestellt.

Unter den bei meiner Expedition beschäftigten Leuten befanden sich auch zwei Hindu und zwei Goanesen. Diese hatten die Vorstellung gewonnen, dass das Innere von Afrika ein Eldorado sei, dessen Boden mit Elfenbeinzähnen bestreut sei, und hatten sich aufgrund dieser hitzigen Einbildung zusammengetan, um auf eigene Faust eine kleine Unternehmung zu organisieren. Ihre Namen waren Jako, Abdul Kader, Bunder Salaam und Aranselar. Jako trat in meine Dienste als Zimmermann, Küfer und Gehilfe für alles, Abdul Kader als Schneider, Bunder Salaam als Koch und Aranselar als Obermundschenk.

Ich hatte inzwischen vier kleine Karawanen vorausgesandt, und die fünfte, welche die Boote und Kisten, mein persönliches Gepäck und einige Tuch- und Perlenladungen befördern sollte, wollte ich selbst führen.

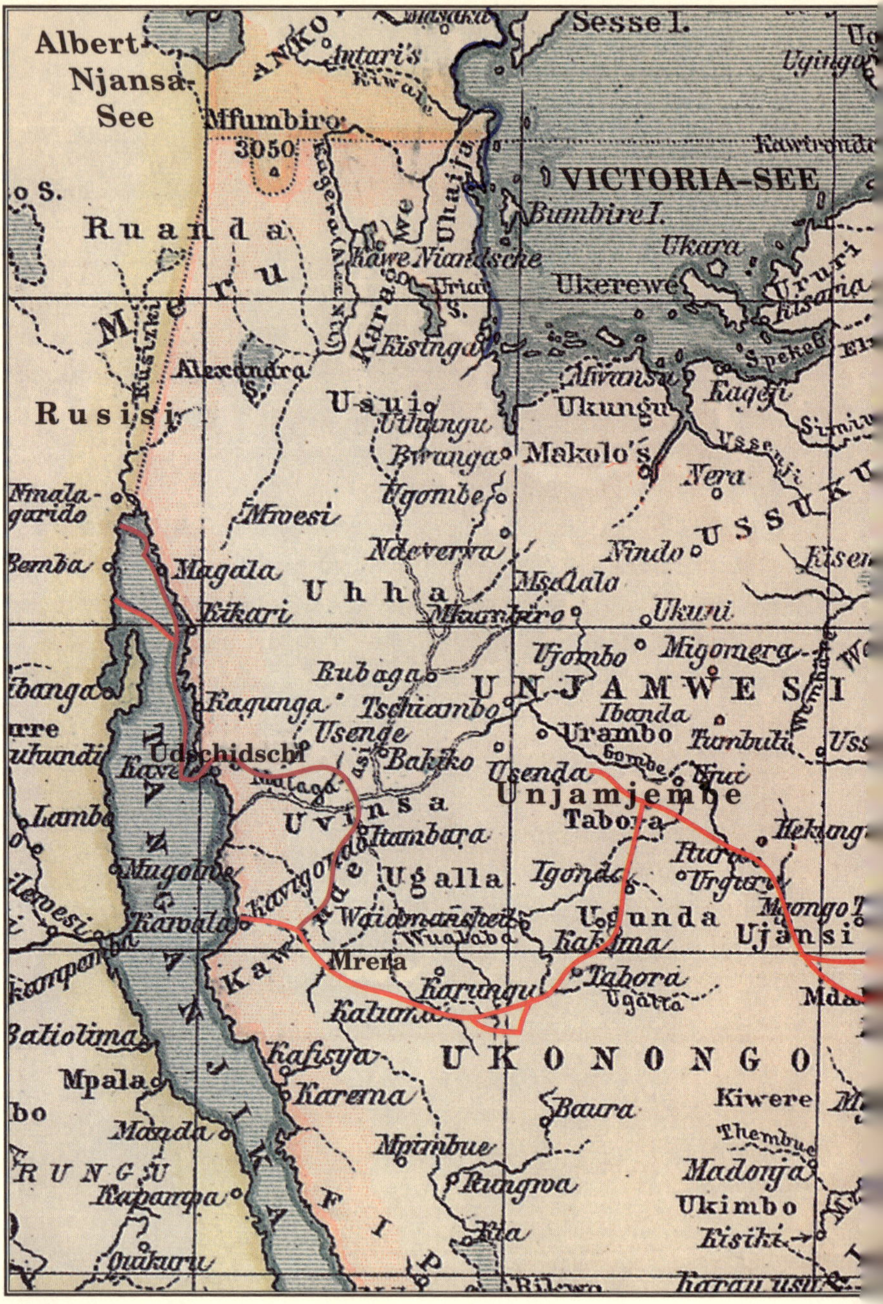

Albert Njansa-See
Sesse I.
VICTORIA-SEE
Mfumbiro
3050
Ruanda
Meru
Rusisi
Alexandra
Bumbire I.
Ukara
Ukerewe
Kisinga
Mwansa
Ukungu
Kageji
Usui
Makolo's
Nera
USSUKU
Uhha
Mkonbiro
Ujombo
Migomera
UNJAMWESI
Kagunga
Tschiambo
Urambo
Udschidschi
Uvinsa
Bakiko
Usenda
Unjamjembe
Tabora
Itambara
Ugalla
Ugunda
Ujansi
Karwala
Mrera
Karungu
Tabora
UKONONGO
Kafisya
Karema
Kiwere
Mpala
Mpimbue
Madonja
Ukimbo
Kisiki
Kapampa
TANGANJIKA
FIPA

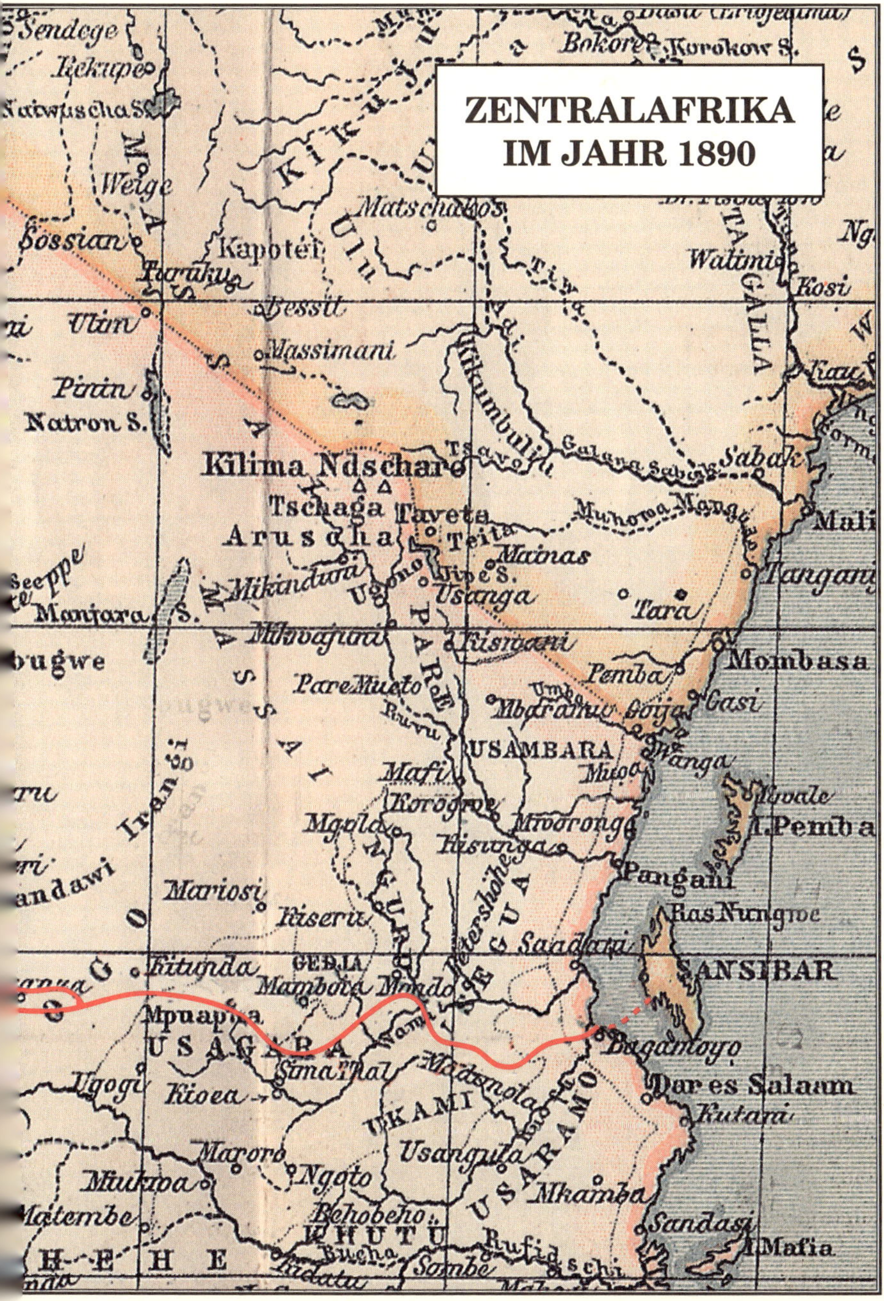

ZENTRALAFRIKA IM JAHR 1890

VIERTES KAPITEL

Am 21. März, gerade 73 Tage nach meiner Ankunft in Sansibar, verließ die fünfte Karawane unter meiner Leitung und mit der Parole „Vorwärts“ die Stadt Bagamoyo zu unserem ersten Tagesmarsch nach Westen. Als der Kirangosi, der einheimische Führer, die amerikanische Flagge ausrollte und sich an die Spitze der Karawane stellte und Träger, Tiere, Soldaten und müßige Zuschauer sich in Reihen zum Abmarsch bereitgemacht hatten, sagten wir dem Dolcefarniente des zivilisierten Lebens, dem blauen Ozean, der uns den Weg in die Heimat eröffnete, den hunderten von dunkelfarbigen Zuschauern, die sich versammelt hatten, um unsere Abreise mit wiederholten Musketensalven zu begleiten, Lebewohl.

Unsere Karawane besteht aus 28 Trägern mit Einschluss des Karawanenführers; aus zwölf Soldaten unter Hauptmann Mbarak Bombay, welche 17 Esel und ihre Lasten zu beaufsichtigen hatten; aus meinem jungen Dolmetscher Selim mit einem Esel und einem voll beladenen Karren; aus einem Koch und seinem Stellvertreter, der gleichzeitig Schneider und Gehilfe für alles ist und das graue Pferd führt; aus John Shaw, dem ehemaligen Dritten Offizier des amerikanischen Schiffs, der jetzt Anführer des Nachtrupps ist und, mit einer nachenförmigen Kopfbedeckung und Wasserstiefeln versehen, auf einem guten Reitesel sitzt und schließlich aus mir selbst, auf einem herrlichen kastanienbraunen Pferd reitend (einem Geschenk von Mr Goodhue, einem seit langem in Sansibar lebenden Amerikaner), als „Bwana Mkuba“, der „große Herr“, wie ich von meinen Leuten genannt wurde, als Leiter, Reporter, Denker und Führer der Expedition.

Im Ganzen führt die Expedition 27 Esel und einen Karren mit, welche Stoffe, Perlen, Draht, Bootsgerätschaften, Zelte, Kochgeschirr,

Schüsseln, Medizin, Pulver, Schrot, Musketen, Metallpatronen und vielerlei Waffen, Instrumente, kleine Lebensbedürfnisse wie zum Beispiel Seife, Zucker, Tee, Kaffee, Liebig'schen Fleischextrakt, Fleischkonserven, Lichte und so weiter transportieren, was alles in allem 153 Lasten ausmacht.

Die Expedition, in deren fünf Karawanen sich insgesamt 192 Seelen befanden, ist sorgfältig ausgerüstet, nichts ist gespart worden, sondern es ist für alles gesorgt. Nichts war zu rasch gemacht, doch war alles mit der größtmöglichen Eile, welche Mittel und Zweck gestatteten, gekauft, fabriziert und zusammengetragen worden. Wenn dieselbe ihre Aufgabe, recht rasch nach Udschidschi und zurück zu kommen, nicht löst, so muss das einem Zufall, der außerhalb der Macht des Willens liegt, zugeschrieben werden.

Wir verließen Bagamoyo, von den Blicken vieler Neugieriger verfolgt, unter großem Lärm und Abschiedsrufen und zogen dann eine enge Gasse hinauf, welche durch das lichte Laub zweier parallel laufender Hecken von Mimosen fast in ein Dämmerlicht gehüllt war. Wir waren alle guten Mutes, die Soldaten sangen, der Karawanenführer erhob seine Stimme in einem lauten, brüllenden Ton und ließ die amerikanische Flagge flattern, welche allen Zuschauern sagte: Siehe da, die Karawane des Musungu!

Mein Herz schlug in voller Jugendkraft. Hinter mir lagen die Sorgen, welche mich mehr als zwei Monate lang gequält hatten. Ich hatte mein letztes Wort zu dem unehrlichen Sohn Hindustans, Sur Hadschi Pallu, gesprochen, hatte den letzten Blick auf die lärmende Masse von Arabern, Banianen und Belutschen geworfen, den Jesuiten der französischen Missionsgesellschaft Lebewohl gesagt, und vor mir glänzte die Sonne der Verheißung auf ihrem Weg gen Westen. Um mich war alles lieblich; ich sah fruchtbare Felder, eine lachende Vegetation, merkwürdige Bäume; ich hörte das Zirpen der Heimchen, das Geschrei des Kibitzes und das Summen vieler Insekten, welche mir alle zu sagen schienen: Endlich bist du auf dem Weg!

Das erste Lager, Schamba Gonera, ungefähr fünf Kilometer entfernt, erreichten wir in einer Stunde dreißig Minuten. Diese erste oder

„kleine Reise" lief verhältnismäßig sehr gut ab. Der Knabe Selim fiel nicht mehr als dreimal mit dem Wagen um. Der Soldat Saidi ließ seinen Esel, der einen von meinen Kleiderkoffern und einen Munitionskasten trug, in einen Pfuhl schmutzigen Wassers fallen. Die Kleider mussten wieder gewaschen werden; der Munitionskasten war dank meiner Vorsicht wasserdicht. Kamna war vielleicht mit der Kunst des Eseltreibens vertraut, hatte aber in seiner Freude über unsere Abreise die Schwierigkeiten vergessen, mit denen ein Tier von reinem Eselsgeschlecht seiner Natur nach zu kämpfen hat, wie zum Beispiel die Unkenntnis des richtigen Weges und die Unfähigkeit, der Versuchung zu widerstehen, Abstecher in die Tiefen eines Maniokfeldes zu machen; und der Esel, welchem die unter den Eseltreibern herrschende Sitte, einem Tier einen Stock vor der Nase herumzuschwenken, nicht bekannt war und der die Richtung, die er einzuschlagen hatte, falsch auffasste, lief im vollsten Galopp einen entgegengesetzten Weg hinauf, bis seine Ladung das Gleichgewicht verlor und er gezwungen war, zu Boden zu stürzen. Aber diese Zufälle waren nebensächlich, unbedeutend und gehörten zu einer ersten „kleinen Reise" in Ostafrika. Hierbei kamen die Charaktere der Soldaten ein klein wenig zum Vorschein. Bombay erwies sich als ehrlich und vertrauenswürdig, aber etwas zur Saumseligkeit geneigt; Uledi schwatzte mehr, als er arbeitete, während Feradschi und der stiernackige Mabruki sich als treue und tüchtige Männer erwiesen, welche Lasten trugen, deren bloßer Anblick die starkgliedrigen Hamals von Istanbul zum Seufzen gebracht hätte.

Die Sättel waren ausgezeichnet und übertrafen alle Erwartungen. Das starke Hanfsegeltuch trug seine 150 Pfund, als ob es Leder gewesen wäre, und das Auf- und Abladen des verschiedenen Gepäcks wurde mit systematischer Eile betrieben. Kurz, es gab nichts zu bedauern; der Erfolg der Reise bewies, dass sie keinesfalls zu früh unternommen wurde.

Die folgenden drei Tage wurden dazu verwendet, die Vorbereitungen für die lange Landreise ganz zu vollenden und unsere Vorsichtsmaßregeln gegen die Regenzeit, die jetzt bedenklich nahe war, zu treffen.

Schamba Gonera bedeutet Goneras Feld. Gonera war eine wohl-

Bombay und Mabruki

habende indische Witwe, die den Weißen freundlich gesinnt war. Sie exportierte viel Tuch, Perlen und Draht ins ferne Innere und importierte dafür Elfenbein. Ihr Haus war nach dem Muster der Stadthäuser gebaut und hatte ein langes, schräg vorspringendes Dach, welches kühlen Schatten spendete, in dem sich die Träger gern aufhielten. Auf seiner südlichen und östlichen Seite zogen sich die bebauten Felder hin, welche Bagamoyo mit dem Haupthandelsartikel Ostafrikas, dem Hirsekorn, versahen. Zur Linken wuchs Mais und Muhogo, eine jamsartige Wurzel von weißer Farbe, die von einigen auch Maniok genannt wurde. Wenn sie trocken war, so machte man daraus Kuchen, die unseren Soldatenpfannkuchen ähnlich waren. Nach Norden zu wand sich hinter dem Haus eine schwarze Sumpflache, eine buchtige Vertiefung, welche an ihren tiefsten Stellen stets Wasser enthielt, die schlammige Heimat des Farnkräuter und Binsen liebenden Flusspferdes.

Die Soldaten und Träger benutzten noch die Zwischenzeit unseres dreitägigen Aufenthalts in Schamba Gonera, um ihre Freundinnen in Bagamoyo zu besuchen, aber ich lasse mich auf die *Chronique scandaleuse* nicht ein.

„Sofari – sofari leo! – Pakia, pakia!" („Eine Reise – eine Reise heute! – Macht euch auf den Weg – macht euch auf den Weg!") – ertönte am Morgen des vierten Tages die muntere Stimme des Karawanenführers, welche ihren Widerhall fand in der meines arabischen Knaben Selim, des Tambourmajors, Dieners und Faktotums.

Um sechs Uhr morgens war unser zeitiges Frühstück beendet, und die Esel und Träger zogen vom Lager Gonera ab. Mein kastanienbraunes Pferd erwies sich mir als unschätzbar für den Dienst des Quartiermeisters eines Transportzuges; denn mit einem solchen musste ich mich vergleichen. Ich konnte zurückbleiben, bis der letzte Esel das Lager verlassen hatte, und mich nach einem Galopp von wenigen Minuten wieder an die Front begeben und Shaw die Nachhut überlassen.

Der Weg war ein bloßer Fußpfad und führte über einen Boden, der, obgleich sandig, von merkwürdiger Fruchtbarkeit war und Korn und andere Pflanzen, die in ganz ungeschickter Weise gesät und gepflanzt worden waren, hundertfältig hervorbrachte.

In etwa einer halben Stunde hatten wir das hohe Hirsegras und die Felder mit Wassermelonen, Gurken und Maniok hinter uns gelassen und befanden uns, nachdem wir ein Binsenmoor überschritten hatten, in einem offenen Wald von Ebenholz- und Kalebassenbäumen. In seinen Tiefen befanden sich Hirsche in großer Zahl, und zur Nachtzeit wurde er seines Grases wegen von den Flusspferden aus dem Kingani besucht. Eine Stunde später waren wir aus den Wäldern herausgetreten und blickten über das breite Tal des Kingani, wo sich eine Szenerie so unendlich verschieden von den Gebilden meiner dummen Fantasie eröffnete, dass ich durch die angenehme Enttäuschung ganz ergötzt wurde. Hier streckte sich ein Tal sechseinhalb Kilometer nach Osten und Westen und ungefähr zwölf Kilometer nach Norden und Süden aus, welches mit seinem reichen Boden dem bloßen wilden Graswuchs überlassen war, was in der zivilisierten Welt eine für die Viehzucht sehr

Selim

wertvolle Wiese abgegeben hätte; umgeben war das Flusstal von einem dichten Wald, der den Horizont nach allen Himmelsrichtungen hin verdunkelte, und eingehüllt von baumbewachsenen Berggipfeln.

Als sich unsere Karawane hören ließ, sprangen rote Antilopen nach rechts und links, und die Frösche hörten auf mit ihrem Quaken. Die Sonne schien heiß, und während wir durch das Tal schritten, spürten wir etwas von ihrer wirklich afrikanischen Glut. Ungefähr auf dem halben Weg durch das Tal kamen wir an eine Pfütze stehenden Wassers, die gerade auf der Straße, welche die Karawane zog, einen sumpfigen Teich gebildet hatte. Die Träger gingen über eine rasch gebaute Brücke, die vor langer Zeit von einigen menschenfreundlichen Waschensi gezimmert worden war. Es war ein merkwürdiges Ding; rohe Baumäste ruhten auf sehr unsicheren gabelförmigen Pfählen. Unsere schwächeren Tiere wurden abgeladen, da die Erfahrungen an der Schmutzlache zwischen Bagamoyo und Gonera uns diese Vorsichtsmaßregel gelehrt hatten; aber dies verursachte keinen langen Aufenthalt, die Leute arbeiteten tüchtig unter Shaws Aufsicht.

Alsbald erreichten wir den trüben Flusslauf selbst und gingen durch das Schilfmoor längs seines rechten Ufers.

Nachdem wir einen Kilometer in Richtung Norden durch ein Dickicht von ungeheuren Binsen und üppigen Schlingpflanzen gegangen waren, kamen wir an eine Fähre, wo die Tiere wieder einmal abgeladen werden mussten. Kingwere, der Nachenruderer, der uns von seinem Dickichtversteck auf der anderen Seite erblickte, beantwortete höflich unsere Hallos und brachte seinen großen, ausgehöhlten Baum geschickt über die Wirbel des Stromes an den Ort, wo wir auf ihn warteten. Während ein Teil unserer Gesellschaft den Nachen mit unseren Gütern belud, machten andere ein langes Seil zurecht, welches den Tieren um den Hals befestigt wurde, um sie durch den Fluss aufs andere Ufer hinüberzuziehen.

Nachdem ich zugesehen hatte, dass die Arbeit ordentlich angefangen wurde, setzte ich mich in einen ausrangierten Nachen, um mich damit zu unterhalten, die dicken Schädel der Flusspferde zu beobachten.

Wenn sie nicht durch fremde Laute gestört werden, so versammeln sich diese ungeschlachten Bewohner der afrikanischen Gewässer in dem seichten Wasser auf den Sandbänken und setzen den Vorderteil ihres Körpers dem warmen Sonnenschein aus, wobei sie, wenn sie schläfrig ruhen, einer Herde großer Schweine sehr ähnlich sehen. Wenn sie durch den Lärm eines Eindringlings aufgeschreckt werden, so werfen sie sich rasch in die Tiefe, peitschen das Wasser zu einem gelben Schaum und zerstreuen sich unter der Oberfläche desselben, alsbald lassen sich die Köpfe einiger wieder sehen und spritzen das Wasser aus den Nasenlöchern heraus, um Atem zu schöpfen und vorsichtig um sich zu blicken. In dieser Lage sieht man nur ihre Ohren, Stirn, Augen und Nasenlöcher. Ich habe verschiedene Vergleiche in Bezug auf ihr Aussehen, wenn sie in dieser Weise schwimmen, anstellen hören. Einige Araber sagten mir, sie sähen aus wie tote Bäume, die den Fluss hinabschwimmen, andere, welche irgendwo Schweine gesehen hatten, glaubten, sie ähnelten solchen; aber meiner Ansicht nach sehen sie mehr wie schwimmende Pferde aus. Ihre großen Nacken und spitzen Ohren, weiten Augen und geöffneten Nasenlöcher sprechen mehr für diesen Vergleich.

Nachts suchen sie das Lager auf und wandern mehrere Kilometer weit ins Land hinein, wo sie sich an den üppigen Gräsern weiden. Bis sechseinhalb Kilometer vor der Stadt Bagamoyo der Kingani ist ungefähr zwölf Kilometer entfernt – sieht man ihre breite Fährte. Oft, wenn sie nicht durch die Menschenstimmen erschreckt werden, machen sie einen Angriff auf die üppigen Kornhalme der eingeborenen Landbauern, und ein Dutzend von den Tieren genügt, um auf einem großen Feld eine ungeheure Verwüstung anzurichten. Daher waren wir nicht erstaunt, als wir bei unserem Aufenthalt an der Fähre von den Besitzern der Kornfelder laute Hallorufe hörten, wie es die rotwangigen Pächterjungen Englands tun, wenn sie die Krähen vom jungen Weizen verscheuchen.

Die Karawane war mittlerweile mit ihren Ballen, Gepäckstücken, Eseln und Leuten glücklich ans andere Ufer gelangt. Ich hatte daran gedacht, am Ufer zu kampieren, um mich mit der Antilopenjagd zu amüsieren, mir Fleisch zu verschaffen und dadurch meine Ziegen zu schonen, von denen ich eine Anzahl lebendig mit mir führte; aber wegen des Schreckens und der Furcht, welche meine Leute vor den Flusspferden empfanden, musste ich bis an den Vorposten der Belutschengarnison von Bagamoyo, die sich in einem kleinen, sechseinhalb Kilometer vom Fluss entfernt liegenden Dorf namens Kikoko befand, weiterziehen.

Das westliche Ufer des Flusses war bedeutend besser als das östliche. Die Ebene erhob sich anderthalb Kilometer weit allmählich wie der Strand eines Seebades, bis sie in einem sanften, abgerundeten Bergrücken gipfelte, und sie bot nicht die Schwierigkeiten dar, welche uns auf der anderen Seite belästigt hatten. Dort gab es keine jener ungeheuren Schmutzmassen und schwarzen Kotlachen mit den überhohen Gräsern. Es fehlte der miasmenreiche Urwald mit seinen schädlichen Ausdünstungen. Die Landschaft war geradeso, wie man sie vor einem englischen Herrenhaus findet, eine schöne ausgedehnte, mit Rasen belegte Ebene, auf der genug Gebüsch vorhanden war, um eine angenehme Abwechslung zu bieten. Die Straße führte, nachdem sie über eine offene Fläche gegangen, durch einen Hain junger Ebenholzbäume, wo Perlhühner und eine Kuhantilope zu sehen waren; dann wandte sie sich mit den charakteristischen großen Krümmungen eines Ziegenpfades eine Reihe von Hügeln hinauf und hinab, umsäumt von dem dunkelgrünen Laub des Mango- und den spärlicheren und heller gefärbten Blättern des großen Kalebassenbaumes. Die Talsenken waren mit hohem, mehr oder weniger dichtem Dickicht bewachsen, nur hier und da öffnete sich eine Lichtung, die selbst zur Mittagszeit von dünnen Reihen hoher Bäume beschattet wurde. Bei unserer Annäherung flohen Schwärme von grünen Tauben, Dohlen, Ibissen, Turteltauben, Goldfasanen, Wachteln und Moorhennen, Krähen und Habichten in Schrecken davon, während hin und wieder ein einsamer Pelikan sich flügelschlagend entfernte.

Auch hatte dieser belebte Anblick seine Antilopenpaare und Affen, welche wie australische Kängurus dahinhuschten, dieselben waren hier von bedeutender Größe, mit kugelrunden Köpfen, weißen Brüsten und langen, am Ende buschigen Schweifen.

Wir kamen in Kikoka um fünf Uhr nachmittags an, nachdem wir unsere Packtiere viermal auf- und abgeladen, eine tiefe Pfütze, eine Schlammquelle und einen Fluss passiert und 17 Kilometer zurückgelegt hatten.

Die Ansiedlung von Kikoka bestand aus einer Anzahl Strohhütten, die nach keinem architektonischen Stil, sondern in einer Mischform gebaut waren, die von trägen Ansiedlern aus Sansibar erfunden wurde, um so viel Sonnenschein wie möglich von dem durch vorspringende Dächer beschatteten Äußeren und dem Inneren des Hauses abzuhalten. Eine Quelle und einige Brunnen versahen sie mit Wasser, das allerdings nicht besonders gesund oder appetitlich war, da durch den Regen große Mengen verwester Stoffe hineingewaschen wurden, die dort liegen blieben und sich dann weiter zersetzten.

Am 27., bald nach sieben Uhr morgens, brachen wir unser Lager ab. Das Land hatte denselben Charakter wie das zwischen dem Fluss Kingani und Kikoka: Es war anziehendes, in allen seinen landschaftlichen Ausprägungen schönes Parkland.

Ich ritt voran, um uns Fleisch zu verschaffen, wenn sich eine Gelegenheit dazu bieten sollte, fand aber keine Spur von Dickicht oder Wild. Gerade vor uns, im Westen, dehnten sich die Hügelketten, die wie die vielfach vergrößerten Furchen eines Feldes parallel verliefen. Jeder Bergrücken hatte einen mit Buschwerk bewachsenen Punkt oder einen dünnen Strich dicht belaubter Bäume, bis wir ganz in die Nähe von Rosako, unserem nächsten Halteplatz, kamen, wo sich das eintönig wellige Land veränderte und in einzelne Hügel verwandelte, die mit dichten Gebüschen bewachsen waren. Auf einem derselben liegt, in undurchdringliches Dunkel dorniger Akazien eingehüllt, Rosako, das von dieser natürlichen Befestigung umgürtet wird und an ein anderes nach Norden gelegenes Dorf stößt, das in ähnlicher Weise geschützt ist. Zwischen beiden senkt sich ein äußerst fruchtbares und an Produkten reiches Tal, das von einem kleinen Bach durchschnitten wird, welcher das Wasser von demselben und den darum liegenden niedrigen Hügeln ableitet.

Rosako ist das Grenzdorf von Ukwere, während Kikoka im äußersten

Nordwesten von Usaramo liegt. Wir zogen in dieses Dorf und besetzten einfach dessen Mitte mit unseren Zelten und Tieren. Der Dorfhäuptling brachte mir zu meinem Gebrauch eine *Kitanda* ins Zelt, das heißt eine leichte, viereckige Bettstelle ohne Behänge, Fransen oder sonstigen überflüssigen Zierrat, die aber trotzdem ebenso bequem ist, als wenn sie mit dergleichen versehen wäre. Die Tiere wurden, unmittelbar nachdem sie entlastet waren, auf die Weide getrieben, und die Soldaten machten sich Mann für Mann an die Arbeit, die Expeditionsgüter zusammenzupacken, damit der während der Regenzeit stets drohende Regen keinen unersetzlichen Schaden anrichtete.

Vor unserer Abreise am folgenden Morgen brachte mir Maganga, der Führer der vierten Karawane, die traurige Nachricht, drei seiner Träger seien krank, und er bat mich deshalb um etwas *Dowa* (Medizin). Obgleich ich kein Arzt bin und in keinerlei Beziehung zu dieser Kunst stehe, hatte ich einen gut gefüllten Medizinkasten, ohne den kein Reisender in Afrika leben kann, gerade für derartige Zwischenfälle bei mir. Ich besuchte also Magangas Kranke und fand, dass einer Lungenentzündung, ein anderer das Mukunguru und der dritte ein venerisches Leiden hatte. Sie dachten alle, dass sie sterben müssten, und schrien laut: „Mama, Mama!“, obwohl sie alle erwachsene Männer waren. Offenbar konnte die vierte Karawane an dem Tag nicht weiterziehen. Ich befahl also Maganga, mir so bald wie möglich nachzueilen, und setzte meinen eigenen Marsch fort.

Außer in der Nachbarschaft der Dörfer, durch welche wir bisher gekommen waren, gab es nirgends Spuren von Kultur. Das sich zwischen den verschiedenen Stationen ausdehnende Land war eine unbewohnte Einöde wie die Wüste Sahara, obwohl es ein bei weitem angenehmeres Aussehen hatte. Hätte der erste Mensch zur Zeit der Schöpfung auf seine Welt geblickt und in ihr die Schönheit gefunden, welche diesem Teil Afrikas eigen ist, so hätte er sich nicht zu beklagen gehabt. Er würde in den tiefen Dickichten, die wie Inseln in einem grünen Grasmeer liegen, Schutz vor der Mittagssonne und einen sicheren Zufluchtsort für sich und sein Weib während der schrecklichen Dunkelheit gefunden haben. Am Morgen hätte er auf dem sanft abfallenden

Rasen spazieren gehen, sich seiner Frische freuen und seine Waschungen in einem der vielen kleinen Flüsse, die ihm zu Füßen fließen, vornehmen können. Er bedurfte ja nur eines Obstgartens. Schöne, tiefe, kühle Wälder umgaben ihn, und in ihrem Schatten spazierten so viele Tiere, als man nur wünschen mochte. Tagelang konnte man hier in jede der vier Himmelsrichtungen gehen und würde stets dieselbe Szenerie erblicken.

Sosehr ich auch wünschte, den Zielort der ersten großen Etappe, Unjanjembe, zu erreichen, so wurde ich doch durch eine Herzensangst um die Ankunft meiner von der vierten Karawane transportierten Güter zurückgehalten. Ehe meine eigene Karawane 15 Kilometer weitermarschiert war, hatten meine Befürchtungen den höchsten Grad erreicht und mich veranlasst, ein Lager aufzuschlagen. Der von mir erwählte Platz verfügte über reichlich Wasservorkommen, insbesondere während der Regenzeit, da er den Abfluss für zwei ausgedehnte Bergabhänge bildete. Kaum hatten wir unser Lager aufgeschlagen, eine *Boma* von dornigen Akazien und anderen Zweigen gebaut und umpfählt, sodann unsere Tiere auf die Weide getrieben, als wir eine ungeheure Zahl der verschiedenartigsten Insekten bemerkten, welche eine Zeit lang für uns zu einer neuen Quelle von Besorgnissen wurden, bis sie durch eine genaue Untersuchung der verschiedenen Arten zerstreut wurden.

Am nächsten Morgen hielt ich es immer noch für geratener, auf die vierte Karawane zu warten, statt weiter vorwärts zu gehen. Ihre Ankunft erwartend, widmete ich mich den Freuden der Jagd.

Nachdem wir durch das hohe Gras der Ebene eine Weile gegangen waren, erreichten wir zwischen dichtem Schilf gelegene Lichtungen. Ohne Erfolg spähte ich hier nach guten Verstecken und Schlupfwinkeln, kam aber schließlich auf einen reichlich von kleinen Antilopen und Kuhantilopen betretenen Wildpfad, dem wir folgten. Er führte mich ins Dickicht und einen Wasserlauf entlang, der dasselbe durchschnitt; aber nachdem ich ihm eine Stunde lang gefolgt war, kam ich von demselben und beim Versuch, ihn wieder aufzufinden, auch von meinem Weg ab. Hier leistete jedoch mein Taschenkompass gute Dienste, und mit seiner

Hilfe steuerte ich auf die freie Ebene zu, in deren Mitte das Lager stand.

Sich durch ein afrikanisches Dickicht hindurchzudrängen, das der Kleidung und der Haut gleich verderblich ist, bedeutet eine große Anstrengung. Um rasch fortzukommen, hatte ich ein Paar Flanellgamaschen angezogen und die Füße in Segeltuchschuhe gesteckt. Wie sich erwarten ließ, fasste, ehe ich ein paar Schritte weit gegangen war, ein Zweig der *Acacia horrida*, die nur eins unter hundert ähnlichen Übeln bildet, das rechte Bein meiner Gamaschen am Knie und riss es fast völlig ab, worauf ein stämmiger Kolquall mich an der Schulter fasste und mir als unvermeidliche Folge einen zweiten Riss beibrachte. Ein paar Schritte weiter verunzierte eine stachelige Aloepflanze durch einen weiteren Riss das andere Bein meiner Gamaschen, und fast unmittelbar darauf strauchelte ich gegen einen Convolvulus von der Stärke einer Mastenstrickleiter und fiel der Länge nach auf Dornengestrüpp. Auf allen vieren wie ein Hund auf der Fährte, war ich nun gezwungen weiterzukriechen. Mein Sonnenhut wurde mit jeder Minute schlechter, meine Haut mehr und mehr verletzt, meine Kleidung bei jedem Schritt mehr zerrissen. Außer diesen Übeln gab es eine stechende, ätzende Pflanze, welche neben ihren starken Gerüchen mir schmerzhaft ins Gesicht schlug und einen brennenden Schmerz hinterließ, ähnlich jenem, der durch Cayennepfeffer verursacht wird. Die Luft in dem undurchdringlichen Dickicht war heiß und erstickend, der Schweiß rann mir aus allen Poren und machte meine Flanellfetzen so nass, als ob ich durch einen Regenguss gegangen wäre. Als ich schließlich wieder in die Ebene gelangt war und frei atmen konnte, gelobte ich mir, nie wieder ins Innere afrikanischer Dickichte vordringen zu wollen, wenn nicht eine unabwendbare Notwendigkeit dazu bestand.

Trotz der grausamen Risse in meiner Kleidung und meiner Hautwunden konnte ich nicht umhin, die Schönheit der Gegend zu bewundern, als ich über die große wellenförmige, in liebliches Grün gekleidete Ebene blickte, die von schönen, im Frühlingslaub prangenden Wäldern begrenzt wurde, und die kleinen, über die weite Fläche verstreuten Gebüschinseln betrachtete. Immerhin gewann das Land täglich in meiner Wertschätzung. Denn bisher fühlte ich nur, dass ich erhaltenen Befehlen nachkam, und wie ungesund es auch sein mochte, so war ich doch verpflichtet weiterzugehen, und aus Furcht vor dem schrecklichen Fieber gelobte ich mir, künftig nicht einen Fußbreit von meinem Weg abzuweichen.

Der zweite und dritte Tag verging ohne irgendeine Nachricht von Maganga. Daher wurden Shaw und Bombay ausgesandt, um ihn mit aller möglichen Beschleunigung heranzubringen. Am vierten Morgen kehrten sie, von dem langsamen Maganga und seinen träge nachziehenden Leuten begleitet, zurück. An ihn gerichtete Fragen waren nur imstande, ihm die Entschuldigung zu entlocken, dass seine Leute zu krank gewesen wären und er gefürchtet hätte, ihre Kräfte eher auf die Probe zu stellen, als bis sie ganz imstande wären, die Strapazen auszuhalten. Außerdem machte er den Vorschlag, ich möge doch, da er sich noch einen Tag in dem Lager aufhalten müsse, nach Kingaru voranziehen und dort bis zu seiner Ankunft im Lager bleiben. Auf diesen Rat hin brach ich mein Lager ab und zog nach dem acht Kilometer entfernten Kingaru weiter.

Auf diesem Marsch wurde das Land hügeliger, und die Karawane stieß zuerst auf Schilfmoor, was unserem Wagen bedeutende Mühe verursachte. Pisolithischer Kalkstein trat in Schichten und Geröllen hervor; wir fingen an, uns einzubilden, dass wir uns einem gesunden Hochland näherten, und als ob dieser Gedanke sich bestätigen sollte, wurden im Norden und Nordwesten die purpurnen Kegel von Udoe sichtbar, und über allen ragte der Dilima-Pic etwa 450 Meter hoch über der Meeresfläche empor. Aber bald darauf senkte sich der Weg wieder in ein kesselförmiges grünes, von hohem Korn bewachsenes Tal und bog sich leicht von Nordwesten nach Westen durch ein Land, das sich abermals in wellenförmigen Linien hinzog.

In einer der zwischen diesen Hügelketten befindlichen Niederungen stand das Dorf Kingaru mit einer Umgebung, die in ihrem Äußeren auf Wechsel- und andere Fieber hindeutete. Vielleicht machten aber auch die dicken Regenwolken und überhängenden Bergkämme mit ihren dichten, durch das Dunkel traurig aussehenden Wäldern den Ort unangenehmer als gewöhnlich.

Ehe wir unser Lager in Ordnung bringen und die Zelte aufschlagen konnten, kam der schreckliche Vorbote der Regenzeit in hinreichenden Strömen herab, um die junge glühende Liebe, die ich in letzter Zeit für Ostafrika an den Tag gelegt hatte, zu dämpfen. Trotz des Regens jedoch arbeiteten wir weiter, bis unser Lager fertig, das Eigentum vor Wetter und Dieben in Sicherheit gebracht war und wir mit Ergebung zusehen konnten, wie die Regentropfen den Boden in einen äußerst zähen Schlamm verwandelten.

Gegen Abend, nachdem das unangenehme Schauspiel seinen Höhepunkt erreicht hatte, hörte der Regen auf, und die Eingeborenen kamen aus den in den Wäldern gelegenen Dörfern scharenweise mit ihren Handelswaren ins Lager. Ihnen voran erschien, als ob er dazu verpflichtet wäre, der Sultan – Beherrscher oder Häuptling – des Dorfes mit drei Maß Hirsekorn und einem halben Maß Reis, die er mich mit väterlichem Lächeln anzunehmen ersuchte. Aber unter seiner lachenden Maske, den triefenden Augen und der gefurchten Stirn ließ sich ein ränkevolles, äußerst schlaues Wesen erkennen. Unter derselben Maske, die dieser schelmische Älteste angenommen hatte, antwortete ich: „Der Häuptling von Kingaru hat mich einen reichen Sultan genannt. Wenn ich das bin, warum kommt dann der Häuptling nicht mit einem reichen Geschenk zu mir, damit er ein ebenso reiches Gegengeschenk in Empfang nehmen kann?"

Darauf erwiderte er, abermals mit einem gezwungenen Lächeln seines runzeligen Gesichts: „Kingaru ist arm, und es gibt im Dorf kaum Hirse."

Worauf ich entgegnete, ich würde ihm, da so wenig Hirsekorn im Dorf vorhanden sei, ein halbes Schukka oder einen Meter Tuch geben, was genau seinem Geschenk entspreche, und wenn er sein kleines Körbchen für ein ordentliches Geschenk halte, so würde ich mein Stück Tuch gleichfalls als ein solches bezeichnen. Mit dieser Logik musste er sich zufrieden geben.

Tags darauf hat die Expedition durch den Tod des arabischen Pferdes, das mir Said Bargasch, der Sultan von Sansibar, geschenkt hatte, einen herben Verlust erlitten. Am Vorabend hatte ich bemerkt, dass das

Pferd leidend war. Da ich mich dessen erinnerte, was mir Dr. Kirk, der britische Konsul in Sansibar, so häufig versichert hatte, nämlich dass Pferde im Inneren von Afrika wegen der Tsetsefliege nicht leben könnten, ließ ich es öffnen, um den Magen, von dem ich meinte, dass er krank sei, zu untersuchen. Außer viel unverdauter Hirse und sonstigem Gras fanden sich 25 kurze, dicke weiße Würmer, welche wie Blutegel in der Wandung des Magens steckten, während die Därme von zahlreichen langen weißen Würmern wimmelten. Ich bin überzeugt, dass weder Mensch noch Vieh mit einer solchen Masse schädlicher lebender Wesen im Inneren lange existieren können.

Damit der tote Kadaver das Tal nicht verpestete, ließ ich das Pferd ungefähr zwanzig Meter von der Lagerstätte tief in der Erde vergraben. Aus dieser kleinen Veranlassung machte der Dorfhäuptling von Kingaru ungeheuren Lärm. Er hatte nämlich mit seinen Kollegen, den Häuptlingen der benachbarten Dörfer, die ungefähr zwei Dutzend aus Zweigen geflochtene Hütten repräsentierten, über die beste Methode beratschlagt, wie er den Musungu um ein oder zwei ganze Doti Merikani, ungebleichtes amerikanisches Baumwollgewebe, das in Afrika sehr geschätzt wird, strafen könne, und war dabei schließlich zu der Überzeugung gelangt, dass die Beerdigung eines toten Pferdes auf seinem Grund und Boden ohne vorgängige Erlaubnis ein schreckliches und strafwürdiges Vergehen sei. Indem er sich also über die unverzeihliche Unterlassung sehr entrüstet stellte, beschloss Kingaru, vier junge Leute zu dem Musungu zu schicken und ihm sagen zu lassen: „Da Ihr Euer Pferd in meinem Boden begraben habt, so mag es gut sein; es kann da bleiben, aber Ihr müsst mir zwei Doti Merikani dafür bezahlen."

Als Antwort wurde den Boten aufgetragen, ihrem Häuptling zu sagen, ich zöge es vor, die Sache mit ihm selbst von Angesicht zu Angesicht zu besprechen, wenn er so gut sein wolle, mich noch einmal in meinem Zelt zu besuchen. Da das Dorf nur einen Steinwurf von unserem Feldlager entfernt war, kam der runzelige Älteste in ein paar Minuten wieder an die Tür meines Zeltes, und etwa die Hälfte der Einwohnerschaft folgte ihm.

Das nun folgende Zwiegespräch, welches so stattfand, wie es hier aufgezeichnet ist, wird dazu beitragen, den Charakter der Leute zu kennzeichnen, mit denen ich ungefähr ein Jahr lang im Verkehr stehen sollte.

Weißer: „Seid Ihr der große Häuptling von Kingaru?"

Kingaru: „Huh-uh. Ja."

Weißer: „Der große, große Häuptling?"

Kingaru: „Huh-uh. Ja."

Weißer: „Wie viel Soldaten habt Ihr?"

Kingaru: „Wieso?"

Weißer: „Wie viel Kriegsleute habt Ihr?"

Kingaru: „Gar keine."

Weißer: „Nun, ich dachte, Ihr würdet tausend Mann bei Euch haben, da Ihr einem so starken Weißen, der viele Gewehre und Soldaten hat, eine Strafe von zwei Doti Tuch für das Begraben eines toten Pferdes auferlegt."

Kingaru (etwas verwirrt): „Nein, ich habe keine Soldaten. Ich habe bloß ein paar junge Krieger."

Weißer: „Warum kommt Ihr dann und macht uns diese Unruhe?"

Kingaru: „Ich habe es nicht getan, sondern meine Brüder, die mir sagten: ‚Komm her, komm her, Kingaru, sieh, was der weiße Mann getan hat. Hat er nicht von deinem Grund und Boden Besitz ergriffen dadurch, dass er sein Pferd ohne deine Erlaubnis in deinem Erdreich begraben hat? Komm, geh hin und sieh, mit welchem Recht er das getan.' Daher bin ich hergekommen, um Euch zu fragen, wer Euch die Erlaubnis gegeben hat, meinen Boden als Begräbnisplatz zu benutzen."

Weißer: „Ich bedarf keines Menschen Erlaubnis, um das zu tun, was recht ist. Mein Pferd ist krepiert. Hätte ich es in Eurem Tal liegen lassen, wo es verfault wäre und die Luft verpestet hätte, so hätte Krankheit Euer Dorf heimgesucht, Euer Wasser wäre ungesund geworden, und die Karawanen würden hier nicht anhalten, um Handel zu treiben, denn sie würden sagen: ‚Dies ist ein unglücklicher Ort, lasst uns weiterziehen.' Aber genug davon; ich höre, Ihr wollt nicht, dass das Pferd in Eurem Boden beerdigt liegt. Der Fehler, den ich begangen habe, lässt sich leicht wieder gutmachen. Im Augenblick sollen meine Soldaten es wieder ausgraben und den Boden so zudecken, wie er früher war, und das Pferd soll da liegen bleiben, wo es gestorben ist." (Bombay laut zurufend:) „Heda, Bombay, nimm Soldaten und Hacken, um mein Pferd aus der Erde herauszugraben. Schleppt es dahin, wo es gestorben ist, und macht alles bereit für unseren morgen früh stattfindenden Marsch."

Kingaru schreit nun mit bedeutend erhobener Stimme und vor Erregung wackelndem Kopf: *„Akuna, akuna, Bwana!* Nein, nein, Herr! Möge der Musungu nicht zornig werden. Das Pferd ist tot und liegt jetzt begraben. Mag es da liegen bleiben, weil es schon da ist, und lasst uns wieder gute Freunde sein."

Nachdem der Häuptling von Kingaru auf diese Weise zur Vernunft gebracht war, boten wir einander ein freundschaftliches Quahary, und ich blieb allein, um über meinen Verlust nachzudenken. Kaum war eine halbe Stunde verstrichen – es war neun Uhr abends geworden und das Lager schon halb im Schlummer –, als ich ein tiefes, von einem Tier herrührendes Gestöhne vernahm. Als ich mich danach erkundigte, welches Tier leidend sei, war ich erstaunt zu erfahren, dass es sich um meinen Braunen handelte. Mit einer Stalllaterne ging ich zu ihm hinüber und bemerkte, dass der Schmerz im Magen saß. Aber ob dies von irgendeiner giftigen Pflanze, die er auf der Weide gefressen, oder von einer sonstigen Krankheit herrührte, konnte ich nicht ermitteln. Das Pferd gab reichliche Mengen einer dünnflüssigen Substanz von sich, die aber in ihrer Farbe nichts Eigentümliches hatte. Seine Schmerzen waren offenbar sehr groß, denn es stöhnte wahrhaft kläglich und sträubte sich heftig. Ich blieb die ganze Nacht auf in der Hoffnung, dass es nur die vorübergehende Wirkung einer unbekannten schädlichen Pflanze sei; aber nach einem kurzen, schweren Todeskampf krepierte auch dieses Pferd am nächsten Morgen um sechs Uhr, genau 15 Stunden nach dem anderen. Als wir den Magen öffneten, stellte sich heraus, dass der Tod durch das nach innen erfolgte Aufplatzen eines Geschwüres bedingt war, das den größten Teil der Magenwand ergriffen und sich 25 bis 50 Millimeter nach dem Mageneingang hin erstreckt hatte. Der Inhalt des Magens und der Gedärme war oben von dem gelben schleimigen Ausfluss des Geschwüres überschwemmt.

Am 4. April erschienen endlich Maganga und seine Leute, nachdem sie sich uns durch Musketenschüsse und Hornsignale, die hierzulande üblichen Zeichen der Annäherung einer Karawane, angemeldet hatten. Seinen Kranken ging es bedeutend besser, aber sie brauchten noch einen Tag Ruhe in Kingaru. Nachmittags kam er, um Angriffe auf meine Freigebigkeit zu machen, indem er mir Einzelheiten über die herzlosen Betrügereien erzählte, welche Sur Hadschi Pallu gegen ihn verübt hätte; aber ich sagte ihm, ich könne, seit ich Bagamoyo verlassen, nicht mehr freigebig sein. Wir seien jetzt in einem Land, wo das Tuch viel mehr wert sei; auch hätte ich nicht mehr davon, als ich für meinen und meiner Leute Unterhalt brauchte, und er und seine Karawane hätten mich mehr Geld und Mühe gekostet als die drei übrigen – was auch der Fall war. Mit dieser Entgegnung musste er sich zufrieden geben; aber ich löste wieder seine Zweifel über die Geldangelegenheit, indem ich ihm versprach, dass er, wenn er rasch mit seiner Karawane nach Unjanjembe weiterziehe, keine Ursache haben solle, sich zu beklagen.

Am 5. April hatten wir die Genugtuung, die vierte Karawane vor uns her verschwinden zu sehen mit dem erwünschten Versprechen, dass wir sie diesseits von Simbamwenni gewiss nicht wieder erblicken sollten, wenn wir auch noch so rasch folgten.

Am folgenden Morgen schlug ich, um meine Leute aus ihrer krankhaften Stumpfheit aufzurütteln, einen ermunternden Alarm mit einem eisernen Kochlöffel auf einer Zinnpfanne, wodurch ich anzeigte, dass wir im Begriff standen, eine Safari zu unternehmen. Nach der außerordentlichen Heiterkeit zu urteilen, mit der meinem Aufruf entsprochen wurde, hatte dies eine sehr gute Wirkung. Schon vor Sonnenaufgang waren wir in der Lage, aufbrechen zu können. Nach unserem Abzug stürzten die Dorfbewohner von Kingaru mit der Schnelligkeit von Habichten heraus, um die Lumpen oder Abfälle, die wir zurückgelassen hatten, einzusammeln.

Der lange Marsch von zwanzig Kilometern bis nach Imbiki, dem nächsten Ort, bewies, dass unser verlängerter Aufenthalt in Kingaru meine Soldaten und Träger völlig demoralisiert hatte. Nur wenige von ihnen hatten Kraft genug, um Imbiki vor der Nacht zu erreichen. Die anderen, welche bei den beladenen Eseln waren, erschienen erst am nächsten Morgen in einem bejammernswerten Zustand des Geistes und Körpers.

Einer der Träger namens Chamesi war weggelaufen und hatte zwei Ziegen, das Zelt für die Waren und die ganze persönliche Habe von Uledi, welche aus seinem Besuchs-Dischdascheh, einem langen Hemd nach arabischem Schnitt, zehn Pfund Perlen und einigen feinen Stoffen bestand, mitgenommen. Uledi, einer von meinen Soldaten aus der Riege der „Getreuen“, hatte ihm diese Dinge in einem Anfall von Großmut anvertraut, während er die Last des Trägers, nämlich siebzig Pfund Bubuperlen, getragen hatte. Diese Veruntreuung durfte nicht ungesühnt bleiben. Wenigstens musste der Versuch gemacht werden, ihn zu fassen, damit er nicht unverrichteter Dinge heimkehrte. Daher wurden Uledi und Feradschi ausgeschickt, um ihn zu verfolgen, während wir in Imbiki blieben, um den erschöpften Soldaten und Tieren Zeit zur Erholung zu geben.

Am 8. setzten wir unsere Reise fort und kamen in Msuwa an. Dieser Marsch wird in der Erinnerung unserer Karawane als der anstrengendste von allen lebendig bleiben, obwohl die Entfernung nur 16 Kilometer betrug. Er führte fortwährend durch Urwalddickicht, nur unterbrochen von drei dazwischen liegenden Waldwiesen von beschränkten Ausmaßen, die uns Atempausen in der grässlichen Reisearbeit durch das Dickicht gewährten. Der Geruch, der den wilden Pflanzen desselben entströmte, war so durchdringend, so stechend scharf und das aus den verwesten Pflanzenstoffen entstehende Miasma so stark, dass ich jeden Augenblick erwartete, wir alle würden in akuten Fieberanfällen zusammenbrechen.

Glücklicherweise stellte sich jedoch diese Befürchtung nicht ein, wodurch unser Unglück wenigstens nicht vermehrt wurde; denn wir hatten mit dem Übelstand, die häufig fallenden Pakete auf- und abladen zu müssen, bereits genug zu tun. Es zeigte sich, dass sieben Soldaten für die Besorgung von 15 beladenen Eseln auf einer Reise durch den Urwald entschieden zu wenig waren; denn wenn der Pfad nur dreißig Zentimeter breit ist und von einer von Dornen und Schlinggewächsen starrenden Mauer zu beiden Seiten eingeengt wird, wenn vorspringende Äste quer über ihn laufen sowie Bündel von starren Zweigen, spitz wie Nägel, alles aufhalten, was mehr als gut einen Meter hoch ist, so kann man vernünftigerweise annehmen, dass Esel von gleicher Größe mit einer Last, welche von einem Ballen zum anderen ebenfalls einen Meter misst, Schwierigkeiten haben mussten durchzukommen. Solche Missgeschicke ereigneten sich häufig und zwangen uns alle paar Minuten, die Sachen wieder in Ordnung zu bringen. Dies hatten wir so oft zu tun, dass die Leute ganz entmutigt wurden und man ihnen scharf zureden musste, damit sie sich an die Arbeit machten.

Als ich Msuwa erreichte, war niemand bei mir und den zehn Eseln, die ich trieb, außer dem stiernackigen Mabruki, welcher, obwohl gewöhnlich etwas dumm, wie ein Mann bei seiner Arbeit blieb. Bombay und Uledi waren weit hinten mit den am stärksten ermatteten Eseln. Shaw hatte den Karren zu besorgen und machte sehr trübe Erfahrungen dabei; wie er mir sagte, hatte er ein ganzes Wörterbuch stürmischer Schimpfreden, wie sie den Matrosen bekannt sind, verbraucht und noch ein neues, selbst erfundenes erschöpft. Er kam nicht vor zwei Uhr am nächsten Morgen an und war vollständig erschöpft.

In Msuwa wurde wiederum Halt gemacht, damit unsere Tiere sich erholen konnten. Der Häuptling des Dorfes, außer in der Hautfarbe ein Weißer in jeglicher Beziehung, schickte mir und meinen Leuten das fetteste, breitschwänzige Schaf seiner Herde und fünf Maß Hirsekorn. Das Hammelfleisch war ausgezeichnet, unvergleichlich schön. Für sein rechtzeitiges, uns so notwendiges Geschenk gab ich ihm zwei Doti Tuch und amüsierte ihn damit, dass ich ihm den wunderbaren Mechanismus des gezogenen Winchestergewehrs und meiner Hinterladerrevolver auseinander setzte.

Er und seine Leute waren intelligent genug, um die Nützlichkeit dieser Waffen in der Not zu begreifen, und deuteten mit ausdrucksvollen Pantomimen die mächtige Wirkung derselben gegen die bloß mit Speer und Bogen bewaffneten Massen an, indem sie ihre Arme so ausstreckten, als ob sie eine Flinte hielten und mit derselben einen großen Kreis umschrieben. „Wahrlich“, sagten sie, „die Musungu sind viel klüger als

Frau beim Kornmahlen

die Waschensi. Was für Köpfe haben sie! Was für wunderbare Dinge machen sie! Man sehe nur ihre Zelte, ihre Gewehre, ihre Uhren, ihre Kleidung und das kleine, rollende Ding (den Karren) an, das mehr als fünf Menschen transportieren kann – *que!*"

Am 10. marschierte meine Karawane von Msuwa ab, nachdem sie sich von der furchtbaren Anstrengung des vorangegangenen Tages erholt hatte. Von den gastfreien Dorfbewohnern wurden wir, soweit ihre Verteidigungspfähle reichten, begleitet und dort mit einstimmigen *Quaharys* verabschiedet. Außerhalb des Dorfes versprach der Marsch weniger schwierig zu sein als zwischen Imbiki und Msuwa. Nachdem die Straße durch eine hübsche kleine Ebene gegangen war, welche von einem trockenen Graben durchschnitten wurde, führte sie an ein paar bebauten Feldern vorüber, wo uns die Ackerbauern wie bezaubert nur durch starres Anglotzen begrüßten.

Bald darauf stießen wir auf ein Schauspiel, das in diesem Teil der Welt nicht ungewöhnlich ist, nämlich auf eine gefesselte Sklavenbande, die nach Osten zog. Die Sklaven sahen durchaus nicht niedergeschlagen aus, sondern schienen im Gegenteil von schicksalsergebenem Humor erfüllt. Wären da nicht die Ketten gewesen, so hätte man nur mit Schwierigkeit den Herrn vom Sklaven unterscheiden können: Die physiognomischen Züge waren dieselben. Das milde Wohlwollen, mit dem sie uns anblickten, war auf allen Gesichtern gleichmäßig zu schauen. Die Ketten waren schwer und hätten auch Elefanten fesseln können, aber da die Sklaven außer denselben nichts zu tragen hatten, konnte ihr Gewicht nicht unerträglich sein.

Unser nächster Halteplatz war das nur 18 Kilometer von Msuwa entfernte Kisemo, ein in einem volkreichen Bezirk gelegenes Dorf, das in seiner Umgebung nicht weniger als fünf andere Dörfer zählt, welche sämtlich durch Pfähle und Dornverhaue befestigt waren und einen trotzigen Unabhängigkeitssinn an den Tag legten. Jedes Dorf lag oben auf einem Bergkamm oder niedrigen Hügel und sah so herausfordernd aus wie ein Hahn auf seinem eigenen Misthaufen. Zwischen diesen unbedeutenden Anhöhen und niedrigen Höhenzügen wanden sich enge Täler, in denen Hirse und Mais angebaut wurden.

Die Schönen von Kisemo, welche riesige Podexe haben, sind durch ihre Liebhaberei für Schmuck und Messingdraht, der sich in Spiralen um ihre Hand- und Fußgelenke windet, sowie durch die verschiedenartigen Frisuren ihrer mit dicken Haaren besetzten Köpfe bekannt. Dagegen beweisen ihre armen Gebieter, die sich mit schmutzigen, zerrissenen Fetzen und gespaltenen Ohren begnügen müssen, dass in dieser Erdensphäre wahrhaft völlig andere Sitten herrschen können; denn es muss eine unglückliche Zeit gewesen sein, wo die schwer belagerten Ehemänner ihren drängenden Gemahlinnen schließlich nachgaben. Außer diesen Messingverzierungen an den Extremitäten und den verschiedenen Frisuren tragen die Weiber von Kisemo häufig lange Halsbänder, welche in den verschiedenartigsten Farben an ihren schwarzen Körpern herabfallen.

Es gab ein belebtes Bild, wenn ein solches Frauenzimmer von der bereits erwähnten gewaltigen körperlichen Entwicklung in vollem Staat bei der notwendigen Hausarbeit war und für sich und die Familie Korn mahlte. Der Mahlapparat besteht aus zwei Teilen, einer dicken, fast zwei Meter langen Stange aus hartem Holz, die als Stößel dient, und einem geräumigen hölzernen Mörser von annähernd einem Meter Höhe.

Während des Nachmittags kehrten Uledi und Feradschi, die dem weggelaufenen Chamesi nachgeschickt worden waren, mit diesem und allen fehlenden Gegenständen zurück. Dem Chamesi waren, bald nachdem er den Weg verlassen und sich in das Dickicht gestürzt hatte, wo er sich schon über seine Beute freute, einige plündernde Waschensi begegnet, die Nachzüglern fast immer auflauern. Sie hatten ihn ohne Umschweife in ihr Dorf im Wald geschleppt und an einen Baum gebunden, um ihn zu töten, weil er ein Mgwana war, und diese pflegten sie sofort nach der Gefangennahme zu töten. Das hatte Chamesi in höchster Not gerade noch erfragen können.

Diesen Debatten über sein Schicksal machten jedoch Uledi und Feradschi, welche bald darauf gut bewaffnet an den Ort kamen, ein Ende, indem sie ihn als einen aus dem Lager des Musungu weggelaufenen Träger für sich in Anspruch nahmen, und Gleiches taten sie für alle Gegenstände, die Chamesi zurzeit seiner Gefangennahme bei sich hatte. Die räuberischen Waschensi machten ihnen auch das Recht auf den Träger, die Ziege, das Zelt und alle anderen Wertsachen, die bei jenem gefunden worden, gar nicht streitig, sondern meinten nur, sie verdienten eine Belohnung dafür, dass sie ihn gefangen genommen hatten. Da dieses Verlangen als gerechtfertigt anerkannt wurde, wurde ihnen eine Belohnung von zwei Doti und einem Fundo, das heißt zehn Schnüren Perlen, gewährt.

Es war unmöglich, Chamesi seine Desertion und den Raubversuch zu verzeihen, ohne dass er zuerst bestraft wurde. In Bagamoyo hatte er, ehe er in meinen Dienst genommen wurde, einen Vorschuss von fünf Dollar verlangt und erhalten, und die Last von Bubuperlen, die er zu tragen gehabt, war nicht schwerer als jede andere Trägerlast; es gab also gar keine Entschuldigung für seine Desertion. Um jedoch bei seiner Bestrafung keine Unklugheit zu begehen, ließ ich acht Träger und vier Soldaten als Richter zusammentreten und bat sie, darüber zu entscheiden, was zu geschehen habe. Ihr einmütiger Urteilsspruch lautete dahin, dass er eines unter den unjamwesischen Trägern sonst unbekannten Verbrechens schuldig sei, und da dasselbe geeignet sei, den Letzteren einen schlechten Ruf zu schaffen, so verurteilten sie ihn dazu, mit des „großen Herrn" Eselspeitsche geprügelt zu werden. Darauf ließ ich ihn binden und in Erwägung, dass durch sein Davonlaufen die Träger an ihrem guten Ruf gelitten hatten, dass die Soldaten in der Wertschätzung ihres Herrn als ausreichende Wachen Schaden genommen hatten und Shaw von mir dafür getadelt worden war, dass er nicht besser nach den Nachzüglern gesehen hatte, erteilte ich den Befehl, dass jeder Träger und Soldat sowie Shaw ihn mit je einem Hieb bestrafen sollten. Dies wurde auch unter lautem Wehklagen des armen Chamesi ausgeführt.

AM 12. APRIL erreichte die Karawane Mussudi am Ungerengeri-Fluss. Zum Glück für unsere geduldigen Esel war dieser Marsch von all den lästigen, durch den Urwald veranlassten Störungen frei; und zum Glück für uns selbst hatten wir keine Sorgen mehr um die Pakete und keine Angst, dass wir vor Anbruch der Nacht nicht ins Lager kämen. Nachdem die Lasten fest auf die Rücken unserer guten Esel geschnallt waren, marschierten sie auf dem vortrefflichen Weg ohne eine einzige Verschiebung oder Veranlassung zur Ungeduld, bis wir ins Lager kamen.

Diese herrliche Gegend mit ihrer völlig unberührten Natur und üppigen Fülle verschiedenster Blumen und mannigfaltig süß duftender Sträucher, unter denen ich den wilden Salbei, die Indigopflanze und andere erkannte, hörte am Fuße des Pic Kira und seiner Nachbarschaft auf, welcher die Grenze zwischen Udoe und dem noch gut dreißig Kilometer entfernten Ukami bezeichnete. Diese fernen Berge bildeten einen nicht unpassenden Hintergrund für das herrliche Bild der offenen Ebene, der kleinen Waldungen und sich senkenden freien Plätze. In den blauen Bergen lag hinreichend viel Malerisches und Erhabenes, um das Bild zu einem Ganzen zu vervollständigen.

Als wir uns dem Ungerengerital näherten, erhoben sich Granitblöcke und glänzende Quarzvorsprünge über dem rötlichen Boden. Nachdem wir den Bergrücken hinabgestiegen waren, wo die Felsen hervorragten, befanden wir uns in dem schwarzen Lehmboden des Ungerengeri und inmitten üppiger Felder mit Zuckerrohr und Hirse, Mais, Muhogo und Gärten von Curry-, Eier- und Gurkenpflanzen. An den Ufern des Ungerengeri blühte die Banane, und über diese schoss, sie um zwanzig Meter und mehr überragend, die stattliche Mparamusi empor, welche es an Schönheit mit der abessinischen Platane aufnimmt.

Mussudi ist wesentlich höher gelegen als die meisten anderen Dörfer und sieht daher auf seine Nachbardörfer, deren Zahl mehr als hundert beträgt, hinab. Es bildet die westliche Grenze von Ukwere.

Wir mussten einen Tag in Mussudi halten, weil wir uns wegen der Armut des Volkes nicht sogleich die nötige Menge Korn zu verschaffen vermochten. Die Ursache dieses Mangels in einem so fruchtbaren und kornreichen Tal bestand in den zahlreichen Karawanen, welche uns vorausgezogen waren und die sich hier mit großen Vorräten für ihre Reisen ins Innere versehen hatten.

Am 14. überquerten wir den Ungerengeri, welcher hier in südlicher Richtung bis an die südliche Grenze des Tals fließt, und gelangten über Mikesch nach Ulagulla.

Muhalleh ist die nächste Ansiedlung, und hier befanden wir uns auf dem Gebiet der Waseguha. Auf diesem Marsch waren wir von Bergen eingeschlossen, was uns eine sehr angenehme und willkommene Abwechslung bot nach den vielen Kilometern eintöniger Ebene, die wir bisher gesehen hatten. Wenn wir es müde waren, in die Tiefen des Waldes zu schauen, der noch auf beiden Seiten des Weges dahinlief, brauchten wir bloß unsere Blicke auf das Gebirge zu richten, um die merkwürdigen Bäume, Pflanzen und bunten Blumen desselben zu betrachten, oder unseren Kopf zu erheben, um in diese angenehme Beschäftigung dadurch eine Abwechslung zu bringen, dass wir die langen, wellenförmigen Rücken der Gebirge anschauten und uns im Geist mit ihren Konturen, Ausläufern, Vorsprüngen und Schluchten, ihren hervortretenden Felsen und tiefen Abgründen und den vom Gipfel bis zum Fuß sich überallhin erstreckenden grünen Wäldern beschäftigten.

Wenn unsere Aufmerksamkeit nicht für die profane Aufgabe beansprucht wurde, nach dem Gepäck der Esel oder den Tritten der vorsichtig marschierenden Träger zu sehen, so war es angenehm, die um die Berggipfel spielenden Nebel zu beobachten, welche sich in wolkige Kronen und fantastische Häufchen zusammenballten, dann wieder auflösten, sich wieder zu einer dunklen, mit Regen drohenden Masse sammelten und sich dann vor der erglänzenden Sonne zerstreuten.

In Muhalleh befand sich die vierte Karawane unter Maganga mit drei neuen Kranken, welche sich bei meiner Annäherung mit gierigen Blicken zu mir, dem Medizinspender, wandten. Gewehrsalven begrüßten mich, und ein Geschenk von Reis- und Maisähren zum Rösten wartete nur darauf, dass ich es annahm. Aber es wäre mir lieber gewesen, wenn Maganga und seine Leute acht oder zehn Märsche weiter voraus gewesen wären, was ich ihm auch sagte.

In diesem Lager begegneten wir auch Salim ben Raschid, der eine mit dreihundert Elfenbeinzähnen beladene Karawane nach Osten führte. Außer der in einem Geschenk aus Reis bestehenden Bewillkommnung dieses guten Arabers erhielt ich von ihm auch noch Nachrichten von Livingstone. Er war dem alten Reisenden in Udschidschi begegnet, hatte zwei Wochen in einer Hütte neben ihm gewohnt und beschrieb ihn als sehr alt aussehend, mit langem grauem Bart und Schnurrbart; eben von schwerer Krankheit genesen, machte er dennoch wohl einen sehr angegriffenen Eindruck. Livingstone hatte die Absicht, nach erfolgter völliger Genesung ein Land, das Manjema heißt, zu besuchen.

Das Tal des Ungerengeri, in dem Muhalleh liegt, weist eine wunderbare Fruchtbarkeit auf. Hier ist das Hirsekorn am höchsten, und der Mais könnte sich mit dem besten, der je den Feldern von Arkansas entsprießt, ohne weiteres vergleichen. Die zahlreichen Bergbäche hatten die tiefen Lehmschichten sehr aufgeweicht, und infolgedessen ereilten uns verschiedene Missgeschicke, ehe wir das Lager erreichten. So wurde zum Beispiel das Tuch nass, der Tee schimmelte, der Zucker hatte Wasser angezogen, und die Werkzeuge waren verrostet, und nur durch sofortige, auf diese notwendigen Artikel verwendete Aufmerksamkeit gelang es uns, bedeutende Verluste zu vermeiden.

Zwischen dem Betragen der Waseguha und dem der Wadoe, Wakami und Wakwere, mit denen wir es bisher zu tun gehabt hatten, ließ sich ein kleiner Unterschied bemerken. Wir fanden hier durchaus nicht die Höflichkeit, die wir bisher mit Vergnügen beobachtet hatten. Ihr ausgesprochener Wunsch, mit uns Handel zu treiben, war von unverschämten Andeutungen begleitet, wir müssten ihre Erzeugnisse zu den von ihnen festgestellten Preisen kaufen. Wenn wir Einwände erhoben, so wurden sie böse, antworteten heftig, ohne Widerrede zu ertragen, und waren rasch mit Drohungen bei der Hand.

Wir waren allerdings durch die Notwendigkeit gezwungen, ihnen Esswaren abzukaufen, und zum Ruhm des Landes und seiner Erzeugnisse sei gesagt, dass der Honig hier von vorzüglichem Wohlgeschmack war.

Dem Seitental des Ungerengeri folgend, brachte uns ein Marsch von zwei Stunden am nächsten Morgen dicht an der Hauptstadt der Waseguha, Simbamwenni, vorüber. Der erste Anblick der ummauerten, am westlichen Fuß des Uruguru-Gebirges gelegenen Stadt mit ihrem schönen, üppigen Tal, das von zwei Flüssen und mehreren durchsichtigen Bächen, die von den tau- und wolkenreichen Höhen herabrieseln, bewässert wird, war derartig, wie wir es nicht im östlichen Afrika zu finden gedacht hatten.

Die Stadt konnte eine Bevölkerung von etwa dreitausend Menschen zählen, da sie ungefähr tausend Häuser hatte; bei der großen Dichtigkeit der Einwohner könnte sogar die Zahl Fünftausend der Wahrheit noch näher kommen. Die Häuser in der Stadt waren typisch afrikanisch, aber in bestem Stil gebaut. Die Befestigungen waren nach arabisch-persischem Muster angelegt und vereinigten arabische Zierlichkeit mit persischer Planmäßigkeit. Bei einem über 1500 Kilometer langen Ritt in Persien habe ich keine Stadt, außer den ganz großen, besser als Simbamwenni befestigt gesehen. In Persien bestanden die Befestigungswerke, sogar die von Kaswin, Teheran, Isfahan und Schiras, aus Lehm; die von Simbamwenni waren aus Stein, der von zwei Reihen Schießscharten für Musketen durchlöchert war. Der Flächeninhalt der Stadt betrug ungefähr $3\frac{3}{4}$ Quadratkilometer und bildete ein Viereck. Jede Ecke wurde von wohl gebauten Seitentürmen geschützt; vier Tore,

Simbamwenni, die Löwenstadt

von denen je eines einer Himmelsrichtung entsprach und sich in der Mitte zwischen zwei Türmen befand, dienten der Verbindung mit der Umgegend. Diese Tore wurden von festen quadratischen Türen verschlossen, welche aus afrikanischem Teakholz bestanden und mit Schnitzwerk von unendlich feinen, komplizierten arabischen Mustern geschmückt waren, woraus ich schloss, dass sie entweder in Sansibar oder an der Küste gefertigt und Brett für Brett nach Simbamwenni

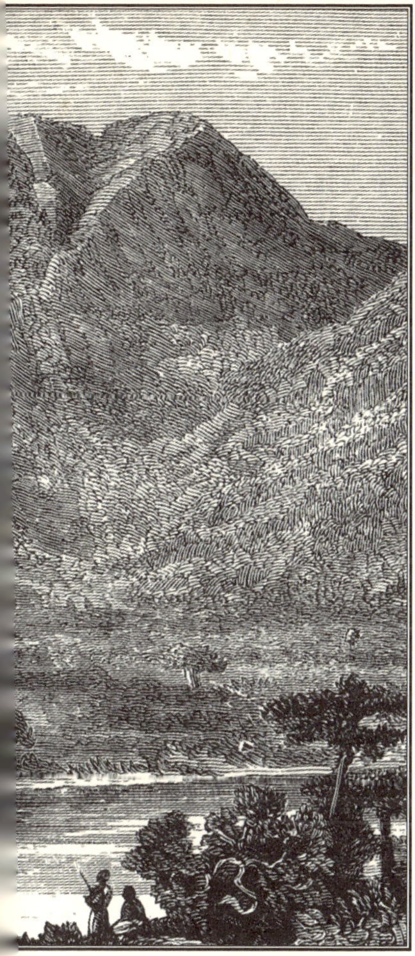

gebracht worden waren. Der Palast des Sultans war in dem an der Küste üblichen Stil gebaut, hatte ein langes, stark vorspringendes Dach und eine Veranda an der Front.

Die Sultanin war die älteste Tochter des berühmten Kisabengo, eines in den Nachbarländern wegen seiner Liebhaberei für den Menschenraub berüchtigten Mannes. Von niedriger Abkunft, zeichnete er sich auch aus durch seine persönliche Körperkraft, seine Redebegabung, seine kurzweilige und gewandte Sprache, wodurch er sich einen großen Einfluss auf flüchtige Sklaven zu verschaffen wusste und infolgedessen er von ihnen zum Anführer erwählt wurde. Vor gerechten Strafen, die er von dem Sultan von Sansibar zu erwarten hatte, fliehend, kam er in Ukami an, welches damals von Ukwere bis Usagara reichte, und hier begann er die Laufbahn eines Eroberers, deren Resultat darin bestand, dass die Wakami ihm einen großen Strich fruchtbaren Landes in dem Tal des Ungerengeri abtraten. An dem festen Punkt, wo der Fluss dicht unter den Mauern hinfließt, baute er seine Hauptstadt und nannte sie Simbamwenni, was „der Löwe“ oder die stärkste Stadt bedeutet. Im Greisenalter gab der glückliche Räuber und Sklavenfänger seinen Namen Kisabengo auf, durch den er so berüchtigt geworden war, und nannte sich Simbamwenni – nach seiner Stadt. Auf seinem Totenbett befahl er, dass seine älteste Tochter ihm als Herrscherin folgen solle, und gab ihr auch den Namen der Stadt, welchen die Sultanin noch heute führt.

Als wir über den reißenden Fluss setzten, welcher, wie ich schon vorher sagte, dicht unter den Mauern dahinfließt, hatten die Bewohner von Simbamwenni eine gute Gelegenheit, ihre Neugier an dem „großen Musungu" zu befriedigen, dessen verschiedene Karawanen ihm vorangezogen waren und ihm ungerechtfertigterweise einen Ruf großen Reichtums und bedeutender Macht verschafft hatten. So wurde ich von allen Seiten angegafft. Es befanden sich plötzlich weit über tausend Eingeborene am Ufer, welche das Verbum „anstarren" in seinen verschiedenen Zeiten und Formen durchkonjugierten, was bedeutet, dass sie mich hartnäckig, unverschämt, schlau, verschmitzt, bescheiden oder verstohlen anschauten. Die Krieger der Sultanin, die in der einen Hand Speer, Bogen und Pfeilbündel oder Muskete hielten, umfassten mit der anderen je einen Freund, dem sie vertraulich ihre verschiedenen Ansichten über meine Kleidung und Hautfarbe mitteilten, sodass sie auf mich wie Modelle von Achilles und Patroklos wirkten.

Da wir genötigt waren, das Gepäck genau zu untersuchen, die Sättel auszubessern sowie einige der Tiere, deren Rücken sehr wund geworden waren, zu kurieren, so beschloss ich, hier zwei Tage Halt zu machen. In Simbamwenni gab es hinreichende, wenn auch verhältnismäßig teure Lebensmittel.

Als wir das Gepäck öffneten, fanden wir es in einem weit besseren Zustand, als wir befürchtet hatten in Anbetracht der vielmaligen gründlichen Durchnässung, denn wir befanden uns ja auf der Höhe der Regenzeit. Freilich hatten einige wertvolle Dinge, zum Beispiel Munitions-, Gewehr- und Teekisten, gelitten, was ich der Gedankenlosigkeit Shaws zuschrieb, der die Esel durch brusthoch mit Wasser gefüllte Gräben getrieben hatte, wo er aus Gründen der baren Vernunft hätte abladen müssen. Als ich Shaw in mein Zelt rief, um ihm meine Verluste zu zeigen, wurde der Gute außerordentlich heftig und warf mir vor, ich verlange von ihm zu viel Arbeit, sei zu eigensinnig, man könne mir nichts recht machen, und noch manches Derartige. Seine stürmische Erwiderung schloss er damit, dass er seine Absicht kundgab, meinen Dienst zu verlassen und mit der ersten uns entgegenkommenden Karawane an die Küste zurückzukehren.

Hierauf erwiderte ich ihm, ich würde seiner Abreise kein Hindernis entgegensetzen, da er sich als untüchtig und nachlässig erwiesen habe und seine Muße mehr als seine Arbeit liebe. Er könne sich also, wenn er wolle, augenblicklich entfernen, müsse aber sein persönliches Gepäck zurücklassen, welches ich statt des ihm in Sansibar vorgeschossenen Geldes zurückbehalten wolle. Diese angemessene Ankündigung meiner Absicht brachte Shaw in das gehörige Gleichgewicht, das er in seinem Zorn einigermaßen verloren hatte. Nach einigen Stunden war er mit großem Eifer in meinen Angelegenheiten beschäftigt und der Friede wiederhergestellt.

Am zweiten Tag in Simbamwenni bemerkte ich zum ersten Mal, dass meine Akklimatisation in den Wechselfieber erzeugenden Sümpfen im heimatlichen Arkansas gegen das Mukunguru von Ostafrika machtlos war. Die ersten Anzeichen des afrikanischen Typhus fühlte ich in meinem Körper um zehn Uhr morgens. Zuerst stellte sich allgemeine Mattigkeit mit einer Neigung zum Schlaf ein; dann kam ein Rückenschmerz, welcher, von den Lenden anfangend, die Wirbel hinaufzog und sich über die Rippen erstreckte, bis er die Schultern erreichte, wo er sich als lästiger Schmerz festsetzte; drittens zog ein Kältegefühl über den ganzen Körper, dem rasch Schwere im Kopf, tränende Augen, pulsierende Schläfen und ein undeutliches Sehen folgten, welches alle Gegenstände verzerrte und veränderte. Dies dauerte bis zehn Uhr abends, dann verließ mich das Mukunguru, hinterließ aber einen Zustand großer Kraftlosigkeit.

Das Medikament, das ich drei Vormittage hintereinander nach jedem Anfall einnahm, war dasjenige, welches ich aus Erfahrung in Kansas als das beste kennen gelernt hatte, nämlich ein Quantum von 15 Gran Chinin, das dreimal des Tages alle zwei Stunden vom Morgen bis zum Mittag in je fünf Gran zu nehmen ist, und zwar muss die erste Dosis unmittelbar nach den ersten Wirkungen eines am Abend vorher verabfolgten Abführmittels genommen werden. Ich füge noch hinzu, dass diese Behandlung bei mir sowie in allen anderen Fällen, die in meinem Lager vorkamen, von vollständigem Erfolg gekrönt war. Wenn das Mukunguru sich gezeigt hatte, so brauchte man bei einer solchen

Behandlung keinen zweiten Anfall zu fürchten, wenigstens nicht vor Ablauf von mehreren Tagen.

Am dritten Tag wurde das Lager von den Gesandten Ihrer Hoheit, der Sultanin von Simbamwenni, besucht, die als ihre Repräsentanten erschienen, um den Tribut, den sie erzwingen zu können glaubte, in Empfang zu nehmen. Aber ich tat ihnen zu wissen, dass es unbillig sei, dass ich noch einmal zahlen solle, da uns ihre Sitte bekannt sei, den Besitzer von Karawanen nur einmal Tribut zahlen zu lassen, und dies habe, wie sie doch wisse, der Musungu (Farquhar) schon getan. Die Gesandten antworteten mit einem *Ngema* (Sehr gut) und versprachen, meine Antwort ihrer Herrin zu überbringen.

FÜNFTES KAPITEL

Wie sich herausstellte, betrug die Entfernung von Bagamoyo nach Simbamwenni 190 Kilometer, für die wir insgesamt 29 Tage benötigt hatten. Da es gerade Regenzeit war, erblickten wir das Land zwischen Bagamoyo und Simbamwenni unter den ungünstigsten Umständen. Aber selbst angesichts dieser schwierigen Verhältnisse schaue ich trotz des tiefen schwarzen Kotes, übermäßigen Taues, triefenden Grases, trotz aller dichten, üppigen Urwälder und heimtückischen Fieber, die ihr eigen, mit Vergnügen auf diese Landschaft zurück. Und zwar wegen des Wohlstands und des Glücks, welches sie jeder zivilisierten Nation verspricht, die in Zukunft herkommen und von ihr Besitz ergreifen wird.

Eine Eisenbahn von Bagamoyo nach Simbamwenni ließe sich ebenso rasch und leicht und mit viel geringeren Kosten herstellen als die amerikanische Pazifik-Eisenbahn, von deren raschen, von Tag zu Tag bis zu ihrer Vollendung erfolgenden Fortschritten die Welt mit Bewunderung gehört hat. Wer sich in diesem Teil von Afrika zur Niederlassung anschicken wollte, würde keine größeren Unbequemlichkeiten zu befürchten haben. Die Temperatur betrug in dieser Jahreszeit während des Tages nicht mehr als 27 Grad. Die Nächte waren angenehm, fast zu kalt, wenn man nicht ein paar wollene Decken zum Zudecken hatte.

Entgegen meiner Erwartung war die Expedition nicht imstande, am Ende der beiden Tage aufzubrechen, sondern es mussten noch zwei in recht elendem Zustand im Tal des Ungerengeri zugebracht werden. Dieser Fluss, der in der trockenen Jahreszeit so unscheinbar ist, gewinnt während der Regenzeit bedeutend an Umfang und Gewalt, wie wir zu unserem Leidwesen erfuhren. In ihn ergießt sich alles Wasser, das von einer Anzahl von Bergkuppen und zwei langen Gebirgsketten herabströmt;

während er sich am Fuß derselben dahinschlängelt, bis er in das Tal von Simbamwenni als ein reißender Strom hinabstürzt, der den Karawanen, die nicht die Mittel haben, Brücken zu bauen, ein ernstes Hindernis bereitet. Hierzu kam noch ein beständig strömender Regen, und zwar ein solcher, wie er die Menschen ans Haus fesselt, sie elend und unliebenswürdig macht, ein wirklicher Londoner Regen, ein beständiger, von dichtem Nebel begleiteter Sprühregen. Wenn die Sonne schien, erschien sie nur als ein blasses Abbild ihrer selbst, und alte Lastenträger, die es in der Wetterkunde mit erfahrenen Walfängern hätten aufnehmen können, schüttelten bedenklich ihren Kopf über dieses betrübliche Phänomen und erklärten es für zweifelhaft, ob der Regen vor drei Wochen aufhören werde.

Die Umgebung des Karawanenlagers auf dieser Seite des Ungerengeri war ein unangenehm anzuschauendes Treibbeet für Malaria und selbst in der Erinnerung abscheulich. Der Schmutz von ganzen Generationen von Lastenträgern hatte unzähliges Ungeziefer angesammelt. Armeen von schwarzen, weißen und roten Ameisen suchten den unglücklichen Boden heim; wurmartige Tausendfüßer von jeder Farbe kletterten über die Gesträuche und Pflanzen; an dem Unterholz hingen die Nester gelbköpfiger Wespen mit Stacheln, die so bös wie die der Skorpione waren; ungeheure Käfer von der Größe ausgewachsener Mäuse wälzten Misthaufen über den Boden; das tausendfältige Ungeziefer, von dem der Boden wimmelte, war von allen Arten, Formen, Gestalten und Farben; kurz, die reichste entomologische Sammlung hätte es an Zahl und Mannigfaltigkeit mit den Arten nicht aufnehmen können, welche die vier Wände meines Zeltes vom Morgen bis zur Nacht beherbergten.

Am fünften Morgen, am 23. April, ließ der Regen für ein paar Stunden nach, sodass es uns gelang, während dieser Zeit durch den pestilenzialischen Kot an das überschwemmte Flussufer zu waten. Die Soldaten fingen um fünf Uhr morgens an, das Gepäck von einem Ufer zum anderen über eine Brücke zu tragen, welche das Nonplusultra an Einfachheit war. Nur ein unwissender Afrikaner hätte mit ihr zufrieden sein können, so wenig brauchbar war sie, um ein tiefes, reißendes Wasser zu überqueren. Einzig ein Seiltänzer von Profession hätte eine Last bequem hinübertragen können. Um über eine afrikanische Brücke zu gehen, bedarf es zuerst eines großen Sprungs vom Land auf einen Baumast (der sich über oder unter Wasser befinden kann) und dann wieder eines zweiten Sprungs aufs Land. Mit siebzig Pfund auf dem Rücken fällt dies dem Lastenträger schwer genug. Bisweilen hilft er sich mit Stricken, die aus den langen Schlingpflanzen improvisiert werden, welche von fast jedem Baum herabhängen.

Glücklicherweise wurde das Gepäck ohne einen einzigen Unfall hinübergebracht, und obwohl die Strömung sehr stark war, wurden die Esel mit bedeutenden Anstrengungen und unter vielem Fluchen ohne Gefahr durch die Flut gezogen. Dieses schwierige Überschreiten des Ungerengeri nahm volle fünf Stunden in Anspruch, obgleich Energie und wütende Schimpfreden, die für eine ganze Armee ausgereicht hätten, daran gewandt wurden.

Nachdem wir die Tiere wieder beladen und unsere Kleidung wieder getrocknet hatten, begaben wir uns aus der schrecklichen Umgegend des Flusses mit feinem Dunst und Schmutz in nördlicher Richtung auf einen Weg, der zunächst auf bequemen, ebenen Boden führte. Zwei vorspringende Berge umgingen wir auf diese Weise, und nachdem wir an ihnen vorbei waren, sahen wir das verhasste Tal nicht mehr.

Ich habe mich unterwegs immer gemütlicher und heiterer befunden, als wenn ich mich in einem Lager über einen Zwangsaufenthalt ärgerte, der sich trotz aller Anstrengungen nicht vermeiden ließ. Die sich unseren Blicken eröffnende Aussicht hielt ich für viel angenehmer als das Tal von Simbamwenni, trotz all seiner unbeschreiblichen Fruchtbarkeit.

Aber die lange, weite Ebene von den Höhen zwischen Simbo und dem Ungerengeri prägte sich unserem Gedächtnis in trauriger Weise unter dem Namen Makata-Tal ein. Das Tal begann mit breitem, wellenförmigem Terrain, auf dem junge Bambuswaldungen, die dicht am Strom entlang wuchsen, Zwergfächerpalmen, stattliche Palmyra- und Mgungu-Bäume standen. Dieses Terrain wurde bald von wasserhaltigen Gräben unterbrochen, die dichte Felder von Zuckerrohr und breithalmigem Gras ernährten, und auf diesen Landstrich folgten weite, mit hohem Gras bewachsene Savannen, auf denen hin und wieder ein vereinzelter Baum die Eintönigkeit der Landschaft angenehm unterbrach. Das Makata-Tal war eine Wildnis, die in ihrer ganzen Ausdehnung nur ein einziges Dorf beherbergte. Daher gab es viel Wild in den Waldgruppen. Kudus, Antilopen und Zebras ließen sich im Morgengrauen erblicken, wenn sie in die offenen Savannen auf die Weide gingen. Zur Nachtzeit schlich hier die Hyäne herum und ging mit scheußlichem Geheul auf schlafende Beute aus, sei es nun Mensch oder Tier.

Der Makata, ein Fluss, der in der trockenen Jahreszeit nur zwölf Meter breit war, bekam in der Regenzeit die Breite, Tiefe und Gewalt eines bedeutenden Stromes. Waren die Regenfälle ungewöhnlich stark, so überflutete er die große Ebene, welche sich zu beiden Seiten erstreckte, und verwandelte sie in einen gewaltigen See.

Der schlammige Kot der Savanne machte das Marschieren zu einer schweren Arbeit, und er klebte so zäh an den Füßen, dass Mannschaft und Tiere sehr darunter litten. Ein Marsch von 16 Kilometern nahm zehn Stunden in Anspruch; daher waren wir genötigt, unser Lager mitten in der Wildnis aufzuschlagen.

Der Karren kam erst kurz vor Mitternacht an und mit ihm, außer drei bis vier kreuzlahmen Trägern, Bombay mit der schmerzlichen Kunde, er habe seine Last, die aus dem für die Waren bestimmten Zelt bestand

Die Stanley-Expedition kämpft sich durch den Makata-Sumpf.

sowie einer großen amerikanischen Axt, seinen zwei Uniformröcken, Hemden, Perlen, Tuch, Pulver, einer Pistole und einem Handbeil, auf die Erde gelegt, um den Karren aus einer Kotlache ziehen zu helfen; als er dann an den Ort zurückgekehrt sei, wo er sie liegen gelassen hatte, habe er aber keinen dieser Gegenstände wieder finden können. Er glaubte, dass irgendwelche diebische Waschensi, die immer hinter den Karawanen herlungerten, um Nachzügler abzufangen, damit das Weite gesucht hätten.

Diese traurige Geschichte, die er mir in der finsteren Mitternacht erzählte, nahm ich durchaus nicht gnädig, sondern mit vielen Zornesworten auf, welche der reuige Hauptmann meiner Soldateneskorte als seine verdiente Strafe hinnahm.

In Wut geratend, zählte ich ihm alle seine Sünden auf: In Muhalleh habe er eine Ziege verloren; häufig habe er sich einer großen Nachlässigkeit bei der Beaufsichtigung der Esel schuldig gemacht, indem er sie nachts anbinden lasse, ohne darauf zu sehen, dass sie Wasser bekämen, und morgens, wenn wir im Begriff ständen zu marschieren, schlafe er lieber bis sieben Uhr, anstatt früh aufzustehen und die Esel zu satteln, damit wir um sechs Uhr fortziehen könnten. In letzter Zeit habe er eine große Vorliebe für das Feuer an den Tag gelegt, indem er sich wie ein blutarmer Mensch regungslos und schläfrig davor hinkauere; jetzt habe er sogar in der Regenzeit das Warenzelt verloren, wodurch die Stoffballen verderben und wertlos werden würden; auch die Axt habe er abhanden kommen lassen, deren ich in Udschidschi zu meinen Bootbauten so sehr bedürfen werde, sowie eine Pistole, ein Handbeil und eine Flasche besten Pulvers.

In Anbetracht all dieser Dinge und da er zum Hauptmann absolut nicht zu brauchen sei, würde ich ihn degradieren und Mabruki an seine Stelle setzen. Ebenso solle Uledi (Grants Diener) wie Bombay, statt zweiter Führer zu sein, in Zukunft den Soldaten keine Befehle mehr erteilen, sondern den von Mabruki erteilten selbst zu gehorchen haben, da dieser Mabruki so viel wie ein Dutzend Bombays und zwei Dutzend Uledis wert sei. Auf diese Weise entließ ich ihn und befahl ihm, bei Anbruch des Tages umzukehren, um sich auf die Suche nach Zelt, Axt, Pistolen, Pulver und Beil zu machen.

Am nächsten Morgen wies ich die von den Anstrengungen des letzten Tages vollständig ermattete Karawane an, im Lager zu bleiben, und Bombay wurde nach den verlorenen Sachen ausgesandt.

Drei Tage gingen vorüber, und wir waren noch im Lager, um mit größtmöglicher Geduld die Rückkehr des Soldaten zu erwarten. Mittlerweile wurden die Lebensmittel sehr knapp. Wild war nicht zu bekommen, da die Vögel sehr scheu waren. Eine zweitägige Jagd verschaffte uns nur zwei Töpfe voll davon, nämlich Waldhühner, Wachteln und Tauben. Ohne Erfolg kehrte Bombay von seinem Streifzug nach unserer fehlenden Habe zurück und fiel dadurch sehr in Ungnade. Shaw erlitt zudem einen wütenden Anfall des Mukunguru oder Wechselfiebers.

Endlich verließen wir unser Lager, wo wir so viel Angst und Ärger ausgestanden hatten, ohne des wütenden Regens zu achten, der, nachdem er uns die ganze Nacht über durchnässt hatte, unter anderen Umständen unseren Eifer für den Marsch einigermaßen gedämpft haben würde. Der Weg führte die ersten anderthalb Kilometer über ein rötliches Erdreich und wurde durch sanfte Abhänge nach Osten und Westen trockengelegt; als wir aber den Schutz lieblicher Wälder, an deren östlichem Rand wir so lange aufgehalten worden waren, verlassen hatten, kamen wir auf eine der Savannen, deren Boden zur Regenzeit so weich wie Kot und klebrig wie dicker Mörtel ist. Hier drohte uns das Schicksal des berühmten Reisenden in Arkansas, der so tief in einen der zahlreichen Sümpfe jenes Landes hineingesunken war, dass man von ihm nichts mehr als seinen hohen, schmalen Zylinderhut erblicken konnte.

Shaw war krank, und daher fiel die Pflicht, die vor Ermüdung strauchelnde Karawane weiterzuführen, ganz und gar mir zu. Die Esel blieben wie fest gewurzelt in dem Sumpf stecken. Sobald ich einen durch Prügel aus seiner eigensinnig behaupteten Stellung herausgepeitscht hatte, fiel ein anderer sofort nieder und verursachte mir eine Sisyphusarbeit, die unter dem tobenden Regen zum Verrücktwerden war, da ich nur die Hilfe von Leuten wie Bombay und Uledi hatte, welche selbst um ihrer heilen Haut willen dem Sturm und Schmutz nicht Trotz bieten wollten. Zwei Stunden solcher schweren Arbeit gehörten dazu, um meine Karawane über eine zweieinhalb Kilometer breite Savanne fortzubringen, und kaum war ich damit fertig und hatte mir zur Beendigung derselben Glück gewünscht, als ich durch einen tiefen Graben aufgehalten wurde, der, mit Regenwasser von den überschwemmten Savannen angefüllt, zu einem bedeutenden brusttiefen Bach geworden war, der rasch dem Makata zufloss. Da mussten denn die Esel abgeladen, durch ein reißendes Wasser geführt und auf der anderen Seite wieder beladen werden, eine Operation, welche eine ganze Stunde in Anspruch nahm.

Gleich nachdem wir durch ein Gehölz gezogen waren, hemmte ein anderes Gewässer, welches zu einem Fluss angeschwollen war, unsere Weiterreise. Da die Brücke fortgeschwemmt worden war, waren wir genötigt, zu schwimmen und unser Gepäck überzuflößen, was uns abermals zwei Stunden aufhielt. Kaum hatten wir alles auf der anderen Seite, vom Wasser unbeschädigt, abgeladen, als der Regen in Strömen herunterfloss und alles so durchnässte, als ob es durch das Wasser geschleppt worden wäre. Als wir das zweite Flussufer hinter uns hatten, wateten wir bespritzt und bisweilen halb schwimmend durch Kot, bis ein Weitergehen für diesen Tag verhindert wurde durch eine tiefe Krümmung des Flusses, über die wir erst am nächsten Tag setzen konnten.

Obwohl an diesem unglückseligen Tag nur zehn Kilometer zurückgelegt worden waren, hatte der Marsch zehn Stunden gedauert.

Halb tot vor Strapazen, war ich doch glücklich, dass diese kein Fieber hervorgerufen hatten, dem man fast nur durch ein Wunder entgehen zu können schien. Denn unter allen mit Wechselfieber heimgesuchten Gegenden nimmt die Makata-Wildnis den ersten Rang ein. Der bloße Anblick der triefenden, in dichte Nebel gehüllten Wälder, des überschwemmten Landes, der langen Schwaden von Tigergras, die durch die trüben Fluten zu Boden gestreckt waren, der Hügel von faulenden Bäumen und Schilfrohrmassen, des angeschwollenen Flusses und des weinenden Himmels war genug, um die Cholera hervorzurufen.

Der Platzregen, welcher uns an dem Tag, an dem wir über den Makata setzten, heimsuchte, war allerdings der letzte der Regenzeit. Es war der 30. April. Wir waren froh, dass diese Phase vorüber war, denn wir hatten es satt, jeden Tag Halt zu machen, um die Waren zu trocknen, die Werkzeuge und Eisenwaren mit Fett zu schmieren und alle Tuch- und Lederartikel vor unseren Augen verfaulen zu sehen.

Shaw litt noch immer an seinem ersten Mukunguru, das ihn uns in einer neuen und nicht gerade angenehmsten Weise zeigte. Nicht nur, dass er sich gewisser Bedürfnisse, die für die Expedition durchaus nicht

 angenehm waren, innerhalb des Bereichs unserer Gehörorgane entledigte, sondern er nahm allmählich den Charakter eines chronischen Hypochonders an, der zu allen Zeiten unliebsam, dem Anführer einer afrikanischen Expedition, die mit Morästen, Regen und einer erkrankten Karawane zu kämpfen hat, geradezu hassenswert erscheint.

Saidi, ein Soldat, war bedenklich an den Pocken erkrankt; die Kitschumatschuma, die „kleinen Eisen“, hatten Bombay quer über die Brust gefasst und machten ihn zum Unbrauchbarsten der Dienstunfähigen. Mabruk Salim, ein kräftig gebauter Jüngling, folgte dem Beispiel Bombays und legte sich auf den Moorboden, simulierte Erbrechen und beteuerte, dass er vollständig unfähig sei, dem Makata-Moor Trotz zu bieten; aber kräftige Hiebe mit einer geflochtenen Lederpeitsche über seine nackten Schultern vertrieben die scheinbare Übelkeit aus seinem Magen.

Abdul Kader, der indische Schneider und Hilfskoch, der schwächste aller Sterblichen, litt immer Mangel an *Force*, wie er sich auf Französisch ausdrückte, war stets abgeneigt zu arbeiten, hilflos, stellte sich krank, hatte aber fortwährend Hunger. „O Gott!“ war der Schrei meiner ermatteten Seele. „Wenn alle Männer meiner Expedition wie dieser wären, so wäre ich genötigt zurückzukehren, würde das aber nicht tun, ohne vorher summarische Rache an allen zu nehmen.“ An diesem Tag erprobte ich die vorzüglichen Eigenschaften einer guten Peitsche, und Abdul Kader (möge er die Geschichte nur seiner ganzen Sippschaft erzählen) wird bestimmt nie wieder einen Weißen nach Afrika begleiten. Salomo war wohl teils durch göttliche Eingebung, teils durch Beobachtung weise, ich wurde es durch Erfahrung und bin gezwungen zu bemerken, dass, wenn Schlamm und Nässe die physische Energie der Trägen untergraben hatten, eine Hundepeitsche ihrem Rücken sehr gut bekam und sie wieder zu einer gesunden, bisweilen sogar übermäßigen Tätigkeit befähigte.

Nachdem wir noch einmal drei Stunden lang durch über einen Meter tiefes Wasser geplanscht waren, erreichten wir das trockene Land und hatten den Makata-Sumpf hinter uns, aber nicht ohne dass der Morast mit seinen Schrecken einen dauernden Eindruck auf unser Gemüt hinterlassen hätte.

Keiner von uns konnte diese Strapazen vergessen oder den Ekel gegen das Reisen, den es fast erzeugte. Später hatten wir uns dieser Partie noch lebhafter zu erinnern und es zu bedauern, dass wir die Reise während der Regenzeit unternommen hatten, da die Tiere von jetzt an fast täglich zu zweien und dreien krepierten, bis nur fünf kränkliche, ganz heruntergekommene übrig blieben, da die Soldaten und Träger von unzähligen Krankheiten heimgesucht wurden und ich schließlich selbst gezwungen war, mich wegen eines Ruhranfalls, der mich an den Rand des Grabes brachte, ins Bett zu legen. Ich habe wohl mehr gelitten, als nötig gewesen wäre, wenn ich die richtige Medizin genommen hätte; aber mein zu großes Vertrauen in die zusammengesetzte Arznei, welche man „Collis Brown's Chlorodyne“ nennt, verzögerte die Heilung, welche schließlich durch einen vernünftigen Gebrauch von Dover'schem Pulver bewirkt wurde. In keinem einzigen Fall von Diarrhö oder akuter Ruhr hat dieses „Chlorodyne“, über das man so viel gesprochen und geschrieben hat, irgendwie die Wirkung gehabt, den Anfall zu verringern, obwohl ich drei Flaschen davon verbraucht habe. Der Ruhr, welche wir uns durch den Übergang über den Makata zugezogen hatten, fiel nur ein Lastenträger zum Opfer.

Am 4. Mai schritten wir eine sanfte Anhöhe hinauf, dem bedeutenden Ort Rehenneko zu, dem ersten Dorf in Usagara, in dessen Nähe wir lagerten. Es lag am Fuße des Berges, und sein Reichtum sowie seine Bergluft versprachen uns Gesundheit und Lebensgenuss. Es war ein viereckiges, dicht gebautes Dorf, um das sich ein starker Lehmwall herumzog, der kegelförmig zugespitzte Hütten umschloss, welche mit Bambus und Holcushalmen gedeckt waren. Die Bevölkerung belief sich auf ungefähr tausend Seelen. Es hatte mehrere reiche und bevölkerte Nachbardörfer, deren Einwohner in ihrer Art einigermaßen unabhängig waren. Die Bäche waren hier von reinstem Wasser, frisch und durchsichtig wie Kristall, und rauschten über runde Kieselsteine, was dem Ohr des Reisenden, der ein solch lieblich trinkbares Element aufsucht, wie die herrlichste Musik erklingt.

In der Nähe von Rehenneko wuchs der Bambus bis zu einer Größe, die ihn stark genug machte, als Zelt- und Achsholzstangen verwendet zu werden, und so massenhaft, dass man eine ganze Armee damit hätte versorgen können. Die Bergabhänge waren dicht mit Bäumen bewaldet, die sehr gutes Bauholz liefern könnten.

Vier Tage blieben wir an diesem herrlichen Ort, um uns zu stärken und den Kranken und Schwachen Zeit zu geben, sich etwas zu erholen, ehe sie ihre Kräfte am Besteigen des Usagara-Gebirges prüften.

Der 8. Mai sah uns mit unseren furchtbar heruntergekommenen Menschen und Tieren die steilen Abhänge der ersten Hügelreihe hinaufziehen. Wir erreichten den Gipfel, von dem wir einen bemerkenswert großartigen Ausblick genossen, der uns wie in einem meisterhaft gemalten Bild das breite Makata-Tal mit seinen raschen Bächen zeigte, die wie Silberbänder aussahen, als die Sonne auf die unbeschatteten Wasserläufe schien. Tausende von anmutigen Palmen vermehrten den Reiz der Landschaft, und der große Wall der durch ihre Höhe und Ausdehnung erhabenen mattblauen Uruguru- und Usupanga-Gebirge bildete einen geeigneten Hintergrund für eine so ausgedehnte Aussicht.

Nach Westen blickend, fanden wir uns in einer Gebirgswelt, in welcher sich Bergspitze hinter Bergspitze, Einschnitt hinter Einschnitt und Gebirgskegel hinter Gebirgskegel zeigte. Nach Norden, Westen und Süden erhoben sich die Gebirgsspitzen wie Glaswogen; in der ganzen Landschaft war kein einziger dürrer oder verbrannter Flecken sichtbar. Das Panorama bot keine plötzlichen Wandlungen oder schlagenden Kontraste dar, sondern ein einziger Wald von grünen Bäumen bekleidete sämtliche Höhenzüge und Gipfel.

Für unsere Leute war dieser erste Marschtag durch die Gebirgsgegend von Usagara ein angenehmes Zwischenspiel nach der langen Reise über die Ebenen und mühsamen Hügelformationen der Seegegend, aber für die beladenen und geschwächten Tiere war es zu viel. Wir hatten zwei von ihnen verloren, als wir in unserem nur elf Kilometer von Rehenneko gelegenen Lager angekommen waren, was also die erste Abzahlung unserer Schuld an den Makata bildete. Frisches klares Wasser war reichlich in den tiefen Schluchten der Berge vorhanden, bisweilen floss es über Flussbetten aus hartem Granit, bisweilen über einen reichen roten Sandstein, dessen weiche Masse, vom Wasser bald durchdrungen, in zerteiltem

Zustand beständig fortgeschwemmt wurde und das Land unten befruchten half. In anderen Schluchten brauste und donnerte es, wie es über die Granitblöcke und Quarzfelsen dahinstürzte.

Am 9. Mai kamen wir, nachdem wir noch einmal einen Weg zurückgelegt hatten, der uns die Berge hinauf- und in die dämmernden Tiefen und Täler hinabführte, plötzlich an den Mukondokua und sein enges Tal, an dessen Ufer üppiges Schilfgras, Rohr und Dorngebüsch dicht gedrängt standen. Hier kämpften knorrige Tamarisken mit ungeheuren Schlingpflanzen, die sich um deren Stämme mit solcher Hartnäckigkeit und Macht wanden, dass jene nur als Stütze für diese gewachsen zu sein schienen.

Das Tal war an einigen Stellen kaum einen halben Kilometer breit, an anderen erweiterte es sich bis auf anderthalb Kilometer; die Hänge auf beiden Seiten erhoben sich jäh und schlossen, von Mimosen, Akazien und Tamarisken bekleidet, ein Flusstal ein, dessen mannigfache Krümmungen sich schlangenartig dahinwanden.

Nachdem wir dem linken Ufer des Mukondokua gefolgt waren, wo unsere Route etwa eine Stunde lang nach allen Richtungen von Südosten nach Westen, Norden und Nordosten verlief, kamen wir an eine Furt. Am anderen Ufer erreichten wir nach einem Marsch von einer kurzen halben Stunde Kiora.

In diesem schmutzigen Dorf, dessen Boden reichlich mit Ziegenmist bedeckt und das für einen Weiler, der noch nicht zwanzig Familien ent-

Der Berg Kibwe und das Mukondokua-Tal

hielt, von einer erstaunlichen Anzahl von Kindern bewohnt war, wo die Sonne auf den beschränkten freien Platz mit einer Glut von mehr als 45 Grad herniedersengte, wo Fliegen und bekannte wie unbekannte Insektenarten massenhaft umherschwärmten, fand ich, wie man mir schon früher mitgeteilt hatte, die dritte Karawane, welche aus Bagamoyo so gut ausgerüstet und mit Vorräten versehen abgereist war.

Ihr Führer Farquhar lag hier nämlich krank im Bett mit geschwollenen Beinen (Bright'sche Krankheit infolge von häufigen Ausschweifungen) und war außerstande und vielleicht auch nicht willens, sich zu bewegen, da er die Lage kannte, in welche er seine Karawane gebracht hatte.

Eiligst bemühte ich mich festzustellen, wie es um ihn stand, als ich in die Umgebung von Kiora kam und sein Zelt auf einem Haufen Ziegenmist erblickte.

Als Farquhar meine Stimme hörte, wankte er aus dem Zelt. Er hatte sich seit der Zeit, wo er als mein schmucker Gefährte aus Bagamoyo abreiste, so verändert, als ob er von den Wabembe des Tanganjika gemästet worden wäre, wie wir es mit Gänsen und Truthühnern zum Weihnachtsfest zu tun pflegen, so aufgeschwemmt war er. Mit nicht geringem Erstaunen betrachtete ich die aufgedunsenen Wangen und den angeschwollenen Hals meines Dieners Farquhar. Seine Beine waren auch wuchtig und elefantenartig, denn seine Krankheit war entweder Elefantiasis oder Wassersucht. Das Gesicht war totenbleich, was sich leicht erklärte, da die Leute mir mitteilten, dass er zwei Wochen lang nicht aus seinem Zelt herausgekommen sei. Er hatte sich ungeniert der Soldaten und Träger bedient, da er ihre Dienste für alle Bedürfnisse, bis zum geringsten herab, brauchte. Dafür bezahlte er sie mit einer Ziege pro Tag, wo doch eine Ziege fünf Doti kostete, oder schenkte ihnen an deren Stelle Hühner.

Ich wählte einen luftigen Hügel, der das Dorf Kiora überragte, als Lagerplatz und ließ, sobald die Zelte aufgestellt, die Tiere besorgt und aus Dornbüschen ein Boma gemacht war, Farquhar durch vier Leute in mein Zelt tragen. Als ich ihn fragte, was die Ursache seiner Krankheit sei, sagte er, er wisse es nicht, und meinte, er habe nirgends Schmerzen. Ich fragte: „Fühlen Sie nicht bisweilen Schmerzen auf der rechten Seite?“

„Ja, ich glaube es, aber ich weiß es nicht.“

„Oder hin und wieder ein rasches Klopfen links in der Brust und vielleicht Atemnot?“

„Ja, das kann wohl sein. Ich weiß sogar, dass ich bisweilen rasch atme.“

An Verstopfung litt er nicht, sondern gab nur an, dass seine zu einer ungeheuren Größe angeschwollenen Beine ihm Beschwerden machten, und obgleich er einen wahren Pferdeappetit hatte, fühlte er sich doch schwach. Nach den spärlichen Nachrichten über die Krankheit und ihre Eigentümlichkeiten, wie sie Farquhar mir gab, konnte ich nur durch das Studium eines kleinen medizinischen Buches, das ich in meiner Bibliothek mit mir führte, herausbekommen, dass „eine Anschwellung der Beine und mitunter des ganzen Körpers entweder von Herz-, Leber- oder Nierenkrankheiten herrühren könne". Da aber die Darmfunktionen durchaus nicht träge waren, wusste ich nicht, was ich aus der Krankheit machen sollte, wenn es nicht die in Sansibar so sehr häufig vorkommende Elefantiasis war. Auch wusste ich nicht, wie ich jemand behandeln sollte, der mir nicht sagen konnte, ob er Schmerzen in Kopf, Rücken, Bein oder Brust hatte.

Nachdem ich festgestellt hatte, dass Farquhars Krankheit nicht augenblicklich und vorherrschend meine Aufmerksamkeit in Anspruch zu nehmen habe, machte ich mich daran, mir über den Zustand seiner Karawane klar zu werden. War aber schon sein Gesundheitsbericht unverständlich, so war Farquhars mündliche Mitteilung in Bezug auf den Zustand der ihm anvertrauten Güter noch zehnmal verwickelter und rätselhafter. Seine Erzählung war so verworren, dass sich durchaus gar keine Ordnung hineinbringen ließ. Was er getan oder nicht getan, was er an Tuch oder Perlen ausgegeben oder nicht, war so unentwirrbar zusammengeworfen, dass ich bei dem Versuch, Ordnung in diesen chaotischen Wortschwall zu bringen, bemerkte, dass ich auf absoluten Blödsinn stieß. Die einzige Art, diese Schwierigkeit zu überwinden, bestand darin, persönlich jeden Stoffballen und jede Last Perlen zu untersuchen und durch Vergleich mit meiner auf die dritte Karawane bezüglichen Liste festzustellen, was fehlte.

Der Leser wird sich vielleicht erinnern, dass jede Karawane, ehe sie aus Bagamoyo oder einem anderen Küstenort ins Innere abging, mit ausreichend viel Tuch und Perlen für den Unterhalt von vier Monaten versehen sein musste, ganz abgesehen von dem Tuch, das als Tribut in Ugogo zu zahlen sein würde, und von den Ballen, für deren Transport der Eigentümer mit den Lastenträgern kontrahiert hatte.

Farquhars Karawane bildete keine Ausnahme von dieser Regel, sondern war, da sie von einem Weißen geführt wurde, um seinetwillen ganz besonders begünstigt. Sie bestand aus 25 Mann und zehn Eseln, war mit 120 Doti Merikani und Kaniki und 135 Pfund verschiedener Perlen für den Lebensunterhalt versehen. Das reichte aus, um die Karawane acht Monate lang mit Korn zu unterhalten. Da man jedoch zur Reise nach Unjanjembe bei weitem nicht so lange braucht, so blieben noch genügend Doti gutes verkäufliches Tuch und 35 Pfund Perlen übrig, mit denen sich der Weiße kleine Leckerbissen wie zum Beispiel Hühner, Eier und hin und wieder eine Ziege verschaffen konnte.

Als ich nun die Waren untersuchte, war ich begierig zu wissen, ob sie mit meiner vor der Abreise der Karawane von Bagamoyo geschriebenen Liste übereinstimmten. Das Wiegen, Aus- und Wiedereinpacken derselben nahm eine Stunde in Anspruch, nach deren Ablauf ich den genauen Umfang der Verluste kannte, welche die Expedition durch die Gefräßigkeit und leichtsinnige Sorglosigkeit dieses schwachköpfigen Weißen erlitten hatte. Im Verlauf von 73 Tagen hatte er übermäßig viele der ihm für den Lebensunterhalt mitgegebenen Doti farbiger Tuche verbraucht, darauf die Ballen angegriffen, aus denen er 82 Doti entnommen und sämtlich zur Befriedigung seiner Gier nach Ziegenfleisch, Eiern und Federvieh ausgegeben hatte. Von allen ihm zum Transport nach Unjanjembe anvertrauten Tuchballen blieben nur zwei unversehrt, alle anderen waren für Ziegen oder als Lohn für die Träger verbraucht. Neun von seinen Eseln waren schon tot, und der letzte war dem Sterben nahe.

Als ich die Ausgaben der aus 43 Seelen und 17 Eseln bestehenden fünften Karawane, welche ich selbst 50 Tage lang geführt, berechnet hatte, stellte sich heraus, dass sie nur 43 Doti betrugen, woraus ich ersah, dass Farquhars Verschwendung nicht zu entschuldigen war. „Man setze einen Bettler auf ein Pferd, und er wird zum Teufel reiten", dies ist ein Sprichwort, dessen Richtigkeit sich in diesem Fall erwies. Ich hatte ihm einen prachtvollen Sansibarer Reitesel gegeben, den er zu Tode geritten hatte. Von dem Augenblick an, wo er ein Lager verließ, bis zu dem, wo er im anderen ankam, hatte er sich nie dazu bequemt, vom Esel zu steigen, und da er nicht zu reiten verstand, auf dem Rücken des armen Tieres so geschaukelt, dass dasselbe fürchterlich geschunden war und bald danach verendete. Hätte er seine Reise nach Unjanjembe – auf welche Weise, weiß ich freilich nicht – bei seiner Verschwendung fortgesetzt, so wäre kein einziges Stück Tuch und kein Pfund Perlen übrig geblieben. Es war daher noch ein Glück, dass ich ihn in Kiora einholte, obwohl er mir sehr zur Last fiel; denn er war nicht imstande zu gehen, und nach den traurigen Erfahrungen im Makata-Tal fehlte es an der Möglichkeit, ihn zu Esel zu transportieren. Unmöglich konnte ich ihn in Kiora lassen, wo ihn der Tod bald ereilt hätte; aber wie lange ich einen in solchem Zustand befindlichen Menschen durch ein Land, in dem der Transport so schwierig ist, mit mir schleppen könnte, war eine Frage, deren Beantwortung von den jeweiligen Umständen abhängen würde.

Am 11. Mai zogen die dritte und fünfte Karawane, jetzt vereinigt, am rechten Ufer des Mukondokua durch Holcusfelder entlang. Je weiter wir auf unserem Marsch nach Westen kamen, desto höher wurden die großen Mukondokua-Gebirgszüge, die ringsum ein enges Flusstal umgaben. Wir stießen alsbald auf quer über unseren Weg ziehende Ausläufer der Berge, über die wir hinauf- und dann wieder hinabsteigen mussten.

Ein Marsch von 13 Kilometern von der Furt von Misonghi brachte uns zu einer anderen Furt des Mukondokua. Unser Weg verließ das rechte Ufer und folgte dem linken durch ein Land, welches das direkte Gegenteil des zwischen Gebirgszügen eingeschlossenen Mukondokua-Tales war. Wir hatten einen fruchtbaren Boden und eine üppige Vegetation, die von Miasmen dampfte und durch ihre Gerüche überwältigte, gegen eine dürre Wildnis voll Aloe und Kaktuspflanzen eingetauscht, wo vor allem auch der Kolquall und verschiedene Dornbüsche gediehen.

Statt auf baumbewachsene Bergabhänge und Täler, statt auf bebaute Felder blickten wir jetzt auf das Gebiet einer unbewohnten Wildnis. Die Höhenkuppen waren ihrer Laubkronen beraubt und offenbarten ihre von Regen und Sonne gebleichte Felsennatur. Uns gerade zur Rechten stand der Pic Nguru, der höchste der Usagarakegel, als wir den langen Abhang über dunkelgrauen Boden hinaufstiegen, welcher sich jenseits des braunen Mukondokua zur Linken erhob.

Drei Kilometer von der letzten Furt entfernt fanden wir einen angenehmen Lagerplatz dicht am Fluss, wo er zum ersten Mal eine tosende Stromschnelle bildete.

Als die Karawane sich am nächsten Morgen auf den Marsch vorbereitete, teilte man mir mit, der *Bwana mdogo* (kleine Herr – Shaw) sei noch nicht mit seinem Karren und den Leuten angekommen. Spät am Abend vorher hatte ich an Shaw, der mir hatte sagen lassen, er sei zu krank, um zu Fuß gehen zu können, einen Esel abgeschickt sowie einen zweiten für die auf dem Karren befindliche Last; und in der Überzeugung, dass er bald ankommen werde, hatte ich mich zur Ruhe gelegt. Als ich am Morgen hörte, dass die Leute noch nicht da waren, schloss ich, dass Shaw nicht wusste, dass wir fünf Tage lang durch eine vollständig unbewohnte Wildnis zu marschieren haben würden. Deshalb schickte ich Tschaupereh, einen der Soldaten, mit folgendem Zettel an ihn: „Nach Empfang dieses Befehls werfen Sie den Karren und alle überflüssigen Packsättel in die nächste Schlucht, und kommen Sie um Gottes willen sofort, denn wir müssen hier verhungern!"

Mit äußerster Ungeduld wartete ich ein, zwei, drei, vier Stunden auf Shaw, aber vergeblich. Da ich noch einen langen Marsch vor mir hatte, konnte ich nicht länger warten, sondern ging diesem Trupp entgegen. Ungefähr eine halbe Stunde von der Furt begegnete ich dem Vortrab der Saumseligen, dem starken, kräftigen Tschaupereh, und – hört es, ihr Karrenmacher! – er trug den ganzen Karren samt Rädern, Gabel und

Shaw auf dem Marsch

Achse auf dem Kopf, da er herausgefunden hatte, dass er viel leichter zu tragen als zu ziehen war. Der Anblick benahm mir so sehr die Lust, mich weiter damit abzumühen, dass ich ihn sofort in die Tiefen des hohen Schilfrohrs rollen und dort liegen ließ. Die Hauptfigur der Gruppe bildete Shaw selbst, der in einer Haltung daherritt, die es mir zweifelhaft erscheinen ließ, ob er oder sein Tier schläfriger waren. Als ich ihn zur Rede stellte, weswegen er die Karawane so lange habe warten lassen, wo uns doch ein Marsch bevorstehe, erwiderte er mir in sehr eigentümlichem Ton, den er, wenn er schlecht gelaunt war, stets annahm, er habe sein Möglichstes geleistet. Dies musste ich jedoch bezweifeln, da ich den langsamen Schritt, in dem er geritten kam, gesehen hatte. Ich bat ihn daher, wenn er sein Tempo nicht beschleunigen könne, abzusteigen und den Esel ins Lager vorausgehen zu lassen, damit dieser für den Marsch beladen werden könne. Natürlich gab es eine kleine Szene, aber in einer ostafrikanischen Expedition muss man natürlich mit den Leuten, die man sich ausgesucht hat, vorlieb nehmen.

Um vier Uhr nachmittags kamen wir in Madete an, um zwei Esel ärmer, welche ihre müden Glieder im Todesschlaf ausgestreckt hatten. Wir hatten etwa drei Uhr nachmittags den Mukondokua überschritten, und ich überzeugte mich, nachdem ich Richtung und Verlauf desselben aufgenommen, dass er in der Nähe einer Berggruppe entspringt, die sich ungefähr 65 Kilometer nordwestlich vom Pic Nguru befindet. Unser Weg führte uns westnordwestlich und entfernte sich schließlich an dieser Stelle von dem Fluss.

Nach einem Marsch von elf Kilometern über Berge, deren Sandstein- und Granitformationen an verschiedenen Stellen zutage traten und deren steiniges, dürres Äußeres sich an jedem Busch und jeder Pflanze widerzuspiegeln schien, und nachdem wir eine Höhe von ungefähr 250 Metern über dem Spiegel des Mukondokua erreicht hatten, erblickten wir am 14. Mai den See Ugombo, eine graue Wasserfläche, die direkt am Fuß des Berges lag, von dessen Gipfel wir auf die Landschaft schauten. Der Anblick war nicht gerade besonders schön, aber doch erquicklich. Er bot den vom Verweilen auf der dürren Umgegend ermüdeten Augen eine angenehme Abwechslung.

Die Konturen des Sees ähnelten nach meiner Ansicht einer Karte von England ohne Wales. Seine unmittelbaren Ufer bildeten auf allen Seiten in einer Breite von mindestens 15 Metern vom Wasserrand einen unpassierbaren Morast, der üppiges Rohr und Binsen nährte, wo das wuchtige Flusspferd auf seinen nächtlichen Streifzügen vom See aus seine wassergefüllten Spuren in den weichen Moorboden hineingearbeitet hatte. Auch die kleineren Tiere wie zum Beispiel der Büffel, das Zebra, die Giraffe, der Eber, der Kudu, der Klippdachs und die Antilope kamen hierher, um bei Nacht ihren Durst zu löschen. Die Oberfläche des Sees wimmelte von einer erstaunlichen Menge verschiedener Wasservögel wie beispielsweise schwarzer Schwäne, Enten, heiliger Ibisse, Kraniche, Pelikane; darüber schwebten, auf Beute lauernd, Fischadler und Habichte, während die Umgegend von dem lauten Gezwitscher der nach ihren Jungen rufenden Perlhühner, dem widrigen Geschrei des Tukans, dem Girren der Tauben und dem Gekreisch der Eulen widertönte. Aus dem langen Gras der Ungeduld erschallte auch das knarrende, laute Geschrei der Waldschnepfe und des Waldhuhns.

Da wir zwei Tage Halt machen mussten, weil der indische Küfer Jako mit einem meiner besten Karabiner desertiert war, so benutzte ich die Gelegenheit, die nördlichen und südlichen Ufer des Sees zu untersuchen. Am felsigen Fuß eines niedrigen, auf der Nordseite gelegenen Hügels, der ungefähr viereinhalb Meter über dem gegenwärtigen Wasserspiegel lag, entdeckte ich in deutlichen, sehr bestimmten Linien die Wirkung der Wellen. Von seiner Basis nämlich konnte man bis an den Rand des Morastes feine Linien zermalmter Schalen so deutlich hervortreten sehen wie die kleinen Teilchen, welche nach dem Rücktritt der Flut reihenweise am Meeresufer liegen bleiben. Es unterliegt keinem Zweifel, dass die Wellenspuren sich von einem gewandten Geologen auf dem Sandstein noch viel höher hinauf hätten verfolgen lassen; mir jedoch offenbarten sie sich nur in ihren gröbsten Umrissen. Nach einer zweitägigen Erforschung der Umgegend und namentlich der niedrigen Ebene am westlichen Ende nehme ich an, dass dieser See Ugombo nur das Schwanzstück eines großen Wasserkörpers ist, der einst ebenso groß wie der Tanganjikasee gewesen.

Gegen Ende des ersten Tages unseres Aufenthalts kam unser Hindu Jako im Lager an und entschuldigte sich damit, dass er vor Müdigkeit in einem wenige Schritte vom Weg entfernten Gebüsch eingeschlafen sei. Da er die Ursache unseres Aufenthalts in der armseligen Wüste von Ugombo war, so befand ich mich nicht in einer Gemütsstimmung, ihm zu verzeihen. Um ihn also daran zu hindern, uns in Zukunft wieder derartige Streiche durch Weglaufen zu spielen, sah ich mich gezwungen, ihm die Fesseln der Deserteure anzulegen.

Es verendeten noch zwei von unseren Eseln; der eine war von Farquhar durch seine Körperlast und seine schaukelnde Reitmethode zu Tode geritten. Um zu verhindern, dass das wertvolle Gepäck zurückblieb, sah ich mich genötigt, Farquhar auf meinem eigenen Reitesel unter Aufsicht von Mabruki in das 32 Kilometer entfernte Dorf Mpapua zu schicken. Farquhar war durch seine vollständige Unfähigkeit, etwas für sich selbst zu tun, zum Spott der Karawane geworden. Er schrie beständig wie ein krankes Kind nach einem halben Dutzend Menschen, die ihm aufwarten sollten, und wenn sie die englische Sprache, in der er sie anredete, nicht verstanden, so erging er sich in einem Strom der gemeinsten Schimpfwörter, wie sie nur je das Ohr eines anständigen Christenmenschen beleidigt haben. Jako, den ich ihm als Koch beigegeben hatte, als er mit der dritten Karawane losgezogen war, hatte er so furchtbar geprügelt, dass derselbe fast blödsinnig geworden war, und die Wangwanasoldaten fürchteten seine unsinnige Heftigkeit so, dass sie ihm nicht nahe kommen wollten. Infolgedessen hörte man Farquhars Stimme, die zu keiner Zeit sehr harmonisch war, Tag und Nacht in den schrillsten Tönen zanken.

Sechs Tage lang ertrug ich diese Plage, und wenn meine Esel am Leben geblieben wären, hätte ich sie vielleicht noch länger ausgehalten; da sie aber alle sehr schwach waren und ein Reiter wie Farquhar sie der Reihe nach ruiniert hätte, war ich, um die Expedition vor dem Untergang zu retten, wider Willen gezwungen, den Schluss zu ziehen, dass es für mich, für ihn und alle Teile besser sei, ihn bei einem freundlichen

Der Ugombo-See

Dorfhäuptling mit Vorräten an Tuch und Perlen auf sechs Monate zu lassen, bis er wieder wohler würde, als dass er mich zugrunde richtete und seine eigene Wiederherstellung unmöglich machte.

Am Morgen des 15. wurden Farquhar und Shaw wie gewöhnlich zum Frühstück eingeladen. Aus ihrer mürrischen Begrüßung ging deutlich hervor, dass irgendetwas nicht in Ordnung war oder dass etwas passieren würde. Auf den Gesichtern beider Männer lag ein düsterer Ausdruck, welcher mich nichts Gutes ahnen ließ. Sie erwiderten mir meinen Gutenmorgengruß nicht, sondern wandten, als ich sie genau ansah, ihr Gesicht ab. Es fiel mir auch ein, dass ihre lebhafte Unterhaltung, von der ich einzelne Wörter gehört hatte, sich um mich gedreht haben müsse.

Ich bat sie darauf, Platz zu nehmen.

„Selim“, sagte ich, „bringe das Frühstück.“

Das Frühstück, das aus einem gebratenen Ziegenviertel, geschmorter Leber, einem halben Dutzend Süßkartoffeln, einigen heißen Pfannkuchen und Kaffee bestand, wurde aufgetragen.

„Shaw“, sagte ich, „seien Sie so gut, schneiden Sie das Fleisch, und reichen Sie es Farquhar.“

„Was für ein Hundefraß ist das?“, fragte Shaw in der frechsten Art, die man sich vorstellen kann.

„Was meinen Sie?“, fragte ich.

„Ich meine, dass die Art, wie Sie uns behandeln, eine Schande ist“, sagte er unverschämt, das Gesicht zu mir gewandt. „Ich meine, was mich betrifft, dass Sie mich viel zu viel zu Fuß gehen lassen. Ich dachte, wir würden alle Tage Esel zum Reiten und Leute zu unserer Bedienung haben. Stattdessen muss ich jeden Tag in der heißen Sonne zu Fuß gehen, bis ich fühle, dass ich lieber in der Hölle sein möchte als in dieser verfluchten Expedition. Ich wünsche, dass jede Seele dieser verdammten Gesellschaft sofort zum Teufel gehen möge! Das wünsche ich wahrhaftig!“

„Hören Sie mich an, Shaw und Farquhar. Von dem Augenblick an, da Sie die Küste verlassen haben, haben Sie stets Esel zum Reiten und Leute zu Ihren Diensten gehabt. Man hat Ihnen Ihre Zelte aufgestellt, Ihre Mahlzeiten gekocht. Sie haben dasselbe Essen, dieselbe Behandlung wie ich gehabt, aber jetzt sind sämtliche Esel Farquhars und sieben von meinen eigenen tot, und ich habe einige Sachen fortwerfen müssen, um nur den Transport der wichtigsten Waren zu ermöglichen. Farquhar ist zu krank, um zu gehen, und muss daher einen Esel zum Reiten haben. Nach Verlauf einiger weniger Tage werden sie aber sämtlich tot sein; dann muss ich entweder mehr als zwanzig neue Träger für die Waren haben oder wochenlang auf den Weitertransport warten. Und angesichts einer solchen Lage können Sie noch murren und an meinem eigenen Tisch Verwünschungen gegen mich ausstoßen? Haben Sie Ihre Stellung wohl überlegt? Wissen Sie, wo Sie sind? Wissen Sie, dass Sie mein Diener und nicht mein Kamerad sind?"

„Verflucht sei so ein Diener", sagte er.

Aber ehe noch Mr Shaw seinen Satz zu Ende bringen konnte, lag er lang auf den Boden hingestreckt.

„Ist es nötig, dass ich noch weiter gehen muss, um Sie zu lehren?", fragte ich.

„Ich will Ihnen sagen, wie die Sache steht", erwiderte er aufstehend. „Ich denke, ich täte besser daran umzukehren. Ich habe genug und beabsichtige, Sie nicht weiter zu begleiten. Ich bitte Sie also um meine Entlassung aus Ihrem Dienst."

„Gewiss. Heda, wer ist da? Bombay, komm her!"

Bombay erschien in der Zelttür, und ich sagte ihm: „Brecht das Zelt dieses Mannes ab" (auf Shaw zeigend). „Er will umkehren. Bringt seine Flinte und seine Pistole in mein Zelt, und begleitet ihn und sein Gepäck fünfhundert Schritt zum Lager hinaus, und lasst ihn dort."

In wenigen Augenblicken war Shaws Zelt auseinander genommen, seine Flinte und seine Pistole waren in meinem Zelt, und Bombay kehrte mit vier Bewaffneten zurück, um mir Bericht zu erstatten. „Nun gehen Sie, Sie haben volle Freiheit. Diese Leute werden Sie zum Lager hinausbegleiten und Sie und Ihr Gepäck dort allein lassen."

Er ging also ab in Begleitung der Leute, die ihm sein Gepäck trugen.

Nach dem Frühstück fing ich an, Farquhar auseinander zu setzen, wie notwendig es für mich sei voranzukommen; wie viele Sorgen ich ohnedies habe, ohne noch an Leute denken zu müssen, die ich angenommen, damit sie an mich und ihre Pflichten dächten; da er krank sei und eine Zeit lang wohl nicht imstande sein werde zu marschieren, sei es besser, wenn ich ihn an einem ruhigen Ort unter der Obhut eines guten Häuptlings ließe, der für ihn gegen Entgelt bis zu seiner Wiederherstellung sorgen könne. Auf alles dies ging Farquhar ein.

Kaum hatte ich aufgehört zu sprechen, als Bombay an den Zelteingang kam und sagte: „Mr Shaw möchte Sie gern sprechen."

Am Lagertor traf ich Shaw, der sehr reuig und beschämt aussah und mich um Verzeihung und die Erlaubnis bat, zurückkehren zu dürfen, wobei er versprach, dass ich an ihm nie wieder etwas auszusetzen haben solle.

Ich streckte ihm die Hand entgegen und sagte: „Sprechen wir nicht mehr davon, mein lieber Junge. Streit kommt in den besten Familien vor. Da Sie um Entschuldigung bitten, so hat es damit sein Ende."

Als ich am selben Abend im Begriff war einzuschlafen, hörte ich einen Schuss, und eine Kugel flog ein paar Zoll über meinem Körper durch mein Zelt. Ich griff rasch nach meinen Revolvern, stürzte zum Zelt hinaus und fragte die Leute, die um das Wachfeuer versammelt waren, wer geschossen habe. Sie waren alle, über den plötzlichen Schuss erschreckt, aufgesprungen.

„Wer hat jenen Schuss abgefeuert?"

Einer von ihnen sagte: „Der Bwana mdogo."

Ich zündete ein Licht an und ging damit in Shaws Zelt. „Shaw, haben Sie geschossen?"

Keine Antwort – er schien zu schlafen, da er sehr tief atmete.

„Shaw! Shaw! Haben Sie den Schuss abgefeuert?"

„Was?", fragte er, plötzlich aufspringend. „Ich? Ich schießen? Ich habe geschlafen."

Ich sah seine Flinte bei ihm liegen, ergriff sie, fühlte daran herum und steckte meinen kleinen Finger in den Lauf. Die Flinte war warm, mein Finger schwarz von verbranntem Pulver.

„Was ist das?", fragte ich, meinen Finger zeigend. „Die Flinte ist warm. Die Leute sagen mir, dass Sie gefeuert haben!"

„Ach ja", antwortete er, „jetzt erinnere ich mich. Im Traum sah ich einen Dieb an meinem Zelt vorübergehen. Ach ja, ich habe es vergessen. Ich habe wirklich geschossen. Nun, was ist denn dabei?"

„Gar nichts", sagte ich. „Ich rate Ihnen aber, um allen Verdacht zu vermeiden, in Zukunft nicht in mein Zelt oder zu sehr in meine Nähe zu schießen. Schließlich könnte ich verletzt werden, und in dem Fall würden sich üble Gerüchte verbreiten, was unangenehm sein dürfte, wie Sie wohl einsehen. Gute Nacht!"

Über diese Geschichte machten sich alle ihre Gedanken, aber ich habe zu niemandem ein Wort darüber gesprochen, bis ich Livingstone traf. Der Doktor lieh meinem Verdacht Worte, indem er sagte: „Er beabsichtigte, Sie zu ermorden."

Was für eine plumpe Art zu morden war das aber! Wenn er es wirklich getan hätte, so würden meine eigenen Leute ihn so bestraft haben, wie es das Verbrechen verdiente. Im Laufe eines Marsches von Monatsdauer hätten sich ihm tausend bessere Gelegenheiten als diese dazu dargeboten. Ich kann es mir eigentlich doch nur dadurch erklären, dass ich annehme, er sei für den Augenblick geisteskrank gewesen.

Am 16. Mai zogen wir über die Ebene, die zwischen Ugombo und Mpapua liegt und sich hin und wieder dicht an einer niedrigen Basaltfelsenkette hinzieht, aus der durch irgendwelche heftige Gewalt verschiedene große Felsblöcke herausgerissen worden sind. Auf der Ebene wachsen Baobabbäume, ungeheure Tamarinden und verschiedenartige Dornsträucher.

Fünf Stunden von Ugombo gingen wir auf den erhabenen Gebirgszug von Mpapua zu. Zu unserer Linken türmte sich der gigantische Rubcho in den blauen Himmel. Jetzt wurde es klar, warum wir diesen neuen Weg nach Unjanjembe eingeschlagen hatten, denn dadurch konnten wir die Pässe und steilen Anhöhen des Rubeho vermeiden und hatten nichts Schlimmeres zu gewärtigen als eine breite, glatte Ebene, welche sanft nach Ugogo hinabführte. Nach einem Marsch von 24 Kilometern lagerten wir in einem trockenen Mtoni, das Matamombo genannt wird und wegen seiner Pfützen von ockerfarbigem Bitterwasser berühmt ist. Affen und Rhinozerosse, Kudus, Steinböcke und Antilopen fanden sich zahlreich in dieser Umgebung vor.

Der Marsch des nächsten Tages war gleichfalls 24 Kilometer lang. Er ging durch ein unendliches Gewirr von Dorngebüsch. Nach drei Kilometern von unserem Nachtlager führte der Weg über ein kleines Flussbett von der Breite einer Allee direkt zum Lagerplatz von Mpapua, der dicht bei einigen Bächen reinsten Wassers lag.

Der nächste Morgen fand uns sehr ermüdet nach dem langen Marsch von Ugombo und im Allgemeinen geneigt, von den herrlichen Genüssen, die Mpapua den direkt aus den fliegengeplagten Ländern der

Waseguha und Wadoe kommenden Karawanen bietet, Gebrauch zu machen. Scheich Tani, der gescheite, arglos redende alte Araber, kampierte hier unter dem angenehmen Schatten einer Sykomore und hatte sich seit seiner vor zwei Tagen erfolgten Ankunft an frischer Milch, prächtigem Hammelfleisch und kräftigem Rinderrücken gütlich getan. Wie er mir mitteilte, hegte er nicht die Absicht, dieses glückliche, reiche Land so bald mit dem salzigen, salpeterhaltigen Wasser von Marenga Mkali mit seinen vielfachen Unannehmlichkeiten zu vertauschen. „Nein", sagte er mir mit Nachdruck, „bleiben Sie lieber zwei oder drei Tage hier; gönnen Sie Ihren ermatteten Tieren Ruhe; sammeln Sie so viele Lastenträger, wie Sie können. Füllen Sie sich voll mit frischer Milch, Kartoffeln, Rindfleisch, Hammelfleisch, geklärter Butter, Honig, Bohnen, Hirse, Maweri und Nüssen; dann, *Inschallah,* wollen wir zusammen ohne Aufenthalt nach Ugogo gehen!"

Da der Rat vollständig mit meinen eigenen Wünschen und meinem großen Appetit nach den guten Dingen, die er nannte, übereinstimmte, so hatte er nicht lange auf meine Zustimmung zu warten.

„Ugogo", fuhr er fort, „ist reich an Wild und Honig, reich an Mehl, Bohnen und fast allen Esswaren; und, Inschallah, ehe noch eine Woche verstreicht, werden wir in Ugogo sein."

Ich hatte von durchziehenden Karawanen so viel ungemein günstige Berichte über Ugogo und seine Erzeugnisse gehört, dass es mir geradezu als Gelobtes Land erschien, und war sehr begierig, meinen angegriffenen Magen mit einigen der in Ugogo hervorgebrachten köstlichen Nahrungsmittel zu erquicken. Als ich aber hörte, dass Mpapua gleichfalls leckere Esswaren darbot, verbrachte ich den größten Teil der Morgenstunden damit, die geistesträgen Bewohner dazu zu bringen, sich von ihnen zu trennen; und als schließlich Eier, Milch, Honig, Hammel, Tee, Hirsegrütze und Bohnen in hinreichenden Quantitäten gesammelt waren, um ein anständiges Mahl zu bereiten, richtete ich meine volle Aufmerksamkeit und alle Kochtalente einige Stunden lang auf die Aufgabe, diese rohen Vorräte in eine Mahlzeit zu verwandeln, welche meinem sowohl wählerischen als ausgehungerten Magen annehmbar und wohltuend sein sollte. Die spätere gesunde Verdauung desselben bewies, dass meine Anstrengungen vollständig von Erfolg gekrönt waren. Am Ende dieses ereignisreichen Tages schrieb ich folgende Bemerkung in mein Tagebuch: „Gott sei Dank, nach 57 Tagen, in denen ich von Hirsebrei und zähem Ziegenfleisch gelebt, habe ich mit großer Genugtuung ein wirkliches Frühstück und Mittagessen genossen!"

In einem der vielen kleinen Dörfer, die auf den Abhängen des Mpapua liegen, fand ich einen Zufluchtsort für Farquhar, wo er eine Heimat finden konnte, bis er imstande sein würde, nach Wiederherstellung seiner Gesundheit uns nach Unjanjembe nachzufolgen.

Nahrungsmittel gab es hier in Hülle und Fülle und von ausreichender Mannigfaltigkeit, um den Wählerischsten zu befriedigen. Auch waren sie billig, viel billiger, als wir sie an manchem Tag gehabt hatten. Leucole, der Häuptling des Dorfes, mit dem ich Anordnungen zugunsten von Farquhars Pflege und Bequemlichkeit traf, war ein kleiner alter Mann mit milden Augen und sehr angenehmem Gesicht, und als ich ihm die Mitteilung machte, dass ich die Absicht hätte, den Musungu ganz unter seiner Obhut zu lassen, schlug er mir vor, ich möge einen meiner Leute dazu anstellen, um ihn zu bedienen und seine Wünsche den Männern Leucoles zu verdolmetschen.

Ich hatte schon an diese abermalige Last, welche Farquhars Krankheit mir auferlegen könne, gedacht, aber gehofft, dass Leucole gegen eine Extrabezahlung mich hiervon befreien werde. In der Zeit jedoch, die zwischen Farquhars und unserer eigenen Ankunft vergangen war, hatte der Häuptling schon hinlänglich erkannt, dass er ganz unfähig sein würde, die Bedürfnisse eines Menschen wie Farquhar zu befriedigen, welcher darauf bestand, nach jeder Kleinigkeit auf Englisch statt auf Kisagara oder Kisuaheli zu rufen, und der, wenn er nicht verstanden wurde, erst die Eingeborenen auf Englisch gründlich verfluchte und, wenn er dies als nutzlos erkannt hatte, in ein hartnäckiges, mürrisches Schweigen zu verfallen pflegte. Keine Geldsumme war groß genug, um Leucole dazu zu bewegen, sich dieser Aufgabe ohne Dolmetscher zu unterziehen. Es war nutzlos, über meine Torheit zu trauern, einen solchen Mann wie Farquhar auf die Expedition mitgenommen zu haben.

Er war im Inneren von Afrika und krank; mir oblag es nun, danach zu sehen, dass er Pflege erhielt. Daher fragte ich Bombay, welchen von unseren Leuten man am besten entbehren könne, um ihn bei Farquhar zu lassen.

Zu meinem Erstaunen sagte Bombay: „O Herr, haben Sie uns nach Afrika gebracht, um uns so etwas zuzumuten? Wir haben unseren Kontrakt nicht unterschrieben, um zurückzubleiben, sondern um Sie nach Udschidschi, Ukerewe oder Kario zu begleiten. Wenn Sie einem der Soldaten befehlen, hier zu bleiben, so wird er nur so lange gehorchen, als Sie da sind – nachher wird er weglaufen. Nein, nein, Herr, das geht nicht!"

Trotz Bombays Versicherungen fragte ich einen jeden meiner Leute persönlich, ob er bereit sei, zurückzubleiben und den kranken Musungu zu bedienen.

Von jedem erhielt ich eine verneinende Antwort, die sehr entschieden abgegeben wurde, und sie führten als Grund das heftige Benehmen des Musungu gegen die drei Soldaten an, die seiner Karawane von Bagamoyo ab beigegeben waren. Sie fürchteten ihn, er verfluchte sie bei jeder Gelegenheit, und Ulimengo kopierte ihn so getreu und komisch, dass es fast unmöglich war, sich des Lachens zu enthalten. Da jedoch der kranke Mann absolut eines Pflegers bedurfte, so war ich gezwungen, meine Autorität zu gebrauchen, und da Jako der Einzige außer Bombay und meinem arabischen Dolmetscher Selim war, der das Englische verstand, so wurde jener trotz seiner Einwände und Bitten dazu bestimmt und der Häuptling Leucole dadurch zufrieden gestellt. Vorräte an weißen Perlen, Merikani- und Kanikistoffen für sechs Monate und zwei Doti schönen Tuchs als Geschenk für Leucole nach Farquhars Wiederherstellung wurden dem Letzteren von Bombay gebracht und dazu noch ein Karabiner, dreihundert Patronen, ein Satz Kochgeschirr und drei Pfund Tee.

An diesem Ort findet man gewöhnlich zehn bis dreißig Lastenträger, die auf ins Innere ziehende Karawanen warten. Ich war glücklich genug, mir zwölf gute Leute zu verschaffen, die nach meiner Ankunft in Unjanjembe ohne Ausnahme sich freiwillig erboten, als Lastträger auch nach Udschidschi mitzugehen. Da ich die furchtbaren Märsche durch Marenga Mkali vor mir hatte, so war ich für diesen glücklichen Zufall sehr dankbar, welcher die Schwierigkeiten, die ich vermutet hatte, löste, denn ich hatte nur zehn Esel übrig, von denen vier so geschwächt waren, dass man sie als Lasttiere nicht mehr gebrauchen konnte.

Mpapua, wie es von den Arabern, die es fertig bekommen, jedes Wort der Eingeborenen zu verderben, genannt wird, heißt bei den Wasagara Mbambua. Es ist ein Gebirgszug, der sich mehr als 1800 Meter über dem Meer erhebt, im Norden die ausgedehnte Ebene begrenzt, die beim See Ugombo anfängt, und im Osten den Teil derselben, der Marenga Mkali heißt und sich über die Grenze von Ulumba hinaus erstreckt.

Als ich auf die grünen, von vielen dicht belaubten Bäumen beschatteten Abhänge des Mpapua-Gebirges und seine zahlreichen Bäche blickte, die anmutig und klar dahinflossen und außer dichten Gruppen von Gummi- und Dornbüschen riesige Maulbeerfeigenbäume und Mimosen mit ihren fallschirmförmigen Laubdächern ernährten, ließ ich mir von der Einbildungskraft liebliche Ansichten hinter den hohen Kegeln vormalen und mich in Versuchung führen, den Strapazen eines Ersteigens des Gipfels Trotz zu bieten. Mit einem Blick übersah mein Auge Ebene und Berg in einer Ausdehnung von hunderten von Kilometern vom Pic Ugombo ins ferne Ugogo hinaus und von Rubeho und Ugogo bis zu den Weideländern der wilden, unbezähmbaren Wahumba. Wo sich dichter Urwald befand, war die Farbe abwechselnd grün und dunkelbraun; wo die Ebene ohne Gebüsch und Farnkräuter kahl dalag, hatte sie ein weißbraunes Aussehen, auf welches die vorüberziehenden Wolken hin und wieder ihre tiefen Schatten warfen. Der Jäger hätte sie für ein Paradies ansehen können, denn in ihren Tiefen gab es allerlei Wild, das ihn mächtig reizen konnte; für den bloßen Reisenden aber bot sie einen traurigen Anblick. Näher jedoch am Fuß des Mpapua-Gebirges änderte sich das Aussehen der Ebene. Zuerst wurde das Urwalddickicht dünner, es erschienen Lichtungen im Wald, darauf weite kahle Strecken und weiterhin ausgedehnte Felder von kräftigem Holcus, Mais, Maweri oder Bajri sowie hier und da ein viereckiges

Tembe oder ein Dorf. Noch näher zu uns verliefen schmale Streifen von frischem jungem Gras, und es fanden sich große Bäume, die von kleinen Partien angeschwemmten Wiesenbodens umgeben waren. Ein breites Flussbett, das mehrere Wasserläufe enthielt, zog sich durch die durstigen Felder und führte das belebende Element mit sich, das in diesem Teil von Usagara so selten und kostbar war.

Den schönsten Anblick jedoch gewährte die nördlich gelegene dichte Gebirgsgruppe, welche dem Rubeho zu die vordere Bergreihe wie mit Strebepfeilern stützte. Das war die Heimat der Winde, die hier entstanden und, an Stärke zunehmend, die jähen Abhänge und einzelnen Gipfel der Westseite hinabsausten, über das präarieartige Marenga Mkali hinwegfegten und Ugogo und Unjamwesi mit der Gewalt des Sturmes durchtobten.

Zugleich war es die Heimat des Taus, wo klare Quellen, die durch ihre Musik die bewaldeten Täler erfreuten und den bevölkerten Bezirk von Mpapua bereicherten, entsprangen. Es wird jedem besser und stärker zumute auf dieser luftigen Höhe, wenn er die reine Luft einsaugt und die Augen an der Mannigfaltigkeit der Landschaft weidet, die sich hier darbietet. Hier blickte man auf ausgedehnte wiesengrüne Plateaus, glatt abgerundete Gipfel und Bergtäler, die Schlupfwinkel enthielten, welche die Seele eines Eremiten bezaubern könnten; dort auf tiefe, schreckliche Schluchten, wo ein düsteres Dunkel herrschte, auf zerrissene Abhänge, ungeheure fantastisch gestaltete Blöcke, die über ihnen hervorragten, sowie auf malerische Landstriche, denen alles zu Eigen war, was die Natur an Romantik und Poesie zu bieten hat.

Der Reisende wird Mpapua, obgleich er, von der Küste kommend, für die Milch, die es ihm bietet und die er so lange entbehrt hat, dankbar ist, doch stets als einen durch seine Ohrwürmer sehr merkwürdigen Ort im Gedächtnis behalten. In meinem Zelt konnte ich sie zu tausenden zählen, in meiner Hängematte zu hunderten, auf meinen Kleidern zu fünfzigen, auf meinem Hals und Kopf zu zwanzigen. Die sonstigen Plagen, als da sind Heuschrecken, Flöhe und anderes Ungeziefer, verlieren jede Bedeutung, wenn man sie mit diesen entsetzlichen Ohrwürmern vergleicht. Freilich beißen sie weder, noch reizen sie die Haut, ihre bloße Anwesenheit und Zahl rufen jedoch so schreckliche Vorstellungen hervor, dass man dadurch fast toll werden könnte.

Nach den Ohrwürmern kommen, was Bedeutung und Zahl betrifft, die weißen Ameisen, deren Zerstörungsvermögen geradezu schrecklich ist. Matten, Tuch, Koffer, Kleider, kurz alles, was ich besaß, schien sich am Abgrund des Verderbens zu befinden, und wenn ich ihre Gefräßigkeit beobachtete, so ängstigte ich mich, dass sie, während ich schlief, mein Zelt auffressen könnten. Dies war, seitdem ich die Küste verlassen, das erste Lager, wo ihre Anwesenheit mir Angst verursachte. An allen anderen Lagerstätten hatten bisher die roten und schwarzen Ameisen unsere Aufmerksamkeit auf sich gezogen; in Mpapua aber ließ sich die rote Gattung gar nicht blicken, und die schwarze war auch sehr selten.

Nachdem wir drei Tage in Mpapua gerastet hatten, entschloss ich mich, ohne Aufenthalt nach Marenga Mkali zu marschieren, bis wir Mwumi, den Hauptort in Ugogo, erreichten, wo ich die Kunst, Tribut an die Ugogohäuptlinge zu bezahlen, erlernen sollte. Der erste Marsch nach Kosokweh wurde absichtlich kurz gemacht, da er nur sechseinhalb Kilometer betrug, um es Scheich Tani, Scheich Hamed und fünf bis sechs Suahelikarawanen zu ermöglichen, mich in Tschunjo an der Grenze von Marenga Mkali, zu treffen.

SECHSTES KAPITEL

Der 22. Mai sah Tanis und Hameds Karawanen mit der meinigen in Tschunjo, dreieinhalb Stunden von Mpapua, dem milchgesegneten, aber auch ohrwürmerverseuchten Rastort, vereinigt. Ein Ausläufer des Mpapua-Gebirges, der sich durch einen erhabenen Querfirst mit dem Mpapua-Fluss verbindet, schützt das an der westlichen Seite des Höhenzuges gelegene Dorf Tschunjo vor den Stürmen, welche von den tiefen Abhängen herabbrausen.

Das Wasser von Tschunjo ist ganz besonders schlecht, sodass es durch seine salzige, salpeterhaltige Beschaffenheit der Wildnis, welche Usagara von Ugogo trennt, den Namen Marenga Mkali, Bitterwasser, gegeben hat. Obgleich es außerordentlich widerlich schmeckt, trinken es Araber und Eingeborene, ohne Furcht oder schlechte Folgen zu verspüren, halten aber ihre Lasttiere sorgfältig von den Wassergruben fern. Da ich seine Natur nicht kannte und nicht genau wusste, welche Örtlichkeit mit dem Namen Marenga Mkali bezeichnet wird, ließ ich die Esel wie gewöhnlich nach einem Marsch ans Wasser führen, und die Folge davon war in hohem Grade verderblich. Was durch das furchtbare Sumpfgebiet des Makata verschont geblieben war, wurde durch die Wasser von Marenga Mkali vernichtet. In weniger als fünf Tagen nach unserer Abreise von Tschunjo oder Marenga Mkali fielen ihnen fünf von den neun Eseln, die mir damals noch übrig blieben, zum Opfer, und zwar gerade die fünf gesündesten. Das Wasser schien Harnverhaltung hervorzurufen, denn der Tod von dreien der Tiere war auf diese Ursache zurückzuführen.

Wir bildeten eine ganz imposante Karawane, als wir aus dem ungastlichen Tschunjo ungefähr vierhundert Seelen stark fortzogen. Dazu hatten wir viele Flinten, Flaggen, Hörner, Trommeln und machten viel

Lager in Tschunjo

Lärm. Infolge von Scheich Tanis Erlaubnis wurde Scheich Hamed und mir die Aufgabe zuteil, diese große Karawane durch das gefürchtete Ugogo zu führen. Dies war, wie man später sehen wird, eine sehr unglückliche Wahl.

In einer Breite von mehr als fünfzig Kilometern lag Marenga Mkali vor uns. Diese Entfernung musste innerhalb von 36 Stunden zurückgelegt werden, sodass die Strapazen eines gewöhnlichen Marsches dadurch mehr als verdoppelt wurden. Von Tschunjo bis Ugogo findet man nicht einen Tropfen Wasser.

Der Marsch durch diesen wasserlosen Distrikt war sehr eintönig, und mich packte ein gefährliches Fieber, welches mir die Eingeweide geradezu zu verzehren schien. Die Wunder von Afrika, welche sich hier in Gestalt von Zebras, Giraffen und Antilopen zeigten, die über die strauchlose Ebene galoppierten, hatten für mich keinen Reiz, und sie vermochten es nicht, meine Aufmerksamkeit von der schweren Erkrankung, die mich befallen hatte, abzulenken. Gegen das Ende des ersten Marsches war ich nicht imstande, auf dem Esel zu sitzen. Da wir bis dahin nur das erste Drittel des Weges durch die Wüste hinter uns hatten, ging es nicht an, vor dem nächsten Tag Halt zu machen. Es wurden daher Soldaten kommandiert, mich in einer Hängematte zu tragen, und als der Marsch am Abend zu Ende war, lag ich in einem lethargischen, völlig bewusstlosen Zustand da. In der Nacht ging das Fieber vorüber, und um drei Uhr morgens, als der Marsch wieder aufgenommen wurde, war ich gestiefelt und gespornt und wieder als Führer meiner Karawane anerkannt. Um acht Uhr morgens hatten wir die fünfzig Kilometer zurückgelegt. Die Wildnis von Marenga Mkali war durchquert, und wir waren nach Ugogo gekommen, das für meine Karawane ein gefürchtetes, für mich ein Gelobtes Land war.

Der Übergang von der Wildnis dorthin war sehr allmählich und leicht. Man sah nicht eher Zeichen der Kultur, als bis wir Kräuter und Pflanzen an einigen zur rechten Hand parallel mit unserer Route verlaufenden Bergabhängen erkennen konnten. Dann erst erblickten wir Nutzholz auf den Bergen und weite bebaute Felder, und siehe da, als wir über eine rötliche Erdwelle schritten, die von hohem Unkraut und Rohr bedeckt war, lagen nur wenige Schritte von uns entfernt, gerade quer über unserem Weg, die Hirse- und Kornfelder, nach denen wir ausgeschaut hatten; wir waren schon seit einer Stunde in Ugogo.

In der Umgebung des ersten Dorfes bekamen wir einige charakteristische Züge von Ugogo flüchtig zu sehen. Da lag eine weite Ebene, bald flach, bald sich leicht erhebend, hier platt wie ein Tisch, dort zu schroffen Hügeln geformt, welche von zahlreichen unebenen, riesigen Felsblöcken starrten, die einer über dem anderen aufgeschichtet lagen, als ob Kinder eines Titanengeschlechts hier Häuserbauen gespielt hätten.

Die weit ausladenden Baobabs oder Affenbrotbäume sind auch in dieser Landschaft besonders hervorstechend, da kein anderer Baum in diesen bebauten Gegenden zu sehen ist. Man hatte sie wohl aus zwei Gründen stehen lassen: erstens aus Mangel an geeigneten Beilen, Bäume von so großem Umfang zu fällen, und zweitens, weil die Frucht

Mann und Frau aus Ugogo

des Baobabs ein Mehl gibt, das bei Hungersnot, wenn es nichts Besseres gibt, auch genießbar und nahrhaft sein soll.

Die ersten Worte, die ich in Ugogo hörte, kamen von einem stark gebauten Ugogo-Ältesten, der seine Herde träge hütete, aber ein sichtliches Interesse an dem Fremdling bekundete, der in weißer Flanellkleidung und mit dem in Ugogo höchst ungewöhnlichen Hawkes'schen Patent-Kork-Sommerhut auf dem Kopf vorbeizog.

„Jambo, Musungu! Jambo, Bwana, Bwana!“, ertönte seine Stimme so laut, dass man sie eine ganze Meile weit hören konnte. Kaum hatte die Begrüßung stattgefunden, als das Wort „Musungu“ sein ganzes Dorf zu elektrisieren schien, und die Bewohner anderer Dörfer, die hier und da nicht weit vom Weg lagen, nahmen, als sie die erste herrschende Aufregung bemerkten, an dem allgemeinen tollen Durcheinander teil, das alle plötzlich zu beherrschen schien. Meinen Weg vom ersten Dorf bis

Ost-Mwumi betrachte ich als einen Triumphzug, denn ich wurde von einem aufgeregten Pöbelhaufen aus Männern, Weibern und Kindern begleitet, die fast alle nackt wie Mutter Eva waren, als sie die Welt zuerst im Garten von Eden erblickte. Sie zankten, stritten und stießen sich, um den weißen Mann am besten sehen zu können, dergleichen man in diesem Teil von Ugogo noch nie zu Gesicht bekommen hatte. Doch wurden die Ausrufe der Verwunderung, wie zum Beispiel *„Hi le!“*, die oft verwirrend an mein Ohr schlugen, von mir nicht mit Dank aufgenommen, da ich viele derselben für ungehörig hielt. Achtung gebietendes Schweigen und ein reserviertes Betragen würden mir mehr Hochachtung abgewonnen haben; aber ihr Mächte, die ihr in Usungu die Etikette regelt – respektvolles Schweigen, zurückhaltendes Benehmen und Wertschätzung, das sind drei Begriffe, die man in dem wilden Ugogo nicht kennt.

Um neun Uhr morgens waren wir in unserem Boma in der Nähe des Dorfes Mwumi, aber auch hierher kamen Mengen von Ugogo, um sich den Musungu anzusehen, dessen Anwesenheit alsbald im ganzen Distrikt von Mwumi bekannt wurde. Zwei Stunden später hatte ich ihre Bemühungen, mich zu sehen, ganz und gar vergessen; denn trotz wiederholter Dosen von Chinin hatte mich das Mukunguru fest gepackt. Am nächsten Tag fand ein Marsch von 13 Kilometern von Ost- nach West-Mwumi statt, wo der große Sultan des Bezirks wohnte, das Haupt des Stammes, dem wir Tribut zahlen sollten.

Die Menge und Mannigfaltigkeit der in unser Boma gebrachten Lebensmittel straften die Berichte über die Erzeugnisse von Ugogo nicht Lügen. Saure und süße Milch, Honig, Bohnen, Hirse, Mais, Erbsennüsse und eine Sorte von Bohnenkernen, die großen Pistazien oder Mandeln sehr ähneln, Wassermelonen, Kürbisse, Musmelonen und Gurken wurden uns gebracht und bereitwilligst gegen Merikani, Kaniki, weiße Perlen und Sami-Sami oder Sam-Sam umgetauscht. Das Handels- und Tauschgeschäft ging vom Morgen bis zur Nacht vor sich. Im Osten mussten Karawanen ihre Leute mit Tuch aussenden, um bei den Dorfbewohnern Einkäufe zu machen. Dies war in Ugogo nicht nötig, wo die Leute jeden Verkaufsartikel, den sie besaßen, aus freien

Tor eines Dorfes

Stücken ins Lager brachten. Das kleinste Stückchen weißen oder blauen Tuchs, ja sogar ein abgetragenes, fadenscheiniges Lendentuch ließ sich verkaufen und nützlich zur Beschaffung von Nahrungsmitteln verwerten.

Am Tag nach unserem Marsch war Rasttag. Wir hatten ihn dazu bestimmt, dem großen Sultan von Mwumi den Tribut zu überbringen. Der kluge und vorsichtige Scheich Tani übernahm die Erledigung dieser wichtigen Pflicht, deren Unterlassung ein Zeichen zum Krieg gewesen wäre. Hamed und Tani schickten zwei treue, mit den Eigentümlichkeiten des Ugogo-Sultans genau vertraute, redegewandte Sklaven, die eine große Zungenfertigkeit und wirklichen Instinkt für den unter den Orientalen üblichen Handel besaßen, zu ihm. Sie trugen sechs Doti Tuch von mir, zwei Doti Merikani-Satin von Scheich Tani und zwei Doti Kaniki von Scheich Hamed als erste Anzahlung des Tributs hin.

Sie blieben eine ganze Stunde fort, kehrten aber, nachdem sie ihre Überredungskunst umsonst angewandt hatten, mit dem Verlangen nach mehr zurück, was Scheich Tani mir in folgender Weise mitteilte:

„Ach, dieser Sultan ist ein sehr, sehr böser Mann. Er sagt, der Musungu ist ein großer Mann, ich nenne ihn sogar einen Sultan. Der Musungu ist sehr reich, denn mehrere seiner Karawanen sind schon vorbeigezogen. Er muss vierzig Doti Tuch bezahlen und die Araber jeder zwölf Doti, denn sie haben reiche Karawanen. Es ist unnütz, dass ihr mir sagt, ihr bildet alle eine Karawane, denn wozu habt ihr dann so viel Flaggen und Zelte? Geht und bringt mir sechzig Doti, mit weniger bin ich nicht zufrieden."

Nachdem ich von diesem unverschämten Verlangen erfahren hatte, gab ich Scheich Tani zu verstehen, dass ich zwölf mit Winchester-Repetiergewehren bewaffnete Soldaten hätte und den Sultan zwingen könne, mir Tribut zu zahlen. Tani aber bat mich dringend, vorsichtig zu sein, damit nicht böse Worte den Sultan reizen und dazu veranlassen könnten, einen doppelten Tribut zu fordern, wozu er wohl imstande sei. „Und wenn Sie den Krieg vorzögen, so würden alle Ihre Träger desertieren und Sie samt Ihrem Tuch den Ugogo auf Gnade und Ungnade überlassen."

Nachdem Scheich Tani sich die Mütze der Überlegung aufgesetzt und mit Hamed und seinen treuen Bedienten zurate gegangen war, meinte er, wenn ich zwölf Doti bezahlen wolle, von denen drei von Uljah-Qualität seien, werde der Sultan wohl geruhen, unseren Tribut annehmbar zu finden.

Die Sklaven entfernten sich aus unserem Boma, diesmal mit dreißig Doti und unseren besten Glückwünschen. Nach einer Stunde kehrten sie zurück mit leeren Händen, aber ohne Erfolg. Der Sultan verlangte von dem Musungu noch sechs Doti Merikani und ein Fundo Bubuperlen, von den Arabern und anderen Karawanen dagegen noch zwölf Doti Stoff. Zum dritten Mal gingen die Sklaven ins Tembe des Sultans, mit sechs Doti Merikani und einem Fundo Bubu von mir und zehn Doti von den Arabern. Doch wiederum kehrten sie mit den Worten des Sultans zurück: Die Doti des Musungus hätten zu kurzes Maß, und das Tuch der Araber wäre von elender Beschaffenheit, daher müssten der

Musungu ihm noch drei gut gemessene Doti und die Araber fünf Doti Kaniki senden, die ihm denn auch, da er durchaus darauf bestand, unter Scheich Hameds heftigsten Verwünschungen und Scheich Tanis verzweifeltsten Seufzern übersandt wurden.

An einem Tag erhielt der Sultan von einem einzigen Boma also Waren im Wert von 49 1/4 Dollar, eine ganz anständige Summe für einen Ugogohäuptling. Obgleich ich mir sagte: Solange der Sultan es mit feigen arabischen Kaufleuten zu tun hatte, die sich scheuten, eine Spur von Unabhängigkeit und Selbstvertrauen an den Tag zu legen, um nur nicht noch mehr Tuch als Tribut zu zahlen, musste sein Sultanat eine sehr lohnende und prächtige Pfründe sein.

Am 27. Mai schüttelten wir mit Freuden den Staub von Mwumi von den Füßen und setzten unseren Weg nach Westen fort. In der letzten Nacht waren fünf meiner Esel an den Wirkungen des Wassers von Marenga Mkali gefallen. Ehe ich das Lager von Mwumi verließ, ging ich, um ihre Kadaver anzusehen, fand aber, dass ihr Fleisch von den Hyänen vollständig aufgefressen war und die Knochen sich im Besitz einer großen Schar weißhalsiger Krähen befanden.

Als wir die zahlreichen Dörfer durchzogen und wahrnahmen, dass das ganze Land wie ein ungeheures Kornfeld aussah, und ferner die am Wege stehenden Leute zählten, die ihre gierigen Blicke am Musungu weiden wollten, wunderte ich mich nicht mehr über die Erpressungen der Ugogo. Denn offenbar brauchten sie nur ihre Hände auszustrecken, um sich den ganzen Reichtum meiner Karawane anzueignen, und ich fing an, besser von denjenigen Völkern Schwarzafrikas zu denken, die sich ihrer Kraft wohl bewusst sind, doch keinen Gebrauch von ihr machen, sondern intelligent genug sind zu begreifen, dass es in ihrem Interesse liegt, Karawanen vorbeiziehen zu lassen, ohne eine Rechtsverletzung an ihnen zu versuchen.

Zwischen Mwumi und dem Distrikt des nächsten Sultans, Matamburu, zählte ich nicht weniger als 25 Dörfer, die über der lehmigen, farbenreichen Ebene ausgestreut lagen. Trotz der unwirtlichen Natur der Ebene waren sie besser gebaut als alle übrigen in irgendeinem Teil des Landes, das ich seit Bagamoyo gesehen hatte.

Als wir schließlich in unserem Lager in Matamburu ankamen, erwarteten uns die gleichen Gruppen neugieriger Leute, die gleichen verwunderten Blicke, die gleichen Ausrufe des Erstaunens, das gleiche Gelächter über Dinge, die sie an der Kleidung und Manier des Musungus lächerlich fanden wie in Mwumi.

Der Sultan von Matamburu, ein Mann von herkulischer Gestalt und einem Kopf, der gut zu seinen Schultern passte, erwies sich als ein sehr verständiger Mann. Nicht ganz so mächtig wie der von Mwumi, besaß er doch einen schönen Teil von Ugogo, etwa vierzig Dörfer, und er hätte, wenn er dazu Lust gehabt, die feigen Seelen meiner arabischen Begleiter in der gleichen Weise drücken können wie der Sultan von Mwumi. Vier Doti Tuch wurden ihm als erster, seiner Größe dargebrachter Tribut hingesandt, die er anzunehmen versprach, wenn die Araber und der Musungu ihm noch vier schicken würden. Bei so billigem Verlangen wurde diese Angelegenheit bald zu jedermanns Zufriedenheit beendet, und nicht lange darauf ließ Scheich Hameds Karawanenführer das Signal zum morgigen Marsch ertönen.

Auf Befehl ebendieses Scheichs erhob sich sein Karawanenführer, um vor der versammelten Karawane eine Rede zu halten.

„Worte, Worte von dem Bwana!“, rief er aus. „Leiht mir euer Ohr, ihr anderen Karawanenführer! Hört es, ihr Kinder von Unjamwesi! Morgen ist Reisetag! Der Weg ist krumm und schlecht, schlecht! Da liegen Urwälder, und viele Ugogo sind darin verborgen! Ugogo töten Träger mit Speeren und schneiden denen die Hälse ab, welche *Mutumba* (Ballen und Uschangaperlen) bei sich führen! Die Ugogo sind bei uns im Lager gewesen; sie haben eure Ballen gesehen; heute Abend suchen sie den Urwald auf; morgen wachet gut, o Unjamwesi! Haltet euch eng beisammen, bleibt nicht zurück! Die Karawanenführer werden langsam gehen, damit die Schwachen, die Kranken und die Jungen mit den Starken Schritt halten können. Machen wir zweimal Rast auf dem Weg! Dieses sind die Worte des Bwana. Hört ihr sie, Unjamwesi?“ (Ein lautes bejahendes Geschrei erhob sich aus allen Kehlen.) „Versteht ihr sie wohl?“ (Wiederholter Zuruf.) „Dann *Bas*!“ Nach dieser Rede zog sich der beredte Karawanenführer in die dunkle Nacht und in seine Strohhütte zurück.

Junge Wasagara

Der Marsch nach Bihawana, unserem nächsten Lager, war beschwerlich, führte uns durch ein ununterbrochenes Dickicht von Gummi- und Dorngebüschen, steile Berge hinauf und schließlich über eine glühende Ebene, auf der die Sonne heißer und heißer wurde, als sie sich dem Meridian näherte, bis sie schließlich alles Leben aus der toten Natur herauszusengen schien und die ganze Landschaft in einer solchen weißen Glut dalag, dass sie den umsonst vor dem grellen Licht Schutz suchenden, schmerzenden Augen unerträglich wurde. Mehrere versandete Wasserläufe, auf denen manche Spur von Elefanten eingedrückt war, passierten wir auch auf diesem Marsch. Diese Strombetten neigten sich abwärts nach Südost und Süden.

In der Mitte dieser brennenden Ebene standen die Dörfer von Bihawana, die wegen der ungewöhnlichen Niedrigkeit ihrer Hütten fast gar nicht zu sehen waren. Sie erreichten nämlich nicht die Höhe des hohen, ausgebleichten Grases, das in der übermäßigen Hitze rauchend dastand.

Einen Tag hielten wir an diesem Ort, und dies war mir sehr lieb, da ich schwer am Wechselfieber litt, das in diesem Fall zwei Wochen andauerte und mich daran hinderte, mein Tagebuch vollständig zu führen, wie ich es sonst jeden Abend nach dem Marsch zu tun pflegte.

Der Sultan von Bihawana begnügte sich, obgleich seine Untertanen übel gesinnt und zu Mord und Diebstahl bereit waren, mit drei Doti Tuch als Honga. Von diesem Häuptling erhielt ich Nachrichten über meine vierte Karawane, die sich in einem Kampf mit einigen seiner Untertanen ausgezeichnet hatte. Meine Soldaten hatten zwei derselben getötet, die, nachdem sie einigen Lastenträgern aufgelauert, einen Ballen Tuch und einen Beutel Perlen zu rauben versucht hatten. Da die Soldaten zur rechten Zeit herankamen, vereitelten sie diesen Versuch vollständig. Der Sultan meinte, es würden weniger Diebstähle unterwegs an den Karawanen verübt werden, wenn sie alle ebenso gut wie die meinigen bewacht würden. Mit dieser Ansicht stimmte ich von Herzen überein.

Der Weg führte uns weiter durch Kididimo, eine flache, längliche, zwischen zwei langen Bergkämmen befindliche Ebene, auf der sich zahlreiche riesige Baobabbäume vorfanden. Das Wasser der Gruben in der Umgegend schmeckte nach warmem Pferdeurin, und zwei Esel erkrankten und fielen in weniger als zwei Stunden dessen Wirkungen zum Opfer. Der Mensch bekam davon Leibschmerzen, Übelkeit und eine allgemeine Reizbarkeit des Organismus und rächte sich infolgedessen durch kräftige Verwünschungen gegen das Land.

Zwischen Kididimo und Njambua, dem Distrikt des Sultans Pemberea Pereh, befindet sich ein weiter, langer, von Elefanten und Rhinozerossen, Zebras, Hirschen, Antilopen und Giraffen bewohnter Urwald. Mit dem Morgengrauen aufbrechend, kamen wir in den Urwald, dessen dunkle, von Büschen bewachsene Konturen ganz deutlich schon von Kididimo aus sichtbar gewesen waren, und hielten nach zweistündigem Marsch erst zum Frühstück an Pfützen trinkbaren Wassers, die, umrahmt von frischen grünen Streifen, einen Hauptzufluchtsort für die wilden Tiere des Urwalds abgaben, deren frische Spuren sich zahlreich vorfanden. Ein enges, vom Laub dicht beschattetes Nullah bot einen vorzüglichen Schutz vor dem grellen Sonnenschein. Zur Mittagsstunde, nachdem unser Durst gelöscht, unser Hunger gestillt und die Kürbisflaschen wieder gefüllt waren, begaben wir uns aus dem Schatten in die furchtbare Glut des heißen Mittags hinaus. Der Pfad schlängelte sich durch Urwälder und lichtes Gehölz hinein und wieder hinaus in offene Savannen von Gras, das wie Stoppeln weiß gedörrt war, und zog sich dann durch Dickicht aus Gummi- und Dornbüschen, die einen penetranten Geruch gleich einem Viehstall von sich gaben. Dann ging es durch Gruppen ausgebreiteter Mimosen, Kolonien von Baobab und einen an edlem Wild reichen Landstrich weiter; wir erblickten zwar häufig allerlei Wild, doch war dies vor unseren Gewehren ebenso sicher, als ob wir uns auf dem Indischen Ozean befunden hätten, denn ein Gewaltmarsch, wie wir ihn jetzt durchmachten, gestattete keinen Aufenthalt.

Das letzte Wasser hatten wir zur Mittagszeit verlassen; bis zum Mittag des nächsten Tages konnten wir keinen Tropfen bekommen, und wenn wir nicht rasch und lange an diesem Tag marschierten, so würde der wütende Durst alle Bande der Zucht entfesseln. So mühten wir uns tapfer sechs lange, ermüdende Stunden hindurch ab und lagerten bei Sonnenuntergang; es blieb dabei noch ein Marsch von zwei Stunden vor uns, den wir eine Stunde nach Sonnenuntergang machen mussten, ehe wir an unser Lager Njambua kommen konnten. An diesem Abend biwakierten unsere Leute unter den Bäumen, von einem meilenweiten dichten Wald umgeben, und genossen die kühle Nacht, ohne von Kopfbedeckungen oder Zelten geschützt zu sein, während ich mich die Nacht hindurch in einem Fieberanfall wälzte und stöhnte.

Der Morgen kam, und die lange Karawane oder vielmehr die Kette von Karawanen war schon in erster Frühe unterwegs. Es war derselbe Wald, der auf dem schmalen Pfad, den wir betraten, nur für einen Mann Platz hatte. Ebenso beschränkt war die Aussicht. Zur Rechten und Linken war der Wald dunkel und tief. Über uns befand sich ein heller Himmelsstreifen, an dem einzelne Regenwolken schwebten. Wir hörten nichts weiter als hin und wieder Töne eines fliegenden Vogels oder den Lärm der Karawanen, deren Leute sangen, summten oder sich unterhielten und laut aufjubelten, wenn sie der Gedanke überkam, dass wir uns dem Wasser näherten.

Um sieben Uhr morgens schlugen wir in Njambua unser Lager auf und tranken das vorzügliche Wasser, das wir dort vorfanden, mit der Gier durstiger Kamele. Ausgedehnte Kornfelder hatten uns die Nähe von Dörfern verkündet, bei deren Anblick wir uns bewusst wurden, dass die Karawane ihren Schritt beschleunigte, weil sie sich dem Halteplatz näherte. Als die Musungu in die bewohnte Gegend zogen, beeilten sich Massen von Ugogo, sie anzuschauen, ehe sie vorbei waren. Jung und Alt beiderlei Geschlechts, ein heulender Pöbelhaufen, drängte sich um uns.

Tatsächlich trieben es die Ugogo von Njambua noch toller als die übrigen Ugogo. Diejenigen, die wir bisher angetroffen hatten, hatten sich damit begnügt, uns anzugaffen und zu schreien; diese aber überschritten alle Grenzen, und mein wachsender Zorn über ihre furchtbare Unverschämtheit machte sich darin Luft, dass ich den lärmendsten von ihnen am Nacken packte und ihm, ehe er sich von seinem Erstaunen erholen konnte, eine tüchtige Tracht Prügel mit meiner Hundepeitsche verabfolgte, was ihm nicht sonderlich behagte. Dieses Verfahren rief aus der Masse der Gaffer eine ganze Flut von bösesten Schimpfwörtern hervor, wobei sie sich sehr eigentümlich gebärdeten; sie näherten sich nämlich wie wütende Katzen und stießen ihre Worte mit einem Geräusch, das halb Zischen, halb Bellen war, hervor. Ihr Ausruf lautete, um ihn phonetisch so gut wie möglich wiederzugeben, „*Hacht*“, und wurde in einem grellen Crescendoton hervorgestoßen. Sie traten vor und dann wieder zurück mit der Frage: „Sollen die Ugogo wie Sklaven von diesem Musungu gepeitscht werden? Ein Ugogo ist ein freier Mann und nicht daran gewöhnt, geschlagen zu werden. – *Hacht!*“ Sooft ich mich jedoch anschickte, meine Peitsche gegen sie zu schwingen, fand dieses angeberische Volk es geraten, sich vor dem zornigen Musungu in eine respektvolle Entfernung zurückzuziehen.

Da ich bemerkte, dass etwas männliche Machtentfaltung den Ugogo gegenüber Not tat und mich diesmal von Quälereien befreite, so nahm ich, sooft sie das Maß überschritten, Zuflucht zu meiner Peitsche, deren lange Schnur wie eine Pistole knallte. Solange sie sich darauf beschränkten, ihre Zudringlichkeit bloß durch Gaffen und gegenseitige Mitteilung ihrer Ansichten über meine Hautfarbe und sonstiges Äußere auszudrücken, schwieg ich schicksalsergeben und resigniert, um ihr Vergnügen nicht zu stören; wenn sie aber auf mich zudrängten und mir kaum gestatteten, mich fortzubewegen, dann bahnten alsbald ein paar tüchtige, rasche, rechts und links ausgeteilte Peitschenhiebe mir in zweckmäßigster Weise den Weg.

Pembera Pereh ist ein komischer alter Mann von sehr kleinem Wuchs; er würde gar nichts zu bedeuten haben, wenn er nicht der größte Sultan von Ugogo wäre und teilweise Macht über viele andere Stämme besäße. Obgleich ein so bedeutender Häuptling, war er von allen seinen Untertanen am schlechtesten gekleidet, stets schmutzig, stets mit Fett beschmiert, beständig unsauber um den Mund. Das waren aber bloße Sonderbarkeiten. Als kluger Richter stand er ohnegleichen da und hatte immer irgendeinen Kniff in Bereitschaft, um den mutlosen arabischen Kaufleuten, die alljährlich mit Unjanjembe Handel trieben, Tuch abzuzwacken. Zudem entschied er mit größter Leichtigkeit Rechtsfälle, die über den Horizont eines gewöhnlichen Menschen gehen würden.

Scheich Hamed, der erwählte Führer der vereinigten Karawanen, die jetzt durch Ugogo zogen, war von kleiner, gebrechlicher Gestalt. Was ihm an Größe und Gewicht abging, machte er jedoch durch Tätigkeit wieder gut. Kaum waren wir in einem Lager angekommen, als man seine possierliche, lebhafte Gestalt von einer Seite des großen Platzes zur anderen hin- und herhüpfen sah, unruhig Anordnungen treffend und alles und alle störend. Er ließ keinen Ballen oder Packen unter seine Sachen oder nur in zu große Nähe derselben bringen, hatte eine Lieblingsmethode, seine Waren aufzustellen, die regelmäßig durchgeführt werden musste, und ein spezielles Auge für den für sein Zelt am besten passenden Ort, den er von keinem anderen beeinträchtigen ließ. Man hätte denken können, dass er nach einem Tagesmarsch von 15 bis 25 Kilometern derartige Kleinigkeiten seinen Dienern überlassen würde;

aber nein, nichts konnte in Ordnung sein, wenn er nicht selbst die Oberaufsicht darüber geführt hatte. Bei dieser Arbeit war er unermüdlich und scheute keine Anstrengung.

Scheich Hamed hatte noch eine andere nicht ungewöhnliche Eigentümlichkeit: Da er kein reicher Mann war, so gab er sich unendliche Mühe, jedes Doti so gut wie möglich zu verwerten, und jede neue Ausgabe schien an seinem Herzen geradezu zu nagen. Er war stets bereit, wie er selbst sagte, über die hohen Preise von Ugogo und die Erpressungen seiner Sultane zu weinen. Aus diesem Grund konnten wir mit Bestimmtheit annehmen, dass er als Leiter der Karawane unseren Aufenthalt in Ugogo, wo Nahrungsmittel teuer waren, so stark wie möglich abkürzen werde.

Hamed wird, solange er lebt, der Sorgen und Plagen, die er in Njambua erlitten hat, und des Tages gedenken, an dem wir dort ankamen. Sein Unglück kam daher, dass er, während er sich eifrigst im Lager zu schaffen machte, seine Esel in die Hirsefelder des Sultans Pembera Pereh hineingeraten ließ. Stundenlang suchten er und seine Diener nach den abhanden gekommenen Eseln, kehrten aber unverrichteter Dinge am Abend zurück, und er bejammerte, wie es nur ein Orientale tun kann, wenn er von harten Schicksalsschlägen heimgesucht wird, den Verlust seiner Maskat-Esel, die an die hundert Dollar wert waren. Der ältere, erfahrenere und weisere Scheich Tani riet ihm, seinen Verlust dem Sultan anzuzeigen. Auf diesen weisen Rat hin schickte Hamed zwei Sklaven an den Sultan ab, die ihm die Nachricht zurückbrachten, Pembera Perehs Diener hätten die beiden Esel beim Fressen von unreifer Hirse angetroffen, und wenn ihr Besitzer nicht neun Doti Tuch erster Qualität bezahle, so werde Pembera Pereh sie bestimmt zurückbehalten, um sich für die von ihnen gefressene Hirse schadlos zu halten. Hamed war in Verzweiflung. Neun Doti erster Klasse, die in Unjanjembe einen Wert von 25 Dollar repräsentierten, für Korn, das höchstens eine halbe Schukka, also einen Vierteldoti, wert war, erschien ihm als eine lächerliche Forderung; wenn er aber nicht bezahlte, so waren seine Esel im Wert von hundert Dollar verloren. Er begab sich also zum Sultan, um ihm die Abgeschmacktheit dieser Entschädigungsforderung zu beweisen und zu sehen, ob er nicht mit einer Schukka davonkommen könne, einer Summe, die mehr als den doppelten Preis des von den Eseln verzehrten Korns betrug.

Der Sultan aber saß bei seinem *Pombe*, war betrunken, was er gewöhnlich zu sein schien, und zwar zu sehr betrunken, um auf ernste Dinge eingehen zu können. Darum lieh sein Stellvertreter, ein abtrünniger Unjamwesi, dem Ansuchen sein Ohr. Bei den meisten Ugogohäuptlingen existiert nämlich ein Unjamwesi als rechte Hand, Premierminister, Rat, Henker, kurz als Individuum, das zu allem bereit ist, nur nicht, fürs allgemeine Beste zu sorgen. Ein derartiger unjamwesischer Hofschranze pflegt ein so rastloser, unzufriedener Intrigant zu sein, dass man, sobald man hört, ein solcher Mensch sei der hauptsächlichste Rat eines Ugogohäuptlings, sich versucht fühlt, ihm persönlich zu Leibe zu gehen. Die meisten der an den Arabern verübten Erpressungen werden von diesen schlauen Wesiren in Szene gesetzt.

Scheich Hamed fand den Unjamwesi viel hartnäckiger als den Sultan; das Minimum, wofür er die Esel auslösen konnte, sollten neun Doti Tuch erster Qualität sein. An dem Tag blieb daher das Geschäft unerledigt, und die folgende Nacht war, wie man sich denken kann, für Hamed eine schlaflose. Schließlich jedoch erwiesen sich der Verlust, die schwere Geldstrafe und die schlaflose Nacht als verkappte Segnungen, denn gegen Mitternacht besuchte ein Ugogoräuber sein Lager und wurde bei dem Versuch, einen Ballen Tuch zu stehlen, von dem vollständig wachen und erzürnten Araber auf frischer Tat ertappt und sofort durch eine in nächster Nähe seines Ohrs vorübersausende Kugel zum Verschwinden gebracht.

Von jedem der Eigentümer der Karawanen hatte der Unjamwesi sich für seinen betrunkenen Herrn 15 Doti zahlen lassen, und von den übrigen sechs Karawanen je sechs Doti, zusammen 51 Doti. Bei unserem Abmarsch am nächsten Morgen war er aber trotzdem nicht im Geringsten geneigt, ein einziges Tuch von der Hamed auferlegten Strafe abzuziehen, und der unglückliche Scheich war daher genötigt, die Forderung zu bezahlen oder seine Esel dazulassen.

Misanja, unser auf Njambua folgender Lagerplatz, lag in einem

Palmenhain, ungefähr zwanzig Kilometer von dem letztgenannten Ort entfernt. Bald nach meiner Ankunft musste ich mich wegen eines neuen Anfalls von Wechselfieber unter wollene Decken begraben, wie ich es zum ersten Mal während unserer Reise durch Marenga Mkali erlebt hatte. Überzeugt, dass mich eine Tagesrast, die mich in den Stand setzte, regelmäßige Dosen des unschätzbaren Chinins zu nehmen, wiederherstellen werde, bat ich Scheich Tani, Hamed einen Halt für den folgenden Tag vorzuschlagen, da ich völlig unfähig sei, die wiederholten Anfälle der bösartigen Krankheit, die mich rasch in ein bloßes Skelett von Haut und Knochen verwandelte, ferner zu ertragen.

Hamed, den es sehr nach Unjanjembe drängte, um sein Tuch dort loszuwerden, ehe andere Karawanen auf dem Markt erschienen, erwiderte zuerst, er könne und wolle wegen des Musungu nicht halten lassen. Nachdem Tani mir diese Antwort mitgeteilt hatte, ersuchte ich ihn, Hamed zu sagen, der Musungu wünsche weder ihn noch eine andere Karawane aufzuhalten, sondern es sei seine ausdrückliche Bitte, Hamed möge ohne Rücksicht auf ihn weitermarschieren, da er hinreichend mit Gewehren versehen sei, um allein durch Ugogo marschieren zu können. Aus welchem Grund nun der Scheich seinen Entschluss abgeändert und den dringenden Wunsch weiterzureisen aufgegeben haben mag, jedenfalls erschallte an dem Abend sein Marschsignal nicht, sondern er war am nächsten Morgen noch da.

Früh am Morgen fing ich an, mein Chinin einzunehmen, um sechs Uhr nahm ich schon die zweite Dosis, und bis zwölf Uhr mittags hatte ich schon vier weitere genommen, im Ganzen gegen fünfzig gut gemessene Gran, deren Wirkung sich in reichlichem, all mein Flanell- und Leinenzeug sowie die wollenen Decken durchnässendem Schweiß kundtat. Nachmittags erhob ich mich, wahrhaft dankbar, dass die Krankheit, die mich volle vierzehn Tage heimgesucht hatte, schließlich dem Chinin gewichen war.

Am 4. Juni brachen wir unser Lager ab. Nach einem Marsch von mehreren Stunden hielten wir eine kurze Zeit in Klein-Mukondoku, um dem Bruder des Beherrschers des eigentlichen Mukondoku Tribut zu zahlen. Drei Doti genügten dem Sultan, dessen Distrikt nur zwei

Dörfer beherbergte, die meist von Wahumbahirten und Überläufern von den Wahehe bewohnt waren.

Die Wahumba lebten in kegelförmigen Hütten, die mit Kuhmist beworfen und wie die Tatarenzelte in Turkestan geformt waren. Sie sind, soweit ich sie gesehen, ein schöner, wohl gestalteter Menschenschlag. Die Männer waren geradezu stattlich, hoch gewachsen und hatten einen kleinen Kopf mit bedeutend vorspringendem Hinterhaupt. Man sah sich umsonst nach einer dicken Lippe oder platten Nase unter ihnen um, im Gegenteil: Der Mund war besonders zart, klein und schön geschnitten. Sie hatten eine griechische Nase, und zwar war dieser Zug so verbreitet, dass ich sie sofort die Griechen Afrikas nannte. Ihre unteren Extremitäten hatten nicht die Schwere wie bei den Ugogo und anderen Stämmen, sondern waren lang und wohl gestaltet wie die der Antilopen. Von Jugend auf Athleten, als Hirten aufgezogen und unter sich heiratend, hielten sie ihre Rasse rein. Jeder von ihnen könnte daher ein gutes Modell für den Bildhauer abgeben, der einen Apollo in Marmor darstellen wollte.

Die Frauen sind in ihrer Art ebenso schön wie die Männer. Sie haben eine reine Ebenholzhaut, die nicht kohlschwarz, sondern von tintenfarbigem Ton ist. Ihre Zierrate bestehen aus spiralförmigen Messingringen, die von den Ohren herabhängen, aus Halsbändern von demselben Material und einem spiralförmigen Messinggürtel um die Lenden, der dazu dient, ihre Kalb- und Ziegenfelle festzuhalten, die, um den Körper gefaltet, von der Schulter herabhängen, eine Hälfte der Brust bedecken und bis an die Knie reichen.

Die Wahehe können die Römer Afrikas genannt werden.

Nachdem wir eine Stunde gerastet hatten, nahmen wir unseren Marsch wieder auf und kamen nach vier Stunden im eigentlichen Mukondoku an. Dieser äußerste Teil von Ugogo war sehr stark bevölkert; die Dörfer, welche die Mittel-Tembe umgaben, wo der Sultan Swaruru lebte, zählten nicht weniger als 36. Die Leute kamen massenhaft heraus, um sich die wunderbaren Männer anzuschauen, deren Gesichter weiß, deren Körper so eigentümlich bekleidet und deren Waffen so merkwürdig waren. Namentlich erregten die Flinten ihr Erstaunen, die so rasch knallten, dass man die Schüsse kaum an den Fingern abzählen konnte, und sie sammelten sich zu solchen Haufen und heulten so wild, dass ich einen Augenblick glaubte, es stecke noch etwas anderes als bloße Neugier hinter dieser Bewegung, die solche Massen an die Straße lockte. Ich hielt und fragte, was los sei, was sie wünschten und warum sie solchen Lärm machten. Ein stämmiger Kerl, der meine Worte für eine Erklärung von Feindseligkeit hielt, spannte sofort seinen Bogen; so rasch aber, wie er seinen Pfeil aufgelegt, war auch mein treues, mit 13 Schüssen geladenes Winchestergewehr gerichtet und wartete nur darauf, den Pfeil fliegen zu sehen, um die bleiernen Boten des Todes in die Menge zu entsenden. Diese jedoch verzog sich so rasch, wie sie gekommen war, und ließ den stämmigen Krieger mit zwei oder drei unentschlossenen Stammesgenossen in Pistolenschussweite von meiner angelegten Flinte stehen. Ein solch plötzliches Auseinanderlaufen des Pöbels, der noch einen Augenblick vorher überwältigend an Zahl war, veranlasste mich, mein Gewehr zu senken und in ein herzliches Gelächter über die schmähliche Flucht dieser Helden auszubrechen.

Die Araber, die ebenso sehr über die lärmende Zudringlichkeit beunruhigt waren, kamen jetzt, um einen Waffenstillstand zu schließen, was ihnen zu jedermanns Befriedigung gelang. Einige erklärende Worte genügten, um den Pöbel noch zahlreicher als vorher zurückkehren zu lassen; und der Bogenschütze, der die Ursache der augenblicklichen Störung gewesen war, sah sich genötigt, sich vor dem Druck der öffentlichen Meinung beschämt zurückzuziehen. Nun kam ein Häuptling heran, der, wie ich später erfuhr, der zweite nach Swaruru war, und hielt dem Volk seine Behandlung des weißen Fremdlings vor.

„Wisst ihr nicht, ihr Ugogo, dass dieser Musungu ein Sultan ist? Er ist nicht wie die *Wakonongo* (Araber) nach Ugogo gekommen, um Elfenbeinhandel zu treiben, sondern nur, um uns zu sehen und uns Geschenke zu bringen. Warum belästigt ihr ihn und seine Leute? Lasst sie in Frieden ziehen! Wenn ihr ihn zu sehen wünscht, kommt näher, aber höhnt ihn nicht. Möge der Erste, der eine Störung verursacht, sich in Acht nehmen; unser großer Sultan wird es erfahren, wie ihr seine Freunde behandelt.“

Dieses Stückchen rhetorischer Kraftanstrengung seitens des Häuptlings wurde mir an Ort und Stelle von dem alten Scheich Tani übersetzt. Nachdem ich dies vernommen hatte, bat ich den Scheich, den Häuptling wissen zu lassen, dass ich, nachdem ich geruht hätte, mich freuen würde, ihn in meinem Zelt zu empfangen.

Nachdem wir in dem Lager angekommen waren, das in Ugogo immer um einen großen Baobabbaum ungefähr einen Kilometer vom Tembe des Sultans entfernt liegt, drängten sich die Ugogo in so großer Zahl ins Lager, dass Scheich Tani sich entschloss, alles zu versuchen, um diese Plage loszuwerden oder sie doch zu mildern. In seinem besten Anzug begab er sich zum Sultan, um diesen um Schutz gegen sein Volk anzurufen. Der Sultan war sehr betrunken und beliebte zu sagen: „Was willst du, du Dieb? Du bist hergekommen, um mir Elfenbein oder Tuch zu stehlen. Mach, dass du fortkommst, Dieb!"

Der verständige Häuptling aber, den wir eben dem Volk Vorwürfe wegen seiner Behandlung der Musungu machen hörten, winkte Scheich Tani, aus dem Tembe herauszukommen, und begleitete ihn zurück zum Lager. Dieses war in großem Aufruhr; die neugierigen Ugogo hatten fast das ganze Terrain für sich in Anspruch genommen; es war nirgends Platz, sich zu bewegen. Die Unjamwesi stritten sich mit den Ugogo, die Suahelidiener schrien laut, die Ugogo drückten ihre Zelte zusammen und das Eigentum ihrer Herren sei in Gefahr, während ich, im Zelt mit meinem Tagebuch beschäftigt, mich um den Lärm und die Verwirrung draußen so lange nicht kümmerte, wie sie sich auf die Ugogo, Unjamwesi und Wangwana beschränkten.

Der Anwesenheit des Häuptlings im Lager folgte jedoch eine so tiefe Stille, dass ich mich bewogen fühlte hinauszugehen, um zu sehen, wodurch sie veranlasst war. Derselbe machte wenige, aber treffende Worte. Er sagte nämlich: „In eure Tembes, Ugogo, in eure Tembes! Warum kommt ihr her, um die Wakonongo zu belästigen? Was habt ihr mit ihnen zu schaffen? Macht, dass ihr in die Tembes kommt! Jeder Ugogo, der in dem Lager angetroffen wird, ohne Fleisch oder Vieh verkaufen zu wollen, soll dem Musungu Stoff oder Kühe bezahlen. Fort mit euch!" Mit diesen Worten ergriff er einen Stock und trieb die hunderte aus

Ein Tembe aus der Vogelschau

dem Lager, die ihm wie Kinder gehorchten. Während der zwei Tage, die wir noch in Mukondoku Halt machten, sahen wir nichts mehr von dem Pöbel, sondern hatten Frieden.

Der Tribut des Sultans Swaruru wurde mit wenigen Worten abgemacht, denn der Häuptling, der für den Sultan als Unterhändler fungierte, nahm, nachdem er durch ein Doti Kehani Uljah von mir erfreut worden war, den gewöhnlichen Tribut von sechs Doti an, von denen nur eins aus Stoff erster Qualität bestand.

Jenseits von Mukondoku blieb nur noch ein Sultan übrig, welchem Tribut zu zahlen war, und dies war der Sultan von Kiwjeh, dessen Ruf so übel war, dass Karawanenführer, welche Macht über ihre Lastenträger hatten, selten durch Kiwjeh zogen, sondern die Strapazen großer Märsche durch die Wildnis der Rohheit und den unverschämten Forderungen des Häuptlings von Kiwjeh vorzogen. Die Träger hingegen, die außer den zu tragenden Lasten keine Verantwortlichkeit oder sonstige Beschwerlichkeit davon hatten, sondern im Fall eines feindlichen Angriffs ihre Beine brauchen und davonlaufen konnten, marschierten lieber durch Kiwjeh, als dass sie Durst und Strapazen eines langen Gewaltmarsches auf sich nahmen. Und oft behielt die Vorliebe der Träger die Oberhand, wenn ihre Herren furchtsame, unentschlossene Leute wie Scheich Hamed waren.

Der 7. Juni war der Tag, der für unsere Abreise von Mukondoku bestimmt war; daher kamen die Araber am Tag zuvor in mein Zelt, um mit mir über den einzuschlagenden Weg zu beratschlagen. Nachdem wir die Führer der verschiedenen Karawanen und die älteren Unjamwesiträger zusammengerufen hatten, erfuhren wir, dass es drei Wege von Mukondoku nach Udschansi gebe. Erstens einen südlichen, der aus den oben angeführten Gründen gewöhnlich gewählt wurde und über Kiwjeh führte. Gegen diesen erhob Hamed Einwendungen. Der Sultan sei schlecht, sagte er, er verlange bisweilen zwanzig Doti von einer Karawane; unsere Karawane würde etwa sechzig Doti zu bezahlen haben. Der Weg über Kiwjeh gehe also durchaus nicht an. „Außerdem", meinte er, „müssen wir einen Gewaltmarsch machen, um nach Kiwjeh zu gelangen, und dann werden wir es nicht vor übermorgen erreichen."

Zweitens gab es einen Mittelweg. Auf diesem sollten wir am nächsten Tag in Munieka ankommen; am darauf folgenden Tag würde ein längerer Marsch von Mabunguru Nullah bis zu einem Lager in der Nähe von Unjambegi stattfinden müssen, und nach zwei Stunden würden wir am darauf folgenden Tag in Kiti sein, wo es viel Wasser und Nahrungsmittel gab. Da aber keiner der Karawanenführer oder Araber diesen Weg kannte und er nur von einem meiner alten Träger beschrieben wurde, meinte Hamed, er vertraue die Führung einer so großen Karawane nicht gern einem alten Unjamwesi an und möchte deshalb lieber etwas Genaueres über den dritten Weg hören, ehe er sich entscheide. Dieser ging nördlich und führte die ersten beiden Stunden lang an zahlreichen Ugogodörfern vorüber, dann würden wir durch Urwald und nach einem Marsch von drei Stunden nach Simbo kommen, wo zwar Wasser, aber kein Dorf sei. Wenn wir am darauf folgenden Morgen früh aufbrächen, so hätten wir sechs Stunden zu reisen, um an eine

Wasserpfütze zu kommen. Nach kurzer Rast an diesem Ort würde uns ein Nachmittagsmarsch von fünf Stunden an einen Ort bringen, der nur drei Stunden von einem Dorf entfernt sei.

Da dieser letztere Weg vielen bekannt war, sagte Hamed: „Scheich Tani, sagt dem Sahib, dass ich diesen für den besten halte." Nachdem mich Scheich Tani davon benachrichtigt hatte, sagte ich ihm, meine Karawane werde, da ich mit ihnen durch Ugogo marschiert sei, sie auch ferner begleiten, wenn sie sich entschlössen, über Simbo zu gehen.

Unmittelbar nach dieser unter den Häuptern abgehaltenen Diskussion in Bezug auf die Vorteile der verschiedenen Wege erhob sich eine unter den Lastenträgern, welche auf ein hartnäckiges Geschrei gegen den Weg über Simbo hinauslief, da er einen langen Gewaltmarsch erfordere und wenig Aussicht auf Wasser darbiete. Die Abneigung gegen den Weg über Simbo teilte sich alsbald allen Karawanen mit und wurde durch Berichte über eine Wildnis, die sich von Simbo nach Kusuri hinziehe, vergrößert, in der man weder Nahrungsmittel noch Wasser bekommen könne. Hameds Träger und die der arabischen Diener erhoben sich wie ein Mann und erklärten, sie könnten den Marsch nicht gutheißen, und wenn Hamed darauf bestünde, so würden sie ihre Packen niederlegen, und er möge diese dann allein tragen.

Hamed stürzte nun zu Scheich Tani und erklärte ihm, er müsse den Weg über Kiwjeh wählen, da sonst sämtliche seiner Träger weglaufen würden. Dieser erwiderte darauf, ihm seien alle Wege gleich und er werde Hamed überallhin folgen, wohin es ihm zu gehen beliebe. Dann kamen sie in mein Zelt und benachrichtigten mich von dem Entschluss, zu dem die Unjamwesiträger gekommen waren.

Sofort rief ich meinen alten Unjamwesi, der mir den günstigen Bericht erstattet hatte, noch einmal in mein Zelt und befahl ihm, mir eine genaue Schilderung des Weges über Kiti zu geben. Diese lautete so günstig, dass ich Hamed erwiderte, ich sei der Herr meiner Karawane. Sie habe dorthin zu gehen, wohin ich es dem Karawanenführer befähle, nicht aber, wohin die Träger wollten. Wenn ich ihnen zu halten befähle, so müssten sie halten, und wenn ich einen Marsch anordnete, müsste ein Marsch stattfinden, und da ich ihnen gut zu essen und nicht viel zu arbeiten gäbe, so wolle ich wohl den Träger oder Soldaten sehen, der mir nicht gehorche. „Sie hatten sich eben entschlossen, über Simbo zu reisen, und wir hatten das abgemacht. Nun sagen Ihre Träger, sie wollen über Kiwjeh gehen oder weglaufen. Gehen Sie über Kiwjeh, und zahlen Sie Ihre zwanzig Doti Tribut. Ich und meine Karawane werden morgen den Weg über Kiti einschlagen, und wenn Sie finden, dass ich einen Tag früher in Unjanjembe bin als Sie, so wird es Ihnen schon Leid tun, dass Sie nicht denselben Weg genommen haben."

Diese Erklärung von mir hatte die Wirkung, abermals Hameds Ansichten umzustoßen, denn er sagte sofort: „Das wird denn doch wohl der beste Weg sein, und da der Sahib entschlossen ist, ihn einzuschlagen, und wir alle zusammen durch das schlechte Land der Ugogo gereist sind, *Inschallah*, so wollen wir auch jetzt alle denselben Weg ziehen." Da der gute alte Tani keine Einwendungen dagegen erhob und Hamed sich entschlossen hatte, so gingen sie beide wohlgemut aus dem Zelt, um diese Nachricht ihren Leuten mitzuteilen.

Am 7. Juni wurden die Karawanen, die dem Anschein nach einstimmig dafür waren, dass man über Kiti reise, wie gewöhnlich von Hameds Führer geleitet. Kaum waren wir jedoch zwei Kilometer gegangen, als ich bemerkte, dass wir den Weg über Simbo verlassen und die Richtung nach Kiti eingeschlagen hatten, aber durch einen schlau gewählten Umweg uns jetzt rasch dem vor uns liegenden Bergpass näherten, der den Zutritt zu dem höher gelegenen Plateau von Kiwjeh gestattete.

Sofort ließ ich meine Karawane halten, den alten Lastenträger, der schon einmal über Kiti gereist war, kommen und fragte ihn, ob wir jetzt nicht nach Kiwjeh gingen. Er bejahte die Frage. Nun rief ich meine Träger zusammen und ließ ihnen durch Bombay sagen, der Musungu ändere nie seine Entschlüsse ab; da ich beschlossen hätte, meine Karawane solle über Kiti marschieren, so müsse sie dies auch tun, ob die Araber mitkämen oder nicht. Darauf hieß ich den Alten seine Last aufnehmen und dem Karawanenführer den richtigen Weg nach Kiti zeigen.

Da legten denn die unjamwesischen Träger ihre Ballen nieder, und es gab Anzeichen einer Meuterei. Den Soldaten wurde hierauf der Befehl erteilt, ihre Flinten zu laden, sich zur Seite der Karawane aufzustellen und den ersten Träger, der einen Versuch zur Desertion machen würde, niederzuschießen. Ich selbst stieg ab, ergriff meine Peitsche, ging auf den ersten Träger, der seine Last niedergelegt hatte, zu und befahl ihm, sie wieder aufzunehmen. Weiter brauchte ich nicht zu gehen; ohne Ausnahme marschierten sie alle dem Karawanenführer nach.

Ich stand im Begriff, Tani und Hamed Lebewohl zu sagen, als Tani zu mir sagte: „Warten Sie ein wenig, Sahib, ich habe genug von diesem Kinderspiel, ich werde mit Ihnen gehen“, und er ließ auch seine Karawane der meinigen folgen. Hameds Karawane war inzwischen dicht an den Engpass gelangt; er selbst befand sich eine ganze Meile hinter ihr und weinte wie ein Kind über unsere Desertion, wie er es zu nennen beliebte. Da ich Mitleid mit seiner üblen Lage empfand – denn er war fast von Sinnen, wenn er an den erpressungssüchtigen, rohen Sultan von Kiwjeh dachte –, riet ich ihm, seiner Karawane nachzueilen und sie an ebendiesen Sultan zu erinnern mit Hinweis auf den Umstand, dass die Übrigen den anderen Weg eingeschlagen hätten. Bevor ich den Pass von Kiti erreicht hatte, sah ich auch, dass uns Hameds Karawane nachfolgte.

Der Weg den Berg hinauf war uneben und steil; außerordentlich spitze Dornen peinigten uns schwer. Die *Acacia horrida* war hier schrecklicher denn je, die Schotendorne streckten ihre Zweige aus und hielten die Lasten auf, und die Mimose mit ihrem schirmartigen Dach beschattete uns zwar vor der Sonne, verhinderte aber ein rasches Fortkommen. Steile, durch vieles Klettern glatt gewordene Vorsprünge aus Gneis und Granit mussten wir hinaufsteigen; ferne Schüsse, die durch den Wald ertönten, vermehrten die Unruhe und allgemeine Unzufriedenheit, und wäre ich nicht unmittelbar hinter meiner Karawane gewesen und hätte jede ihrer Bewegungen beobachtet, so wären meine Unjamwesi bis auf den letzten Mann desertiert.

Obwohl die Höhe, die wir erstiegen, kaum 240 Meter über der Ebene lag, die wir eben verlassen hatten, so brauchten wir doch zwei Stunden, um hinaufzukommen.

Nachdem wir das Plateau erreicht hatten und die größten Schwierigkeiten überwunden waren, hatten wir einen verhältnismäßig guten Weg, der durch Urwald und kleine offene Savannen führte, die uns nach weiteren drei Stunden nach Munieka brachten, einem kleinen Dorf, das inmitten einer fruchtbaren, bebauten Lichtung liegt.

Als wir in dem Lager angekommen waren, hatte ein jeder seinen guten Humor und zufriedene Stimmung wiederbekommen, mit Ausnahme von Hamed. Zufälligerweise hatten Tanis Leute ihr Zelt zu nahe an den Baum gestellt, um welchen Hameds Ballen zusammengepackt lagen. Ob der kleine Scheich den ehrlichen alten Tani für fähig hielt, einen davon zu stehlen, ist unbekannt, gewiss aber ist, dass er sich über die große Nähe des Zeltes seines besten Freundes wütend gebärdete, bis Tani den Befehl gab, es hundert Meter weiter zu transportieren. Selbst dieses Verfahren befriedigte, wie es schien, Hamed nicht, denn es wurde Mitternacht, wie mir Tani erzählte, ehe Hamed kam, um ihm die Hände und Füße zu küssen und ihn fußfällig um Verzeihung zu bitten, die ihm Tani, eine gutmütige Seele, natürlich gern gewährte. Hamed gab sich jedoch nicht eher zufrieden, als bis er mithilfe seiner Sklaven des Freundes Zelt wieder dorthin hatte schaffen lassen, wo es ursprünglich gestanden hatte.

In Munieka kam das Wasser aus einer tiefen, in einer Gneiserhebung befindlichen Senkung und war klar wie Kristall, kalt wie Eiswasser, ein Hochgenuss, den wir seit der Löwenstadt Simbamwenni nicht gehabt hatten.

Jetzt befanden wir uns an der Grenze von Ujansi oder „Magunda Mkali", dem „heißen Grund" oder „heißen Feld", unter welchem Namen es besser bekannt ist. Wir waren bei dem letzten von Ugogo bewohnten Dorf vorübergezogen und im Begriff, den Staub von Ugogo von unseren Füßen zu schütteln. In dieses Land waren wir voll Hoffnung eingetreten, indem wir es für ein liebliches Land gehalten hatten, in welchem Milch und Honig flossen, waren aber schwer enttäuscht worden; denn es war uns ein Land voll Galle und Bitternissen, voll Sorgen und Plagen geworden, wo uns auf Schritt und Tritt Gefahren drohten und wir den Launen betrunkener Sultane ausgesetzt waren. Kann es dann wundernehmen, dass wir uns alle in diesem Augenblick sehr glücklich fühlten? Trotz der vor uns liegenden Aussicht auf ein Land, das wir für eine wirkliche Wildnis hielten, wurde unsere gute Stimmung nicht vermindert, sondern gestärkt, denn die Wildnis ist in Afrika in vielen Fällen freundlicher als das bevölkerte Land.

Der Karawanenführer blies sein Kuduhorn viel fröhlicher an diesem Morgen, als er es in Ugogo zu tun pflegte. Wir standen im Begriff, in Magunda Mkali einzutreten.

Zu Mittag jubelten und sangen die Unjamwesi. Die Soldaten, Diener und Lastenträger wetteiferten mit ihnen, was Lärm und Geschrei betraf, und ließen den dunklen Wald, den wir passierten, von ihren Stimmen widerhallen.

Die Landschaft war die malerischste, die wir seit Bagamoyo gesehen hatten. Der Boden erhob sich in größeren Wellen, hier und da traten Hügel und große Berge aus Gneis hervor, welche dem Wald ein sonderbares, zauberhaftes Aussehen verliehen. Aus der Ferne schien es fast, als ob wir uns einem Stückchen England, wie es während der Feudalzeit ausgesehen haben mag, näherten, so sonderbare, phantastische Gestalten nahmen die Felsformationen an. An mancher Stelle wirkten sie wie große Brocken, lose übereinander geschichtet, die scheinbar keinem Windstoß hätten widerstehen können; anderswo türmten sie sich wie stumpfe Obelisken, welche die höchsten Bäume überragten; hier wiederum nahmen sie die Gestalt mächtiger in Glas verwandelter Wogen an; dort bildeten sie ein kleines Häufchen zerrissener, zerklüfteter Felsmassen, während sie anderwärts zu großartigen Bergen anschwollen.

Um fünf Uhr nachmittags hatten wir 32 Kilometer zurückgelegt, und das Signal zum Halten erscholl. Schon um ein Uhr morgens, als der Mond noch schien, hörte man Hameds Horn und Stimme bereits wieder durch das ganze stille Lager tönen und seine Träger zum Marsch wecken. Offenbar war Scheich Hamed vollständig verrückt geworden, warum sollte er sonst zu so früher Stunde so wütend auf den Marsch erpicht sein? Der Tau fiel schwer, und man war durchfröstelt; von allen Seiten antwortete ein unheilvolles Gemurmel tiefer Unzufriedenheit dem frühen Weckruf. Da wir jedoch annahmen, dass er bessere Kunde erhalten hatte als wir, beschlossen Scheich Tani und ich, uns danach zu richten, ob er durch den Verlauf der Sache gerechtfertigt war oder nicht.

Da alle unzufrieden waren, wurde dieser Nachtmarsch in tiefem Stillschweigen durchgeführt. Das Thermometer stand auf 10 Grad, da wir uns etwa 1350 Meter über dem Meeresspiegel befanden. Die fast nackten Lastenträger gingen rasch, um warm zu bleiben, und dadurch bekamen viele von ihnen wunde Füße, weil sie gegen vorspringende Wurzeln und Felsen stolperten und auf Dornen traten.

Am 10. Juni erreichten wir Kiti. Wie sich herausstellte, hatte das Dorf sehr viel Vieh und Korn, und wir konnten Nahrungsmittel zu mäßigen Preisen bekommen. Die Wakimbu sind ein ruhiger Volksstamm, der die friedliche Kunst des Ackerbaus dem Krieg vorzieht und lieber seine Herden weidet als auf Eroberungen ausgeht. Beim geringsten Kriegsgerücht ziehen die Wakimbu mit Familie und Eigentum in die ferne Wildnis, wo sie das Land zu lichten anfangen und den Elefanten um des Elfenbeins willen jagen. Trotzdem fanden wir, dass es ein stattlicher, gut bewaffneter Menschenschlag ist, der in Bezug auf Zahl und Waffen es wohl mit manchem anderen Stamm aufnehmen kann. Hier aber, wie anderweitig, macht die Zwietracht sie schwach. Sie bilden nämlich nur kleine Kolonien, von denen jede von ihrem eigenen Häuptling beherrscht wird; wenn sie sich vereinigen würden, so würden sie eine ganz ansehnliche Mannschaft einem Feind entgegenstellen können.

Unser nächster größerer Etappenort war das 48 Kilometer von Kiti entfernte Msalolo. Nach einem Marsch von dreieinhalb Stunden erreichten wir zunächst Ngaraiso. Es war ein blühender kleiner Ort, wo man allerlei Lebensmittel fast halb so billig haben konnte wie an vielen anderen Orten. Da Unjanjembe nahe war und die Lastenträger und Soldaten sich während der langen Märsche, die wir in letzter Zeit bei der Durchquerung von Magunda Mkali gemacht hatten, vorzüglich aufgeführt hatten, kaufte ich für drei Doti ein Bullenkalb und ließ es speziell für sie schlachten. Auch schenkte ich einem jeden ein Khete rote Perlen, damit er seine Lust nach irgendeinem kleinen Genuss, den das Land bot, stillen könne. Milch, Honig und Süßkartoffeln gab es in Mengen.

Auf dem Weg zum Fluss Nghwhalah Mtoni brannte die Sonne heiß; wie ein Feuerball schickte sie ihre sengenden Strahlen auf unsere Köpfe herab und dörrte, als sie sich nach Westen neigte, die Luft aus, ehe diese von den sich nach ihr sehnenden Lungen eingeatmet wurde. Trinkbehälter voll Wasser wurden rasch geleert, um die furchtbare Hitze, die Gaumen und Lungen verbrannte, zu lindern. Ein Lastenträger, der schwer von den Pocken befallen war, erlag denselben und warf sich an den Rand des Weges, um zu sterben. Wir haben ihn nicht wiedergesehen, denn die Reise einer Karawane auf einem Gewaltmarsch gleicht einigermaßen der eines Schiffes in einem Orkan. Die Karawane muss weiterziehen, wehe dem, der zurückbleibt, denn Hunger und Durst werden ihn überfallen – ebenso muss auch das Schiff vor dem wilden Sturm dahineilen, um nicht zu scheitern, wehe dem, der über Bord fällt!

Gutes, klares Trinkwasser wurde dann im Überfluss im Bett des Mtoni in tiefen Steinbecken angetroffen; hier waren auch die Spuren reißender Sturzbäche deutlich sichtbar.

Am 16. kamen wir in Madedita an. Eine Pfütze guten Wassers, die einige hundert Schritt vom Weg ablag, war das Einzige, was Karawanen hier bekommen konnten. Die Tsetsefliege stach uns furchtbar, was ein Zeichen ist, dass großes Wild bisweilen die Pfützen besucht, aber nicht als Beweis dafür genommen werden kann, dass sich dergleichen gerade in der unmittelbaren Nähe des Wassers befindet. Eine einzelne so häufig von vorüberziehenden Karawanen besuchte Pfütze, an der diese zu halten gezwungen sind, wird nicht oft von Tieren des Waldes besucht, die in diesem Teil von Afrika die Aufenthaltsorte des Menschen scheu fliehen.

Mit der Morgendämmerung des nächsten Tages waren wir auf dem Weg, und zwar in rascherem Tempo als an den meisten früheren Tagen, da wir im Begriff standen, Magunda Mkali mit dem bevölkerten besseren Land der Unjamwesi zu vertauschen. Zunächst ging es durch dichten Wald, der aber nach zwei Stunden dünner wurde, sich danach in ein niedriges Gestrüpp verwandelte und schließlich ganz verschwand. So hatten wir den Boden von Unjamwesi erreicht, wo sich eine weite Ebene bis an den fernen purpurnen Horizont ausdehnte. So weit die

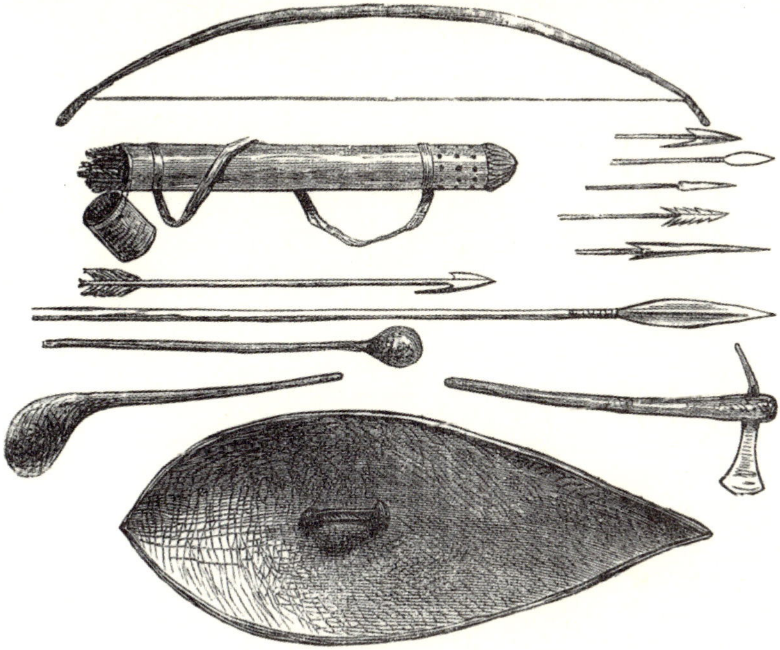

Kriegswaffen

Ebene reichte, erblickten wir Felder mit reifem Korn, die munter im kühlen, von Usagara her wehenden Morgenwind rauschten.

Um acht Uhr morgens kamen wir bei dem Grenzdorf von Unjamwesi, Ost-Tura, an, in das wir ohne weitere Rücksicht auf die Stimmung seiner spärlichen Einwohner einzogen. Wir machten hier nur eine kurze Erholungspause, da wir bloß noch eine Stunde zu marschieren hatten, um Zentral-Tura zu erreichen.

Der Weg von Ost-Tura führte durch ausgedehnte Felder von Hirse, Mais, Holcus Sorghum, Maweri, durch Gärten mit Süßkartoffeln und große Strecken mit Gurken, Wassermelonen, Musmelonen und Erbsennüssen, welche in den tiefen Furchen zwischen den Holcushecken wuchsen.

Einige breitblättrige Platanenpflanzen waren auch in der Umgegend der Dörfer zu sehen, die, je weiter wir kamen, sehr zahlreich wurden.

Die Dörfer der Wakimbu waren wie die der Ugogo viereckig, mit flachen Dächern und schlossen einen offenen Platz ein, der bisweilen durch Zäune aus Hirsestängeln in drei bis vier Teile geteilt wurde. In Zentral-Tura, wo wir unser Lager aufschlugen, bekamen wir ausreichende Beweise für die Schurkenhaftigkeit der Wakimbu von Tura.

Hamed nämlich, welcher trotz seiner Bemühungen, Unjanjembe zeitig zu erreichen, um dort seine Stoffe zu verkaufen, ehe andere Araber mit ihren Waren hinkämen, erwies sich außerstande, seine Träger dazu zu zwingen, ihre Tagesmärsche zu verdoppeln, und lagerte zugleich mit einem anderen arabischen Händler, der Hameds törichte Hast dem vorsichtigen Vorgehen Tanis vorgezogen hatte, gleichfalls in Zentral-Tura.

Unsere erste Nacht in Unjamwesi war nun sehr aufregend; denn das Lager des Musungu wurde von zwei schleichenden Dieben aufgesucht, die jedoch bald durch das Unheil verkündende Geräusch eines Gewehrdrückens davon in Kenntnis gesetzt wurden, dass das Lager des weißen Mannes gut bewacht war.

Sie zogen nun zu Hameds Lager hinüber; doch auch hier vereitelte die Ruhelosigkeit des Besitzers ihre Versuche; denn er schritt mit einer geladenen Flinte in der Hand in demselben auf und ab, und die Diebe sahen sich gezwungen, die Aussicht, etwas von seinen Ballen stehlen zu können, aufzugeben. Von Hameds Lager begaben sie sich in dasjenige von Hassan (des Arabers), wo es ihnen glückte, einige Ballen in die Hände zu bekommen; zu ihrem Unglück aber machten sie ein Geräusch, sodass der wachsame und scharf hörende Sklave aufwachte, seine geladene Muskete ergriff und im Nu einen von ihnen durchs Herz schoss.

Am nächsten Morgen erfuhren die umliegenden Dörfer den traurigen Vorfall, der einen der Ihren betroffen hatte. Obwohl die Bewohner zur Nacht kecke Diebe waren, so erwiesen sie sich doch bei Tage als feige Memmen und ahndeten die Tat weder durch Worte noch selbst durch Blicke.

Es war ein Rasttag, und die Bewohner von Tura brachten so große Vorräte Honig, Kartoffeln und Korn in unser Lager, dass ich imstande war, meinen Leuten für zwei Doti ein Fest zur Feier unserer Ankunft in Unjamwesi zu bereiten.

Am 18. verließen die drei Karawanen, Hameds, Hassans und meine eigene, Tura auf einem Weg, der sich nach allen Himmelsrichtungen im Zickzack durch die hohen Hirsefelder hinzog.

Von Tura bis zum Fluss Kwala Mtoni beträgt die Entfernung 28 Kilometer, die ungeheuer erscheint, sobald man einen Tag um den anderen reisen soll. So wenigstens erschien es meinen Trägern, den Soldaten und dem sonstigen Gefolge, die sehr laut zu murren anfingen, als ich das Marschsignal geben ließ.

Auf diesem Marsch wäre Abdul Kader, der Schneider, der sich mir als ein zu allen Dingen geschickter Mensch angeschlossen hatte, fast erlegen. Nach seinen eigenen Angaben konnte er sowohl Hosen flicken, als auch gutes Essen kochen und Elefanten schießen; im Inneren Afrikas aber erwies er sich als Schwächster der Schwachen, der nichts als essen und trinken konnte.

Schon lange war der kleine Vorrat von Waren, die Abdul aus Sansibar in einem Schnupftuch mitgebracht und mit denen er die Absicht gehabt, Elfenbein und Sklaven zu kaufen sowie sein Glück in dem berühmten Land Unjamwesi zu machen, verschwunden, und zwar zugleich mit den großen Hoffnungen, die er auf diesen gebaut hatte, ebenso wie es Alnaschar im arabischen Märchen ergangen war. Als wir uns auf den Marsch vorbereiteten, kam er zu mir mit einer kläglichen Erzählung über seinen Tod, den er in den Knochen und dem müden Rücken herannahen fühle, er könne kaum noch auf den Beinen stehen, sei ganz und gar zusammengefallen; würde ich nicht Erbarmen mit ihm haben und ihn abziehen lassen?

Die Ursache dieser außerordentlichen Bitte, die so wenig zu dem Geiste, mit dem er Sansibar verlassen, und dem Bestreben passte, sich Elfenbein und Sklaven aus Unjamwesi zu verschaffen, bestand darin, dass ich ihm befohlen hatte, zwei Sattel von den auf dem letzten Marsch gefallenen Eseln bis nach Unjanjembe zu tragen. Obwohl ihr Gewicht nur 16 Pfund betrug, wie die Federwaage zeigte, so wurde Abdul Kader doch lebensmüde, als er die langen Märsche zählte, die zwischen dem Kwala Mtoni und Unjanjembe lagen. Der Länge nach fiel er auf den Boden, um meine Füße zu küssen und mich im Namen Gottes zu bitten, ihn abziehen zu lassen.

Da ich einige Erfahrungen mit Hindu, Malabaresen und Kulis in Abessinien gemacht hatte, so wusste ich genau, wie ich diesen Fall zu behandeln hatte. Ohne Zögern gewährte ich ihm die Bitte, sobald er sie mir vorgetragen hatte; denn ebenso, wie Abdul Kader angeblich sein Leben, hatte ich seine Unbrauchbarkeit satt. Der Hindu wollte jedoch nicht, wie er sagte, in den Urwäldern, sondern erst nach unserer Ankunft in Unjanjembe entlassen sein. „Nun", sagte ich, „dann müssen wir ja erst nach Unjanjembe kommen. Mittlerweile wirst du diese Sättel tragen für das Essen, das du erhältst."

„Haben Sie kein Erbarmen?", flehte er.

„Nein, keins für einen so unverbesserlich faulen Schlingel wie dich", erwiderte ich und begleitete meine Worte mit kräftigen, sehr notwendigen Hieben meiner Eselspeitsche, die den Sterbenden wieder zu einem tätigen und nützlichen Leben auferweckten.

Ich gestehe, ich war am Morgen des 18. etwas übel gelaunt und müde und hatte auch Veranlassung, meinen Karawanenführer gehörig auszuschelten.

Höchst leidenschaftlich waren meine dem Karawanenführer gemachten Vorwürfe, er sei so hartnäckig dumm wie ein Esel und wolle nicht einsehen, dass ich bei unserer Ankunft in Unjanjembe zwar denen, die mir gefallen hatten, ein Bakschisch geben würde, jedoch nicht umhinkönne, daran zu denken, dass der Karawanenführer, anstatt auf meinen Befehl zu marschieren, sich immer nach den Ratschlägen der Lastenträger gerichtet habe. Ich fragte ihn, mit wie viel Doti er von den Trägern bestochen worden sei, um kurze Märsche und lange Stationen zu machen. Er erwiderte, kein Einziger habe seines Wissens die Absicht, ihm Tuch zu geben. „Nun also", sagte ich, „wie viel Tuch könnte ich Euch geben, wenn Ihr mir zu Gefallen meine Befehle ausführt?"

„Sehr, sehr viel", erwiderte er.

„Nun gut, dann nehmt Eure Last, und lasst mich von hier bis Unjanjembe sehen, wie rasch Ihr marschieren könnt." Hiernach versprach er mir feierlichst, sich meinen Anordnungen zu fügen und gehörig zu marschieren, wenn ich es für nötig hielte.

Da der Marsch nach Kubuga dreißig Kilometer beträgt, marschierten die Lastenträger rasch und lange, ohne zu rasten. Der Karawanenführer hatte, seinem Versprechen getreu, Beine und Arme mit aller Macht angestrengt, denn er legte die ganze Entfernung bis Zentral-Kubuga, ohne Halt zu machen, zurück, zum großen Entsetzen seiner Träger, die glaubten, er sei verrückt geworden.

Kubuga war zur Zeit Burtons nach dessen Schilderung ein wohlhabender Bezirk gewesen. Selbst als wir durchzogen, waren die Spuren von Reichtum, den es früher besessen hatte, deutlich genug sichtbar in der weiten Ausdehnung seiner Kornfelder, die sich rechts und links an der Straße nach Unjanjembe viele Kilometer weit hinzogen. Das waren jedoch eben nur, aber auch nicht mehr als Beweise, dass sich früher hier zahlreiche Dorfschaften und ein wohl bebauter, an Viehherden und Kornvorräten reicher Distrikt befunden hatten, denn jetzt waren alle Dörfer niedergebrannt, die Bevölkerung drei bis vier Tagesreisen von Kubuga nach Norden vertrieben, das Vieh gewaltsam geraubt und die Kornfelder unbeackert geblieben und bereits von Dickicht und üppigem Unkraut überwuchert. Wir zogen durch ein verbranntes Dorf nach dem anderen, die nur aus schwarzen Haufen verkohlten Bauholzes und verräucherten Lehms bestanden. Ein Feld nach dem anderen lag da, auf denen noch seit Jahren gereiftes Korn in der Mitte eines Nachwuchses aus Dornen, Gummibäumen, Mimosen und Kolquall dastand.

Wir kamen in einem Dorf an, in dem ungefähr sechzig Wangwana lebten, die sich hier niedergelassen hatten, um sich vom Elfenbeinhandel zu nähren. Ihren Unterhalt bezogen sie von den verlassenen Feldern der Bewohner von Kubuga. Vom langen Marsch waren wir zwar sehr müde und erhitzt, aber sämtliche Träger hatten doch um drei Uhr nachmittags das Dorf erreicht.

Am nächsten Tag überschritten wir nach einem raschen Marsch von dreieinhalb Stunden den Fluss Mtoni und kamen, nachdem wir einen kurzen Halt gemacht, um unseren Durst zu löschen, in nochmals dreieinhalb Stunden in Schisa an. Es war zwar ein langsamer Marsch, er entzückte uns aber sowohl durch die malerischen Landschaften, die uns beständig zu Gesicht kamen, als auch durch die überall wahrnehmbaren Beweise von dem friedlichen und fleißigen Charakter des Volkes. Eine kurze halbe Stunde hinter Schisa erblickten wir die wellenförmige Ebene, die sich die Araber ausgesucht hatten, um darauf das Zentraldepot, das ein so großes, ausgedehntes Handelsgebiet beherrschte, anzulegen. Überall ließ sich das Brüllen von Rindern, das Blöken von Schafen und Ziegen hören, und alles verlieh dem Land ein glückliches, idyllisches Aussehen.

Der Sultan von Schisa wünschte, dass ich meine Ankunft in Unjanjembe mit einem Fünfgallonentopf voller Pombe feierte, den er zu diesem Zweck mitgebracht hatte.

Da dieses Pombe im Geschmack schalem Bier und im Aussehen einer Mischung aus Milch und Wasser gleicht, so reichte ich es, nachdem ich ein kleines Glas davon getrunken hatte, den Soldaten und Trägern. Auf meine Bitte brachte der Sultan ein schönes, fettes Bullenkalb, wofür er fünfeinhalb Doti Merikani annahm. Das Kalb wurde sofort geschlachtet und der Karawane als Abschiedsfest aufgetragen.

Niemand schlief viel in jener Nacht; lange vor Morgengrauen waren die Feuer angezündet, und große Fleischstücke brodelten, damit die Leute, ehe sie sich von dem Musungu trennten, dessen Freigebigkeit sie so oft genossen hatten, sich noch einmal gütlich tun konnten. Sechs Ladungen Pulver wurden jedem Soldaten und Träger, der eine Flinte hatte, gegeben, um sie abzubrennen, wenn wir uns den arabischen Häusern näherten.

Der gemeinste Lastenträger hatte sich sein bestes Tuch um die Hüfte gegürtet, und einige von ihnen stolzierten in prächtigem Uljah-Stoff umher. Die Soldaten zogen auf mit neuem Fes auf dem Kopf und den langen weißen Hemden, wie sie in Sansibar getragen werden.

Denn dies war ja der große, glückliche Tag, der stets in unserem Munde gewesen war, seitdem wir die Küste verlassen, für den wir in der letzten Zeit die bekannten Märsche gemacht hatten, nämlich 285 Kilometer in 16 Tagen mit Einschluss der Pausen, also ungefähr 18 Kilometer am Tag.

Das Signal ertönte, und die Karawane zog fröhlich mit fliegenden Bannern und schallenden Trompeten und Hörnern aus. Ein kurzer Marsch von zweieinhalb Stunden brachte uns in Sicht von Kwikuru, das ungefähr drei Kilometer südlich von Tabora liegt, der größten arabischen Stadt. Vor der Stadt erblickten wir eine lange Reihe von Männern in reinen Hemden, worauf wir unsere Batterien eröffneten und ein Kleingewehrfeuer losließen, wie es Kwikuru wohl selten gehört hat. Die Träger formierten sich und nahmen das renommierende Aussehen von Veteranen an, die Soldaten trompeteten ohne Unterbrechung fort, während ich, da ich die Araber mir entgegenkommen sah, die Reihen verließ und meine Hand ausstreckte, die sofort vom Scheich Said ben Salim und darauf von etwa zwei Dutzend Menschen ergriffen wurde. Dies war unser Einzug in Unjanjembe.

SIEBTES KAPITEL

Eine geräuschlose Ovation wurde mir zuteil, als ich an der Seite des Gouverneurs Said ben Salim zu seinem Tembe in Kwikuru, dem Hauptort Unjanjembes, ging. Die unjamwesischen Lastenträger standen zu hunderten am Wege, die Krieger Mkasiwas, des Sultans, drängten sich um ihren Häuptling. Kinder – schwarze, nackte Engelchen – schauten zwischen den Beinen ihrer Eltern hindurch. Wenige Monate alte Säuglinge hingen auf dem Rücken ihrer Mütter, und alle gafften mich intensiv an. Die Einzigen jedoch, die sich mit mir unterhielten, waren die Araber und der alte Mkasiwa, der Herrscher von Unjanjembe.

Said ben Salims Haus befand sich am nordwestlichen Winkel der Einhegung, ein mit Staketen umstelltes Boma. Tee wurde hier in einem silbernen Teekessel zubereitet, und eine reichliche Quantität dampfender Pfannkuchen befand sich unter einem silbernen Deckel. Zu diesem Mahl wurde ich eingeladen. Wenn man ungefähr zwölf Kilometer ohne Mahlzeit marschiert und drei bis vier Stunden lang der heißen Tropensonne ausgesetzt gewesen ist, so ist man geneigt, einem Mahl wahre Gerechtigkeit widerfahren zu lassen, namentlich wenn man einen gesunden Appetit hat.

Ich glaube, ich setzte den Gouverneur in Erstaunen durch die geschickte Art, mit der ich es fertig brachte, mir elf Tassen von seinem aromatischen Aufguss eines Assamkrautes einzuverleiben und aufs Ungezwungenste seinen hohen Turm von Pfannkuchen zu vertilgen, die noch einen Augenblick vorher heiß unter ihrem silbernen Deckel gedampft hatten.

Ich dankte dem Scheich für das Mahl, wie es nur ein wirklich sehr hungriger Mann, der sich gesättigt hat, tun kann. Selbst wenn ich nicht gesprochen hätte, so würden meine dankbaren Blicke ihn davon in Kenntnis gesetzt haben, wie sehr ich mich ihm verpflichtet fühlte.

Darauf zog ich meine Pfeife und den Tabaksbeutel heraus.

„Mein lieber Scheich, wollt Ihr rauchen?"

„Nein, ich danke. Araber rauchen nie."

„Nun, auch wenn Ihr es nicht tut, so werdet Ihr wohl nichts dagegen haben, wenn ich rauche, um die Verdauung zu unterstützen?"

„*Ngema!* Gut, rauchen Sie nur, Herr."

Hierauf ging es ans Fragen und Plaudern. Die Neugier kam in ernsten und leichten Gesprächen zur Geltung.

„Auf welchem Weg ist der Herr gekommen?"

„Über Mpuapua." Ich erinnerte mich an den Ort als denjenigen, wo Shaw in mein Zelt geschossen hatte, kurz bevor ich meine Karawane mit der von den Scheichs Tani und Hamed vereinigte.

„Der Weg ist gut. War das Makata-Moor schlecht?"

„Ja, sehr schlecht."

„Hatten Sie den Ugogo viel Tribut zu zahlen?"

„Achtmal. Scheich Hamed wünschte, dass wir zum Schluss über Kiwjeh gingen, wo wir noch einmal sehr viel hätten bezahlen müssen; ich wollte aber nicht und zog gerade durch den Wald nach Munieka. Und da hielten es Hamed und Tani für besser, mir zu folgen, als sich allein durch Kiwjeh zu wagen."

„Ist das wahr, *Wallahi*?" (Bei Gott.)

„Ja, es ist wahr."

„He, he! Das sind Neuigkeiten!", bei welchen Worten sich Scheich Said über den Bart strich.

„Ich danke Euch für Eure vorzügliche Gastfreundschaft, Scheich. Jetzt möchte ich gehen und nach meinen Leuten sehen. Sie werden wohl alle etwas essen wollen."

„Ich werde Sie begleiten, um Ihnen Ihr Haus zu zeigen; Ihr Tembe liegt in Kwihara, nur eine Stunde Weges von Tabora."

Nachdem wir Kwikuru verlassen hatten, gingen wir über einen niedrigen Bergrücken und sahen alsbald den Nachbarort Kwihara zwischen zwei kleinen Hügelketten liegen. Auf dem Tal schienen die glühendsten

Sonnenstrahlen zu ruhen, alles versengend, ein Eindruck, der wohl durch die allgemeine Ausbleichung und herbstliche Reife des Grases hervorgebracht wurde, dem alle Farbtöne fehlten, die etwas Abwechslung in dieses Einerlei hätten bringen können. Unter jener blendenden Sonne in der kargen Atmosphäre erschienen die Berge wie ausgedörrt. Das Korn war seit langem geschnitten, und Stoppelfelder bildeten eine weißbraune Fläche. Die aus Lehm bestehenden Häuser mit ihren flachen Lehmdächern sahen gleichfalls weißbraun aus. Auch die mit Stroh gedeckten Hütten und die sie umgebenden Staketen aus abgeschältem Bauholz waren weißbraun. Obwohl ein kalter, heftiger, ungesunder Wind aus den Bergen von Usagara uns sozusagen bis ins Mark schnitt, so hörte der intensive Sonnenglanz doch nicht auf. Selbst wenn der Blick für einen Moment auf ein paar schwarze Kühe oder einen hohen Baum fiel, so konnte man doch nie vergessen, dass der erste Eindruck von Kwihara der eines Bildes ohne Farbe gewesen war; und wenn man hinaufblickte, sah man einen blassblauen, fleckenlosen Himmel, der durch seine Heiterkeit geradezu entsetzte.

Als ich mich dem Tembe in Kwihara, welches Said ben Salim mir großzügigerweise für meinen Aufenthalt überlassen wollte, näherte, erschienen dort auch weitere arabische Große unter Führung von Scheich ben Nasib, um mich zu begrüßen. Vor der großen Tür des Tembe hatten die Träger die Ballen und Kisten aufgetürmt und erzählten den Hauptleuten und Soldaten der ersten, zweiten und vierten Karawane mit unglaublicher Zungenfertigkeit und Geschwindigkeit die vielen Ereignisse, die uns zugestoßen waren und ihnen als das einzig Mitteilenswerte erschienen.

Dann hatten die verschiedenen Hauptleute der übrigen Karawanen ihrerseits ihre Reiseerlebnisse zu berichten, wodurch eine lärmende, erregte Unterhaltung entstand. Als wir uns näherten, hörte dieselbe aber sofort auf, und meine Karawanenführer stürzten auf mich zu, um mich als Herrn und Freund zu begrüßen. Ein Bursche, der treue Baruki, warf sich mir zu Füßen, die anderen feuerten ihre Flinten ab und betrugen sich wie Verrückte in einem Anfall von Tobsucht. Auf allen Seiten hörte man den Ruf: „Willkommen!“

„Spazieren Sie hinein, Herr; dies ist jetzt Ihr Haus; hier sind die Quartiere für Ihre Leute. Hier können Sie die arabischen Großen empfangen; hier ist das Kochhaus; hier das Vorratshaus; dort das Gefängnis für die Widerspenstigen; da die Zimmer Ihres Weißen und hier Ihre eigenen. Sehen Sie, hier ist das Schlafzimmer, dort das Gewehr-, das Badezimmer und so weiter." So sprach Scheich Said, als er mir die verschiedenen Räumlichkeiten zeigte.

Für Zentralafrika war dies ein sehr gemütlicher Ort. Man hätte fast überschwänglich werden können; doch im Augenblick war ich genötigt, derartige poetische Betrachtungen auf die Zukunft zu verschieben. Gerade jetzt mussten die Waren ins Lager geschafft, die kleine Armee von Lastträgern musste bezahlt und entlassen werden.

Bombay erhielt Befehl, die feste Vorratskammer zu öffnen, die Ballen dort in regelmäßigen Reihen aufzustapeln, die Perlen aufeinander zu schichten und dem Draht einen besonderen Ort anzuweisen. Boote, Segeltuch und so weiter sollten an einem so hohen Platz untergebracht werden, dass die weißen Ameisen sie nicht erreichen konnten, und den Munitionskisten und Pulverfässern war im Gewehrzimmer außer aller Gefahr eine Stätte zu schaffen.

Dann wurde ein Ballen Tuch aufgemacht und jeder Lastträger nach seinem Verdienst belohnt, damit er seinen Freunden und Nachbarn zu Hause erzählen könne, wie viel besser der Weiße sie behandelt habe als der Araber.

Hierauf wurden die Berichte der Führer der ersten, zweiten und vierten Karawane entgegengenommen, ihre Vorräte inspiziert und die einzelnen Erlebnisse von ihren Märschen angehört. Die erste Karawane war in Kirurumo in Kriegshändel verwickelt gewesen, hatte den Kampf mit Glück bestanden und Unjanjembe ohne irgendwelchen Verlust erreicht. Die zweite hatte einen Dieb im Wald zwischen Pembera Pereh und Kididimo erschossen. Die vierte hatte einen Ballen im Dickicht von Marenga Mkali verloren und der Lastträger dabei eine starke Kopfverletzung von einem Knotenstock erhalten, den einer der Diebe, die in den Urwäldern nahe der Grenze von Ugogo herumschleichen, gegen ihn geschwungen hatte. Ich freute mich zu hören, dass ihnen nicht mehr Unglück widerfahren war, und belohnte jeden Führer sofort mit einem schönen Stück Tuch und fünf Doti Merikani.

Gerade als ich wieder hungrig wurde, kamen mehrere Sklaven der Araber in einer Reihe hintereinander mit Präsentiertellern voll vortrefflicher Speisen. Zuerst eine große Schüssel Reis und ein Napf voll mit Curry gewürzter Hühner, dann ein Dutzend großer Weizenkuchen, ferner dampfend heiße Schmalzkuchen, Papayas, Granatäpfel und Limonen. Hierauf kamen Menschen, welche fünf fette Buckel-Ochsen, acht Schafe und zehn Ziegen trieben, und noch ein Mann mit einem Dutzend junger Hühner und einem Dutzend frischer Eier. Dies war echte, praktische, edle Höflichkeit, eine so großartige Gastfreundschaft, dass sie meine Dankbarkeit im Sturm eroberte.

Meine Leute, deren ich jetzt nur 25 hatte, waren über diese üppige Fülle, die auf meinem Tisch und Hof sichtbar wurde, so erfreut wie ich selbst. Als ich sah, wie ihre Gesichter im Vorgefühl der zu erwartenden Genüsse erglänzten, ließ ich ein Bullenkalb schlachten und unter ihnen verteilen.

Am zweiten Tag nach der Ankunft der Expedition des *New York Herald* kamen die arabischen Magnaten aus Tabora, um mich zu beglückwünschen.

Tabora ist die arabische Hauptniederlassung in Unjanjembe. Es besteht aus mehr als tausend Hütten und Tembes, und man kann die aus Arabern, Wangwana und Eingeborenen zusammengesetzte Bevölkerung sicher auf fünftausend Köpfe schätzen. Zwischen Tabora und der nächsten Ansiedlung Kwihara erheben sich zwei schroffe Bergkämme, die durch einen niedrigen Sattel voneinander getrennt sind, von dem aus Tabora gut sichtbar ist.

Diese Araber waren stattliche, schöne Leute; meist stammten sie aus Oman, einige jedoch waren Suaheli. Jeder meiner Gäste hatte ein ganzes Gefolge bei sich. In Tabora lebte man ganz luxuriös. Die Ebene, auf welcher die Kolonie lag, war sehr fruchtbar, obgleich baumlos. Die reichen Weideplätze erlaubten es den Arabern, große Vieh- und Ziegenherden zu halten, von denen sie große Quantitäten Milch, Sahne, Butter und *Ghee* (geklärte Butter) gewannen. Reis wurde überall angebaut;

ebenso waren Süßkartoffeln, Jams, Muhogo, Holcus Sorghum, Mais, Sesam, Hirse, Felderbsen oder Wicken, die Tschoroko heißen, billig und immer zu haben. Um ihre Tembes bauten die Araber etwas Weizen zum eigenen Gebrauch und hatten sich Orangen-, Limonen-, Papaya- und Mangobäume gepflanzt, die hier sehr schön gediehen. Zwiebeln und Knoblauch, Gurken, Tomaten und mancherlei anderes konnte sich der Weiße von den wohlhabenderen Arabern verschaffen, die in ihrer Art zweifellos Epikuräer waren. Wenigstens einmal im Jahr brachten ihnen ihre Sklaven von der Küste Vorräte an Tee, Kaffee, Zucker, Gewürzen, eingemachten Säften, gewürzten Soßen, Wein, Branntwein, Zwieback, Sardinen, Lachs, feinen Stoffen und allem, was sie für ihren persönlichen Gebrauch benötigten. Fast jeder Araber von Stand vermochte einen Reichtum an persischen Teppichen, luxuriösen Betten, vollständigen Tee- und Kaffeeservice, schön verzierten Schüsseln aus verzinntem Kupfer und Waschbecken aus Messing aufzuweisen. Fast alle hatten Uhren und Ketten, einige solche aus Gold, andere aus geringerem Material. Und wie in Persien, Afghanistan und der Türkei die Harems einen wesentlichen Zug im Haushalt eines Arabers bilden, so trat die Sinnlichkeit der Mohammedaner hier ebenso deutlich hervor wie im Orient. Jeder Araber hielt sich je nach seinen Mitteln eine Anzahl Konkubinen, denn er führte hier das Leben ganz ebenso, wie er es auch in seiner Heimat gewohnt war.

Die Araber, welche jetzt vor der Vordertür meines Tembes standen, waren die Geber der vortrefflichen Dinge, die ich aus Anlass meiner Ankunft bekommen hatte. Da der Besuch dieser Magnaten, unter deren gütigen Schutz weiße Reisende sich notwendig begeben müssen, nur ein formeller war, wie ihn die echte arabische, stets steife Etikette verlangt, so ist es unnötig, die Unterhaltung über meine Gesundheit und ihren Reichtum, meinen Dank und ihre Versicherungen loyaler Anhänglichkeit gegen mich wiederzugeben. Nachdem wir unseren Vorrat von Beglückwünschungen und sonstigen Abgeschmacktheiten verbraucht hatten, begaben sie sich wieder fort, indem sie zugleich ihren Wunsch ausgesprochen hatten, ich möge sie in Tabora besuchen und an einem Fest teilnehmen, das sie im Begriff waren, mir zu Ehren zu geben.

Ansicht von meinem Tembe aus

Drei Tage später begab ich mich, von 18 stattlich gekleideten Männern als Gefolge begleitet, aus meinem Tembe, um in Tabora eine Visite zu machen. Nachdem wir den Sattel, über den der Weg vom Tal von Kwihara nach Tabora führt, überschritten hatten, lag die Ebene, auf der sich die arabische Kolonie befindet, als eine Fläche dunklen Weidelandes vor uns.

Eine Dreiviertelstunde saßen wir auf der Lehmveranda des Tembe von Sultan ben Ali, der wegen seines Alters, seines Reichtums und seiner Stellung – er ist Oberst in der nicht gerade lieblichen Armee von Said Bargasch, dem Herrscher von Sansibar – von seinen Landsleuten hoch und niedrig als Ratgeber und Helfer angesehen wird. Sein Boma oder eingehegtes Grundstück enthält ein vollständiges Dorf von bienenkorbförmig gestalteten Hütten und viereckigen Tembes. Von hier, wo wir eine Tasse Mokka und etwas Sorbet genossen, lenkten wir unsere Schritte zu Khamis ben Abdullahs Haus, der, da er mich erwartete, schon ein Fest bereitet hatte, zu dem er einige Freunde und Nachbarn eingeladen hatte. Die Gruppe stattlicher Araber in ihren langen weißen Kostümen und großen gewundenen, gleichfalls schneeweißen Kopfbedeckungen, welche mich schon in Kwihara begrüßt hatten, machten einen wirkungsvollen Eindruck auf mich. Ich kam noch zur rechten Zeit, um einem Kriegsgericht, das sie abhielten, beizuwohnen, und man bat mich dazubleiben, da Selim, mein arabischer Dolmetscher, auch dabei war.

Khamis ben Abdullah, ein kühner, tapferer Mann, der stets bereit ist, für die Vorrechte der Araber einzutreten und ihr Recht, in jedem Land ehrlich Handel zu treiben, zu verteidigen, drang jetzt in die Araber, ihre Rechte gegen einen Häuptling namens Mirambo von Ujoweh in einer bevorstehenden Krise zu behaupten.

Dieser Mirambo von Ujoweh hatte sich, wie es schien, in den letzten Jahren in einem Zustand von chronischer Unzufriedenheit mit der Politik der benachbarten Häuptlinge befunden. Früher war er Lastenträger eines Arabers gewesen, dann hatte er mit der Gewandtheit, wie sie gewissenlosen Schurken eigen ist, die sich nicht darum kümmern, auf welche Weise sie zur Macht kommen, die Königswürde usurpiert: Als der Häuptling von Ujoweh starb, zog Mirambo als Anführer einer die Wälder von Wiljankuru unsicher machenden Räuberbande plötzlich in Ujoweh ein und machte sich mit Gewalt zum obersten Herrn. Einige glückliche Kriegszüge, welche er zur Bereicherung aller derer ausführte, die seine Autorität anerkannten, befestigten seine Stellung. Doch war dies nur der Anfang.

Die erste Freveltat, welche sich dieser verwegene Mann gegen die Araber erlaubte, bestand darin, dass er eine nach Udschidschi bestimmte Karawane aufhielt und fünf Fässer Schießpulver, fünf Gewehre und fünf Ballen Tuch verlangte. Diese außerordentliche Forderung wurde, nachdem man mehr als einen Tag im wildesten Streit zugebracht, bezahlt; wenn sich aber die Araber schon über die ungeheure Abgabe, die ihnen abverlangt wurde, erstaunten, so waren sie noch mehr entsetzt, als sie den Befehl erhielten, sich wieder auf dem Weg zurückzubegeben, auf dem sie hergekommen waren, und vernahmen, dass keine arabische Karawane mehr durch dieses Land nach Udschidschi ziehen solle, es sei denn, über Mirambos Leiche.

„So stehen die Angelegenheiten jetzt", sagte Khamis ben Abdullah. „Mirambo sagt, jahrelang sei er gegen die benachbarten Waschensi im Krieg gewesen und immer siegreich dabei geblieben. Das jetzige sei ein großes Jahr für ihn, er wolle die Araber und die Unjamwesi von Unjanjembe bekämpfen und nicht eher innehalten, bis er alle Araber aus Unjanjembe vertrieben habe und über dieses Land anstelle von Sultan Mkasiwa herrsche. Kinder von Oman, soll das so sein? Sprich, Salim, Sohn von Saif, sollen wir diesem *Mschensi* (Heiden) entgegenziehen oder auf unsere Insel zurückkehren?"

Ein Beifallsgemurmel folgte der Rede von Khamis ben Abdullah, da die Mehrheit der Anwesenden junge Leute und begierig waren, den dreisten Mirambo zu züchtigen.

Soud, der Sohn Saids, ein stattlicher Araber, sagte: „Mein Vater pflegte mir zu erzählen, wie er sich der Tage erinnere, da die Araber durch das Land von Bagamoyo bis Udschidschi, von Kilwa bis Lunda, von Usenga bis Uganda nur mit Stöcken bewaffnet ziehen konnten. Jene Tage sind vorüber. Wir haben die Unverschämtheiten der Ugogo lange genug geduldet. Swaruru von Usui nimmt uns geradezu ab, was er will; und jetzt haben wir es gar mit Mirambo zu tun, welcher, nachdem er fünf Ballen Tuch als Tribut von einem einzigen Mann genommen, uns erklärt, eine arabische Karawane solle nur über seine Leiche nach Udschidschi gelangen können. Sind wir bereit, das Elfenbein von Udschidschi, Urundi, Karagweh oder Uganda um dieses einen Mannes willen aufzugeben? Ich sage, Krieg – Krieg, bis wir seinen Bart unter unsere Füße getreten, Krieg, bis das ganze Ujoweh und Wiljankuru zerstört ist; Krieg, bis wir wieder durch jeden Teil des Landes nur mit dem Spazierstock in der Hand reisen können!"

Der allgemeine Beifall, welcher der Rede Souds folgte, bewies über allen Zweifel, dass wir im Begriff waren, Krieg zu bekommen. Ich dachte an Livingstone. Wenn dieser nun eben jetzt nach dem von Krieg überzogenen Unjanjembe zu marschieren im Begriff war?

Als ich hörte, dass die Araber die Absicht hatten, den Krieg rasch innerhalb höchstens vierzehn Tagen zu beenden, da Ujoweh nur vier Märsche weit entfernt lag, so erbot ich mich freiwillig dazu, sie zu begleiten, meine Karawanen bis zu ihrer Festung Mfuto mitzunehmen, sie dort unter Aufsicht einiger Wachen zu lassen und mit den übrigen und der arabischen Armee weiterzumarschieren. Dann hoffte ich, es würde möglich werden, nach der Besiegung von Mirambo und seiner Waldbanditen meine Expedition auf dem jetzt versperrten Weg direkt nach Udschidschi zu führen. Die Araber waren ihres Sieges sehr sicher, und ich teilte ihre hoffnungsvolle Einschätzung.

Der Kriegsrat wurde aufgehoben. Eine große Schüssel Reis und Curry, reichlich mit Mandeln, Zitronen, Rosinen und Korinthen gemischt, wurde hereingebracht, und es war wunderbar zu sehen, wie bald unsere Kriegslust vergessen war, nachdem unsere Aufmerksamkeit auf dieses vorzügliche Gericht gelenkt wurde. Natürlich erhielt ich, als Nichtmohammedaner, eine besondere Mahlzeit ähnlicher Art, noch vermehrt durch Schüsseln voll Hühnerbraten, Kebab, Schmalzkuchen, anderen Kuchen, Zuckerbrot, Früchten, durch Sorbet und Limonade, Gummibonbons und Süßigkeiten aus Muskat, Rosinen, Pflaumen und Nüssen. Ohne Zweifel bewies mir Khamis ben Abdullah, dass er neben seinem Kriegermut doch auch dem gebildeten Geschmack, den er sich unter dem Schatten der Mangos auf seines Vaters Gütern auf Sansibar angeeignet hatte, sein Recht widerfahren lassen konnte.

Nachdem wir uns an diesen ungewöhnlichen Leckerbissen sehr satt gegessen hatten, begleiteten mich einige der Hauptaraber zu anderen Tembes in Tabora. Als wir Mussud ben Abdullah besuchten, zeigte er mir genau den Ort, wo Burtons und Spekes Haus gestanden hatte, das jetzt niedergerissen und an dessen Stelle sein Büro erbaut worden war.

Das schönste Haus in Unjanjembe gehörte Amram ben Mussud, der sechzig Frasileh Elfenbein, das heißt mehr als dreitausend Dollar dafür bezahlt hatte. Man kann schon sehr schöne Häuser für zwanzig bis dreißig Frasileh Elfenbein haben. Amrams Haus hieß „Bahrein" („Die beiden Meere"). Es war dreißig Meter lang, sechs Meter hoch und hatte einen Meter zwanzig dicke, dekorativ mit Lehmmörtel beworfene

Wände. Die Haupttür war ein Wunder an Schnitzarbeit. Auch jeder Balken im Haus wies Schnitzwerk auf. Vor der Front des Hauses befand sich eine junge Pflanzung von Granatapfelbäumen, die hier blühten, als ob sie auf heimischem Boden stünden. Ein Schaduf oder Ziehbrunnen, wie man sie am Nil sehen kann, diente dazu, die Gärten zu bewässern.

Gegen Abend gingen wir zu unserem schön gelegenen Tembe in Kwihara zurück, sehr befriedigt durch das, war wir in Tabora gesehen. Meine Leute trieben ein paar Ochsen vor sich her und brachten drei Säcke voll ausgezeichnetem Reis als Gastgeschenk des freigebigen Khamis ben Abdullah heim.

In Unjanjembe fand ich die Livingstone-Karawane, von der meine Leser sich erinnern müssen, dass sie auf das bloße Gerücht hin, der englische *Baljus,* Konsul Dr. Kirk, käme nach Bagamoyo, erschrocken aufgebrochen war. Da alle Karawanen wegen des in Aussicht stehenden Krieges jetzt in Unjanjembe hielten, sagte ich zu Said ben Salim, es sei doch wohl besser, dass die Leute von der Livingstone-Karawane mit der meinigen in meinem Tembe wohnten, damit ich die Güter des weißen Mannes bewachen könne. Da Dr. Kirk mir niemals Vollmacht dazu erteilt hatte, die für Livingstone bestimmten Waren in meine Obhut zu nehmen, so konnte ich natürlich dem Leiter der Karawane keine Befehle geben. Zum Glück stimmte Said ben Salim meiner Ansicht zu, und die Leute und Güter wurden sofort in mein Tembe gebracht.

Eines Tages brachte mir Asmani, der jetzt Führer der Livingstone-Karawane war, da der frühere kurz vorher an den Pocken gestorben war, ein Briefpaket auf die Veranda heraus, das zu meinem Erstaunen die Adresse trug: „An Dr. Livingstone in Udschidschi. 1. November 1870. Eingeschriebene Briefe."

Dies war der beste Beweis dafür, dass die Briefe an dem auf dem Beutel angegebenen Datum eingesiegelt worden waren. Vom 1. November 1870 bis 10. Februar 1871, gerade hundert Tage, hatten sie in Bagamoyo gelegen! – Eine elende kleine Karawane von 33 Menschen hatte sich hundert Tage in Bagamoyo, das nur vierzig Kilometer zu Wasser von Sansibar entfernt ist, aufgehalten. Armer Livingstone! Wer weiß, ob er nicht gerade wegen des Mangels dieser Vorräte, die so lange in der bequemen Nähe des britischen Konsulats gelegen hatten und jetzt auch in Unjanjembe Gott weiß, wie lange aufgehalten wurden, litt! Die Karawane kam in Unjanjembe etwas vor Mitte Mai an. Ungefähr in der letzten Hälfte des Mai fand die erste Ruhestörung durch Mirambo statt. Wäre diese Karawane bis Mitte März oder selbst April angelangt, so hätte sie ohne Mühe nach Udschidschi weiterreisen können. Ich fragte Asmani: „Wann sahen Sie Dr. Kirk zuletzt?"

„Ungefähr fünf oder sechs Wochen vor dem Ramadan."

„Wann erhielten Sie dieses Briefpaket?"

„Am Tag ehe ich Sansibar verließ, um nach Bagamoyo überzusetzen."

„Habt Ihr den englischen Gesandten nicht in Bagamoyo gesehen, als er kam?"

„Nein, wir hörten, dass er kommen würde, und verließen Bagamoyo. Zwei Tage jenseits Kikoka hielten wir uns noch eine Woche auf, um auf die vier Leute der Begleitung zu warten, welche noch nicht von Bagamoyo abgegangen waren."

Der Tag dieses Gesprächs war der 7. Juli. Um zwei Uhr nachmittags saß ich auf dem Ruhelager wie gewöhnlich. Ich war in apathischer, niedergeschlagener Stimmung; Schläfrigkeit überfiel mich. Zwar schlief ich nicht ein, doch schien mir alle Kraft aus den Gliedern geschwunden zu sein. Dennoch war das Gehirn beschäftigt; mein ganzes Leben zog im Geist an mir vorüber. Waren diese Szenen aus meiner Vergangenheit ernst, so sah ich auch ernst aus; waren sie traurig, so weinte ich hysterisch; waren sie freudig, so lachte ich laut auf. In rascher Folge drängten sich Erinnerungen an die schweren Kämpfe und Drangsale eines noch jungen Lebens in meinem Geist; Ereignisse der Knabenzeit, der Jugend und des Mannesalters; Gefahren, Reiseszenen, Freuden und Bekümmernisse, Liebe und Hass, Freundschaften und gleichgültige Verhältnisse gingen wirr durcheinander. Meine Seele folgte nun im Fieberwahn den verschiedenen raschen Wechselfällen meines Lebenslaufs.

Halt – mein Gott, ist das der 21. Juli? – Ja. Shaw teilte mir mit, es sei der 21. Juli, als ich von meinem schrecklichen Fieberanfall genesen. Das wirkliche Datum war der 14.; aber erst als ich mit Dr. Livingstone zusammenkam, entdeckte ich, dass eine Woche übersprungen war. Der

Irrtum entstand dadurch, dass man mir gesagt hatte, ich sei zwei Wochen krank gewesen. Da nun der Tag, da ich wieder zu mir kam, ein Freitag war und Shaw glaubte, ich sei zwei Wochen im Bett gewesen, so datierte ich mein Tagebuch auf den 21. Juli. Dass auch Shaw sich verrechnet hatte, lässt sich leicht erklären, denn das Fieber war im Begriff, ihm nicht nur das Gedächtnis, sondern auch den Verstand rasch zu zerstören.

Selim hatte mich nach klaren, schriftlich aufgesetzten Vorschriften, die ich ihm für einen solchen Fall gegeben hatte, gepflegt. Vorher hatte ich ihn fleißig in der Kenntnis und dem Gebrauch jedes in meinem Kasten befindlichen Arzneimittels unterwiesen. Er teilte mir mit, er habe mich mit Tee und etwas Branntwein ernährt, auch habe mir Shaw drei- bis viermal eine Sagoabkochung gegeben. Am zehnten Tag nach dem Anfang meiner Krankheit war ich jedoch wieder ganz wohlauf, musste nun aber Shaw pflegen, welcher erkrankte.

Am 22. Juli war Shaw wieder gesund, dagegen legte sich Selim und stöhnte vier Tage lang im Delirium; am 28. Juli jedoch waren wir sämtlich wieder gesund und freuten uns der Aussicht auf die Abwechslung, die uns ein Marsch gegen Mirambos Festung bieten sollte.

Am Morgen des 29. ließ ich fünfzig Leute mit Stoffballen, Perlen und Draht beladen, die nach Udschidschi bestimmt waren. Als ich außerhalb des Tembes Musterung über die Leute abhielt, fehlte bloß Bombay. Während einige fortgingen, um ihn zu suchen, begaben sich andere weg, um noch einen Blick und einen Kuss von ihrer schwarzen Delila zu erhalten. Man fand Bombay ungefähr um zwei Uhr nachmittags; sein Gesicht drückte deutlich widerstreitende Leidenschaften aus, die in ihm kämpften – Schmerz über die Trennung von den Fleischtöpfen Unjanjembes – Bedauern darüber, dass er seine Dulcinea in Tabora verlassen und alle Genüsse aufgeben müsse – die Aussicht auf anstrengende, lange Märsche – auf Krieg und vielleicht – den Tod. Es war daher kein Wunder, dass Bombay, voll derartiger Empfindungen, sich widerspenstig zeigte, als ich ihn an seine Stelle hinwies, und ich selbst war in einer furchtbar schlechten Gemütsverfassung, da ich von acht Uhr morgens bis zwei Uhr nachmittags auf ihn zu warten gehabt hatte.

Ein Wort und ein wütender Blick, und heraus fuhr mein Stock auf Bombays Schulter, als ob es jetzt mit ihm zu Ende gehen sollte. Ich glaube, dass die gewaltige Wut meines Zuschlagens seinen Eigensinn rascher brach als irgend sonst etwas, denn ehe ich ihm ein Dutzend Streiche beigebracht hatte, flehte er um Verzeihung. Bei diesem Wort hörte ich auf, ihn zu bearbeiten, denn es war das erste Mal, dass er es ausgesprochen hatte. Bombay war also schließlich besiegt.

„Marsch!" – Der Führer voran, zogen die 49 Männer ihm in feierlicher Ordnung nach, jeder eine schwere Last afrikanischer Tauschwerte sowie Flinte, Beil und Munitionsvorrat tragend. Wir boten einen großartigen Anblick, wie wir in Stille und Ordnung mit fliegenden Fahnen abmarschierten und die roten wollenen Gewänder der Leute im ziemlich starken, uns gerade in die Flanke wehenden Nordostwind nachflatterten.

Auch schienen die Leute zu wissen, dass sie nach etwas aussahen, denn ich bemerkte, wie mehrere von ihnen eine kämpferische Haltung annahmen, als sie ihr vorzügliches Djohotuch im Nacken vor dem Wind herfliegen fühlten. Maganga, ein großer Unjamwesi, stolzierte daher wie ein Herkules, der im Begriff war, Mirambo und seine tausend Krieger ganz allein zu bekämpfen. Er war ein ausgezeichneter Lastenträger von tadellosem Charakter, ein Mann, der zu allen Zeiten auf dem Weg den lauten Gesang der unjamwesischen Träger anstimmte und der ohne Rücksicht darauf, wie heiß die Sonne brannte, mit Sicherheit unter den Leuten Munterkeit und Leben verbreitete.

Der meistens recht ängstliche, aber nette und reinliche zwanzigjährige Khamisi ging einem Löwen gleich unter seiner Last einher, und der rohe Spaßmacher, der unverbesserliche Ulimengo, nahm den leisen Tritt einer Katze an. Ulimengo war ein starker, tapferer Bursche von dreißig Jahren, der Tollste und Hirnverbrannteste meiner Gesellschaft. Obgleich ein Erzfeigling, renommierte er doch gewaltig. Trotz seiner Liebe zum Spaß und zum Vergnügen war er nicht sehr gegen die Arbeit. Mit hundert Leuten seines Schlags hätte ich durch ganz Afrika reisen können, vorausgesetzt, dass man keine Gefechte zu bestehen hätte.

Sie alle konnten nun nicht lange still bleiben, dazu war ihre Eitelkeit zu sehr angeregt, die roten Mäntel tanzten beständig vor ihren Augen, und es wäre ein Wunder gewesen, wenn sie ein ernstes oder gar unzufriedenes Gebaren länger als eine halbe Stunde hätten beibehalten können.

Ulimengo brach das Schweigen zuerst. Er hatte sich zum Karawanenführer gemacht und war Träger der amerikanischen Flagge, von der die Leute meinten, dass sie sicherlich Schrecken in das Herz des Feindes tragen werde. Plötzlich wurde aus seinem Selbstvertrauen Tapferkeit und Übermut; er blickte die Armee an, die er führte, und schrie: „Hoi! Hoi!", worauf der Chor ebenso antwortete: „Hoi! Hoi!" Dieses „Hoi! Hoi!" wiederholte sich dann abwechselnd noch mehrfach, und diesen lächerlichen Gesang stimmten sie ohne Unterbrechung den ganzen Tag an.

Nach einem sechsstündigen Marsch, am dritten Tag nachdem wir Unjanjembe verlassen, wurde Ost-Mfuto erreicht. Hier erkrankte Shaw, legte sich auf die Straße und erklärte, er müsse sterben. Diese Nachricht wurde mir ungefähr um vier Uhr nachmittags durch einen der Nachzügler überbracht. Ich musste also Leute abschicken und ihn zu mir ins Lager bringen lassen, obgleich ein jeder nach dem langen Marsch recht ermüdet war. Eine Belohnung spornte ein halbes Dutzend an, gerade zur Dämmerung sich in den Wald zu wagen, um Shaw zu suchen, von dem man annahm, dass er wenigstens drei Stunden vom Lager entfernt sei.

Etwa um zwei Uhr morgens kamen meine Leute mit ihm zurück, nachdem sie ihn das ganze Stück auf dem Rücken getragen hatten. Ich wurde aufgeweckt und ließ ihn in mein Zelt bringen, untersuchte ihn und überzeugte mich, dass er durchaus kein Fieber hatte. Auf meine Frage, wie er sich befinde, erwiderte er, er könne weder gehen noch reiten, er fühle sich so ungemein schwach und matt und dass er unfähig sei, sich weiterzubewegen. Nachdem ich ihm ein Glas Portwein in einem Napf Sagogrütze gegeben hatte, schliefen wir beide ein.

Am nächsten Morgen in der Frühe kamen wir in Mfuto an, dem verabredeten Treffpunkt mit der arabischen Armee. Für den nächsten Tag war ein Halt anbefohlen, damit wir uns an den Ochsen, von denen wir viele geschlachtet hatten, stärken konnten.

Unsere Armee bestand aus zusammen 2555 Menschen. Von diesen Leuten waren 1500 mit Flinten und Feuerschlossmusketen, deutschen und französischen Doppelflinten, einigen englischen Enfield- und amerikanischen Springfieldgewehren bewaffnet. Außerdem hatten sie meist Speere und lange Messer. Pulver und Kugeln waren reichlich vorhanden; einige der Leute hatten je hundert Schuss, und von meinen Leuten erhielt jeder sechzig.

Als wir hinauszogen aus der Feste Mfuto, mit fliegenden Bannern, welche die verschiedenen Befehlshaber bezeichneten, mit schallenden Hörnern und fünfzig lärmenden Basstrommeln oder *Gomas,* unter reichlichen Segnungen der Mullahs und glücklichen Prophezeiungen der Wahrsager und Korandeuter – wer hätte da vorhersagen können, dass diese große Streitmacht schon sehr bald vollständig entmutigt und demoralisiert in dieselbe Feste Mfuto zurückkehren würde?

Alle meine Güter waren in Mfuto aufgespeichert und fertig, um nach Udschidschi transportiert zu werden, sobald wir über den afrikanischen Häuptling gesiegt haben oder wenigstens für alle Fälle gesichert sein würden.

In dem sechs Stunden von Mfuto entfernt liegenden Umanda beschmierten sich die Krieger mit der Medizin, welche die Weisen für sie fabriziert hatten und die aus einer Mischung aus Hirsemehl und dem Saft eines Krautes bestand, dessen Eigenschaften nur den Waganga der Unjamwesi bekannt sind.

Lange ehe wir Umanda, ein unjamwesisches Dorf, erreichten, befand ich mich in meiner Hängematte, von wütenden Wechselfieberanfällen heimgesucht, die erst spät in der Nacht aufhörten.

Um sechs Uhr morgens waren wir wiederum marschfertig; vorher wurde jedoch das *Manneno* oder die Ansprache von einem Redner der schwarzen Unjamwesi gehalten.

„Worte, Worte, Worte! Hört, ihr Söhne von Mkasiwa, ihr Kinder von Unjamwesi! Der Marsch liegt vor euch, die Diebe des Waldes erwarten euch. Ja, sie sind Diebe, denn sie plündern eure Karawanen, sie stehlen euer Elfenbein, sie morden eure Frauen. Seht, die Araber sind bei euch, die El Wali des arabischen Sultans, und der weiße Mann ist bei euch. Geht hin, der Sohn von Mkasiwa ist bei euch! Kämpft, tötet, macht Sklaven, nehmt Tuch, nehmt Vieh, tötet es, esst es und macht euch satt. Geht!"

Lautes, wildes Geschrei folgte dieser kühnen Ansprache. Die Tore des Dorfes wurden geöffnet, und blau, rot und weiß gekleidete Soldaten stürzten hinaus wie Athleten und feuerten ihre Flinten beständig ab, um sich durch den Lärm zu ermutigen oder Schrecken in das Herz derer zu jagen, die uns in dem stark umhegten Simbiso, der Ortschaft des Sultans Kolongo, erwarteten.

Da Simbiso nur fünf Stunden von Umanda entfernt war, kamen wir um elf Uhr in Sichtweite des Ortes. Wir blieben am Rand des bebauten Landes stehen, welches Simbiso samt seinen Nachbardörfern umgibt, im Schatten des Waldes. Strenger Befehl war von den verschiedenen Häuptlingen erteilt worden, nicht eher zu feuern, als bis sie in Schussweite von dem Boma seien.

Khamis ben Abdullah schlich durch den Wald zur Westseite des Dorfes hinüber. Die Unjamwesi bezogen Stellung vor dem Haupttor und wurden von den Truppen von Soud, dem Sohn Saids, auf der Rechten und dem Sohn von Habib auf der Linken unterstützt. Abdullah, Mussud, ich selbst und andere trafen Vorbereitungen, die Ostpforte anzugreifen, wodurch das ganze Dorf, mit einziger Ausnahme der Nordseite, wirksam eingeschlossen war.

Plötzlich wurde ein Gewehrfeuer auf uns eröffnet, während wir aus dem längs des Weges nach Unjanjembe sich hinziehenden Wald herauskamen, in der Richtung, wo man den Anblick des Feindes erwartet hatte, und sofort begannen die Angriffstruppen in prächtigster Weise, darauf loszufeuern. Es kamen zwar einige lächerliche Szenen vor, wo Leute sich anstellten, als ob sie feuerten, dann aber mit der Behändigkeit hüpfender Frösche auf die Seite, vor- oder rückwärts sprangen. Die Schlacht wurde jedoch darum nicht weniger im Ernst geliefert. Die Hinterlader meiner Leute verschlangen meine Metallpatronen viel schneller, als ich es gern sah; zum Glück jedoch ließ das Feuern nach, und siegesgewiss stürzten wir vom Westen, Süden, Osten ins Dorf, durch Tore und über hohe Umzäunungen, die es umgaben. Die armen Bewohner flohen aus dem Gehege durch die nördliche Pforte ins Gebirge, von den raschesten Läufern unserer Truppe verfolgt und von hinten mit Kugeln aus den Hinterladern und Jagdflinten beschossen.

Das Dorf war stark verteidigt, und es fanden sich nicht mehr als zwanzig Leichname darin, da die feste, dicke Holzumzäunung eine vortreffliche Schutzwehr gegen unsere Kugeln gebildet hatte.

Von Simbiso zogen wir, nachdem wir eine hinreichende Truppenmacht dort zurückgelassen hatten, weiter und hatten in einer Stunde die Umgebung vom Feind gesäubert und noch zwei Dörfer genommen, die geplündert und den Flammen übergeben wurden. Einige Elfenbeinzähne und etwa fünfzig Sklaven sowie eine Masse Korn bildeten die Beute, welche den Arabern zufiel.

Am übernächsten Tag begab ich mich zu Said ben Salims Tembe, um ihm deutlich zu machen, wie nötig es sei, das lange Gras im Wald von Simbiso niederzubrennen, da es doch vielleicht Feinde verbergen könne. Bald darauf jedoch bekam ich einen Anfall von Wechselfieber, der mich niederwarf und nötigte, mich in mein Lager zu begeben und in wollene Decken zu hüllen, um zu schwitzen, was ich aber nicht eher tat, als bis ich Shaw und Bombay verboten hatte, irgendeinen meiner Leute aus dem Lager zu lassen. Ich hörte jedoch bald darauf von Selim, dass mehr als die Hälfte ausgezogen war, um mit Soud ben Said Wiljankuru anzugreifen, weil man annahm, dass Mirambo sich dort aufhielt.

Etwa um sechs Uhr abends wurde das ganze Lager von Simbiso durch die Nachricht erschreckt, dass alle Araber, die Soud ben Said begleitet hatten, getötet wurden und mehr als die Hälfte seiner schwarzen Mannschaft erschlagen worden war. Einige meiner Leute kehrten zurück und erzählten mir, es sei gelungen, Wiljankuru in kurzer Zeit zu nehmen. Mirambo und sein Sohn seien da gewesen; Ersterer habe aber, nachdem sie eingezogen waren, seine Leute versammelt und das Dorf verlassen. Hierauf habe er sich in das Gras zu beiden Seiten des Weges zwischen Wiljankuru und Simbiso in den Hinterhalt gelegt und die

Angriff auf Mirambo

Angreifer, als sie mit mehr als hundert Elfenbeinzähnen, sechzig Ballen Stoff und zweihundert bis dreihundert Sklaven auf dem Heimweg waren, plötzlich auf beiden Seiten angegriffen und mit Speeren niedergemacht. Der tapfere Soud habe seine doppelläufige Flinte abgeschossen und damit zwei Leute getötet; wie er aber eben im Begriff gewesen sei, abermals zu laden, habe ihn ein Speer getroffen und durchbohrt. Alle übrigen Araber hätten dasselbe Schicksal erlitten. Dieser plötzliche Angriff eines Feindes, den man für besiegt gehalten hatte, hatte die Mannschaft so demoralisiert, dass sie ihre Beute im Stich ließ und davonlief. Erst nachdem die Leute einen weiten Umweg durch die

Wälder gemacht hatten, kehrten sie nach Simbiso zurück, um ihre traurige Geschichte zu erzählen.

Die Wirkung dieser Niederlage ist gar nicht zu beschreiben. Es war unmöglich zu schlafen bei dem Geschrei der Weiber, deren Männer gefallen waren. Die ganze Nacht heulten und wehklagten sie, und dazwischen hörte man das Stöhnen der Verwundeten, denen es gelungen war, vom Feind unbemerkt durch das Gras davonzuschleichen. Während der ganzen Nacht kamen immer neue Flüchtlinge an; von keinem meiner Leute aber, die totgesagt waren, wurde je wieder etwas gehört.

Am Tag darauf zogen wir uns traurig und misstrauisch zurück; die Araber beschuldigten sich gegenseitig, dass sie den Krieg angefangen, ohne vorher alle friedlichen Mittel ausgeschöpft zu haben. Stürmische Kriegsversammlungen fanden statt, worin einige den Vorschlag machten, sofort nach Unjanjembe zurückzukehren und in den Häusern zu bleiben. Khamis ben Abdullah tobte als beschimpfter Fürst gegen die elende Feigheit seiner Landsleute los. Diese stürmischen Versammlungen und Vorschläge zum Rückzug wurden alsbald im ganzen Lager von Simbiso bekannt und trugen mehr als irgendetwas anderes dazu bei, die Truppen der mit den Arabern verbündeten Unjamwesi und die Sklaven vollständig zu demoralisieren.

Ich sandte Bombay zu Said ben Salim mit dem Rat, nicht an einen Rückzug zu denken, da dies Mirambo nur ermutigen würde, den Kriegsschauplatz nach Unjanjembe zu verlegen.

Gruppe von Unjamwesi

Nachdem ich Bombay mit dieser Botschaft abgeschickt hatte, schlief ich ein, wurde aber ungefähr um halb zwei Uhr nachmittags von Selim mit den Worten aufgeweckt: „Herr, stehen Sie auf, alles läuft fort, und Khamis ben Abdullah zieht selbst auch davon."

Mithilfe von Selim kleidete ich mich an und wankte zur Tür. Mein erster Anblick war, wie Tani ben Abdullah sich fortschleppte. Als er mich erblickte, rief er: „Bwana, rasch, Mirambo kommt!" Dann machte er sich ans Laufen und zog sich seine Jacke an, während ihm die Augen vor Schrecken fast aus den Augenhöhlen zu treten schienen. Khamis ben Abdullah war im Begriff, als letzter Araber abzuziehen. Zwei meiner Leute wollten ihm eben folgen; doch ich gab Selim den Befehl, diese mit einem Revolver zum Bleiben zu zwingen.

Shaw sattelte seinen Esel mit meinem Sattel in der Absicht, mich zu verlassen und sich der Barmherzigkeit Mirambos anheimzugeben. Es blieben mir nur Bombay und weitere fünf, also nur sieben von fünfzig.

Alle anderen waren weggelaufen und jetzt schon über alle Berge, außer Uledi und Saidi, welche Selim mit dem geladenen Revolver zurückgebracht hatte. Selim erhielt nun den Befehl, meinen Esel zu satteln, und Bombay musste Shaw beim Satteln des seinigen behilflich sein. In wenigen Augenblicken befanden wir uns auf dem Weg, wobei die Leute sich immer nach dem verfolgenden Feind umsahen und die Esel mit Erfolg tüchtig antrieben, denn diese gingen in scharfem Trab, was mir große Schmerzen verursachte. Gern hätte ich mich hingelegt, um zu sterben, das Leben hatte aber doch noch Reiz für mich, und ich hatte noch nicht alle Hoffnung aufgegeben, meine Mission glücklich zu Ende führen zu können.

In dieser Nacht fiel Shaw von seinem Esel und wollte nicht aufstehen, obgleich wir ihn dringend darum baten. Da ich selbst nicht verzweifelte, so wünschte ich auch nicht, dass Shaw alle Hoffnung aufgab. Er wurde also wieder auf sein Tier gehoben und je ein Mann ihm zur Seite gestellt, um ihn zu stützen. So ritten wir durch die Dunkelheit, um Mfuto zu erreichen, wohin die Araber sich zurückgezogen hatten. Um Mitternacht erreichten wir Mfuto sicher und wurden sofort in das Dorf hineingelassen, aus dem wir so tapfer hinausgezogen und in das wir so schmachbeladen zurückkehrten.

ACHTES KAPITEL

Am darauf folgenden Tag setzten die Araber ihren Rückzug bis Tabora fort, welches knapp vierzig Kilometer von Mfuto entfernt ist. Ich beschloss, langsamer zu marschieren, und am zweiten Tag nach der Flucht von Simbiso ging meine Expedition mit allen Vorräten zurück nach Masangi und erst am dritten nach Kwihara.

Es fiel den arabischen Größen nicht ein, dass ich Grund hatte, mich durch ihre schnöde Desertion verletzt zu fühlen; ich, der ich aus Freundschaftspflicht zu ihren Gunsten zu den Waffen gegriffen hatte.

Am Morgen nach dem Rückzug kamen sie zu mir, ließen mir ihre Salaams zuteil werden, als ob gar nichts passiert sei, was die guten Beziehungen zwischen uns gestört haben könnte.

Kaum hatten sie aber Platz genommen, so erklärte ich ihnen, sie möchten, da der Krieg nur zwischen ihnen und Mirambo ausgebrochen sei und wohl bedeutend mehr Zeit in Anspruch nehmen werde, als ich daran wenden könne, namentlich wenn sie nach jedem kleinen Missgeschick weglaufen wollten, mich nicht mehr als Verbündeten ansehen. „Ich bin überzeugt“, sagte ich, „nachdem ich eure Art zu kämpfen gesehen habe, dass der Krieg nicht in so kurzer Zeit beendet sein wird, wie ihr es glaubt. Ich habe noch nie Leute aus einem Lager wie dem unseren in Simbiso aus einem so geringfügigen Grund weglaufen sehen. Dadurch habt ihr Mirambo geradezu aufgefordert, euch nach Unjanjembe zu folgen, und ihr könnt euch darauf verlassen, er wird es tun.“

Die Araber versicherten einer nach dem anderen, sie hätten nicht die Absicht gehabt, mich im Stich zu lassen; das Geschrei habe einen panischen Schrecken unter ihren Leuten hervorgerufen, der sich nicht habe aufhalten lassen.

Die hier folgenden Auszüge aus meinem Tagebuch werden am besten die Gefühle und Gedanken an den Tag legen, die mich um diese Zeit nach unserer schmachvollen Flucht bewegten.

Kwihara, 11. August 1871. Ich bin ganz enttäuscht und fast entmutigt, habe aber einen Trost: Ich habe den Arabern gegenüber meine Pflicht erfüllt, und zwar weil ich glaubte, dass ich es ihnen wegen der Güte, mit der sie mich empfangen hatten, schuldig war. Jetzt jedoch habe ich meine Schuld abgetragen und fühle mich wieder frei, kann wieder meinen eigenen Weg gehen. Ich freue mich aus mehrfachen Gründen, dass ich meine Schuld mit so geringen Opfern losgeworden bin. Hätte ich mein Leben bei diesem Unternehmen eingebüßt, so wäre das nur eine gerechte Strafe gewesen.

Aber außer meiner Verpflichtung gegen die Araber bestand auch die Notwendigkeit, alles zu versuchen, um Livingstone rasch zu erreichen. Dieser Weg, der durch den Krieg mit Mirambo versperrt ist, führt von hier in einem Monat nach Udschidschi, und wenn er durch meine Beihilfe rasch wieder hätte frei werden können, warum sollte ich sie verweigern?

Jetzt werde ich einen anderen Weg versuchen, um nach Udschidschi zu kommen, denn durch den Norden zu ziehen wäre wegen Mirambo eine Torheit. Die südliche Route scheint mir die praktischere zu sein. Zwar wissen nur wenige Menschen etwas von dem Land im Süden, und die, welche ich darüber befragt habe, sprechen von Wassermangel und räuberischen Wasavira als ernstlichen Hindernissen sowie davon, dass es dort nur wenige Ansiedlungen gibt und diese weit auseinander liegen.

Ehe ich es aber wagen kann, diese neue Route einzuschlagen, muss ich mir neue Lastenträger mieten, da diejenigen, die ich in die Araberfestung Mfuto mitgenommen habe, ihre Verpflichtungen als erloschen ansahen und der Tod ihrer Kameraden ihre Reiselust etwas gedämpft hat. Es ist unnütz zu hoffen, dass ich Unjamwesi bekommen werde, denn es ist gegen ihre Gewohnheit, Karawanen während Kriegszeiten als Lastenträger zu begleiten. Daher ist meine Lage sehr ernst, und ich hätte Entschuldigung genug, zur Küste zurückzukehren; aber mein Gewissen gestattet mir dies nicht, nachdem ich so viel Geld ausgegeben und man so großes Vertrauen in mich gesetzt hat. Fürwahr, ich fühle es, dass ich lieber sterben als zurückkehren werde.

12. August. Von meinen Leuten habe ich jetzt nur 13 übrig. Wohin kann ich mit diesem kleinen Trupp ziehen? Meine eigenen Vorräte belaufen sich auf mehr als hundert Lasten. Livingstones Karawane ist auch hier; seine Güter bestehen aus 17 Ballen Tuch, zwölf Kisten und sechs Beuteln Perlen. Die Leute dieser Karawane schwelgen hier im Besten, was das Land nur bietet.

Wenn Livingstone in Udschidschi ist, so ist er jetzt wegen Mangels an Tauschwaren außerstande fortzuziehen. Nach Sansibar kann er auch nicht zurückkehren, und der Weg zum Nil ist ihm ebenfalls versperrt. Lastenträger kann er auch nicht bekommen, denn die Quellen, aus denen man sie bezieht, sind verstopft. Es ist völlig falsch anzunehmen, Livingstone könne, trotz all seiner Energie, ohne Begleitung und einen ausreichenden Vorrat von marktüblichem Tuch und Perlen durch Afrika reisen.

Heute erzählte mir ein Mann, Livingstone sei, als er vom See Njassa zum Tanganjika reiste (gerade zu der Zeit, als man ihn für ermordet hielt), mit einer arabischen Karawane zusammengetroffen. Livingstone ging damals zu Fuß und war in amerikanische Leinwand gekleidet. Er trug eine Mütze, hatte einen doppelläufigen gezogenen Hinterlader bei sich, für Sprengkugeln eingerichtet. Außerdem war er mit zwei Revolvern bewaffnet. Er hatte all sein Tuch im See Liemba verloren, als er in einem Boot übersetzte. Damals hatte er drei Nachen bei sich. In dem einen war sein Stoffvorrat, im anderen befanden sich seine Mannschaft und einige Kisten, in den dritten war er selbst mit zwei Dienern und zwei Fischern gestiegen. Das Boot mit dem Tuch schlug um.

13. August. Heute kam eine Karawane von der Küste an. Sie berichtete, dass William Lawrence Farquhar, den ich in Mpapua in Usagara krank zurückgelassen hatte, und sein Koch gestorben seien. Farquhar sei, einige Tage nachdem ich in Ugogo eingezogen war, gestorben, sein Koch ein paar Wochen später. Mein erster Impuls war der Gedanke an Rache. Ich glaubte nämlich, dass Häuptling Leucole falsch gegen mich gehandelt und ihn vielleicht vergiftet habe oder dass beide sonst irgendwie ermordet worden seien. Eine persönliche Unterredung mit dem Suaheli jedoch, der mir die Nachricht überbrachte und erzählte, Farquhar sei seiner schrecklichen Krankheit erlegen, befreite mich von diesem Verdacht. Soweit ich verstehen konnte, hatte Farquhar am Morgen des Tages sich für wohl genug gehalten, um weiterzuziehen, war aber beim Versuch aufzustehen zurückgefallen und gestorben.

„Da ist also einer von uns dahin, mein lieber Shaw. Wer wird wohl der Nächste sein?", sagte ich an dem Abend zu meinem Gefährten.

14. August. Einige Briefe nach Sansibar geschrieben.

Shaw wurde gestern Abend sehr krank. Ob es Fieber ist oder etwas anderes, weiß ich nicht. Ich glaube nicht, dass es Fieber ist. Ich fürchte, es ist eine durch Ansteckung zugezogene Krankheit. Ich habe keine Arzneien dafür; daher habe ich Soldaten nach Sansibar geschickt, nachdem ich ihnen je fünfzig Dollar versprochen hatte, damit sie sich recht beeilten.

19. August. Meine Soldaten sind damit beschäftigt, Perlen aufzureihen. Shaw liegt noch zu Bett. Wir hören, dass Mirambo im Begriff ist, gegen Unjanjembe zu ziehen.

21. August. Shaw noch krank. Hundert Fundo Perlen sind aufgezogen. Die Araber bereiten sich auf einen neuen Ausfall gegen Mirambo vor. Heute Morgen hat Said ben Salim, der arabische Oberbefehlshaber, geleugnet, dass Mirambo gegen Unjanjembe vorgeht.

22. August. Als wir heute Morgen Perlen aufreihten, hörten wir ungefähr um zehn Uhr ein beständiges Feuern aus der Gegend von Tabora. Wir stürzten von unserer Arbeit an die Vordertür, von wo aus man in Richtung Tabora sieht, und hörten deutlich bedeutendes Kleingewehrfeuer und zerstreutes Schießen. Als ich auf das Dach meines Tembes stieg, sah ich mit meinem Fernglas den Rauch der Flinten. Einige meiner Leute, die ich ausschickte, um die Ursache zu ermitteln, kamen mit der Nachricht zurück, Mirambo habe Tabora mit mehr als zweitausend Mann angegriffen und eine Schar von mehr als tausend Watuta, die sich mit ihm des Raubes wegen verbündet hätte, habe Tabora plötzlich auch von anderen Seiten angegriffen.

Ungefähr gegen Mittag sahen wir, als wir den niedrigen Sattel beobachteten, von welchem man Tabora erblicken kann, denselben von

Flüchtlingen jener Kolonie dicht besetzt, die Schutz suchend zu uns nach Kwihara flohen. Von diesen Leuten erhielten wir die traurige Nachricht, dass der edle Khamis ben Abdullah und einige weitere hoch gestellte Araber erschlagen worden seien.

Als ich mich nach den Einzelheiten des Angriffs und der Todesart dieser Araber erkundigte, hörte ich, dass die Leiche des edlen, tapferen, stattlichen Khamis ben Abdullah von den wilden Verbündeten Mirambos arg verstümmelt worden sei.

Es war sehr traurig, in unserem aufgeregten Kwihara zu hören, fast ganz Tabora stehe in Flammen, und hunderte von Menschen zu uns strömen zu sehen.

Da ich die Bereitschaft meiner Leute, zu mir zu halten, wahrnahm, so traf ich Vorbereitungen zur Verteidigung, indem ich Schießscharten für die Musketen in die starken Lehmmauern meines Tembes bohren ließ. Wir machten sie so rasch, und sie schienen so vortrefflich für eine wirksame Verteidigung des Tembes geeignet zu sein, dass meine Leute ganz kampflustig wurden und auch mit Flinten bewaffnete, aus Tabora vertriebene Wangwana-Flüchtlinge darum baten, in unser Tembe eingelassen zu werden, um bei seiner Verteidigung mitzuwirken. Auch die Angehörigen der Livingstone-Karawane wurden versammelt und aufgefordert, die Güter ihres Herrn gegen Mirambos vermeintlichen Angriff zu verteidigen. Zur Nacht hatte ich 150 Bewaffnete in meinem Hofraum, welche an jedem Punkt aufgestellt waren, an dem ein Angriff zu erwarten war. Mirambo hat gedroht, er werde morgen nach Kwihara kommen. Ich hoffe zu Gott, er wird kommen, und wenn er sich in den Bereich eines amerikanischen Gewehrs verläuft, so will ich doch sehen, welche Kraft in amerikanischem Blei liegt!

23. August. Wir haben im Tal von Kwihara einen sehr angstvollen Tag verlebt. Unsere Augen waren beständig auf das unglückliche Tabora gerichtet. Man hat uns gesagt, dass nur drei Tembes dem Angriff standgehalten haben. Abid ben Sulimans Haus ist zerstört, und mehr als zweihundert Elfenbeinzähne, die ihm gehörten, sind das Eigentum dieses afrikanischen Bonaparte geworden. Mein Tembe ist so gut ausgerüstet, wie seine Bauart und Verteidigungsmittel es gestatten. Schießgruben umgeben das Haus von außen, und alle Hütten der Eingeborenen, welche die Aussicht behinderten, sind niedergerissen, alle Bäume und Sträucher, die als Schutz für einen Feind hätten dienen können, sind abgeschlagen. Wasser und Vorräte für sechs Tage sind hereingebracht. Ich habe genug Munition für zwei Wochen. Die Mauern sind 90 Zentimeter dick, und die Gemächer liegen so ineinander, dass eine verzweifelte Männerschar lange kämpfen könnte, bis der letzte Raum genommen wäre.

Meine Nachbarn, die Araber, bemühen sich, tapfer zu erscheinen; es ist jedoch offenbar, dass sie der Verzweiflung nahe sind. Gerüchteweise verlautet, dass die Araber von Kwihara, wenn Tabora genommen ist, in Masse zur Küste eilen und das Land Mirambo überlassen wollen. Wenn dies tatsächlich ihre Absicht ist und sie sie wirklich ausführen, so werde ich mich in einer äußerst bedrängten Situation befinden. Wenn sie Kwihara wirklich verlassen, so wird Mirambo keinen Vorteil von meinen und Livingstones Vorräten haben, denn ich werde das ganze Haus und alles, was sich darin befindet, niederbrennen. Das ist mein Entschluss. Aber was in aller Welt wird aus Shaw werden? In einer solchen kritischen Lage würde ihn niemand tragen.

24. August. Die amerikanische Flagge weht noch über meinem Haus, und die Araber sind noch in Unjanjembe.

Ungefähr um zehn Uhr morgens kam ein Bote von den Arabern mit der Frage, ob wir sie nicht gegen Mirambo unterstützen wollten. Anfangs fühlte ich mich sehr geneigt, ihnen zu helfen; nachdem ich aber die Sache gründlich erwogen, hatte ich mir die Fragen vorgelegt: Ob es klug ist? Ob ich ihnen verpflichtet bin? Was aus meinen Leuten werden wird, wenn ich getötet werde? Ob sie mich wieder im Stich lassen würden? Und als ich an das Schicksal von Khamis ben Abdullah dachte, ließ ich ihnen sagen, dass ich nicht kommen würde; sie müssten sich ja in ihren Tembes selbst gegen die Truppenmacht Mirambos einigermaßen sicher fühlen; wenn sie ihn stattdessen irgendwie dazu verlocken könnten, nach Kwihara zu ziehen, würde es mir eine Freude bereiten zu versuchen, ihn totzuschießen.

Um zwölf Uhr ging ich zu Scheich ben Nasib und ließ ungefähr hundert Leute in meinem Haus, damit sie es während meiner Abwesenheit bewachten. Dieser alte Mann ist in seiner Art ein vollständiger Philosoph; ich möchte ihn einen Professor der praktischen Philosophie nennen. Gewöhnlich ist er voll von Weisheiten und Aphorismen und ein sehr bedächtiger Charakter. Ich war also erstaunt, ihn in Verzweiflung zu finden, seine Aphorismen haben ihn im Stich gelassen, seine Philosophie ist nicht imstande gewesen, sich im Unglück zu bewähren. Er hörte mir mehr wie ein Sterbender zu als wie ein Mann, der alle Mittel zur Verteidigung und zum Angriff besitzt.

Ich habe ihm seinen Zweipfünder mit Kugeln, Schrot und klein gehackten Eisenstücken geladen und ihm den Rat erteilt, denselben erst abzufeuern, wenn Mirambos Leute vor seinen Toren wären.

Um vier Uhr nachmittags hörte ich, dass Mirambo sich nach Kasima, einem einige Kilometer nordwestlich von Tabora gelegenen Ort, begeben habe.

26. August. Heute Morgen zogen die Araber aus, um Kasima anzugreifen, gaben es aber wieder auf, weil Mirambo um einen Tag Frist gebeten hatte, um das Fleisch, das er ihnen gestohlen hatte, verzehren zu können. Er hat sie unverschämterweise eingeladen, morgen früh zu kommen, zu welcher Zeit er sie gründlich durchklopfen werde.

Kwihara hat sein friedfertiges Aussehen wiedererlangt; Flüchtlinge drängen sich nicht mehr verzweifelt auf engem Raum umher.

27. August. Mirambo hat sich während der Nacht zurückgezogen, und als die Araber sich mit einer Truppe auf den Weg machten, um das Dorf Kasima anzugreifen, fanden sie es verlassen.

Die Araber halten heute Kriegsrat und Zusammenkünfte, die sie sehr zu lieben scheinen, nach denen sie aber nur langsam zur Tat schreiten. Sie bringen ihre Stunden mit bloßem Reden zu, während ihnen die Straßen nach Udschidschi und Karagweh unzugänglicher denn je sind. Nach wie vor sprechen viele einflussreiche Araber davon, nach Sansibar zurückzukehren, indem sie behaupten, Unjanjembe sei zugrunde gerichtet. Ich habe alle Achtung vor ihnen verloren.

Da ich die Unmöglichkeit einsehe, mir unjamwesische Lastenträger zu verschaffen, miete ich mittlerweile für meine Reise nach Udschidschi Wangwana-Überläufer, die in Unjanjembe wohnen, zu dreifachen Preisen; habe aber nicht viel Erfolg damit. Einem jeden werden dreißig Doti Stoff angeboten, während der gewöhnliche Mietpreis fünf bis zehn Doti bis nach Udschidschi beträgt. Ich brauche fünfzig Menschen und beabsichtige, sechzig bis siebzig Lasten hier unter der Obhut einer Wache zurückzulassen. Mit Ausnahme eines kleinen Koffers will ich mein ganzes persönliches Gepäck hier lassen.

28. August. Heute keine Nachricht von Mirambo. Shaw wird wieder kräftiger.

Scheich ben Nasib hat mich heute besucht, hatte mir aber außer seinen kleinen philosophischen Aussprüchen nichts zu sagen.

Nachdem ich mir das Land angesehen habe, bin ich entschlossen, eine Karawane auf einer südlichen Route durch das nördliche Ukonongu und Ukawendi nach Udschidschi zu führen.

29. August. Shaw ist heute aufgestanden, um ein wenig zu arbeiten. Es gelingt mir noch immer nicht, Soldaten zu bekommen. Fast verzweifle ich daran, je imstande zu sein, von hier fortzukommen. Es ist ein so schläfriges, träumendes, langsames Land. Die Araber, Wangwana, Unjamwesi sind alle gleich; niemand von ihnen bekümmert sich um die Flüchtigkeit der Zeit. Ihr „morgen" bedeutet bisweilen einen Monat. Für mich ist das geradezu zum Tollwerden.

30. August. Shaw will nicht arbeiten. Ich kann ihn nicht dazu bewegen, sich zu rühren; habe ihn mit Bitten und Schmeicheleien bestürmt, ihm sogar kleine Leckerbissen gekocht. Während ich aber jeden Nerv anspanne, um nach Udschidschi zu kommen, begnügt er sich damit, teilnahmslos vor sich hin zu starren. Wie hat sich doch der kühne, gewandte Mann seit Sansibar verändert!

Heute setzte ich mich mit meiner Handarbeit an seine Seite, um ihn zu ermutigen, und habe ihm zum ersten Mal die eigentliche Aufgabe meiner Mission mitgeteilt. Ich erzählte ihm, dass mir die Geographie des Landes nicht halb so sehr am Herzen liege wie das Auffinden von Livingstone. Zum ersten Mal sagte ich ihm: „Nun, mein lieber Shaw, Sie glauben wohl, dass ich hergeschickt bin, um die Tiefe des Tanganjikasees zu messen? Durchaus nicht, mein Freund; man hat mir befohlen,

Livingstone zu suchen. Um Livingstones willen bin ich hier, nur seinetwegen habe ich mich auf die Reise begeben. Sehen Sie nicht, alter Freund, die Wichtigkeit dieser Mission ein? Begreifen Sie nicht, dass Sie einen großen Lohn von Mr Bennett bekommen werden, wenn Sie mir helfen? Ich bin fest überzeugt, wenn Sie je wieder nach New York kommen, werden Sie nie um eine Fünfzigdollarnote verlegen sein. Also werden Sie munter, tummeln Sie sich, und sehen Sie heiter aus. Sagen Sie sich, Sie wollen nicht sterben, das ist schon der halbe Kampf. Lachen Sie über das Fieber, dann will ich Ihnen garantieren, dass das Fieber Sie nicht tötet. Ich habe Medizin genug für ein Regiment bei mir."

Vergeblich – ich sprach wie zu einer leblosen Mumie. Zwar wurden seine Augen etwas heller, aber ihr Licht wurde bald wieder schwächer und schwand. Ich wurde ganz entmutigt, machte etwas starken Punsch, um ihm Feuer in die Adern zu gießen, ihn wieder zu tätigem Leben zu erwecken. Ich bereitete den Punsch mit Zucker und Eiern und machte ihn mit Limonen und Gewürz schmackhaft. „Trinken Sie doch, Shaw", sagte ich, „und vergessen Sie Ihre elenden Leiden. Atmen Sie mir doch nicht so ins Gesicht, als ob Sie im Begriff wären zu sterben. Lassen Sie diese Grimassen. Sie sind nicht krank, teurer Freund; es ist bloße Langeweile, die Sie fühlen. Sehen Sie sich den Selim an. Ich will um sonst etwas wetten, dass er nicht stirbt und dass ich ihn sicher zu seinen Freunden nach Jerusalem zurückbringe. Sie werde ich auch wieder in die Heimat führen, falls Sie es mir gestatten wollen."

Er rauchte seine widerliche Pfeife weiter. Wenn man sein Atmen hört, so meint man, er liege im Sterben, aber er ist nicht einmal krank. Erst neulich sagte er mir, er kenne alle die Manöver alter Seeleute, die sie anwenden, um sich auf dem Meer vor der Arbeit zu drücken. Ich bin überzeugt, dass er auch mir solch einen Streich spielt. Dieses Wechselfieber! – Ich kenne ja jedes Stadium und bin überzeugt, dass er es nicht hat.

1. September. Nach dem Bericht von Tani ben Abdullah, den ich heute in seinem Tembe besucht habe, hat Mirambo bei seinem Angriff auf Tabora zweihundert Mann verloren.

3. September. Habe ein Paket Briefe und Zeitungen von Kapitän Webb in Sansibar erhalten. Wie schön ist es, dass Freunde selbst im fernen Amerika des Abwesenden in Afrika gedenken! Man schreibt mir, dass niemand eine Ahnung davon hat, dass ich schon in Afrika bin.

Ich habe mich heute an Scheich ben Nasib gewandt, damit er Livingstones Karawane unter meiner Führung nach Udschidschi ziehen lässt; er wollte aber gar nichts davon hören und ist überzeugt, ich ginge meinem Tode entgegen.

4. September. Heute ist Shaw ganz wohl, wie er sagt, aber Selim liegt an Fieber darnieder. Die Zahl meiner Leute mehrt sich allmählich, obgleich einige meiner alten Soldaten wegfallen. Baruti hat die Pocken in sehr hohem Grade; Bilali eine merkwürdige Krankheit, ein Geschwür oder so etwas am Rücken, und Sadaia hat das Mukunguru.

5. September. Heute Morgen ist Baruti gestorben. Er war einer meiner besten Soldaten. Dies ist der siebte Tote, den ich seit Sansibar habe.

Heute haben mir Berichte der Araber über den Zustand des Landes, durch das ich zu reisen beabsichtige, das Leben schwer gemacht. „Die Wege sind schlecht und sämtlich versperrt; die Ruga-Ruga schwärmen in den Wäldern; die Wagonongo kommen vom Süden, um Mirambo zu helfen; die Waschensi befinden sich untereinander im Krieg.“ Meine Leute werden entmutigt, sie sind von den Befürchtungen der Araber und Unjamwesi angesteckt. Bombay fängt an zu meinen, dass ich besser daran täte, jetzt zur Küste zurückzukehren und später einen neuen Versuch zu machen.

Wir haben Baruti unter dem Schatten des Bananenbaumes einige Schritte westlich von meinem Tembe begraben. Das Grab wurde 1,35 Meter tief und 90 Zentimeter breit gemacht. Am Grunde desselben wurde auf einer Seite ein schmaler Graben ausgehöhlt, in dem der Leichnam auf die Seite gerollt wurde, das Gesicht nach Mekka gewandt. Die Leiche war in anderthalb Doti neue amerikanische Leinwand gekleidet. Nachdem sie richtig in ihr enges Bett gelegt war, wurde ein herabhängendes Dach aus Stöcken gebaut, das mit Matten und altem Segeltuch bedeckt wurde, um zu verhindern, dass Erde auf den Körper fällt. Dann wurde das Grab unter dem lustigen Gelächter der

Soldaten zugeschüttet, ein kleiner Busch darauf gepflanzt und in ein kleines, mit der Hand gemachtes Loch Wasser gegossen für den Fall, dass er, wie sie sagten, auf seinem Weg ins Paradies durstig wird. Schließlich wurde das ganze Grab mit Wasser bespritzt und der Kürbis gebrochen. Nachdem diese Zeremonie beendet war, sagten die Leute das arabische Fat-hah her, worauf sie das Grab ihres toten Kameraden verließen, um nicht weiter an ihn zu denken.

7. September. Ein Araber namens Mohammed hat mich heute mit einem kleinen Sklaven beschenkt, der Ndugu M'hali (meines Bruders Reichtum) heißt. Da ich den Namen nicht liebte, rief ich die Hauptleute meiner Karawane zusammen und ersuchte sie, ihm einen besseren zu geben. Der eine meinte, *Simba* (der Löwe), der andere sagte, *Ngombe* (eine Kuh) wäre geeignet für den kleinen Jungen. Wieder ein anderer meinte, er solle Mirambo heißen, was ein lautes Gelächter hervorrief. Bombay meinte, Bombay Mdogo würde für meinen kleinen Schwarzen sehr passend sein. Ulimengo aber bezeichnete, nachdem er sich die raschen Augen und flinken Bewegungen des Kleinen angesehen hatte, den Namen Ka-lu-lu als den geeignetsten, „denn", sagte er, „sehen Sie sich nur seine hellen Augen, seine schlanke Gestalt, seine raschen Bewegungen an; ja, Kalulu ist sein Name".

„Ja, Bwana", sagten die anderen, „lassen Sie ihn Kalulu heißen." Kalulu ist nämlich ein Suaheliausdruck für das Junge der blauen Antilope.

„Gut", sagte ich, nachdem Wasser in einer großen Zinnpfanne gebracht worden war und Selim, der bereit war, sein Pate zu sein, ihn darüber gehalten hatte, „möge sein Name von jetzt an Ka-lu-lu sein und niemand ihm denselben rauben!" So kam Mohammeds kleiner Schwarzer zu dem Namen Kalulu.

Die Expedition nimmt an Zahl zu, sie besteht jetzt aus zwei Weißen, einem arabischen Knaben, einem Hindu, 29 Wangwana, einem Jungen aus Londa, einem aus Nganda und einem aus Liemba oder Uwemba.

8. September. Gegen Abend hat Scheich ben Nasib einen Brief von einem Araber in Mfuto erhalten mit dem Bericht, dass dieser Ort von Mirambo und seinen Watutaverbündeten angegriffen worden sei. Auch riet er ihm, die Leute von Kwihara bereitzuhalten, denn wenn es

Mirambo gelänge, Mfuto zu erstürmen, so würde er direkt auf Kwihara losmarschieren.

9. September. Gestern wurde Mirambo mit großem Verlust bei seinem Angriff auf Mfuto zurückgeschlagen. Es gelang ihm zwar, ein kleines Unjamwesidorf zu erobern, als er aber Mfuto stürmen wollte, wurde er mit schweren Verlusten zurückgeworfen. Er hat dabei drei seiner vorzüglichsten Leute eingebüßt. Nachdem er seine Truppen zurückgezogen hatte, machten die Einwohner einen Ausfall und folgten ihm bis an den Wald von Umanda, wo er endgültig in die Flucht geschlagen wurde und unter Schmach abziehen musste.

Die Köpfe seiner beim Angriff erschlagenen Hauptleute wurden nach Kwikuru in Mkasiwas Boma gebracht.

11. September. Shaw ist ein sentimentaler Schwätzer. Zuzeiten kann er ganz beredt über die Laster der Menschen, namentlich der reichen, sprechen. Seine Auslassungen über diesen Gegenstand verdienten eine bessere Zuhörerschaft, als ich es bin.

Er ist häufig ganz in sich selbst vertieft. Statt den Horizont anzu sehen, blickt er auf den Boden mit einem Blick, der zu sagen scheint, es ist irgendwo etwas nicht richtig, ich suche es eben festzustellen, wo es ist und wie man es in Ordnung bringen kann.

Auf mich ist er aber sehr böse, weil ich ihn auslache, und er hat soeben eine Batterie von seinen Sentimentalitäten auf mich losgelassen, die mich fast zur Verzweiflung darüber bringt, dass ich mich mit einem solchen Narren belastet habe.

14. September. Selim, der junge Araber, deliriert in anhaltendem Fieber. Shaw ist wieder krank oder simuliert, es zu sein. Diese beiden nehmen meine Zeit hauptsächlich in Anspruch. Ich bin geradezu Krankenwärter geworden, denn ich habe niemanden, der mich bei der Pflege unterstützt. Wenn ich versuche, Abdul Kader in der Kunst, sich nützlich zu machen, zu unterrichten, so ist sein Kopf von den schrecklichen Dünsten des unjamwesischen Tabaks so benebelt, dass er ganz verwirrt herumläuft, Schüsseln zerbricht und gekochte Leckerbissen umwirft, bis ich so ärgerlich werde, dass ich auf eine ganze Stunde meine Gemütsruhe verliere. Wenn ich Feradschi, der jetzt förmlich als mein

Koch installiert ist, darum bitte, mir beizustehen, so gelingt es seinem dicken Holzkopf nicht, einen Gedanken zu fassen, und ich bin daher genötigt, selbst die Rolle des Küchenmeisters zu übernehmen.

15. September. Der dritte Monat meines Aufenthalts in Unjanjembe ist fast zu Ende; ich hoffe, binnen acht Tagen endlich abziehen zu können.

Heute war ich damit beschäftigt, die Last für jeden Soldaten und Gepäckträger auszusuchen. Um ihnen ihre Mühe so viel wie möglich zu erleichtern, habe ich jede Last von siebzig auf bloß fünfzig Pfund erleichtert, wodurch ich hoffe, lange Märsche machen zu können. Es ist mir gelungen, während der letzten Tage zehn Träger zu mieten.

Einige meiner Leute sind noch sehr krank, und es ist fast unnütz zu erwarten, dass sie imstande sein werden, irgendetwas zu tragen; ich hoffe aber, andere an ihrer Stelle zu bekommen, ehe der Tag der Abreise da ist, der sich jetzt rasch zu nähern scheint.

16. September. Wir haben unsere Arbeit fast beendet und werden, so Gott will, am fünften Tage von jetzt an marschieren. Ich habe noch zwei Lastenträger sowie zwei Führer angenommen, welche Asmani und Mabruki heißen. Asmani war bisher der Führer der Livingstone-Karawane. Wenn eine ungeheure Gestalt irgendjemand erschrecken könnte, so müsste Asmanis herkulisches Aussehen diese Wirkung hervorrufen. Er ist mehr als einen Meter neunzig hoch ohne Schuhe und hat Schultern, die für zwei gewöhnliche Menschen breit genug sind.

Morgen beabsichtige ich, den Leuten einen Abschiedsschmaus zu geben, um ihren Weggang von diesem abstoßenden, unglücklichen Land zu feiern.

17. September. Das Bankett ist vorüber. Ich habe zwei Bullenkälber schlachten, ein ganzes Schwein rösten und außerdem noch 3 Schafe, 2 Ziegen, 15 Hühner, 120 Pfund Reis, 20 große, aus Mais bestehende Laibe Brot, 100 Eier, 10 Pfund Butter und 5 Gallonen Milch zum Bankett geben lassen. Die Leute luden sich ihre Freunde und Nachbarn ein, und etwa 100 Frauen und Kinder nahmen daran teil.

Als das Bankett beendet war, wurde Pombe, das hiesige Bier, in fünf Töpfen von je einer Gallone aufgetragen, und die Leute fingen an zu tanzen und tun das noch jetzt, da ich schreibe.

19. September. Heute hatte ich einen leichten Fieberanfall, der unsere Abreise verzögert hat. Selim und Shaw haben sich beide erholt. Der Erstere erzählt mir, Shaw habe gemeint, ich würde wie ein Esel sterben und dann werde er meine Tagebücher und Koffer in Verwahrung nehmen und sofort zur Küste zurückeilen. Heute Nachmittag soll er gesagt haben, er beabsichtige nicht, nach Udschidschi zu gehen, sondern wolle, wenn ich fort sei, sich eine Anzahl Hühner und eine Kuh anschaffen, um jeden Tag frische Eier und Milch zu haben.

Abends kam Shaw, als mein Fieber seinen Höhepunkt erreicht hatte, zu mir, um mich zu fragen, an wen er im Falle meines Todes schreiben solle. „Denn", sagte er, „selbst die stärksten Leute können sterben." Ich befahl ihm, sich zu entfernen, sich um seine eigenen Sachen zu kümmern und nicht stets um mich herumzukrächzen.

Etwa um acht Uhr abends kam der stets philosophisch eingestellte, besorgte Scheich ben Nasib zu mir und bat mich, morgen nicht fortzuziehen, da ich so krank sei. Er meinte sogar, ich könne noch einen Monat dableiben; worauf ich ihm sagte, die Weißen seien gewohnt, ihr Wort zu halten. Ich hätte gesagt, ich würde gehen, und daher würde ich es auch tun.

Scheich ben Nasib gab alle Hoffnung auf, mich dazu zu bewegen, noch einen Tag zu bleiben, und ist mit dem Versprechen fortgegangen, an Sultan Said Bargasch in Sansibar zu schreiben und ihm zu berichten, wie eigensinnig ich sei und dass ich offenbar vorhätte, mich umbringen zu lassen. Das verursachte eine kleine Abschiedsszene.

Um zehn Uhr abends war das Fieber vorüber. Außer mir schlief alles im Tembe, und ein Gefühl unaussprechlicher Einsamkeit überkam mich, wie ich an meine Lage und meine Absichten dachte und den vollständigen Mangel an Sympathie bei allen, die mich umgaben, wahrnahm. Selbst mein weißer Gehilfe, mit dem ich mir so viel Mühe gegeben habe, empfand noch weniger Sympathie für mich als mein kleiner schwarzer Knabe Kalulu. Es gehört mehr Kraft, als ich besitze, dazu, alle dunklen Vorahnungen des Gemüts zu zerstreuen. Doch ist das, was ich Vorahnung nenne, wohl einfach die Folge der Warnungen, welche diese treulosen Araber mir so häufig ausgesprochen haben. Diese

Melancholie, dieses Gefühl der Verlassenheit rühren wohl auch davon her. Auch ist die einzelne Lampe, die kaum die Dunkelheit meiner Stubenecken erhellt, kein geeignetes Mittel, mich heiterer zu stimmen. Mir ist zumute, als sei ich in Steinmauern gefangen.

Warum soll ich mich aber durch Warnungen und Gekrächze dieser Araber quälen lassen? Ein Verdacht steigt in mir auf, während ich dies schreibe, dass noch irgendein anderes Motiv dahinter steckt. Ich möchte wohl wissen, ob diese Araber mich in der Hoffnung hier behalten wollen, dass ich dazu gebracht werden könnte, ihnen noch einmal in ihrem Krieg gegen Mirambo beizustehen. Wenn sie das glauben, so irren sie sich sehr; denn ich habe einen feierlichen Eid geschworen, den ich halten will, solange mir noch eine Lebenshoffnung bleibt, mich von dem gefassten Entschluss nicht abbringen zu lassen, so lange zu suchen, bis ich Livingstone lebendig oder tot aufgefunden habe, und nicht ohne die stärksten Beweise für dessen Leben oder Tod nach Hause zurückzukehren. Kein Lebender soll mich daran hindern; nur der Tod kann es. Doch nein! Selbst der nicht, denn ich werde, will und kann nicht sterben. Ein gewisses unbekanntes Etwas, sei es nun die mir eigene stets rege Hoffnungsseligkeit oder eine aus einer großen Lebenskraft entspringende natürliche Kühnheit oder das Produkt eines überschwänglichen Selbstvertrauens – gleichviel! –, ein Etwas sagt mir heute Abend: Ich werde ihn ganz bestimmt finden. Schon diese bloßen Worte inspirieren mich. Ich fühle mich glücklicher. Habe ich gebetet? Heute Nacht werde ich ruhig schlafen.

NEUNTES KAPITEL

Der 20. September war da. An diesem Tag habe ich beschlossen, mich von all den Leuten, die mich mit ihren Zweifeln, Befürchtungen und Meinungen quälten, zu lösen und den Marsch nach Udschidschi auf einem südlichen Weg anzutreten. Ich war sehr geschwächt von dem Fieber, das mich tags zuvor gepackt hatte, und unter solchen Umständen war es eigentlich höchst töricht, einen Marsch anzufangen. Ich hatte aber gegenüber Scheich ben Nasib, dem Altersweisen unter den Arabern, damit renommiert, dass ein weißer Mann nie sein Wort bricht, und mein Ruf als Weißer wäre ruiniert gewesen, wenn ich länger geblieben oder nur infolge von Schwäche meinen Abmarsch verschoben hätte.

Ich musterte die ganze Karawane außerhalb meines Tembes; unsere Fahnen und Flaggen wurden entfaltet, die Träger hatten ihre Lasten auf die Mauern gelegt und lachten und schrien ihre Prahlereien gehörig hinaus. Alle Araber, mit Ausnahme von Scheich ben Nasib, den ich durch meine eigensinnige Opposition gegen seine Wünsche sehr verstimmt hatte, waren aus Neugier auf dem Platz versammelt, um Zeugen unserer Abreise zu sein.

Alle meine Leute waren da außer Bombay. Ich schickte also einen Mann aus, um ihn aufzutreiben. Man fand ihn weinend in den Armen seiner Delila.

„Warum bist du fortgegangen, Bombay, da du doch wusstest, dass ich abreisen wollte und wartete?“

„O Herr, ich sagte meiner Geliebten Lebewohl.“

„Wirklich?“

„Ja, Herr. Tun Sie das nicht, wenn Sie fortgehen?“

„Still!“

„Zu Befehl.“

„Was fehlt dir denn, Bombay?“

„Nichts.“

Da ich sah, dass er wohl in der Laune war, sich mit mir vor den außerhalb meines Tembes als Zuschauer versammelten Arabern zu zanken, und ich durch nichts in meinen Absichten gestört werden wollte, so sah ich mich veranlasst, Bombay mit meiner Peitsche einige Streiche zu versetzen, was sein erhitztes Gemüt alsbald abkühlte, mir selbst jedoch laute Einwände seitens meiner angeblichen arabischen Freunde eintrug. „Aber Herr, tun Sie das doch nicht, halten Sie doch ein. Der arme Mensch weiß besser als Sie, was Ihnen und ihm auf dem Weg, den Sie einschlagen wollen, bevorsteht.“

Wenn irgendetwas geeignet war, mich noch mehr in Wut zu versetzen als Bombays Unverschämtheit vor dieser Menge, so war es diese ungebetene Einmischung. Ich hielt aber an mich und sagte ihnen nur mit lauter Stimme, ich wünschte nicht, dass sie sich in meine Angelegenheiten mischten, es sei denn, sie wollten sich mit mir zanken.

„Nein, nein, Bwana“, riefen sie alle, „wir wünschen nicht, mit Ihnen zu streiten! Im Namen Gottes! Schlagen Sie Ihren Weg in Frieden ein.“

„Leben Sie wohl“, sagte ich und drückte ihnen die Hand.

„Leben auch Sie wohl, Herr! Wir wünschen Ihnen alles Glück und Erfolg. Gott sei mit Ihnen und führe Sie!“

„Marsch!“ Eine Abschiedssalve wurde abgefeuert, die Flaggen wurden von den Karawanenführern in die Höhe gehoben, jeder Träger stürzte sich auf seine Last, und in kurzer Zeit war der vordere Teil der Expedition mit Gesang und Geschrei um das westliche Ende meines Tembes die Straße nach Ugunda entlang abgezogen.

„Nun, Mr Shaw, ich warte auf Sie. Steigen Sie auf Ihren Esel, wenn Sie nicht zu Fuß gehen können.“

„Bitte, Mr Stanley, ich fürchte, ich kann nicht mitgehen.“

„Wieso?“

„Ich weiß es nicht; ich fühle mich aber sehr schwach.“

„Das bin ich auch. Wie Sie wissen, hat mich das Fieber erst spät gestern Abend verlassen. Machen Sie doch vor diesen Arabern jetzt keinen Rückzieher. Bedenken Sie, dass Sie ein Weißer sind. Selim, Mabruki, Bombay, helft Mr Shaw auf seinen Esel, und geht neben ihm."

„O Bwana, Bwana, nehmen Sie ihn nicht mit! Sehen Sie denn nicht, dass er krank ist?", sagten die Araber.

„Ihr haltet euch da heraus! Nichts kann mich daran hindern, ihn mitzunehmen. Er soll mit. Bombay! Vorwärts!"

So war der Rest meiner Mannschaft auf den Weg gebracht. Das bis vor kurzem noch so geschäftige Tembe in Kwihara hatte ein ödes, verlassenes Aussehen angenommen, und auch ich wandte mich nun endgültig auf den Weg nach Süden.

Ehe wir fünf Kilometer gegangen waren, erhob der wilde unjamwesische Esel, der von dem schlauen Mabruki von hinten gekitzelt wurde, die Hinterbeine, und John Shaw, der nie ein guter Reiter gewesen war, lag der Länge lang in der Nähe eines Dornbusches auf dem Boden. Er schrie auf, und wir liefen alle hin, um ihm zu helfen.

„Was gibt's, mein lieber Freund?", fragte ich. „Ist Ihnen etwas zugestoßen?"

„O mein Gott, mein Gott! Lassen Sie mich doch umkehren, Mr Stanley!"

„Etwa weil Sie von einem Esel heruntergefallen sind? Fassen Sie nur Mut. Es würde mir sehr Leid tun, wenn ich feststellen müsste, dass Sie mich im Stich lassen wollen. In vier bis fünf Tagen werden Sie selbst über dieses kleine Missgeschick lachen. Fast alle Menschen fühlen sich etwas beklommen, wenn sie einen angenehmen Ort verlassen. Steigen Sie nur wieder auf Ihren Esel, alter Freund! Fassen Sie selbst den Entschluss zur Weiterreise! Dann geht's auch."

Noch einmal halfen wir ihm auf den Rücken des Tieres; trotzdem überlegte ich mir, ob es nicht viel besser sei, den Menschen zurückzuschicken, als ihn wider seinen Willen und fast mit Gewalt mehrere hundert Kilometer, die noch bis Udschidschi vor uns liegen mussten, mitzuschleppen.

Wenn er nun unterwegs starb? Vielleicht war er wirklich krank? Nein, das war er nicht, er stellte sich bloß so. Ich gestehe aber, ich hätte ihn auf der Stelle zurückgeschickt, wenn ich nicht der Überzeugung gewesen wäre, dafür von den Arabern ausgelacht zu werden.

Nach einem halbstündigen Marsch verbesserte sich die Situation. Shaw fing an, sich zu amüsieren. Bombay hatte unseren Zank kurz vor dem Abmarsch vergessen und versicherte, wenn es mir gelänge, heil durch Mirambos Land zu ziehen, so würde ich auch den Tanganjikasee erreichen. Selim freute sich, Unjanjembe zu verlassen, wo er so viel an Fieber gelitten hatte.

Im Schwung der Hügelketten, die sich über schöne Täler erhoben, lag etwas, was auch mich belebte und zu meiner Reise ermutigte.

Nach anderthalb Stunden schlugen wir ein Lager in dem Dorf Mkwenkwe auf, mein Zelt wurde errichtet und die Waren in einem der Tembes zusammengelegt.

Die Hälfte der Leute lief nach Kwihara zurück, um sich noch einmal von ihren Frauen und Freundinnen zu verabschieden.

Gegen Abend wurde ich wieder einmal vom Wechselfieber befallen. Vor dem Morgen war es zwar wieder abgeklungen, hatte mich aber schrecklich schwach und matt gemacht. Ich hatte die Unterhaltung der Leute untereinander bei ihren Lagerfeuern über die wahrscheinlichen Aussichten für den nächsten Tag mit angehört. Unter ihnen war die Frage aufgeworfen worden, ob ich den Marsch weiter fortsetzen würde. Fast alle waren der Ansicht, dass, da der Herr krank sei, ein Marsch nicht stattfinden werde. Mich trieb dagegen ein höchster Grad von Eigensinn, ihrer Lässigkeit Trotz zu bieten.

Als ich aber aus meinem Zelt heraustrat, um ihnen zu befehlen, sich fertig zu machen, stellte ich fest, dass wenigstens zwanzig von ihnen fehlten.

Ich suchte wiederum zwanzig der stärksten und treuesten mir verbliebenen Leute aus und schickte sie nach Unjanjembe zurück, um die fehlende Mannschaft zu suchen, und Selim sollte bei der Gelegenheit von Scheich ben Nasib eine lange Sklavenkette borgen oder kaufen.

Bei Einbruch der Nacht kehrten meine „Polizisten" mit neun der fehlenden Leute zurück. Die Übrigen, allesamt aus Udschidschi, waren gemeinsam desertiert und ließen sich nicht auffinden. Selim kam auch mit einer starken Kette heim, mit der man wenigstens zehn Leute in die daran befindlichen Halsbänder schließen konnte.

Darauf hielt ich eine Ansprache und zeigte den Leuten die Sklavenkette. Ich sagte ihnen, ich sei der erste Weiße, der eine Sklavenkette auf die Reise mitgenommen habe; da sie sich aber alle so sehr fürchteten, mich zu begleiten, sei ich gezwungen, davon Gebrauch zu machen, da es das einzige Mittel sei, sie zusammenzuhalten. Die Guten brauchten keine Furcht vor der Kette zu haben, nur die Deserteure, die Diebe, die ihren Lohn nebst Geschenken, Flinten und Munition erhielten und dann doch wegliefen, hätten sie zu fürchten. Diesmal würde ich noch keinen in Ketten legen, wenn aber in Zukunft wieder jemand desertiere, so würde ich anhalten lassen und den Marsch nicht eher aufnehmen, bis ich ihn gefunden hätte. Und dann würde derjenige oder würden diejenigen mit der Sklavenkette um den Hals nach Udschidschi marschieren müssen. „Habt ihr mich gehört?"

„Ja!", lautete die Antwort.

„Habt ihr mich verstanden?"

„Ja!"

Um sechs Uhr abends brachen wir wieder auf und schlugen den Weg nach Inesuka ein, wo wir um acht Uhr abends ankamen.

Als wir am nächsten Morgen im Begriff waren, den Marsch anzutreten, entdeckten wir, dass wiederum zwei weggelaufen waren. Sofort wurden Baraka und Bombay nach Unjanjembe geschickt mit dem dringlichen Befehl, nicht ohne die beiden heimzukehren. Während diese Verfolgung vor sich ging, blieben wir in Inesuka, hauptsächlich wegen Shaw.

Am Abend wurden die unverbesserlichen Deserteure zurückgebracht und, wie ich gedroht hatte, tüchtig geprügelt und in Ketten gelegt, um sie vor einer nochmaligen Versuchung zu bewahren. Bombay und Baraka hatten eine romantische Geschichte über ihre Gefangennahme zu erzählen, und da ich bei sehr guter Stimmung war, so wurden ihre Dienste mit je einem schönen Tuch belohnt.

Am folgenden Morgen verschwand wieder ein Lastenträger, welcher seinen Mietslohn von 15 neuen Tüchern sowie auch noch eine Flinte mitnahm. Aber noch irgendwo in der Nähe von Unjanjembe Halt zu machen war eine Gefahr, die nur dadurch vermieden werden konnte, dass wir ohne Aufenthalt durch die südlichen Urwaldgebiete weitermarschierten.

Man wird sich erinnern, dass ich den fürchterlichen Schneider Abdul Kader in meinem Gefolge hatte, welcher von Bagamoyo mit glänzenden Hoffnungen auf die Elfenbeinschätze ausgezogen war, die er sich im Inneren von Afrika erwerben könne. An diesem Morgen flehte Abdul Kader aus Furcht vor den drohenden Gefahren um seine Entlassung. Er schwor mir, er sei krank und außerstande weiterzugehen. Da ich seiner ohnehin ziemlich überdrüssig war, zahlte ich ihn mit Tuch aus und ließ ihn laufen.

Ungefähr auf dem halben Weg nach Kasegera erkrankte Mabruki, einer der Karawanenführer, plötzlich an Erbrechen, Diarrhö und einem beständigen Abgang von Würmern. Ich behandelte ihn mit einem Gran Kalomel und einigen Unzen Branntwein. Da er außerstande war zu gehen, so versah ich ihn mit einem Esel. Ein anderer Mann namens Saidi wurde von Rheumatismus befallen. Shaw stürzte auch zweimal von dem Tier, das er ritt, und es bedurfte sehr vieler guter Worte, um ihn wieder zum Aufsteigen zu bewegen. Wahrhaftig, meine Expedition wurde vom Missgeschick verfolgt, und es schien, als ob die Schicksalsgöttinnen unsere Umkehr beschlossen hätten. Es sah wirklich so aus, als ob alles zugrunde ginge.

Kasegera bot am Nachmittag und Abend unserer Ankunft eine Freudenszene dar. Es waren soeben etliche Dorfbewohner heimgekehrt, die an der Küste vor Sansibar gewesen waren, und vor allem die Jüngeren unter ihnen hatten sich in neuen Barsatis, Soharis und langen Kleidern aus glänzendem neuem Kaniki aufgeputzt, welche sie hinter einem Busch angezogen, ehe sie in vollem Staat erschienen. Die Frauen schrien „Hihi“, als wären sie von Sinnen, und „Lutulu“ ertönte es häufig und laut den ganzen Nachmittag. Anmutige und zarte Mädchen blickten voll Bewunderung auf die jugendlichen Helden; alle Frauen liebkosten sie ungemein, und vom Alter gebeugte Patriarchen, die an Stöcken gingen, segneten sie.

Alle die glücklichen Jünglinge mussten ihren Zungen bis zu den Frühstunden des nächsten Morgens freien Lauf lassen, um von den Wundern zu erzählen, die sie in der Nähe des großen Meeres und auf *Ungudja,* der Insel Sansibar, gesehen hatten. Sie mussten berichten, wie sie die Schiffe der weißen Männer und eine große Anzahl Weiße gesehen hatten, welche Gefahren und Prüfungen sie auf ihrer Reise durch das Land der wilden Ugogo bestanden und was sie sonst noch erlebt hatten, kurz die Dinge, die dem Leser und mir jetzt schon genau bekannt sind.

Am 24. hoben wir unser Lager auf, marschierten durch einen Wald in südwestlicher Richtung und kamen nach ungefähr drei Stunden nach Kigandu.

Als wir bei diesem Dorf anlangten, das von einer Tochter von Mkasiwa, dem eingeborenen Sultan von Unjanjembe, beherrscht wurde, teilte man uns mit, wir dürften es nicht betreten, ohne Zoll zu zahlen. Da wir dies nicht tun wollten, waren wir genötigt, in einem verfallenen, von Ratten heimgesuchten Boma zu kampieren, das anderthalb Kilometer von Kigandu entfernt lag, nachdem wir von den feigen Eingeborenen dafür tüchtig beschimpft worden waren, dass wir Mkasiwa in der Stunde der Not verlassen hätten. Man beschuldigte uns, des Krieges wegen ausgerissen zu sein.

Kurz vor der Ankunft in unserem Lager verlor Shaw bei seinem Versuch, vom Esel zu steigen, die Steigbügel und fiel vornüber aufs Gesicht. Dieses kleine Zwischenspiel von Mr Shaw kam mir inzwischen zu häufig vor; als einige von den Leuten sich hinstürzten, um ihm aufzuhelfen, befahl ich ihnen daher, ihn liegen zu lassen. Der dumme Mensch blieb in der heißen Sonne eine ganze Stunde lang auf dem Boden liegen, und als ich ihn gelassen fragte, ob er sich da nicht etwas ungemütlich fühle, setzte er sich auf und weinte wie ein Kind.

„Wünschen Sie umzukehren, Mr Shaw?“

„Ich bitte darum. Ich glaube nicht, dass ich weiter mitgehen kann; und wenn es Ihnen auch recht wäre, so wünsche ich mir wirklich sehr umzukehren.“

„Gut, Mr Shaw, ich bin zu dem Schluss gelangt, dass es für Sie am besten ist zurückzukehren. Meine Geduld ist zu Ende. Ich habe es treulich versucht, Ihnen über das kleinliche Elend, dem Sie sich so ganz hingeben, hinwegzuhelfen. Sie leiden einfach an Hypochondrie und bilden sich nur ein, krank zu sein, und offenbar kann Sie nichts von dieser Überzeugung abbringen. Hören Sie auf meine Worte: Nach Unjanjembe zurückzukehren bedeutet für Sie nichts anderes, als zu sterben. Sollten Sie in Kwihara krank werden, wer wird Sie dort mit Arznei behandeln? Nehmen wir an, dass Sie delirieren, wer soll dann wissen, was Ihnen fehlt oder was für Sie getan werden muss? Noch einmal wiederhole ich es: Wenn Sie zurückkehren, so werden Sie sterben."

„Ach, mein Gott! Ich wünschte, ich hätte es nie gewagt hierher zu kommen. Ich stellte mir das Leben in Afrika so ganz anders vor, als es ist. Ich will doch lieber heimkehren, wenn Sie es mir gestatten."

Am nächsten Tag blieben wir in dem erbärmlichen Boma bei Kigandu und trafen Vorkehrungen, um Shaw nach Kwihara zurückzutransportieren. Ich ließ eine starke Tragbahre anfertigen und mietete in dem Dorf vier kräftige Lastenträger für seinen Transport, ließ Brot backen, eine Kanne mit kaltem Tee füllen und für seinen Lebensunterhalt unterwegs ein Ziegenviertel braten.

Den Abend vor unserer Trennung verbrachten wir gemeinschaftlich. Shaw spielte einige Melodien auf einem Akkordeon, das ich für ihn in Sansibar gekauft hatte; es war zwar nur ein elendes Ding für zehn Dollar, doch kamen mir die heimatlichen Klänge, die er dem Instrument entlockte, an jenem Abend wie himmlische Melodien vor. Das letzte Lied, das er spielte, ehe wir uns zurückzogen, war: „Home, sweet home!", und es schien mir, dass wir, ehe es zu Ende war, weicher gegeneinander gestimmt waren.

Am Morgen des 27. standen wir alle früh auf. Es lag eine bedeutende Energie in unseren Bewegungen. Ein langer, langer Marsch stand uns an jenem Tag bevor; ich musste aber alle Kranken und Schwächlichen zurücklassen. Nur die Gesunden, die rasch und lange marschieren konnten, sollten mich begleiten. Den bereits auf dem Weg nach Kasegera erkrankten Karawanenführer Mabruki ließ ich in der Obhut eines eingeborenen Doktors, der ihn für eine Portion Tuch, die ich ihm im Voraus gab, behandeln sollte.

Das Horn erklang zum Aufbruch. Shaw wurde auf die Tragbahre gelegt, welche die Träger auf die Schultern nahmen. Meine Leute stellten sich mit erhobenen Fahnen in zwei Reihen auf, und mitten durch diese und die glänzenden Fahnen, die über den Wassern des Tanganjikasees flattern sollten, ehe Shaw sie wieder zu Gesicht bekam, wurde dieser in Richtung Norden fortgetragen. Mit rascheren und elastischeren Schritten zogen wir hingegen weiter nach Süden, als ob ein Alb von uns genommen sei.

Wir stiegen einen Bergrücken hinauf, welcher von ungeheuren Granitblöcken starrte, die über einem Wald von Zwergbäumen hervorragten. Solch einen Anblick hatten wir anderweitig schon oft gesehen. Ein unbegrenzter Wald erstreckte sich in großen Wellen weit über den Gesichtskreis hinaus. Waldbewachsene Bergrücken erhoben sich sanft übereinander, bis sie in der dunklen purpurfarbenen Ferne verschwanden. Über ihnen schwebte ein warmer Nebel, der, obwohl klar genug in unserer Nähe, in der Ferne undurchdringlich blau wurde. Wald, Wald, nichts als Wald, Laubkugeln oder fallschirmartige Laubdächer von grüner, brauner oder welker Färbung!

Wir marschierten drei Stunden und hielten dann, um uns zu erfrischen. Ich bemerkte, dass die Leute sehr ermüdet waren. Nach unserem wochenlangen Aufenthalt in Kwihara waren sie noch nicht an eine Reihe langer Märsche gewöhnt und für wirkliche Anstrengungen nicht gehörig gerüstet. Als wir unseren Marsch wieder aufnahmen, zeigten sich wiederholt Unmut und Abgespanntheit, ein paar launige Bemerkungen über ihre Faulheit brachten die Leute jedoch wieder in gute Stimmung, und wir erreichten Ugunda um zwei Uhr nachmittags nach einem weiteren Marsch von vier Stunden.

Ugunda war ein großes Dorf im gleichnamigen Distrikt, der an die südliche Grenze der Gegend von Unjanjembe stößt. In dem Dorf lebten wohl vierhundert Familien oder zweitausend Seelen. Es wurde durch eine hohe und starke Palisadenreihe aus dreizölligem Bauholz geschützt. Über den Palisaden hatte man Gerüste mit kleinen Schießscharten errichtet, die für die Musketen der Scharfschützen bestimmt waren, welche in diesem kastenartigen Gerüst ihre Zuflucht nahmen, um die Spitzen einer angreifenden Truppe niederschießen zu können. Im Inneren diente ein Graben, dessen Sandboden ungefähr einen Meter hoch gegen die Stakete aufgeworfen war als Schutz für die Hauptmasse der Verteidiger, die dort niederknien konnten und so imstande waren, einer großen Truppenmacht Widerstand zu leisten. Einige Kilometer um das Dorf herum waren alle Hindernisse hinweggeräumt, und die Belagerten wurden von scharfäugigen Wächtern gewarnt, sich für die Verteidigung bereitzuhalten, ehe sich der Feind auf Flintenschussweite näherte. Mirambo hatte seine Räubertruppen von diesem stark befestigten Dorf nach zwei oder drei erfolglosen Versuchen, es zu erstürmen, zurückgezogen. Die Wagunda, die Bewohner von Ugunda, frohlockten seitdem darüber, dass sie diesen kühnsten Räuber, den Unjamwesi seit Generationen gesehen hatte, zurückgeschlagen hatten.

Die Wagunda hatten ungefähr dreitausend Quadratmorgen bebautes Land um ihr Hauptdorf, und dieses Terrain genügte, um das Korn nicht nur für ihren eigenen Bedarf zu erzeugen, sondern auch für den der vielen Karawanen, die hier durchzogen.

Wie tapfer die Wagunda auch innerhalb der starken Einhegung sein mochten, mit der sie ihr Hauptdorf umgeben hatten, so waren sie doch nicht frei von dem Gefühl der Unsicherheit, das die Seele eines Unjamwesi während der Kriegszeit erfüllte. An diesem Ort pflegten die Karawanen ihre Leute aus dem Schwarm von Lastenträgern zu rekrutieren, welche sich freiwillig anboten, Karawanen in die fernen Elfenbeingegenden des Südens zu begleiten. Ich konnte aber nicht einen einzigen dazu bewegen, mir zu folgen, so groß war ihre Furcht vor Mirambo und seinen Ruga-Ruga.

Nachdem wir in südwestlicher Richtung weitermarschiert waren, erreichten wir am 29. September Kikuru. Der fünfstündige Weg hatte über Ebenen geführt, deren Erdreich von der Sonne geborsten war, auf denen schwarzes Ebenholz sowie Zwerggebüsch wuchsen und wo sich zahlreiche Ameisenhügel aus heller kreidefarbener Erde wie Dünen erhoben.

Das Mukunguru kommt in dieser Gegend von ausgedehnten Wäldern und flachen Ebenen häufig vor, da die Natur hier das Wasser nur sehr unvollkommen abfließen lässt. In der trockenen Jahreszeit liegt nichts Abschreckendes im Anblick des Landes. Das verbrannte Gras, das von den hart gewordenen Spuren der Tiere, die diese Ebenen während des letzten Teils der Regenzeit bewohnen, bedeckt ist, verleiht aber dem Land ein etwas düsteres Aussehen. Wo es Wälder gibt, liegen zahllose Bäume im letzten Stadium der Verwesung umher, und auf den hingestreckten Stämmen kann man zahllose Insektenarten arbeiten sehen.

Nach weiteren langen Märschen in südwestlicher Richtung kamen wir am 1. Oktober bei einem großen Pfuhl an, welcher als der Siwani bekannt ist. Hier entdeckten wir ein altes, halb verbranntes *Chambi* (Zeltlager), das von einem großartigen *Mkuju* (einer Sykomore), dem Riesen der Wälder von Unjamwesi, beschattet wurde und das wir binnen einer Stunde in ein herrliches Lager umwandelten.

Wenn ich mich recht entsinne, so maß der Baum elfeinhalb Meter im Umfang. Es war der schönste Baum seiner Art, den ich in Afrika gesehen habe. Unter seiner ungeheuren Laubkuppel hätte ein Regiment Soldaten bequem zu Mittag rasten können. Der Durchmesser des von ihm geworfenen Schattens betrug 36 Meter.

Die kräftige Gesundheit, deren ich mich zu dieser Zeit erfreute, setzte mich in den Stand, die Umgebung mit Bewunderung zu genießen. Ein Gefühl von Wohlbehagen und vollständiger Zufriedenheit ergriff mich, wie ich es in Unjanjembe nicht gekannt hatte, wo mein Leben von Untätigkeit und Ärger gekennzeichnet gewesen war. Ich unterhielt mich mit meinen Leuten wie mit Freunden und meinesgleichen. Wir räsonierten miteinander über unsere Aussichten in ganz kameradschaftlicher, geselliger Art und Weise.

Wenn das Tageslicht dahinschwand und die Sonne rasch über dem westlichen Horizont versank, den Himmel mit Gold- und Silber-, Safran- und Opalfarben schmückend, wenn dieses prächtige Farbenspiel sich auf den Spitzen des ewigen Waldes widerspiegelte, die heilige Stille des Himmels auf allem ruhte und selbst die rohen Gemüter meiner Umgebung die ganze Herrlichkeit des Naturlebens mitten im ungeheuren, von allen anderen menschlichen Wesen leeren Wald tief

Lager unter der Riesen-Sykomore

empfanden, dann trat die Zeit ein, wo wir alle nach vollendeter Tagesarbeit und völliger Sicherstellung des Lagers unsere Pfeifen hervorholten und so recht den Lohn unserer Mühen, die einem tüchtigen Tagewerk folgende Zufriedenheit genießen konnten.

Draußen hörte man nichts als das Geschrei eines umherirrenden Perlhuhns, das seine Genossen verloren zu haben schien, das heisere Quaken der Frösche in dem nahe gelegenen Pfuhl oder das Zirpen der Heimchen, welche den Tag zur Ruhe zu lullen scheinen. In unserem Lager ließ sich das Geräusch der Kürbispfeifen vernehmen, aus denen die Leute den blauen Äther einziehen, den auch ich liebe. Ich lag dann glücklich und zufrieden auf meinem Teppich unter dem Dach lebendigen Laubes, rauchte meine kurze Meerschaumpfeife und hing trotz der Schönheit des stillen grauen Himmelslichts und der Heiterkeit, die mich überall umgab, meinen Gedanken an die Heimat und die Freunde im fernen Amerika nach. Doch wendeten sich diese Gedanken alsbald wieder zu meiner nach wie vor unvollendeten Aufgabe, zu dem Mann, der für mich immer noch nicht mehr als ein Mythos war, der sogar tot sein konnte oder vielleicht, ob nah oder fern von hier, gerade jetzt durch einen ganz ähnlichen Wald zog.

Am Montag, dem 2. Oktober, zogen wir durch einen Wald und über eine Ebene nach Manjara. Das kostete sechseinhalb Stunden. Die Hitze war furchtbar drückend; doch wuchsen in dem Wald die verschiedenen Bäume in Zwischenräumen, die gerade ausreichten, um jedem sein freies Wachstum zu gestatten, während ihr Laub sich zu einem Dach verband, das angenehmen Schatten warf. Der Pfad lag frei und bequem vor uns, und der zusammengestampfte, feste rote Boden bot keine Hindernisse. Nur litten wir sehr an den Angriffen der Tsetse- oder Panga-(Schwert-)Fliege, die hier schwärmte. Wir wussten, dass wir uns einem ausgedehnten Aufenthaltsort von Wild näherten, und passten beständig auf, was für Gattungen diese Wälder wohl bewohnten.

Bald danach kamen wir aus dem Wald und traten in eine Ebene, in der wir eine Menge Giraffen erblickten, deren lange Hälse man über einen Busch, an dem sie gefressen hatten, emporragen sah. Dieser Anblick wurde mit einem Freudenschrei begrüßt, denn jetzt wussten wir, dass wir in ein Land jagdbarer Tiere gekommen waren und dass wir in der Nähe des Flusses Gombe, wo wir Halt machen wollten, viele dieser Tiere sehen würden.

Ein Marsch von drei Stunden über diese heiße Ebene brachte uns an die bebauten Felder von Manjara. An der Dorfpforte verbot man uns hineinzugehen, da das ganze Land sich im Kriegszustand befinde und es nötig sei, sehr vorsichtig beim Einlass irgendeiner Truppe zu sein. Man verwies uns jedoch auf ein rechts vom Dorf in der Nähe einiger klarer Wasserpfuhle gelegenes Chambi, wo wir ungefähr ein halbes Dutzend zugrunde gerichtete Hütten erblickten, die für ermüdete Menschen sehr ungemütlich aussahen.

Nachdem wir unser Lager errichtet hatten, gab ich dem Karawanenführer eine gewisse Menge Tuch, um uns Nahrungsmittel für den

Durchzug der vor uns liegenden Wüste, die 215 Kilometer oder neun Märsche lang sein sollte, im Dorf zu kaufen. Man sagte meinem Karawanenführer jedoch, dass der Häuptling seinen Leuten aufs Strengste verboten habe, Korn zu verkaufen.

Das war offenbar ein Fall, in dem nur etwas Diplomatie helfen konnte. Es hätte uns mehrere Tage aufgehalten, wenn wir genötigt gewesen wären, Leute nach Kikuru zurückzuschicken, um uns Proviant zu holen. Ich öffnete also meinen Ballen mit den besseren Stoffsorten, suchte zwei hübsche Tücher aus und schickte Bombay mit ihnen zum Häuptling mit dem Freundschaftsgruß des weißen Mannes.

Der Häuptling schlug die Gabe verdrießlich aus und befahl Bombay, zu dem Weißen zurückzukehren und ihm zu sagen, er möge ihn nicht weiter belästigen. Alles Bitten blieb vergeblich, er wollte nicht einlenken, und meine Leute waren genötigt, in sehr schlechter Laune und hungrig zu Bett zu gehen. Mir fielen die Worte eines Sklavenhändlers ein, die ich bei Scheich ben Nasib in Unjanjembe gehört hatte: „O Herr, Sie werden es erfahren, dass Sie dem Volk nicht gewachsen sein werden, und werden zurückkehren müssen. Sie sind zu einer schlechten Zeit in dieses Land gekommen. Überall herrscht Krieg."

Und wirklich, wenn man nach dem Inhalt der Unterhaltungen schließen durfte, die um unsere Lagerfeuer geführt wurden, so schien dies nur zu richtig zu sein. Es war alle Aussicht dazu vorhanden, dass meine Leute alle zusammen ausreißen würden. Ich versuchte jedoch, sie zu ermutigen, und sagte ihnen, ich würde ihnen morgen Nahrungsmittel verschaffen.

Am nächsten Morgen wurde der Ballen der besten Stoffe noch einmal aufgemacht, vier gute Tuche nebst zwei Doti Merikani wurden ausgewählt, und damit wurde Bombay samt Grüßen und höflichen Redensarten abgesandt. Es war nötig, sehr höflich gegen einen so verdrießlichen Mann zu sein, der zu mächtig war, als dass man ihn sich hätte zum Feind machen dürfen.

Die Wirkung meiner großartigen Freigebigkeit ließ sich immerhin bald an der Masse von Vorräten erkennen, die in unser Lager gebracht wurden. Ehe eine Stunde vorüber war, kamen Kisten voll Bohnen, Reis,

Hirse und Mais, die ein Dutzend Dorfbewohner auf dem Kopf zu uns trugen, und bald darauf kam Mamanjara, der *Mtemi* oder Häuptling, selbst mit einem Gefolge von etwa dreißig Musketieren und zwanzig Speerträgern, um sich den ersten Weißen, der je hier erblickt wurde, anzusehen. Hinter diesen Kriegern wurde ein großartiges Geschenk herbeigetragen, das an Wert demjenigen, das er erhalten hatte, gleichkam und aus mehreren großen Kürbissen voll Honig, aus Hühnern, Ziegen und hinreichend viel Wicken und Bohnen bestand, um meine Expedition auf vier Tage zu verproviantieren.

Ich ging dem Häuptling bis an die Tür meines Lagers entgegen, verbeugte mich tief und lud ihn in mein Zelt ein, das ich für seinen Empfang eingerichtet hatte, so gut, wie es die Umstände erlaubten. Mein persischer Teppich und die Bärenhaut lagen ausgebreitet, und ein großes Stück funkelnagelneues Scharlachtuch bedeckte meine Kitanda.

Ich forderte Häuptling Mamanjara und seine Hauptleute auf, Platz zu nehmen. Der Blick befriedigten Erstaunens, den sie auf mich, mein Gesicht, meine Kleidung und Gewehre warfen, ist kaum zu beschreiben. Sie sahen mich einige Sekunden lang sehr genau an, dann blickten sie auf sich selbst und brachen in ein unbezwingliches Gelächter aus, wobei sie wiederholt mit ihren Fingern schnippten. Sie sprachen die Unjamwesisprache, und mein Dolmetscher, unser großer Vorsänger Maganga, musste den Häuptling von der großen Freude unterrichten, die ich bei seinem Anblick empfand. Nach einer kurzen Zeit, in der wir Komplimente wechselten und um die Wette übereinander lachten, wünschte der Häuptling, dass ich ihm meine Flinten zeigte. Der „Sechzehnschießer“, das gezogene Winchestergewehr, rief tausenderlei schmeichelhafte Bemerkungen des aufgeregten Mannes hervor, und die kleinen tödlichen Revolver, deren schöne Arbeit die Leute für übermenschlich ansahen, machten sie so beredt und entzückt, dass ich gern zu etwas anderem griff. Die doppelläufigen Gewehre, die mit schweren Pulverladungen abgefeuert wurden, veranlassten sie, scheinbar beunruhigt aufzuspringen und sich darauf unter konvulsivischem Gelächter wieder zu setzen. Sowie die Begeisterung meiner Gäste zunahm, griffen sie sich gegenseitig an die Zeigefinger und schraubten und zogen daran herum, sodass ich fürchtete, sie würden sich dieselben verrenken. Nachdem ich ihnen den Unterschied zwischen Weißen und Arabern auseinander gesetzt hatte, zog ich meinen Medizinkasten hervor, der ihnen wieder wegen der sinnreichen und hübschen Anordnung der Flaschen begeisterte Seufzer entlockte. Häuptling Mamanjara fragte, was sie zu bedeuten hätten.

„Dowa“, antwortete ich bedeutungsvoll, ein Wort, welches mit Medizin übersetzt werden kann.

„Oh, oh“, murmelten alle voll Bewunderung. Es gelang mir sehr bald, ihre unbedingte Bewunderung zu gewinnen, und es war ihnen ganz klar, dass ich selbst den ausgezeichnetsten Arabern, die sie bis jetzt gesehen hatten, bedeutend überlegen war. „Dowa, Dowa“, sagten sie.

„Hier“, meinte ich und entkorkte eine Flasche mit medizinischem Branntwein, „ist das *Musungu Pombe* (das Bier des Weißen). Nehmt einmal einen Löffel davon, und versucht es!“ Mit diesen Worten überreichte ich es ihnen.

„Hacht, hacht, o hacht. Was? Ach, was für starkes Bier haben die Weißen. Oh, wie mein Hals brennt!“

„Ja, es ist aber gut“, sagte ich, „schon ein klein wenig davon bewirkt, dass die Leute sich stark und gut fühlen; zu viel davon macht sie dagegen schlecht und lässt sie sterben.“

„Geben Sie mir etwas davon“, sagte einer der Stammesoberen, dem die anderen der Reihe nach folgten.

Darauf holte ich eine Flasche konzentriertes Ammoniak, von dem ich ihnen erklärte, dass es gut gegen Schlangenbisse und Kopfschmerzen sei. Sofort klagte Mtemi Mamanjara über Kopfschmerzen und wünschte, etwas davon zu haben. Indem ich ihm befahl, seine Augen zu schließen, entkorkte ich plötzlich die Flasche und hielt sie Seiner Majestät unter die Nase. Der Effekt war wirklich umwerfend, denn er fiel rückwärts, als ob er angeschossen wäre, und die Verzerrungen seiner Gesichtszüge lassen sich nicht beschreiben. Seine Stammesgenossen brüllten vor Lachen, klatschten die Hände zusammen, kniffen einander, schlugen Schnippchen mit ihren Fingern und betrugen sich sonst noch höchst lächerlich. Wenn eine solche Szene auf irgendeiner Bühne aufgeführt würde, so bin ich überzeugt, dass die Wirkung auf das Publikum sofort wahrzunehmen wäre, indem es sich, genau wie ich, fast toll lachen würde.

Schließlich erholte sich der Mtemi; große Tränen rollten ihm die Wangen herab, seine Gesichtszüge bebten vor Lachen, und er sprach langsam das Wort *Kali,* was so viel bedeutet wie heiße, starke, rasche, brennende Medizin. Er wünschte nichts mehr davon; die anderen Hauptleute aber drängten sich danach, ein wenig daran zu riechen, und verfielen, sobald sie das getan hatten, in unbezwingliches Gelächter. Der ganze Morgen verging mit dieser Staatsvisite, von der alle Beteiligten außerordentlich befriedigt waren.

„Ach“, sagte der Häuptling beim Weggehen, „diese Weißen können alles, mit ihnen verglichen sind die Araber gar nichts!“

Der 4. Oktober sah uns auf dem Marsch zum Gombe, jenem Fluss, der viereinhalb Stunden von Manjara entfernt ist.

Kaum hatten wir die wogenden Kornfelder meines Freundes Mamanjara verlassen, als wir eine Herde schöner Zebras erblickten. Zwei Stunden später waren wir in ein prächtiges weites Parkland getreten, das mit seiner großartigen Aussicht, dem sich ausbreitenden grünen Teppich, der hier und dort mit kleinen Gruppen von dichtem Gebüsch und schattigen Bäumen besetzt war, ohne Zweifel eine der schönsten Landschaften Afrikas ist. Nachdem ich einen der zahlreichen kleinen Hügel bestiegen hatte, erblickte ich auch noch eine Menge Herden von Büffeln, Zebras, Giraffen und Antilopen, was mir ebenso wie bei meiner ersten Landung auf dem Boden Afrikas einiges Herzklopfen vor Erregung machte. Wir krochen geräuschlos die Ebene hinauf bis zu dem Lager, das wir uns an den Ufern des trägen Gombe aufschlagen wollten.

Hier war denn endlich das Paradies des Jägers! Wie kümmerlich und unbedeutend erschienen mir meine bisherigen Jagden nach kleinen Antilopen und wilden Ebern, welche törichte Kraftverschwendung lag in den langen Spaziergängen durch feuchte Gräser und dornige Dickichte! Wie lebhaft erinnerte ich mich meiner ersten bitteren Erfahrung in den afrikanischen Urwäldern in Küstennähe! Aber hier,

Mamanjara nimmt Medizin.

welches Edelmanns Park hätte sich mit diesem Schauspiel vergleichen können? Hier hat man eine weiche, samtartige Rasenfläche vor sich, dort angenehmen Schatten unter ausgedehnten Baumgruppen, und in bequemer Schussweite weiden Herden verschiedener großer Wildarten. Jetzt, wo sich eine solche Aussicht meinen Blicken eröffnete, fühlte ich mich vollständig für meinen langen Umweg nach Süden entschädigt. Hier gab es keine dornigen Dickichte und durchdringend riechenden Moore, die den Jäger erschreckten.

Nachdem ich den Platz für das Lager festgelegt hatte, das einen der Teiche, die in der Richtung des Gombe liegen, überblickte, nahm ich meine doppelläufige glatte Flinte und schlenderte fort in das Parkland.

Aus einer Baumgruppe hervortretend, sah ich drei schöne feiste Springböcke auf dem frischen Gras gerade hundert Schritt von mir entfernt weiden. Ich kniete nieder und feuerte. Eine unglückselige Antilope sprang instinktiv in die Höhe und sank tot nieder. Ihre Gefährten schnellten gleichfalls in die Luft und eilten darauf fort, fast wie Gummibälle in die Höhe prallend.

Jetzt sandte ich Jäger nach Osten und Norden aus, um uns Fleisch zu verschaffen, denn in jeder Karawane finden sich so genannte Fundi, deren eigentliches Handwerk darin besteht, das Fleisch für die Mannschaft zu erjagen. Einige von ihnen sind im Stellen des Wildes sehr gewandt, befinden sich aber oft in gefährlicher Lage wegen der notwendigen Annäherung, da sie ihre sehr unzuverlässigen Gewehre nur in der Nähe mit einiger Sicherheit gebrauchen können.

Ich hielt einen Springbock und ein Zebra, das ich hernach noch erlegte, ausreichend für das Jagdvergnügen eines Tages, namentlich nach einem langen Marsch. Der Gombe, ein sich lang hinstreckendes tiefes Gewässer, das sich still durch grüne Haine windet und auf dessen Oberfläche sich Lotosblätter wiegen, sah hübsch, romantisch, friedlich wie ein Sommertraum aus und lud sehr zum Baden ein. Ich suchte mir den schattigsten Ort unter einer breiten Mimose aus, von wo der Boden sich platt wie eine Wiese an das stille Wasser hinabsenkte. Ich wagte es, mich zu entkleiden, war schon bis an die Knöchel ins Wasser gegangen und hatte beide Hände zum raschen Tauchersprung zusammengelegt, als plötzlich meine Aufmerksamkeit durch einen furchtbar langen Körper angezogen wurde, der in Sicht schoss und gerade den Ort unter der Oberfläche einnahm, den ich mit einem Kopfsprung hatte untersuchen wollen. Gerechter Himmel, es war ein Krokodil! Instinktiv sprang ich zurück, und das war meine Rettung, denn das Ungetüm wandte sich mit enttäuschtem Blick ab, und ich konnte mir Glück wünschen, dass ich soeben seinen Kinnladen entkommen war, und gelobte mir, mich nie wieder durch die verräterische Ruhe eines afrikanischen Flusses verlocken zu lassen.

Die Abenteuer des Tages waren vorüber; das Blau des Himmels hatte sich in ein totes Grau verwandelt; der Mond erschien gerade über den Bäumen; das Wasser des Gombe war wie ein silberner Gürtel; heisere Frösche quakten laut am Rand des Flusses; die Fischadler ließen aus den Wipfeln der höchsten Bäume ihr grabliedähnliches Geschrei ertönen; Elenantilopen warnten ihre im Wald befindlichen Artgenossen durch ihr Wiehern, und leise schlichen sich verschiedene Raubtiere außerhalb unseres Lagers durch die dunklen Wälder. In dem hohen Gehege aus Busch und Dorn, das wir um das Lager errichtet hatten, war alles heiter, lachend, fröhlich und wahrhaft gemütlich. Um jedes Lagerfeuer sah man dunkle Männergestalten hocken; der eine nagte an einem saftigen Knochen; der andere zog das fette Mark aus dem Bein eines Zebras; ein dritter drehte einen mit ungeheuren Fleischstücken garnierten Spieß an einem hellen Feuer; ein vierter hielt eine große Rippe über eine Flamme. Noch andere rührten fleißig in großen schwarzen Töpfen voll Ugali herum und beobachteten sorgfältig das brodelnde Fleisch und das Aufwallen der Suppe, während das Feuer tüchtig flackerte und hüpfte, einen hellen Schein auf die nackten Gestalten der Männer warf und dem hohen Zelt, das in der Mitte des Lagers wie ein einem mysteriösen Gott geweihter Tempel dastand, eine rötliche Färbung gab. Die Flammen warfen ihren Schein auf die massigen Zweige der Bäume, die sich über unser Lager ausspannten, und im Dunkel ihres Laubes wurden die fantastischsten Schatten sichtbar. Es war eine wilde, romantische, ausdrucksvolle Szene. Doch kümmerten sich meine Leute wenig um Schatten und Mondlicht, Scharlachfärbung und tempelartige Zelte, vielmehr waren sie alle eifrig damit beschäftigt, ihre verschiedenen Erlebnisse zu erzählen und sich mit den kräftigen Fleischspeisen, die unsere Flinten uns verschafft hatten, voll zu stopfen.

Die Tiere, die während der Jagd von drei Tagen in unser Lager gebracht wurden, waren zwei Büffel, zwei wilde Eber, drei Elenantilopen, ein Zebra und ein Impala. Außerdem wurden acht Perlhühner, drei Trappen, zwei Fischadler und ein Pelikan geschossen, und einer meiner Leute fing ein paar große Welse. Mittlerweile hatten die Leute diese reichlichen Vorräte in Stücke geschnitten und getrocknet, damit sie uns bei unserem Durchzug durch die vor uns befindliche Wüstenei als Proviant dienten.

Am 7. Oktober brachen wir unser Lager zum großen Bedauern der Fleisch liebenden und gefräßigen Wangwana ab. Sie schickten Bombay früh am Morgen zu mir, um mich zu bitten, noch einen Tag länger zu verweilen. Das war immer der Fall, sie hatten stets eine unüberwindliche Abneigung gegen die Arbeit, wenn sie Fleisch zu sehen bekamen. Ich schalt Bombay gründlich aus, dass er mir eine solche Bitte vortrug, nachdem wir eine Rast von zwei Tagen gehabt, während der sie sich mit Fleisch voll gestopft hätten. Bombay war keineswegs in bester Laune; denn gefüllte Fleischtöpfe waren auch mehr nach seinem Geschmack als beständiges Marschieren und die damit verbundenen Strapazen. Ich sah, wie sich sein Gesicht in hässliche, verdrießliche Falten verzog und seine große Unterlippe herabhing, was so viel bedeutete wie: Bringen Sie die Leute selbst in Bewegung, Sie böser, grausamer Mann! Ich werde Ihnen dabei nicht behilflich sein.

Eine Unheil verkündende Stille folgte meinem dem Karawanenführer erteilten Befehl, das Horn ertönen zu lassen, und der gewöhnliche Eingesang ließ sich nicht vernehmen. Die Leute kehrten sich verdrießlich ihren Ballen zu, und ich hörte, wie Asmani, der herkulische Führer der früheren Livingstone-Karawane, murrend sagte, er bedauere es, sich als Führer nach dem Tanganjikasee vermietet zu haben. Dennoch brachen sie, wenn auch widerwillig, auf. Ich blieb mit meinen

Flintenträgern zurück, um die Nachzügler anzutreiben. Nach einer halben Stunde etwa sah ich aber, wie die gesamte Karawane anhielt, die Ballen auf den Boden geworfen wurden und die Leute in Gruppen herumstanden und sich ärgerlich und aufgeregt unterhielten.

Nachdem ich meine doppelläufige Flinte von Selims Schulter genommen hatte, suchte ich mir ein Dutzend Ladungen Munition aus und ging, nachdem ich zwei davon in die Läufe getan und meine Revolver bereitgemacht hatte, auf sie zu. Ich bemerkte, wie die Leute zu ihren Flinten griffen, als ich näher kam. Als ich dreißig Schritte von den Gruppen entfernt war, sah ich die Köpfe von zwei Leuten über einem Ameisenhaufen zu meiner Linken erscheinen, ihre Flintenläufe nachlässig auf den Weg gerichtet.

Ich blieb stehen, warf den Lauf meiner Flinte in die Höhlung der linken Hand, zielte kaltblütig auf sie und drohte, ihnen die Köpfe zu zerschmettern, falls sie nicht vorträten, um mit mir zu sprechen. Diese beiden waren der riesige Asmani und sein getreuer Freund Mabruki. Da es gefährlich war, einem solchen Befehl nicht nachzukommen, so traten sie sogleich hervor; ich sah aber, als ich Asmani im Auge behielt, dass er seine Finger am Drücker seiner Flinte bewegte und die Waffe in Bereitschaft hielt. Wiederum erhob ich meine Flinte und drohte, ihn sofort zu erschießen, wenn er nicht seine Flinte fortwerfe.

Asmani kam seitwärts mit grinsendem Gesicht heran, aus seinen schurkischen Augen jedoch blickte die unheimliche Absicht zum Mord unzweideutig hervor. Mabruki schlich sich hinter mich und legte bedächtig Pulver auf die Pfanne seiner Muskete; ich fuhr aber mit der Flinte scharf in die Runde, hielt ihm ihre Mündung ungefähr einen halben Meter vor das boshafte Gesicht und befahl ihm, sein Gewehr sofort wegzuwerfen. Rasch ließ er es aus der Hand fallen, und ich gab ihm mit meiner Flinte einen kräftigen Stoß vor die Brust, der ihn taumelnd niederstreckte. Hierauf wandte ich mich Asmani zu und befahl ihm erneut, sein Gewehr niederzulegen, wobei ich eine kräftige Bewegung mit meiner Flinte machte und deren Stecher gleichzeitig leise andrückte. Nie war ein Mensch dem Tode näher als Asmani während dieser kurzen Augenblicke. Doch wollte ich nicht gern Blut vergießen, sondern alle möglichen

Mittel versuchen, um es zu vermeiden. Falls es mir nicht gelang, diesen Schurken einzuschüchtern, so war meine Autorität am Ende. In Wahrheit fürchteten sich alle weiterzuziehen, und die einzige Möglichkeit, sie dazu zu bewegen, war durch Gewalt und die Ausübung meiner ganzen Willenskraft zu diesem Zweck, selbst wenn ein Einzelner seinen Ungehorsam mit dem Tod zu büßen hätte. Als ich mir eben klar machte, dass Asmani seinen letzten Augenblick auf Erden erlebt hatte, da er seine Flinte an die Schulter hob, trat eine Gestalt hinter ihm hervor, fegte sein Gewehr mit einer ungeduldigen, kräftigen Bewegung zur Seite, und ich hörte, wie Mabruki in erschrockenem Ton sagte: „Mensch, wie wagst du es, deine Flinte gegen den Herrn zu richten?" Darauf warf sich Mabruki mir zu Füßen, versuchte sie zu küssen und bat mich, ihn nicht zu bestrafen. Jetzt sei alles vorüber, sagte er, es würde keine Zänkerei mehr vorkommen, sie würden alle mit mir ohne irgendwelchen Streit bis zum Tanganjikasee gehen, „und – *inschallah!* – wir werden alten Musungu in Udschidschi finden. Sprecht, Männer, freie Männer, wird das nicht geschehen? Sagt das dem Herrn einstimmig."

Alle riefen laut: *„Ai wallah! Ai wallah! Bwana jango! Hamuna manneno mgini!"* Buchstäblich übersetzt: „Ja, bei Gott! Ja, bei Gott, mein Herr! Es gibt keine anderen Worte!"

„Bitte den Herrn um Verzeihung, oder mach, dass du fortkommst!", sagte Mabruki gebieterisch zu Asmani, und dieser tat es zu unser aller Freude.

Es blieb mir nur noch übrig, einen allgemeinen Pardon an alle zu erteilen, mit Ausnahme von Bombay und Ambari, welche die jetzt glücklich unterdrückte Meuterei angestiftet hatten. Denn Bombay als Hauptmann hätte, wenn er gewollt hätte, durch ein Wort jede Äußerung übler Laune im Keim ersticken können. Bombay war aber dem Marschieren noch abgeneigter als der feigste seiner Kameraden, nicht weil er feig, sondern weil er faul war und seinen Bauch zu seinem Gott machte.

Ich ergriff also einen Speer, schlug ihn damit tüchtig auf die Schultern und sprang darauf auf Ambari, dessen höhnisches Gesicht bald eine merkliche Verwandlung erlitt. Dann ließ ich sie alle beide in Ketten

Meuterei am Gombe-Fluss

legen und drohte ihnen, dass sie geschlossen bleiben sollten, bis sie wüssten, wie sie um Verzeihung zu bitten hätten. Asmani und Mabruki wurden verwarnt, ihren bösen Stimmungen nicht mehr nachzugeben, wenn sie nicht den Tod, dem sie gerade glücklich entronnen waren, schmecken wollten.

Wiederum wurde der Befehl zum Marsch erteilt, und alle nahmen ihre Lasten mit erstaunlicher Munterkeit auf und entschwanden alsbald den Blicken, Bombay und Ambari in Ketten, zusammen mit den Deserteuren, Mabruki und Asmani, mit den schwersten Lasten beladen, hinter uns her.

Kaum waren wir eine Stunde vom Gombe entfernt, als Bombay und Ambari mich mit zitternder Stimme um Verzeihung baten. Ich ließ sie noch eine weitere halbe Stunde lang betteln, dann gab ich schließlich nach, befreite sie von ihren Ketten und setzte den Ersteren wieder vollständig in seine Würde als Hauptmann ein.

Unter meinen engsten Begleitern hatten sich nur der arabische Knabe Selim und der jugendliche Gewehrträger Kalulu nicht an der Meuterei beteiligt.

Das wichtigste Mitglied in der Expedition nach mir war Selim, der junge arabische Christ aus Jerusalem. Er war vom guten Bischof Gobat erzogen, und wenn alle arabischen Knaben aus seiner Schule so gut einschlagen wie Selim, so verdient der Bischof das höchste Lob für sein edles Wirken. Ohne Selim hätte ich in Mfuto zugrunde gehen müssen; ohne ihn hätte ich mir nicht so leicht die Freundschaft der Hauptaraber des Binnenlandes erwerben oder mit ihnen so gut verkehren können, denn wenn ich auch Arabisch verstand, so konnte ich es doch nicht sprechen. Selim war in meinem Dienst ehrlich und treu, selbst bis zum Tod, und ohne Furcht und Tadel. Während ich sein Lob hier verzeichne, fühle ich, dass es durchaus nicht hinreicht, um die Empfindungen auszudrücken, die ich für seine mir geleisteten Dienste hege.

Ich habe bereits erzählt, wie Kalulu in meinen Dienst und zu seinem jetzigen Namen kam. Bald fand ich heraus, wie gewandt und rasch er beim Lernen war, und deshalb wurde er zum Rang meines Leibdieners erhoben. Selbst Selim konnte es Kalulu nicht an Raschheit und Bereitwilligkeit zuvortun, wenn er meine Bedürfnisse bei Tisch erraten sollte. Seine kleinen schwarzen Augen schweiften immer über die Schüssel und waren bemüht herauszufinden, was ich noch brauchte und was nicht.

Ungefähr viereinhalb Stunden nachdem wir den Ort verlassen hatten, der beinahe zum Schauplatz eines blutigen Konflikts geworden wäre, kamen wir am Simwani an. Der Simwani oder der Pfuhl enthielt nicht einen Tropfen Wasser, sodass meine Leute, deren Zungen ganz vertrocknet waren, weitergehen mussten, um danach zu graben. Diese Ausgrabung wurde mittels starker, harter, scharf zugespitzter Stöcke in dem trockenen, hart zusammengebackenen Boden bewirkt. Nachdem sie ungefähr zwei Meter tief gegraben hatten, wurden ihre Mühen durch den Anblick von einigen Tropfen schlammiger Flüssigkeit belohnt, die an den Seiten des Loches durchsickerte. Diese verschluckten sie gierig, um ihren brennenden Durst zu löschen. Freiwillig gingen einige mit Eimern, Kürbisflaschen und Kannen südlich bis zu einer verlassenen Lichtung, die *Tongoni* genannt wird, und kehrten nach drei Stunden mit einem für den unmittelbaren Gebrauch bestimmten Vorrat guten klaren Wassers zurück.

Nach anderthalb Stunden kamen wir alle bei diesem Tongoni der Wakamba an. Hier waren drei oder vier Dörfer niedergebrannt, und ein großer offener Platz lag infolge der Zerstörung von Mirambos Ruga-Ruga verwüstet da. Die übrig gebliebenen Einwohner waren nach der Plünderung und völligen Zerstörung ihrer blühenden Ansiedlung gen Westen nach Ugara ausgewandert. Eine große Herde Büffel löschte jetzt ihren Durst an der Pfütze, welche die Wakambadörfer mit Wasser versehen hatte.

Wildes Obst war in den Wäldern rings um die Lichtung reichlich vorhanden; der Holzapfel, die Tamarinde und eine kleine pflaumenartige Frucht ermöglichten uns ein angenehmes Mahl.

Der Honigvogel kommt in dieser Gegend ebenfalls sehr häufig vor. Sein Geschrei ist ein lautes, rasches Zirpen. Die Eingeborenen verstehen sich seiner Leitung zu bedienen, um zu dem süßen Honigschatz zu kommen, den die wilden Bienen in dem Spalt irgendeines großen Baumes aufgehäuft haben.

Sobald der Honigvogel einen Menschen bemerkt, gibt er sofort eine Reihe wilder, aufgeregter Schreie von sich, hüpft von Zweig zu Zweig und dann auf einen anderen Baum, indem er fortwährend sein Zirpen wiederholt. Der Eingeborene, der den Charakter des kleinen Vogels kennt, folgt ihm ohne Zaudern; wenn seine Schritte zu langsam für den unruhigen Rufer sind, so fliegt dieser zurück und dringt mit noch lauteren, ungeduldigeren Tönen in ihn, sich zu beeilen. Dann schnellt er sich rasch vorwärts, als ob er ihm zeigen wolle, wie rasch er sich an den Honigvorrat begeben könne, bis schließlich der Schatz erreicht ist, der Eingeborene das Bienennest ausgeräuchert und den Honig in Sicherheit gebracht hat. Dann putzt sich der kleine Vogel und zirpt in triumphierender Melodie, als ob er dem Zweifüßer die Mitteilung mache, dass dieser ohne seine Beihilfe niemals den Honig gefunden hätte.

Täglich brachten mir die Wakongo, die sich unserer Karawane angeschlossen hatten, riesige Stücke Honigwaben, welche schönen weißen und roten Honig enthielten. Gewöhnlich befand sich in den roten Honigwaben eine große Anzahl toter Bienen, doch kümmerten sich unsere ungemein gefräßigen Leute wenig darum, sondern verzehrten nicht nur die Honigbienen mit, sondern auch eine gute Portion Wachs.

Am 9. Oktober machten wir einen langen Marsch nach Süden und schlugen unser Lager in der Mitte eines prächtigen Hains auf. Wasser war auf dem Weg sehr selten. Die Unjamwesi sind nicht imstande, lange den Durst auszuhalten; wenn viel Wasser da ist, so löschen sie denselben bei jedem Bach oder jeder Pfütze; ist es nur spärlich vorhanden wie hier und in den Wüsten von Marenga und Magunda Mkali, so werden, nachdem die Leute vorher ihre Kürbisflaschen gefüllt haben, lange Nachmittagsmärsche unternommen, sodass sie imstande sind, das Wasser früh am nächsten Morgen zu erreichen. Selim vermochte nie den Durst auszuhalten; es kam gar nicht darauf an, wie viel von dem köstlichen Nass er bei sich führte, gewöhnlich trank er den ganzen Vorrat aus, ehe das Lager erreicht war, und litt infolgedessen während der Nacht an Durst. Außerdem gefährdete er sein Leben, indem er aus jeder schmutzigen Lache trank, und gerade jetzt begann er auch darüber zu klagen, dass er blutigen Stuhlgang habe, was ich für ein Anfangsstadium der Ruhr hielt.

Während dieser Märsche, seitdem wir Ugunda verlassen hatten, bildeten die Ruga-Ruga, deren Freveltaten und die Möglichkeit, dass wir mit diesen kühnen Waldräubern zusammentreffen könnten, einen beliebten Gesprächsstoff an den Lagerfeuern. Ich glaube wahrhaftig, die ganze Karawane wäre davongelaufen, falls wir plötzlich von einem halben Dutzend von Mirambos Leuten angefallen worden wären.

Wir waren jetzt vierzehn Tage in südwestlicher Richtung marschiert und hatten nur wenig mehr als einen Breitengrad zurückgelegt. Ich hatte die Absicht, etwas weiter nach Süden zu gehen, weil der Weg so gut war und wir auch in dieser Richtung nicht zu fürchten brauchten, mit Mirambo zusammenzutreffen; doch Gerüchte von einem in dem nur zwei Tagesreisen vor uns liegenden Land wütenden Krieg zwangen uns dazu, uns seitlich in der Richtung West zu Nord, dem Tanganjikasee zu, durch den Wald zu schlagen und, wo es vorteilhaft war, Elefantenspuren und Fußpfaden zu folgen.

Wir marschierten acht Stunden lang durch einen Wald, in welchem die Waldpfirsiche oder *Mbembu* reichlich vorkommen. Der Baum, der diese Frucht trägt, ähnelt sehr einem Birnbaum und ist ungemein fruchtbar. An diesem Tag aß ich sehr viele solcher Pfirsiche. Solange der Reisende sie sich verschaffen kann, braucht er sich in diesen Gegenden nicht vor dem Verhungern zu fürchten.

Am Fuß eines anmutigen Bergkegels fanden wir ein Dorf, Utende genannt, dessen Einwohner in großer Unruhe waren, als wir plötzlich auf ihrem Bergkamm auftauchten. Es erschien mir angeraten, dem Häuptling ein Geschenk von einem Doti Tuch zu übersenden; er nahm es jedoch nicht an, da er gerade von Pombe betrunken und folglich zur Unverschämtheit geneigt war. Da er mir sagen ließ, dass er jedes Geschenk ausschlagen werde, wenn er nicht noch vier Stück Tuch bekäme, so ließ ich sofort ein starkes Boma auf dem Gipfel eines kleinen Berges aufbauen, der sich in der Nähe eines reichlichen Wasservorrats befand, und packte das Geschenk ruhig wieder in meinen Ballen ein. So nahm ich eine strategisch gewählte Stellung ein, da ich die Front des Berges und den ganzen zwischen seinem Fuß und dem Dorf Utende befindlichen Raum hätte beschießen können.

Die ganze Nacht über blieben Wachen aufgestellt, glücklicherweise wurden wir jedoch bis zum Morgen nicht behelligt. Dann erst erschien eine Deputation der wichtigsten Einwohner, um mich zu fragen, ob ich fortzuziehen beabsichtigte, ohne ihrem Häuptling ein Geschenk zu machen. Ich erwiderte ihnen, dass es nicht meine Absicht sei, durch irgendein Land zu ziehen, ohne mich mit dem Häuptling zu befreunden, und wenn der ihrige ein gutes Tuch von mir annehmen wolle, würde ich es ihm gern geben. Anfangs erhoben sie zwar Einwendungen gegen die Geringfügigkeit der Gabe, schließlich aber wurde die Meinungsverschiedenheit geschlichtet durch ein Fundo roter Perlen – Sami-Sami –, die ich für die Frau des Häuptlings hinzufügte.

Von Utende aus zog sich ein Wald weit nach Westen hinab, der in einer großen Hügelkette mit glatten Gipfeln sein Ende fand, die sich hundertfunfzig bis zweihundert Meter über der Ebene erhob.

Diese Hügelkette überschritten wir am folgenden Tag. Der westliche Abhang windet sich hier schräg nach Südwesten und wird von dem Fluss Mrera, der sich in den Malagarasi ergießt, entwässert. Schon hier nahmen wir den Einfluss des Tanganjikasees wahr, obwohl wir noch zwölf bis fünfzehn Märsche von dem Gewässer entfernt waren: Das Gebüsch wurde dichter und das Gras ungemein hoch. Dies erinnerte mich an die Seedistrikte von Ukwere und Ukami.

An diesem Ort hörten wir von einer Karawane, die direkt von Usipa angekommen war, dass ein Weißer, den ich für Livingstone hielt, in „Urua“ sein sollte.

Nun kamen wir in das Gebiet Mrera, dessen Häuptling einst viel Macht und Einfluss in dieser Gegend besessen hatte. Kriege hatten jedoch seine Besitzungen auf drei bis vier Dörfer beschränkt, die in einem Dickicht versteckt lagen, dessen äußerer Rand so dicht war, dass er wie eine Steinmauer alle Eindringlinge fern hielt. Neun gebleichte Schädel waren auf vor dem Haupteingang befindlichen Pfählen aufgepflanzt und erzählten von den zwischen den Wakonongo und Wasavira bestehenden Kämpfen.

Dieser letztere Stamm lebte in einer Gegend, die einige Märsche westlich vor uns lag. Sein Gebiet mussten wir vermeiden, wenn wir nicht wieder in die Kriege der Eingeborenen verwickelt werden wollten.

Auf einem schmalen Sumpfstreifen vor Mrera sahen wir eine kleine Herde wilder Elefanten. Zum ersten Mal geschah es, dass ich diese Tiere in ihrer natürlichen Wildheit erblickte, und ich werde nicht leicht den ersten Eindruck vergessen, den sie auf mich machten. Nach meinem Dafürhalten verdient eigentlich der Elefant den Titel eines Königs der Tiere; seine ungeheure Gestalt, die majestätische Art, in welcher er jemand, der in sein Gebiet eindringt, anschaut, und sein ganzes machtbewusstes Wesen geben gute Gründe für seine Ansprüche auf diesen Titel ab. Die Herde verharrte, als wir in der Entfernung von eineinhalb Kilometern an ihr vorbeizogen, um sich die Karawane anzusehen, und begab sich nach Befriedigung ihrer Neugier in den nach Süden die Sumpfebene begrenzenden Wald, als ob ihnen Karawanen alltägliche Erscheinungen seien, wogegen sie, die freien und unbesiegbaren Herren des Waldes und Sumpfes, nichts mit den feigen Zweifüßern gemein hätten, die nie mutig genug waren, um sich ihnen im ehrlichen Kampf zu stellen. Die Zerstörung, die eine solche Herde in einem Wald anrichtet, ist geradezu furchtbar. Wenn die Bäume noch jung sind, so kann man sie in dichten Reihen entwurzelt auf der Erde liegen sehen; sie bezeichnen die Spur der Elefanten, die sich mit wuchtigem Tritt ihren Weg durch Wald und Dickicht gebahnt haben.

An diesem Ort wurde der junge Selim so krank, dass ich genötigt war, seinetwegen drei Tage mit der Karawane Halt zu machen. Er schien an einer Krankheit in den Gelenken zu leiden, krümmte sich vor Schmerzen und zitterte unaufhörlich. Außerdem hatte er einen Anfall von akuter Ruhr. Beständige Pflege und Sorgfalt stellten ihn jedoch bald wieder her, und am vierten Tag war er imstande, die Strapazen des Reitens zu ertragen.

Während unseres Aufenthalts in Mrera hatte ich Gelegenheit, mehrere Tiere zu schießen. Der an das kultivierte Land stoßende Wald war reich an Zebras, Giraffen, Elefanten und Nashörnern; Perlhühner kamen gleichfalls zahlreich vor.

Die Krieger von Mrera waren fast alle mit Musketen bewaffnet, die sie sehr sorgfältig behandelten. Sie verlangten dringend nach Flintensteinen, Kugeln und Pulver, was ich aber grundsätzlich verweigerte, damit sie nicht, falls einmal ein Zwiespalt entstand, die Munition zu meinem eigenen Nachteil verwendeten. Die Männer dieses Dorfes waren Faulenzer, sie spielten wie große Kinder und taten nichts weiter als Jagen, Gaffen und Schwatzen.

Während der Zeit, in der ich mich in Mrera aufhielt, beschäftigte ich mich damit, meine Schuhe auszubessern und die großen Risse in meiner Kleidung zu flicken, welche die Dornbüsche während der letzten Märsche fast gänzlich ruiniert hatten. Im Westen über Mrera hinaus lag eine Wildnis, von der man uns vorhersagte, dass wir neun Tage brauchen würden, um sie zu durchqueren.

Es entstand daher für uns die Notwendigkeit, uns mit einem großen Vorrat von Korn zu versehen, welches, ehe wir die vor uns liegende große, unbewohnte Wüste betraten, zu mahlen und zu sieben war; es gab demnach reichlich Arbeit.

ZEHNTES KAPITEL

Ich stand jetzt mit allen meinen Leuten auf freundschaftlichem Fuß; alles Streiten hatte lange aufgehört. Bombay und ich hatten allen Zank vergessen; vielmehr waren die Karawanenführer und ich bereit, uns zu umarmen, auf so einvernehmlichem Fuß standen wir miteinander. Das Vertrauen war in alle Herzen zurückgekehrt, denn jetzt konnten wir ja, wie Mabruki sagte, „die Fische des Tanganjika riechen". Weit hinter uns lag der arabische Stapelplatz Unjanjembe mit all seiner Unruhe. Wir konnten uns über den furchtbaren Mirambo und seine frevelhaften Räuberbanden lustig machen, und nach und nach würden wir wohl auch den furchtsamen Propheten Scheich ben Nasib, der uns in seiner philosophischen Art stets schreckliche Ereignisse in Aussicht stellte, auslachen können. Wie Indianer zogen wir in einer Reihe durch das jenseits der Savannen von Mrera liegende junge Walddickicht, lachten fröhlich und waren stolz auf unsere Großtaten. Ja, wir waren an jenem Morgen wirklich tapfer.

Als wir aus dem Dickicht traten, kamen wir in einen offenen Wald, dessen zahlreiche Ameisenhügel wie Sanddünen aussahen. Ich denke, diese Ameisenhaufen sind während einer besonders nassen Jahreszeit errichtet worden, wenn die waldbedeckte Ebene größtenteils unter Wasser steht. Ich habe die Ameisen in anderen Distrikten, die an Überschwemmungen litten, zu tausenden am Bau ihrer Hügel beschäftigt gesehen. Welch wunderbares System von Zellen errichten doch diese winzigen Insekten! Ein vollständiges Labyrinth, Zelle in Zelle, Kammer in Kammer, Halle in Halle! Welche Talente als Ingenieure und bedeutende Architekten legen sie an den Tag! Wie musterhaft ist die Stadt, die sinnreich zu ihrer Sicherheit und Bequemlichkeit angelegt ist!

Nach einem Marsch von kaum einer Stunde kamen wir aus dem Wald heraus und begrüßten den Anblick eines klaren, murmelnden Baches, der rasch nach Nordwesten floss, den wir mit dem Vergnügen ansahen, das nur Leute nachempfinden können, die lange Zeit an dem schlechtesten Trinkwasser, das man in Salzebenen, Pfützen und Wasserlöchern findet, gelitten haben. Auf der anderen Seite dieses Baches erhob sich ein schroffer, steil abfallender Bergzug, und nachdem wir dessen Gipfel erklommen hatten, weideten sich unsere Augen an malerischen, belebten Landschaften. Sie bildeten für unsere durch den fortwährenden Anblick tiefer Wälder, hoher Baumstämme und buschiger Laubkronen übersättigten Augen ein ungewöhnliches Fest. Jetzt hatten wir Dutzende von Kegeln, über die weite Ebene zerstreut, vor uns, welche sich über Süd-Ukonongo erstreckt und bis an die Rikwa-Ebene reicht.

An diesem Tag lagerten wir in den Wäldern nahe einer engen Schlucht mit Moorboden, durch dessen Schlammmassen das Wasser des Rungwa langsam nach Süden der Rikwa-Ebene zu sickert. Dies war aber nur eine der vielen Schluchten, von denen einige weit über hundert Meter, andere nur wenige Schritt breit sind. Gefährliche, von dichten hohen Binsen und Papyrus überwachsene Sümpfe bildeten ihre Gründe. Auf der Oberfläche dieser Sümpfe sah man hunderte von dünnen Streifen schlammigen, ockerfarbigen Wassers, in denen kleine Tierchen wimmelten.

Kaum hatten wir den Bau unserer Lagerumzäunung vollendet, als einige unserer Leute eine kleine Anzahl Eingeborener erblickten, die sich auf unser Lager zu bewegten und an deren Spitze ein Mann ging, den wir nach Kleidung und Kopfputz als aus Sansibar kommend erkannten. Nachdem wir die üblichen Begrüßungen ausgetauscht hatten, sagte man mir, dies sei eine Gesandtschaft von Simba (dem Löwen), der über Kasera in Süd-Unjamwesi herrschte.

Simba sollte angeblich der Sohn von Mkasiwa sein, dem eingeborenen König von Unjanjembe. Er führe Krieg mit den Usavira, vor denen man mich gewarnt hatte. Simba habe schon so viel von mir gehört und bedauere es nun sehr, dass ich meinen Weg nicht durch sein Gebiet nähme. Dadurch erhalte er keine Gelegenheit, mich zu treffen und sich mit mir zu befreunden. Anstatt mich persönlich zu besuchen, hatte Simba mir diese Gesandtschaft nachgeschickt in der Hoffnung, dass ich ihm ein Zeichen meiner Freundschaft in Gestalt von Tuch geben würde. Obwohl ich durch dieses Verlangen etwas überrascht wurde, so war es doch gewiss politisch klug, mir diesen mächtigen Häuptling zum Freund zu machen, um auf meinem Rückweg nicht etwa mit ihm aneinander zu geraten.

Da ich also um des Friedens willen durchaus ein Geschenk machen musste, so hielt ich es für angebracht, meine Friedensliebe durch etwas Vorzügliches an den Tag zu legen. Der Gesandte nahm daher für Simba, den Löwen von Kasera, zwei prächtige Tücher und noch zwei Doti Merikani und Kaniki von mir mit, und wenn ich dem Botschafter trauen durfte, so hatte ich mir nun Simba auf immer zum Freund gemacht.

Am 18. Oktober brachen wir das Lager zur gewöhnlichen Zeit ab und setzten unseren Marsch nordwestlich auf einem Weg fort, der sich längs des Fußes der Kasera-Berge im Zickzack hinzog und uns allerhand Beschwerden bereitete. Wir überschritten wenigstens ein Dutzend Sumpfschluchten, deren tiefer Kot und vieles Wasser uns große Angst verursachten. Ich sank bis an den Hals in tiefe, von Elefanten ausgetretene Löcher wahrhaft stygischen Schlammes und musste mehrfach durch das weiche, durchsickerte Bett der Rungwa-Quellen mit nasser, von Kot und Schlamm beschmutzter Kleidung hindurch. Der Anstand verbot es mir, mich zu entkleiden und nackt durch den Binsenmorast zu waten; auch hätte die heiße Sonne meinen Körper mit Blasen bedeckt. Außerdem waren diese Moräste zu häufig, um mit An- und Auskleiden Zeit zu verlieren, und da ein jeder meiner Leute mit einer gehörigen Last versehen war, so wäre es grausam gewesen, sie dazu zu zwingen, mich hinüberzutragen. Es blieb mir also nichts anderes übrig, als mit meiner Kleidung und meiner Ausrüstung in diese sumpfigen Wasserläufe weiter hineinzumarschieren und mir all den philosophischen Stoizismus zu bewahren, den meine Natur für solche Fälle aufzubieten vermag. Zurückhaltend ausgedrückt, war dieser Marsch auf jeden Fall höchst ungemütlich.

Dorf in Usavira

Alsbald kamen wir in das Gebiet der gefürchteten Usavira, doch ließ sich kein Feind blicken. Simba hatte mit seinem Krieg den nördlichen Teil von Usavira völlig verwüstet. Es gibt kaum etwas Schlimmeres als den Anblick eines ausgeplünderten Landes, das einst, wenn man nach der Zahl der verbrannten Hütten und den Resten zerstörter Dörfer urteilen darf, dicht bevölkert gewesen sein muss. Auf den Feldern spross üppig junges Gebüsch, und sie wurden rasch die Heimat der wilden Bewohner des Waldes. In einem der verlassenen und zerstörten Dörfer fand ich ein durchaus nicht unangenehmes Quartier für die Expedition.

Am 20. gingen wir über einen niedrigen Bergrücken. Hier wurden wir von einem malerischen Anblick begrüßt, von Kegeln nämlich und Bergplateaus, welche sich nach allen Richtungen erhoben. Ein Marsch von fast fünf Stunden durch dieses malerische Land brachte uns an den Mpokwa-Fluss, einen Nebenfluss des Rungwa, und an ein vor kurzem von den Usavira verlassenes Dorf. Dessen Hütten waren fast alle unversehrt, so, wie sie von ihren früheren Bewohnern verlassen worden waren. In den Gärten fand man noch essbare Gemüsepflanzen, die uns sehr gelegen kamen. Auf den Zweigen der Bäume ruhten noch die Schutz- und Hausgeister der Usavira in Gestalt von großen und sehr wohl geformten irdenen Töpfen. In dem nahe gelegenen Fluss gelang es einem meiner Leute, innerhalb weniger Minuten sechzig Fische von einer Welsart mit bloßer Hand zu fangen. Um den Strom schwebte eine Anzahl Vögel wie zum Beispiel der weißköpfige Fischadler, der schwarze Königsfischer, große schneeweiße Löffelgänse, Ibisse, Schwalben und dergleichen mehr. Dieser Fluss rinnt als schmaler Wasserstreifen durch das Gelände; er windet sich unter hohen Binsen und dichten, zu beiden Seiten wachsenden Farnkräutern, der Heimat von hunderten von Antilopen und Büffeln, hindurch.

Nach einem Marsch von viereinhalb Stunden kamen wir am 22. Oktober an den Mtambu, einen schönen Bach, dessen Wasser klar wie Kristall und süß ist. Zum ersten Mal sahen wir hier die Heimat des Löwen und Leoparden, und es fielen mir dabei Freiligraths Verse über dieselben ein, denn wir schlugen unser Lager wenige Schritte von einem Ort auf, der genau der Beschreibung des Dichters entsprach. Der Viehtreiber, der die Ziegen und Esel unter seiner Obhut hatte, trieb die Tiere bald nach unserer Ankunft im Lager ans Wasser, und um dahin zu kommen, mussten sie einen von Elefanten und Rhinozerossen in dem Farnkraut gemachten Tunnel passieren. Kaum hatten sie den dunklen Höhlendurchgang betreten, als ein schwarz gefleckter Leopard hervorsprang und seine Klauen in den Nacken eines der Esel schlug, sodass dieser vor Schmerz furchtbar aufschrie. Die anderen Esel stimmten in den schrecklichen Chor mit ein und schlugen mit den Hinterbeinen so sehr gegen die Raubkatze in die Luft, dass der Leopard durch das Dickicht davonsprang, als ob er geradezu von dem lärmenden Geschrei, das sein Angriff erzeugt hatte, erschreckt worden sei. Der Hals des Esels zeigte einige starke Wunden, doch das Tier war nicht so schwer verletzt, dass sein Leben in Gefahr gewesen wäre.

In der Hoffnung, vielleicht ein Abenteuer mit einem Löwen oder

Leoparden in jenem dunklen Gürtel hoher Bäume zu erleben, unter deren dichtem Schatten sich das undurchdringliche Dickicht ausbreitete, das so vortreffliche Schlupfwinkel für die Fleischfresser bildet, schlenderte ich den schrecklichen Platz entlang in Begleitung des Gewehrträgers Kalulu, welcher zwei Flinten und einen größeren Munitionsvorrat bei sich trug. Vorsichtig krochen wir dahin und schauten scharf aus in die tiefen dunklen Höhlen, deren Eingang wir auf unserem Weg erblickten. Jeden Augenblick erwarteten wir, den berühmten Monarchen des Dickichts zu erblicken, wie er eben auf uns zuspringen wollte, und ich hatte ein besonderes Vergnügen daran, mir den Glanz und die Majestät des wütenden Tieres vorzustellen, wenn es vor mich hinträte. In jede dunkle Öffnung schaute ich genau hinein in der Hoffnung, das Glänzen der großen wütenden Augen und die finster dräuende Stirn des Löwen zu sehen; aber leider, nachdem ich eine Stunde nach Abenteuern ausgeschaut hatte, war mir nichts begegnet. Dadurch wurde ich mutig und kroch in eine der belaubten dornigen Höhlen, wo ich mich alsbald unter einem Laubdach befand, das ungefähr dreißig Meter über meinem Kopf von den stattlichen großen Stämmen des königlichen Mvule gebildet wurde.

Wer kann sich die Lage vorstellen? Wir standen auf einer ebenen, wiesenartigen Lichtung; dichtes, undurchdringliches Dickicht umgab uns; jene stattlichen, von der Natur geschaffenen Säulen, eine herrliche Reihe ausgezeichneter Bäume, welche in bedeutender Höhe lebhaft grüne Laubmassen trugen, durch die kein einziger Sonnenstrahl hindurchdringen konnte, standen ringsum, während zu unseren Füßen der Bach über glatte Kiesel in sanften Tönen dahinmurmelte, die einzig der geheiligten Stille der Szenerie ringsum angemessen waren. Wer hätte es gewagt, diesen weihevollen Einklang der Natur mit sich selbst zu stören?

Doch gerade als ich es für unmöglich hielt, dass jemand die feierliche Einsamkeit des Ortes brechen könnte, erblickte ich einen Affen hoch auf einem Baumzweig über meinem Kopf, der sich mit erschrockenen Blicken die unten stehenden sonderbaren Eindringlinge beschaute. Nun konnte ich nicht umhin, laut und lange zu lachen, bis ich von dem Chaos von Geschrei und sonderbaren Geräuschen, die mein Lachen zu erwidern schienen, zur Ruhe gebracht wurde. Eine Horde Affen, die in dem dichten Laub oben verborgen war, war grausam aufgeweckt worden, und durch den von mir verursachten Lärm erschreckt, eilten sie mit furchtbarem Gekreisch und Geheule von dem Schauplatz.

Wieder ins helle Sonnenlicht hinaustretend, schlenderte ich weiter und suchte nach etwas Schießbarem. Bald sah ich in dem Wald, der zur Linken an den Lauf des Baches Mtambu grenzte, einen großen rötlichen, wilden, mit fürchterlichen Hauern bewaffneten Eber ruhig grasen. Ich ließ Kalulu sich hinter einen Baum verkriechen und warf meinen Tropenhelm dicht daneben hinter einen anderen. Damit ich das Tier so sicher wie möglich stellen konnte, ging ich bis auf eine Entfernung von etwa vierzig Metern darauf zu, zielte bedächtig und feuerte auf seine vordere Schulter.

Der Eber machte einen wütenden Sprung, als ob er gar nicht verletzt sei, und stand dann mit emporstehenden Borsten und aufwärts gebogenem buschigem Schweif da, ein schrecklicher Anblick. Während er so aufhorchte und mit seinen scharfen kleinen Augen die Umgebung musterte, jagte ich ihm noch einen Schuss in die Brust, der ihm in den Körper drang. Anstatt jedoch zu fallen, wie ich es erwartet hatte, machte das Tier einen furchtbaren Angriff in die Richtung, aus der die Kugel gekommen war, und als es an mir vorbeischoss, feuerte ich noch eine Kugel ab, von der es geradezu durchbohrt wurde. Trotzdem lief es wei-

Eberjagd

ter, bis es in einer Entfernung von sechs bis sieben Schritt vor den Bäumen anlangte, hinter denen Kalulu und mein Hut versteckt lagen. Dort verharrte der Eber plötzlich auf der Stelle und stürzte dann hin. Als ich mich ihm aber mit meinem Messer nähern wollte, um ihm den Hals zu zerschneiden, sprang er plötzlich auf. Er hatte den kleinen Kalulu erblickt, und fast unmittelbar darauf wurden seine Augen durch meinen weißen Tropenhelm angezogen. Diese vor ihm liegenden sonderbaren Gegenstände schienen für den Eber zu viel zu sein, denn mit einem schrecklichen Grunzen stürzte er sich seitwärts in ein dichtes Gestrüpp, aus dem man ihn nicht herausziehen konnte. Da es aber jetzt zu spät wurde und das Lager fast fünf Kilometer entfernt lag, so musste ich, obwohl ungern, ohne diese Beute heimkehren.

Das Tal des durchsichtig klaren Baches Mtambu, dieses irdische Paradies des Jägers, vertauschten wir am nächsten Morgen mit anderen Landstrichen, die uns nach jener schönen Gegend wie eine Wüste vorkamen. Sobald wir den Mtambu überschritten hatten, traten wir in Kawendi ein, wie das Land gewöhnlich von den Eingeborenen genannt wird.

Der erste Bezirk Rusawa ist dicht bevölkert. In dem Kawendi-Dorf Imrera schlugen wir unser Lager auf. Das Volk ist ruhig und Fremden freundlich gesinnt, obgleich nur wenige aus der Ferne diese Gegenden besuchen. Ein paar Suahelihändler kommen zwar fast jedes Jahr hierher; da aber von diesem Volk sehr wenig Elfenbein zu erlangen ist, so schreckt die große Entfernung zwischen den verschiedenen Ansiedlungen die meisten Händler davon ab, sich so weit zu wagen. Wenn Karawanen in diese Gegend kommen, so ist meist der nächstgelegene Bezirk Pumburu ihr Zielpunkt, der ungefähr fünfzig Kilometer südwärts liegt; oder sie ziehen nach Usowa.

Usowa ist ein ganz wichtiger, bevölkerter Bezirk am Tanganjika. Diesen Weg hatten wir, nachdem wir Imrera verlassen, eigentlich einzuschlagen beabsichtigt, doch verboten die am letzten Ort uns zu Ohren gekommenen Gerüchte ein solches Wagnis, denn der Sultan von Usowa, Mapunda, der zwar ein großer Freund arabischer Händler ist, befand sich im Krieg mit der Kolonie der Usavira.

Als kluge, vorsichtige Leute, die eine große und wertvolle Expedition zu hüten hatten, mussten wir darüber entscheiden, was zu tun und welche Route einzuschlagen sei, da wir jetzt weit näher an Udschidschi als an Unjanjembe waren. Ich schlug vor, wir sollten dem Kompass nach den direkten Weg an den Tanganjikasee einschlagen, also ohne uns einem bestimmten Weg oder Führer anzuvertrauen, gerade westlich ziehen, bis wir an den Tanganjika kamen, und dann dem Seeufer bis nach Udschidschi folgen. Denn in meinem Geist spukte stets die Vorstellung, dass Dr. Livingstone, wenn er von meiner Annäherung hörte, was ja möglich war, falls ich einen bekannten Weg einschlug, Udschidschi verlassen und meine Expedition infolgedessen ihm stets nachziehen würde, ohne ihn zu erreichen. Doch hielten meine bewandertsten Leute es für besser, dass wir kühn nordwärts ziehen und an den Malagarasi marschieren sollten, der ein großer, von Osten her in den Tanganjikasee mündender Fluss sein sollte.

Meine Männer gaben mir zu verstehen, dass sie einen Tag Halt machen wollten, um sich aus Imrera weitere Erkundigungen in Betreff des Charakters des zwischen uns und dem Malagarasi liegenden Landes zu verschaffen.

Gegen Abend schoss einer meiner Leute einen Büffel, und dieser kleine Umstand wurde wieder die Veranlassung zu Streit und bösen Worten. Dem Büffel gelang es nämlich, in ein Dickicht zu entkommen, wo man ihn sicher am nächsten Morgen als Kadaver gefunden hätte. Mehrere von meinen gefräßigen und faulen Leuten baten mich, nun noch einen weiteren Tag zu halten, damit sie sich durch Fleisch stärken konnten.

„Nicht eine Stunde nach dem morgigen Sonnenaufgang", antwortete ich.

Sofort erscholl allgemein das Geschrei: „Kein Pocho!"

„Ihr habt Nahrungsmittel für drei Tage bei euch", erwiderte ich, „aber wenn ihr mehr wünscht, so ist Tuch hier. Geht und kauft euch etwas."

Als ich ihnen aber auftrug, sich ins Dorf zu begeben, um Einkäufe zu machen, schützten sie sämtlich zu große Ermüdung vor, bestanden jedoch darauf, dass ich verpflichtet sei, noch einen Tag Halt zu machen, denn selbst wenn sie Korn kauften, so müsste dieses doch gemahlen werden, ehe sie es verzehren konnten. Die verwöhnten Burschen blieben lange bei diesem Räsonnement, aber ich war unerbittlich. Die ganze Nacht über debattierten sie über die Schritte, die sie zu tun hätten, um mich zu einem längeren Aufenthalt zu bewegen. Ich hatte jedoch Bombay und Mabruki schon verboten, sich mit einer derartigen Bitte an mich zu wenden, indem ich ihnen für diesen Fall eine gehörige Strafe in Aussicht stellte.

Am nächsten Morgen erließ ich bei Sonnenaufgang den Marschbefehl in möglichst strengem, unnachgiebigem Ton, wodurch eine jede Anspielung auf weiteren Aufenthalt ausgeschlossen blieb. Sie waren zwar sehr verdrießlich und zur Rebellion geneigt; da ihnen aber nichts mehr übrig blieb, was sie als Grund hätten anführen können, kamen sie schließlich, wenn auch widerwillig, meinem Befehl nach, und als wir in unserem Lager am Ursprung des Rugufu-Flusses angekommen waren, hatten die Leute den fetten Büffel vergessen und waren in ausgezeichneter Stimmung.

Ein ziemlich langer Marsch im dunklen Schatten eines großen Waldes, der uns vor den heißen Sonnenstrahlen schützte, brachte mich am nächsten Tag an ein vor kurzem von Arabern aus Udschidschi erbautes Lager. Diese waren auf ihrem Weg nach Unjanjembe bis hierher gelangt, aber, durch die Gerüchte über den zwischen Mirambo und den Arabern wütenden Krieg erschreckt, wieder umgekehrt. Unsere Route zog sich dem rechten Ufer des breiten, trägen Rugufu-Flusses entlang, der von Rohr, Binsen und Papyrus fast verstopft war. Büffelspuren fanden sich überall zahlreich, auch hatten wir einige Anzeichen für die Nähe von Nashörnern. In einer dichten Baumgruppe nahe am Fluss entdeckten wir eine Kolonie bärtiger, löwenartig aussehender Affen.

Am 29. verließen wir unser Lager und befanden uns nach wenigen Minuten vor der erhabensten und wildesten Landschaft, die wir bisher in Afrika gesehen hatten. Das Land war nach allen Richtungen von tiefen, engen Schluchten durchschnitten, die sich überallhin, meist aber nach Nordwesten zogen, und zu beiden Seiten erhoben sich enorme viereckige Massen nackter Felsen (Sandstein), die teils rund und hoch aufgetürmt, teils pyramidal, teils in kreisförmigen Bergketten mit scharfem, rauem, kahlem Grat in die Höhe stiegen.

Wir hatten eine lange Reihe von Felsrinnen hinabzusteigen, umgeben von drohenden Massen verwitterten Gesteins, bis wir an eine trockene, steinige Schlucht gelangten, wo sich einige Berge bis zu einer Höhe von tausend Metern über uns emportürmten. Dieser Schlucht folgten wir. In der Nähe eines steil aufsteigenden Felsens von mehr als zwanzig Meter Höhe und etwa fünfzig Meter Durchmesser, der die benachbarte riesenhafte Sykomore wie einen Zwerg erschienen ließ, schlugen wir nach einem anhaltenden und raschen Marsch von fünfeinhalb Stunden unser Lager auf.

Die Träger waren sehr hungrig; sie hatten jedes Stückchen Fleisch und jede Spur von Korn, die sie besaßen, zwanzig Stunden zuvor aufgegessen, und eine sofortige Aussicht auf Nahrungsmittel war nicht vorhanden.

Mir waren nur anderthalb Pfund Mehl geblieben, und dieses Quantum hätte nicht ausgereicht, um damit eine Truppe von mehr als 45 Leuten zu ernähren; ich hatte aber noch ungefähr dreißig Pfund Tee und zwanzig Pfund Zucker, und sobald wir im Lager ankamen, ließ ich jeden Kessel füllen, aufs Feuer setzen und für alle Tee bereiten, indem ich einem jeden ein Quart dieses heißen, angenehmen, gut versüßten Getränks gab. Einige meiner Leute stahlen sich auch in die Tiefen des Dickichts, um wildes Obst zu suchen, und kehrten alsbald mit Körben voller Waldpfirsiche und Tamarinden zurück, die ihnen, obwohl sie nicht sättigten, doch einen Genuss boten. Ehe wir uns an jenem Abend zur Ruhe begaben, sprachen die Wangwana-Träger ein lautes, an Allah gerichtetes Gebet um Nahrungsmittel.

Zeitig am Morgen erhoben wir uns mit dem Entschluss weiterzureisen, bis wir uns Nahrungsmittel verschaffen oder vor Erschöpfung und Schwäche umfallen würden. Wir zogen über eine Menge kurzer Abhänge, kamen häufig in die Abgründe trockener, steiniger Rinnen und schließlich in ein Tal, das bald sein trockenes, dürres Aussehen mit einem lebhaften Grün vertauschte. In der Ferne erblickten wir einen Wald und befanden uns bald in Kornfeldern. Sehnsüchtig schauten wir nach einem Dorf aus und entdeckten eines auf dem Gipfel des dreieckigen, zu unserer Rechten befindlichen hohen Berges.

Bei dieser Entdeckung erhob sich ein lautes Freudengeschrei, die Träger warfen ihre Lasten ab und fingen an, nach Nahrungsmitteln zu rufen. Ich ersuchte Freiwillige vorzutreten, um Stoff mitzunehmen und die Höhen zu erklimmen, damit wir um jeden Preis Nahrungsmittel aus dem Dorf bekamen. Während drei oder vier danach ausgingen, ruhten wir ganz ermattet auf dem Boden aus.

Nach etwa einer Stunde kehrte unser Fouragekommando mit der

Ansicht aus Uvinsa

erfreulichen Nachricht zurück, dass Nahrungsmittel reichlich vorhanden seien.

Das Dorf, das wir sahen, hieß „Welled Nsogera's", Dorf des Sohnes von Nsogera; dies ließ uns erkennen, dass wir uns in Uvinsa befanden, da Nsogera der erste Häuptling von Uvinsa ist. Ferner teilten sie uns mit, der Vater Nsogera führe Krieg wegen einiger im Tal des Malagarasi gelegener Salzgruben und es werde infolgedessen schwer sein, auf dem gewöhnlichen Weg nach Udschidschi zu ziehen; doch sei der Sohn von Nsogera gegen Entschädigung bereit, uns mit Führern zu versehen, die uns sicher auf einem nördlichen Weg nach Udschidschi bringen könnten.

Da sich unsere Aussichten gut gestalteten, lagerten wir, um die reichlichen Vorräte zu genießen, wozu die großen Mühen und Entbehrungen während des Durchschreitens der Kawendi-Wälder und -dickichte uns gut vorbereitet hatten. Dann fing eine diplomatische Verhandlung an in Bezug auf die Quantität und Qualität der Tuche, die der Sohn von Nsogera gewöhnlich von den Karawanen verlangte, und die Führer, die wir zu haben wünschten. Ein weiterer, jüngerer Sohn von Nsogera übernahm diese Aufgabe.

Nachstehend gebe ich einen Auszug aus meinem Marschtagebuch, da ich es ohne diese Hilfe für unmöglich halte, unsere verschiedenen Erlebnisse detailliert zu erzählen.

31. Oktober. Nachdem wir den Fuß des dreieckigen Berges verlassen hatten, auf dem der Sohn von Nsogera seine Festung gebaut hatte, führte uns unser Weg eine lange Zeit an einem tiefen, unpassierbaren Sumpf entlang, der sich zwischen uns und dem geraden Weg an den Malagarasi befand. Dieser Sumpf hatte anscheinend eine Breite von einigen hundert Metern, und es wuchs ein dichtes, aus Gras und allerlei verwesten Stoffen bestehendes Netzwerk darüber. In seiner Mitte und unter diesem Gras lief ein breiter, tiefer, reißender Fluss. Meine Leute schlichen den voranziehenden Führern mit vorsichtigen Tritten nach. Als wir uns der Mitte näherten, sahen wir die unsichere, von der Natur so sonderbar gebildete Grasbrücke sich in schweren, langsamen Wellenlinien, dem Wogen des Meeres nach einem Sturm vergleichbar, auf und ab bewegen. Wo die beiden Esel unserer Expedition gingen, erhoben sich die Graswellen einen Fuß hoch, und plötzlich stürzte einer von ihnen so unglücklich mit den Füßen durch, dass er außerstande war aufzustehen, und die entstandene große Vertiefung füllte sich alsbald mit Wasser. Mithilfe von zehn Leuten gelang es uns jedoch, ihn wieder herauszuheben und auf einen festeren Punkt zu bringen. So kam denn die ganze Karawane, indem sie die beiden Tiere rasch weiterführte, ohne Unfall hinüber.

Als wir auf der anderen Seite anlangten, schlugen wir uns nach Norden und kamen in ein herrliches, in jeder Beziehung für den Ackerbau geeignetes Land. Große Felsen erhoben sich hier und da, doch wuchsen in den Zwischenräumen stattliche Bäume, unter deren Schatten die Dörfer der Bewohner versteckt lagen. Hier wurde die große Gier verschiedener Dorfältester nach Tuch durch die Anwesenheit des jüngeren Sohns Nsogeras im Zaum gehalten. Ziegen und Schafe waren bemerkenswert billig und in gutem Zustand, und folglich ließ ich, um unsere Ankunft in der Nähe des Malagarasi zu feiern, eine Herde von acht Ziegen schlachten und an meine Leute verteilen.

1. November. Nachdem wir unser Lager verlassen hatten, zogen wir nach Nordwesten und erblickten bald, beim Abstieg von einem Bergabhang, den ängstlich ersehnten Malagarasi, einen schmalen, aber tiefen Fluss, der durch ein von hohen Bergen eingeschlossenes Tal fließt. Fisch fressende Vögel saßen in Reihen auf den am Ufer befindlichen Bäumen; linksherum lagen Dörfer ziemlich dicht aneinander. Nahrungsmittel waren reichlich vorhanden.

Nachdem wir einige Kilometer am linken Ufer des Flusses entlanggezogen waren, kamen wir zu Ansiedlungen, welche Kiala als ihren Beherrscher anerkennen. Man sagte uns, wir müssten unser Lager aufschlagen, ehe man sich auf Unterhandlungen einlassen könne. Ich hatte angenommen, dass wir sofort über den Fluss setzen könnten.

Also wurde das Lager in der Mitte eines der Dörfer aufgeschlagen und die Ballen wurden in einer Hütte gespeichert, wo sie von vier Soldaten bewacht wurden. Nachdem eine Gesandtschaft an Kiala, den ältesten Sohn des großen Häuptlings Nsogera, abgeschickt worden war, um ihn um Erlaubnis zu bitten, als friedliche Karawane den Fluss überschreiten zu dürfen, ließ uns Kiala wissen, der Weiße könne seinen Fluss überschreiten, nachdem er 56 Stück Tuch bezahlt habe. Dies bedeutete fast einen ganzen Ballen! Hier gab es also eine neue Gelegenheit, diplomatisch zu verfahren.

Ich bevollmächtigte Bombay und den herkulischen Asmani, mit Kiala über den Tribut zu verhandeln; er sollte aber nicht mehr als 25 Doti betragen. Um sechs Uhr abends kehrten die beiden, nachdem sie sieben Stunden lang verhandelt hatten, mit dem Verlangen zurück, Nsogera müsse 13 und Kiala zehn Doti erhalten. Der arme Bombay war heiser, Asmani jedoch lächelte noch immer, und ich gab nach und gratulierte mir, dass die unverschämte Anforderung, die sich als wirkliche Räuberei kennzeichnete, nicht noch schlimmer ausgefallen war.

Drei Stunden später kam eine neue Forderung. Kiala hatte Besuch von einigen Häuptlingen seines Vaters erhalten, und als diese erfuhren, dass sich ein Weißer an der Fähre befand, verlangten sie einige Flinten und ein Fässchen Schießpulver. Hier jedoch war meine Geduld erschöpft, und ich erklärte ihnen, sie müssten es mit Gewalt nehmen, denn ich würde mich nie in dieser Weise berauben lassen.

Bis elf Uhr abends verhandelten Bombay und Asmani über diese Extraforderung, räsonierten, zankten und tobten, bis Bombay erklärte, sie würden ihn durch ihr Schwatzen verrückt machen, wenn es noch viel länger dauerte. Ich befahl Bombay, zwei Stück Tuch, für jeden Häuptling eines, mitzunehmen, und wenn sie das nicht für genügend hielten, würde ich mich auf einen Kampf mit ihnen einlassen. Das Geschenk wurde angenommen, und die Unterhandlungen endeten um Mitternacht.

2. November. Um fünf Uhr nachmittags kamen wir zu der auf dem linken Ufer des Malagarasi gelegenen Insel Ihata, nachdem der Morgen in kindischem Geschwätz mit dem Besitzer der Nachen an der Fähre verschwendet worden war.

Die Forderung, auf die wir uns für das Übersetzen schließlich geeinigt hatten, betrug acht Meter Stoff und vier Fundo, also vierzig Halsbänder Sami-Sami oder rote Perlen. Dies wurde sofort bezahlt. Hierauf ließ er vier Leute mit ihren Lasten in dem kleinen, unförmigen, schwankenden Nachen übersetzen. Als die Bootsleute die Passagiere und Lasten ausgesetzt hatten, erhielten sie den Befehl, auf der anderen Seite zu bleiben, und er kam abermals mit einer Forderung. Die Fährleute hatten gefunden, dass zwei Fundo Perlen zu geringes Maß hätten und dass noch zwei Fundo bezahlt werden müssten. Also rückten wir noch zwanzig Halsbänder heraus, doch nicht ohne zu protestieren und zu schwatzen, wie es in diesen Ländern nötig ist.

Dreimal gingen die Nachen hin und zurück, und wiederum kam eine Forderung mit dem gewöhnlichen Geschrei und wütenden Wortstreit. Diesmal sollten es fünf Halsbänder für den Mann sein, der uns an die Fähre führte, ein viertel Doti Tuch für einen Schwätzer, der nichts tat als eben schwatzen und den Lärm vermehren. Auch diese Forderungen wurden bewilligt.

Gegen Sonnenuntergang versuchten wir die Esel überzusetzen.

Simba, einer von den schönen unjamwesischen Eseln, ging zuerst mit einem Strick um den Hals ins Wasser; als er aber in der Mitte des Stromes angelangt war, sahen wir, wie er sich sträubte – ein Krokodil hatte ihn an der Kehle gepackt. Die Kämpfe des armen Tieres waren entsetzlich. Tschaupereh zog mit aller Kraft an dem Strick, aber es war nutzlos, denn der Esel sank, und wir sahen ihn nicht mehr. Die Tiefe des Flusses ist an dieser Stelle ungefähr viereinhalb Meter. Wir hatten die hellbraunen Köpfe, glänzenden Augen und kammartigen Rücken in der Nähe gesehen, aber nicht geglaubt, dass die Reptilien sich einer so aufregenden Szene nähern würden, wie sie die Fähre während der Überfahrt darbot. Etwas betrübt über diesen Verlust nahmen wir unsere Arbeit wieder auf und waren um sieben Uhr mit Ausnahme von Bombay und dem einzigen uns jetzt noch übrig gebliebenen Esel drüben, welcher am Morgen hinübergebracht werden sollte, wenn die Krokodile den Fluss verlassen hätten.

3. November. Wir bekamen den Esel mithilfe eines *Mgwana* oder Medizinmannes hinüber, welcher ihn mit einigen gekauten Blättern eines nahe am Strom wachsenden Baumes bespie. Er teilte mir mit, er könne den Fluss zu jeder Stunde des Tages oder der Nacht überschreiten, nachdem er seinen Körper mit diesen gekauten Blättern eingerieben habe, welche er für eine sehr wirksame Medizin hielt.

Um zehn Uhr vormittags erschien aus der Richtung von Udschidschi eine Karawane von achtzig Maguha, einem Stamm, der einen Landstrich am südwestlichen Ufer des Tanganjikasees bewohnt. Wir erkundigten uns nach Neuigkeiten und erfuhren, dass ein Weißer gerade aus Mandschuema in Udschidschi angekommen sei. Diese Nachricht setzte uns alle in Erstaunen.

„Ein Weißer?“, fragten wir.

„Ja, ein Weißer“, lautete die Antwort.

„Wie ist er angezogen?“

„Wie der Herr“, erwiderten sie, auf mich deutend.

„Ist er jung oder alt?“

„Er ist alt; hat weißes Haar auf dem Gesicht und ist krank.“

„Von wo ist er gekommen?“

„Aus einem weit hinter Uguha liegenden, Mandschuema genannten Land.“

„Wirklich? Und hält er sich jetzt in Udschidschi auf?“

„Ja, wir haben ihn vor ungefähr acht Tagen gesehen.“

„Glaubt ihr, dass er dort bleiben wird, bis wir ankommen?“

„Sigue.“ (Das wissen wir nicht.)

„Ist er schon früher einmal in Udschidschi gewesen?“

„Ja, er hat es vor langer Zeit verlassen.“

Hurra, das ist Livingstone! Das muss er sein! Es kann niemand anders sein; aber halt, vielleicht ist es doch jemand anders, irgendjemand von der Westküste. Nein, der trägt sicher keinen weißen Bart. Aber nun müssen wir rasch marschieren, damit er nicht hört, dass wir im Anmarsch sind, und uns davonläuft.

Ich hielt eine Ansprache an meine Leute, fragte sie, ob sie bereit seien, ohne jeden Aufenthalt nach Udschidschi zu marschieren, und versprach, einem jeden von ihnen zwei Doti zu geben, wenn sie auf meine Wünsche eingingen. Alle bejahten die Frage und waren fast ebenso erfreut wie ich selbst. Ich aber war geradezu toll vor Freude und ungemein begierig darauf, die brennende Frage zu lösen: Handelt es sich wirklich um Dr. David Livingstone? Gott gebe mir Geduld, aber ich wünschte doch, es gäbe in diesem Land eine Eisenbahn oder wenigstens Pferde; denn mit einem Pferd hätte ich Udschidschi in ungefähr zwölf Stunden erreichen können.

Wir brachen sofort von den Ufern des Malagarasi auf, von zwei Führern begleitet, die uns der alte Fährmann verschafft hatte, der sich jetzt, nachdem wir über den Fluss gesetzt hatten, uns gegenüber als sehr liebenswürdig erwies.

Nach einem Marsch von etwas mehr als einer Stunde kamen wir in Isinga an. Die Salzebene, die wir dabei durchschritten, wird weiter im Inneren fruchtbar. Nachdem wir uns gelagert hatten, erhielten wir die Warnung, der Marsch am nächsten Tag sei mit Vorsicht zu machen, da eine Bande Uvinsa unter Makumbi, einem großen Häuptling unter Nsogera, gerade von einem Feldzug zurückkehre, und Makumbi sei gewöhnt, nach einem Sieg nichts zurückzulassen. Vom Erfolg berauscht, greife er selbst die Dörfer seines eigenen Stammes an und mache alles Lebende, Sklaven sowie Vieh, zu Gefangenen.

4. November. Mit großer Vorsicht und unter tiefem Schweigen früh aufgebrochen. Ich schickte die Führer voraus, und zwar den einen zweihundert Schritt vor dem anderen, damit sie uns rechtzeitig von verdächtigen Bewegungen benachrichtigen konnten. Der erste Teil des Marsches ging durch ein dünnes Gestrüpp von Zwergbäumen, das immer dünner und dünner wurde, bis es ganz und gar verschwand.

Nun hatten wir Uahha, ein flaches Land, betreten. Ein schmaler, trockener Graben bildete die einzige Grenze zwischen Uahha und Uvinsa. Unter den hohen gebleichten Hirse- und Maisstängeln erblickte man Dutzende von Dörfern. Manchmal bildeten drei, manchmal fünf oder zehn bis zu zwanzig bienenkorbförmige Hütten ein Dorf. Die Uahha lebten offenbar in völliger Sicherheit, denn kein einziges ihrer Dörfer war von den üblichen Verteidigungsmitteln eines afrikanischen Dorfes umgeben. Nachdem wir Uahha betreten hatten, war alle Gefahr durch Makumbi verschwunden.

Wir hielten in Kawanga, und der Häuptling des Ortes verlor keine Zeit, uns zu verständigen, dass er der Einzige in diesem östlichen Distrikt von Uahha sei, der im Namen des Königs von ganz Uahha Tribut verlangen könne, und es wäre ihm sehr lieb und für uns selbst eine Ersparnis an Mühe, wenn wir seine Forderung von zwölf Doti guten Tuchs sofort erfüllten. Das hielten wir jedoch nicht für das beste Verfahren, da uns der Charakter der Afrikaner bekannt war. Wir fingen also sofort an, diese Forderung herabzudrücken. Nach sechsstündigen hitzigen Debatten reduzierte der Häuptling sein Verlangen auf nur noch zehn Doti. So wurde die Vereinbarung dann auch getroffen unter der Abmachung, dass wir durch Uahha bis an den Fluss Rusugi reisen dürften, ohne weiter etwas bezahlen zu müssen.

5. November. Nachdem wir Kawanga früh am Morgen verlassen und unseren Marsch über die weiten, von der heißen Äquatorsonne weiß gedörrten Ebenen fortgesetzt hatten, zogen wir nach Westen voll angenehmer Ahnungen, dass wir in fünf Tagen den Mann erblicken sollten, um dessentwillen ich aus so fernen zivilisierten Ländern und trotz so vieler Beschwerlichkeiten gekommen war. Wir waren im Begriff, eine Gruppe von Dörfern zu passieren mit dem vollen Vertrauen von Leuten, an die niemand weiter eine Forderung hat, als ich zwei Männer aus einer Schar Eingeborener, die uns beobachteten, hervorspringen und an die Spitze der Expedition heranlaufen sah, offenbar in der Absicht, unser Weiterziehen zu verhindern.

Die Karawane hielt an, und ich begab mich nach vorn, um die Angelegenheit in die Hand zu nehmen. Ich wurde von beiden Uahha mit den üblichen Jambos höflich begrüßt und dann gefragt: „Warum zieht der Weiße durch das Dorf des Königs von Uahha ohne Gruß und Gabe? Weiß der Weiße etwa nicht, dass ein König in Uahha lebt, dem die Wangwana und Araber etwas für das Recht des Durchzuges bezahlen?"

„Wie? Wir haben ja gestern Abend an den Häuptling von Kawanga bezahlt, und dieser hat uns mitgeteilt, er sei der Beamte, der den Zoll für den König von Uahha einzunehmen habe."

„Wie viel habt ihr bezahlt?"

„Zehn Doti gutes Tuch."

„Bestimmt?"

„Ganz bestimmt. Wenn ihr ihn fragt, so wird er es euch sagen."

„Gut", meinte einer der Uahha, ein schöner, stattlicher, intelligent aussehender Jüngling, „es ist unsere Pflicht gegenüber dem König, euch hier aufzuhalten, bis wir die Wahrheit ermitteln. Wollt ihr in unser Dorf spazieren und euch unter dem Schatten unserer Bäume ausruhen, bis wir Boten nach Kawanga senden können?"

„Nein, die Sonne ist schon eine Stunde am Himmel, und wir haben noch weit zu reisen. Aber um euch zu beweisen, dass wir nicht durch euer Land zu ziehen suchen, ohne das zu tun, was rechtens ist, wollen wir da bleiben, wo wir jetzt sind, und euren Boten zwei oder drei Soldaten als Begleiter mitgeben, die euch den Mann zeigen sollen, dem wir das Tuch bezahlt haben."

Die Boten zogen fort. Mittlerweile aber flüsterte der stattliche Jüngling, der sich als ein Neffe des Königs auswies, einem jüngeren Mann einen Befehl ins Ohr. Dieser eilte sofort mit der Schnelligkeit einer

Antilope in die Dörfergruppe, an der wir eben vorbeigezogen waren. Als Folge dieses Auftrages sahen wir bald einen Trupp von ungefähr fünfzig Kriegern, die von einem großen, stattlichen Mann geführt wurden, auf uns zukommen. Er war mit einem scharlachfarbenen Gewand bekleidet, dessen beide Enden in einem Knoten über der linken Schulter zusammengebunden waren. Ein Stück neue amerikanische Leinwand war wie ein Turban um seinen Kopf geschlungen, und ein großes, gekrümmtes Stück Elfenbein hing ihm um den Hals. Er und seine Leute waren sämtlich mit Speeren, Bogen und Pfeilen bewaffnet, und ihre Annäherung zeichnete sich durch eine überlegte Ruhe aus, die unbedingtes Selbstvertrauen im Hinblick auf den Ausgang unserer Begegnung an den Tag legte.

Der prächtig gekleidete Häuptling war seinem Aussehen nach ein durchaus bemerkenswerter Mensch. Sein Gesicht war oval, mit hohen Backenknochen, tief eingesunkenen Augen, einer vorragenden kühnen Stirn, schöner Nase und wohlgeformtem Mund. Er war schlank von Gestalt und ebenmäßig gebaut.

Als er sich uns näherte, begrüßte er mich in ganz herzlichem Ton mit den Worten: *„Jambo, Bwana?"*

Ich erwiderte den Gruß gleichfalls herzlich: *„Jambo, Mutware?"* (Wie geht es Euch, Häuptling?)

Ich und meine Leute tauschten solche Jambos auch mit seinen Kriegern aus, und in unserer ersten Bekanntschaft war nichts, was einen feindlichen Charakter angedeutet hätte.

Der Häuptling setzte sich mit untergeschlagenen Beinen und legte Bogen und Pfeile an seine Seite; dasselbe taten seine Leute.

Ich setzte mich auf einen Ballen und jeder meiner Leute auf seine Last, wodurch ein Halbkreis gebildet wurde. Die Uahha waren etwas zahlreicher als wir, aber während sie nur mit Bogen und Pfeilen, Speeren und Knopfstöcken versehen waren, hatten wir Flinten, Musketen, Revolver, Pistolen und Beile.

Wir saßen alle, und tiefes Schweigen legte sich über die Versammlung. Die großen Ebenen um uns waren an diesem hellen Mittag so still, als ob sie von allen lebenden Wesen verlassen wären.

Darauf sprach der Häuptling: „Ich bin Mionvu, der große Mutware von Kimendschi und der Nächste nach dem König, der dort wohnt.“ Er zeigte auf ein großes, etwa 15 Kilometer nach Norden an nackten Bergen gelegenes Dorf. „Ich bin hierher gekommen, um mit dem Weißen zu sprechen. Es ist stets Sitte der Araber und Wangwana gewesen, wenn sie durch dieses Land ziehen, dem König ein Geschenk darzubringen. Beabsichtigt der Weiße nicht, dem König einen Tribut zu zahlen? Warum macht der Weiße Halt am Wege? Warum will er nicht das Dorf Lukomo betreten, wo Nahrungsmittel sind und Schatten ist, wo wir die Dinge ruhig besprechen können? Gedenkt der Weiße zu kämpfen? Ich weiß wohl, dass er stärker ist als wir. Seine Leute haben Flinten, und die Uahha haben nur Bogen, Pfeile und Speere; aber Uahha ist groß, und wir haben viele Dörfer. Möge er überall um sich blicken; alles ist Uahha; unser Land dehnt sich viel weiter, als der Weiße an einem Tag überblicken und durchschreiten kann. Der König von Uahha ist stark; dennoch wünscht er die Freundschaft des Weißen. Will der Weiße Krieg oder Frieden haben?“

Dumpfes Beifallsgemurmel folgte dieser Rede Mionvus vonseiten seiner Leute und eine gewisse ungemütliche Missbilligung seitens der meinigen.

Ich antwortete mit einer sehr förmlichen Gegenansprache: „Mionvu, der große Mutware, fragt mich, ob ich zum Krieg hergekommen sei. Wann hat Mionvu je gehört, dass weiße Leute gegen Schwarze kämpfen? Mionvu muss wissen, das die Weißen sich von den Schwarzen unterscheiden. Die Weißen verlassen weder ihr Land, um die Schwarzen zu bekämpfen, noch kommen sie, um Elfenbein oder Sklaven zu kaufen, sondern sie kommen hierher, um Flüsse, Seen und Berge aufzusuchen; um zu erfahren, was für Länder, Völker, Flüsse, Seen, Wälder, Ebenen, Berge und Gebirge in eurem Kontinent sind; um die verschiedenen Tiere kennen zu lernen, die in dem Land der Schwarzen wohnen, damit sie, wenn sie heimziehen, den weißen Königen, Männern und Kindern sagen können, was sie in dem so fernen Land gesehen und gehört haben. Die Weißen unterscheiden sich von den Arabern und Wangwana, denn sie wissen alles und sind sehr stark. Wenn sie kämpfen, so laufen die Araber und Wangwana davon. Wir haben große Kanonen, welche donnern, und wenn sie schießen, so erzittert die Erde. Wir haben Geschütze, welche Kugeln weiter tragen, als ihr sehen könnt. Selbst mit diesen kleinen Dingern (auf meine Revolver zeigend) könnte ich zehn Leute schneller töten, als ihr zählen könnt. Wir sind stärker als die Uahha – Mionvu hat die Wahrheit gesagt –, trotzdem wünschen wir nicht zu kämpfen. Ich könnte jetzt Mionvu töten, dennoch spreche ich mit ihm als Freund. Ich wünsche mit Mionvu und allen Schwarzen befreundet zu bleiben. Will mir nun Mionvu sagen, was ich für ihn tun kann?"

Als meine Worte ihm unvollständig, wie ich vermute, aber doch verständlich übersetzt wurden, zeigten die Gesichter der Uahha, wie sehr sie diese zu würdigen wussten. Ein- oder zweimal glaubte ich, etwas wie Furcht bei ihnen zu sehen, aber meine Versicherung, dass ich Frieden und Freundschaft mit ihnen haben wolle, verscheuchte alsbald alle derartigen Empfindungen.

Mionvu erwiderte: „Der Weiße sagt mir, dass er uns freundlich gesinnt ist. Warum kommt er dann aber nicht in unser Dorf? Warum bleibt er am Wege? Die Sonne ist heiß, Mionvu will hier nicht sprechen. Wenn der Weiße ein Freund ist, so wird er in unser Dorf kommen."

„Jetzt können wir nicht weitermarschieren. Es ist Mittag. Ihr habt unseren Marsch unterbrochen. Wir wollen also in eurem Dorf kampieren", sagte ich, indem ich aufstand und meine Leute anwies, ihre Lasten aufzunehmen.

So waren wir zum Bleiben gezwungen, es half nichts; die Boten waren noch nicht von Kawanga zurückgekehrt. Als wir im Dorf angekommen waren, warf sich Mionvu der Länge nach in den spärlichen Schatten, den einige innerhalb des Boma stehende Bäume gewährten. Ungefähr um zwei Uhr nachmittags kehrten die Boten heim und sagten, es sei wahr, dass der Häuptling von Kawanga zehn Tücher genommen habe, aber nicht für den König von Uahha, sondern für sich selbst.

Mionvu, der offenbar scharfsinnig war und genau wusste, was er wollte, erhob sich jetzt und fing an, kleine Bündel aus je zehn dünnen Rohrstöckchen zu machen, und bald darauf überreichte er mir zehn dieser kleinen Bündel, die zusammen hundert Rohrstöcke enthielten, mit den Worten: Jeder Stab stelle ein Tuch dar, und der vom König von Uahha verlangte Tribut betrage mithin hundert Tücher. Fast zwei Ballen!

Nachdem wir uns von unserem beinahe unbeschreiblichen Erstaunen erholt hatten, boten wir ihm zehn an.

„Zehn Stück für den König von Uahha! Unmöglich! Ihr werdet euch nicht eher von Lukomo fortrühren, bis ihr uns hundert bezahlt habt!", rief Mionvu mit nachdrücklicher Betonung.

Ich antwortete ihm nicht, sondern ging in meine Hütte, die Mionvu für mich bereitgestellt hatte, und lud Bombay, Asmani, Mabruki und Tschaupereh zu einer Beratung ein. Als ich sie fragte, ob wir uns nicht durch Uahha kämpfend durchschlagen könnten, bekamen sie einen gewaltigen Schreck, und Bombay bat mich flehend, mir wohl zu überlegen, was ich tun wolle, da es ganz unnütz sei, sich mit den Uahha in einen Krieg einzulassen.

„Ganz Uahha ist ein flaches Land, wir können uns nirgendwo darin verstecken. Jedes Dorf um uns herum wird sich erheben, und wie können fünfundvierzig Menschen mit tausenden kämpfen? Sie würden uns alle in ein paar Minuten töten. Bedenken Sie das, mein lieber Herr, und werfen Sie Ihr Leben nicht für ein paar Tuchlappen fort."

„Gut, Bombay; das ist aber Räuberei und Erpressung. Sollen wir uns dem unterwerfen? Sollen wir diesem Kerl alles geben, was er verlangt? Er könnte mir ebenso gut alles Tuch und alle Flinten abverlangen, wenn wir ihm nicht zeigen, dass wir imstande sind, gegen ihn zu kämpfen. Ich kann Mionvu und seine bedeutendsten Leute selbst töten, und ihr könnt alle diese heulenden Kerle ohne viele Mühe erschlagen. Wenn Mionvu und seine bedeutendsten Leute tot sind, so werden wir nicht weiter beunruhigt werden, und dann könnten wir südlich an den Malagarasi und von da westlich nach Udschidschi ziehen."

„Nein, mein lieber Herr, denken Sie keinen Augenblick daran. Wenn wir uns in die Nähe des Malagarasi begeben, so würden wir mit dem König von Uahha selbst zusammentreffen."

„Nun, dann wollen wir nach Norden gehen."

„Dort hinauf zieht sich Uahha weit hin, und jenseits Uahha sind die Watuta.“

„Gut, dann sage mir, was wir tun sollen. Wir müssen etwas tun und dürfen uns nicht berauben lassen.“

„Bezahlen Sie Mionvu, was er verlangt, und lassen Sie uns von hier fortziehen. Dies ist der letzte Ort, wo wir zu zahlen haben werden, und in vier Tagen sind wir in Udschidschi.“

„Hat Mionvu dir gesagt, dass dies das letzte Mal ist, wo wir zu zahlen haben?“

„Jawohl, das hat er.“

„Was sagst du, Asmani, sollen wir kämpfen oder bezahlen?“

Asmani trug seine übliche lächelnde Miene zur Schau, er antwortete aber: „Ich fürchte, wir müssen zahlen. Dies ist ganz bestimmt das letzte Mal.“

„Schön also; Bombay und Asmani, ihr geht zu Mionvu und bietet ihm zwanzig. Will er die nicht nehmen, so bietet ihr ihm dreißig, vierzig, bis achtzig langsam steigend. Macht aber viel Redensarten und gebt nicht ein Doti mehr. Ich schwöre es euch allen, ich werde Mionvu erschießen, wenn er mehr als achtzig beansprucht. Geht hin und verhaltet euch klug!“

Um die Sache kurz zu machen, wurden Mionvu um fünf Uhr früh 64 Doti für den König von Uahha, sechs für ihn selbst und fünf für seinen Unterbeamten, alles in allem 75 Doti, das heißt eineinviertel Ballen, übergeben. Kaum hatten wir die bezahlt, als sie untereinander über die Beute zu streiten anfingen.

6. November. Mit dem Morgengrauen zogen wir sehr still und traurig unseren Weg. Unser Tuchvorrat war arg vermindert. Wir hatten nur noch neun Ballen übrig, die bei richtiger Ökonomie zusammen mit den noch unberührten Perlen ausgereicht hätten, uns an den Atlantischen Ozean zu bringen. Wenn ich aber noch vielen Leuten von Mionvus Schlag begegnete, so hätte ich nicht einmal genug, um nach Udschidschi zu gelangen, und obgleich wir diesem Ort so nahe sein sollten, schien mir Livingstone doch noch so weit entfernt wie eh und je.

 Wir zogen über eine leichte, wellige Ebene, die sich allmählich auf unserer Rechten zum Berg erhob und sich zu unserer Linken in das Tal des Malagarasi senkte, der ungefähr dreißig Kilometer entfernt verlief. Überall gab es Dörfer; Nahrungsmittel waren billig, Milch reichlich und Butter gut.

Nach einem vierstündigen Marsch überschritten wir den Fluss Kanengi und kamen in das Boma von Kahirigi. Hier sollte auch der Bruder des Königs von Uahha wohnen. Diese Nachricht war mir durchaus nicht angenehm, und ich fing an, Verdacht zu schöpfen, dass ich wiederum in ein Räubernest geraten war. Wir hatten noch keine zwei Stunden Rast gehalten, als zwei Wangwana in mein Zelt kamen, welche Sklaven unseres Freundes Tani ben Abdullah aus Unjanjembe waren. Diese Leute waren vom Bruder des Königs hergeschickt, um Wegezoll zu verlangen – und zwar dreißig Doti, einen halben Ballen.

Dürfte ich nur die wilden, wütenden Gedanken schildern, die bei dieser Ankündigung in mir tobten, so würde ich wohl in einem späteren ruhigen Augenblick über mich selbst erschrecken. Ich war aber böse – nein, das ist nicht das richtige Wort: Ich war wild, verzweifelt wild, bereit und imstande, zu kämpfen und zu sterben, aber nicht von einer solchen Bande elender, nackter Räuber mich aufhalten zu lassen. Noch dazu angesichts von Udschidschi, wie man fast sagen konnte; nur vier Tagesreisen von dem Weißen entfernt, den ich für Livingstone hielt, falls nicht noch ein weiterer Weißer, der ihm aufs Haar glich, in diesen Ländern herumreiste. Gütiger Himmel! Was sollte ich tun?

Der Häuptling von Kawanga hatte uns gesagt, der Tribut für ganz Uahha sei bezahlt, Mionvu hatte uns gesagt, der Tribut für ganz Uahha sei bezahlt, und hier kam nun noch eine Forderung vom Bruder des Königs! Zum zweiten Mal hatten sie gelogen, und wir waren betrogen worden. Das sollte nicht noch einmal vorkommen.

Diese beiden Sklaven Tanis teilten uns mit, es existierten noch fünf Häuptlinge, die nur zwei Stunden auseinander wohnten und die uns ebenfalls Tribut abfordern würden. Als ich dies erfuhr, fühlte ich eine gewisse Ruhe. Es war viel besser, das Schlimmste sofort zu erfahren. Noch fünf weitere Häuptlinge würden uns mit ihren Forderungen bestimmt ruinieren. Was sollte ich angesichts dessen tun? Wie sollte ich zu Livingstone kommen, ohne völlig zum Bettler geworden zu sein?

Ich entließ Tanis Sklaven aus meinem Zelt, rief Bombay und befahl ihm, gemeinsam mit Asmani den Tribut so billig wie möglich auszuhandeln. Dann zündete ich mir meine Pfeife an und begann nachzudenken. Innerhalb einer halben Stunde hatte ich einen Plan entworfen, den ich noch in derselben Nacht ausführen wollte.

Nachdem der Tribut zu jedermanns Zufriedenheit abgemacht war – obgleich die größten Spitzfindigkeiten und diplomatischen Räsonnements außerstande waren, ihn auf weniger als 26 Doti herunterzudrücken –, ließ ich die beiden Sklaven Tani ben Abdullahs herbeirufen und fragte sie über die Möglichkeit aus, den noch vor uns liegenden, Tribut verlangenden Uahha auszuweichen.

Dies setzte sie anfänglich in Erstaunen, und sie erklärten es für unmöglich; schließlich jedoch, nachdem ich weiter in sie gedrungen war, meinten sie, einer von ihnen könne uns um Mitternacht oder etwas später in ein Dickicht führen. Hielten wir eine direkt westliche Richtung durch diese Dschungel ein, so könnten wir, wie sie sagten, ohne weitere Beschwerden durch Uahha reisen. Wenn ich dem Führer zwölf Doti bezahlen und meinen Leuten bei dem Zug durch das schlafende Dorf völliges Stillschweigen auferlegen wolle, so sei der Führer überzeugt, ich könne Udschidschi erreichen, ohne ein einziges weiteres Doti zu bezahlen. Es ist überflüssig hinzuzufügen, dass ich die angebotene Hilfe zu diesem Preis freudig annahm.

Doch gab es da noch viel zu tun. Wir mussten uns Vorräte für den Durchzug durch das Dickicht für wenigstens vier Tage kaufen, und ich schickte sofort Leute aus, um Korn zu jedem Preis herbeizuschaffen. Das Glück begünstigte uns, denn vor acht Uhr abends hatten wir Vorräte für sechs Tage.

7. November. In der vorigen Nacht ging ich gar nicht zu Bett, denn meine Lastenträger stahlen sich bald nach Mitternacht, als der Mond sich zu zeigen anfing, in Abteilungen von je vier Mann aus dem Dorf hinaus, und um drei Uhr morgens befand sich die ganze Expedition außerhalb des Bomas von Kahirigi, ohne dass der geringste Lärm gemacht worden wäre. Nachdem ich dem neuen Führer zugepfiffen hatte, fing die Expedition an, sich in südlicher Richtung dem rechten Ufer des Kanengi entlang zu bewegen. Nach einstündigem Marsch schlugen wir uns nach Westen über die Grasebene und blieben auf dieser trotz der sich uns darbietenden, für die nackten Träger sehr schlimmen Hindernisse. Hell beleuchtete der Mond unseren Pfad, doch warfen dunkle Wolken hier und da lange Schatten über die verlassenen einsamen Flächen, sodass die Mondstrahlen fast verdunkelt wurden. Bei diesen Marschverhältnissen schien unsere Lage schlimm, bis sich der Mond wieder zeigte und über das Dunkel sein silbernes Licht leuchten ließ.

Tapfer mühten sich die Lastenträger ab, ohne zu murren, obwohl ihre Beine wegen des scharfen Grases bluteten. Endlich erschien der ambrosische Morgen mit seinen schönen, lieblichen Zügen. Der Himmel wurde uns neu geboren und brachte uns Trost und Hoffnung. Als der Tag vollends angebrochen war, eilten die Träger mit rascheren Schritten vorwärts, obwohl sie durch den ungewohnten Marsch angegriffen waren, bis wir um acht Uhr morgens den rasch fließenden Rusugi erblickten, wo in einem nahe gelegenen Gehölz Halt gemacht wurde, um zu frühstücken und zu ruhen. An beiden Ufern des Flusses wimmelte es von Büffeln und Antilopen; obwohl uns deren Anblick sehr lockte, wagten wir es doch nicht zu feuern, da ein Flintenschuss das ganze Land alarmiert hätte. Ich zog daher bloßes Zusehen und die Befriedigung, die ich über unser Glück empfand, vor.

Nachdem wir uns eine Stunde lang ausgeruht hatten, sahen wir am rechten Ufer des Flusses einige Eingeborene entgegenkommen, die Salz vom Malagarasi brachten. Als sie sich unserem Versteck gegenüber befanden, entdeckten sie uns, legten ihre Salzbeutel nieder und liefen sofort laut schreiend davon, um einige ungefähr sechs Kilometer nördlich von uns gelegene Dörfer zu alarmieren. Sofort befahl ich meinen Trägern, ihre Lasten wieder aufzunehmen, und in wenigen Augenblicken waren wir über den Rusugi und eilten direkt auf ein vor uns liegendes Bambusdickicht zu. Kaum waren wir darin, als ein schwachsinniges altes Weib anfing, laute, gellende Schreie auszustoßen. Meine Leute waren sehr erschrocken durch diesen Lärm, der die Rache der

Uahha wegen des entgangenen Tributs auf unser Haupt herabziehen musste. Es stand zu befürchten, dass wir innerhalb einer halben Stunde von hunderten heulender Wilder in den Dschungeln umringt waren und eine allgemeine Metzelei entstand. Das Weib schrie immer wieder von neuem ohne Ursache furchtbar auf. Sofort legten einige meiner Leute in dem Instinkt der Selbsterhaltung ihre Ballen und Lasten nieder und verschwanden im Dickicht, und der Führer kam mit der Bitte auf mich zugestürzt, dem Lärm ein Ende zu machen.

Der Mann dieser Frau zog nun in äußerster Wut und Furcht seinen Säbel und bat, ihr sofort den Kopf abschlagen zu dürfen. Hätte ich nur ein Zeichen gegeben, so hätte das Weib mit dem Leben für seine Torheit gebüßt. Ich versuchte, das Geschrei der Frau dadurch zu ersticken, dass ich ihr meine Hand über den Mund hielt, aber sie entzog sich mir mit Gewalt und fuhr fort, schlimmer als zuvor zu schreien. Mir blieb nichts übrig, als die Macht meiner Peitsche an ihren Schultern zu erproben. Nach dem ersten Schlag bat ich sie aufzuhören.

„Nein!" Sie brüllte immer lauter, wie eine Unsinnige.

Wiederum hieb meine Peitsche auf ihre Schultern herab.

„Nein, nein, nein!"

Noch ein Schlag. „Willst du wohl still sein?"

„Nein, nein, nein!" Lauter und immer lauter schrie sie, und rascher und immer rascher fielen die Schläge, um diese Widerspenstige zu zähmen. Als sie aber einsah, dass ich ebenso entschlossen war zuzuschlagen wie sie zu schreien, gab sie es vor dem zehnten Schlag auf und wurde ruhig. Ein Tuch wurde ihr über den Mund und die Arme wurden ihr auf den Rücken gebunden, und nach einigen Augenblicken, nachdem die Deserteure zu ihrer Pflicht zurückgekehrt waren, schritt die Expedition mit verdoppelter Schnelligkeit vorwärts. Bis ein Uhr mittags schritten wir standhaft weiter, bis wir den kleinen See Musundscha erblickten.

Der neunstündige Marsch hatte uns sehr ermüdet. In unserem Biwak verhielten wir uns, wie man sich denken kann, sehr ruhig; wir richteten weder Zelt noch Hütte auf, noch zündeten wir Feuer an, um im Fall einer Verfolgung ohne Aufenthalt weiterziehen zu können. Ich hatte die Kammer meines Winchestergewehrs voll gefüllt und zweihundert

Patronen in einen über meinen Schultern hängenden Beutel gesteckt. Auch waren die Flinten aller Soldaten fertig geladen, und wir zogen uns zurück, um uns nach unseren Strapazen auszuschlafen.

8. November. Lange vor dem Morgengrauen waren wir wieder auf dem Marsch und setzten unsere Reise durch weniger dichten Wald, über ausgedehnte Strecken von Felsen und reichlich mit großem Geröll bestreute Felder fort, an zahlreichen Büffel-, Giraffen- und Zebraherden vorbei und kamen über einen schwankenden, einem Torfmoor ähnlichen Morast an den kleinen Fluss Sunussi und an einen Lagerplatz, der nur anderthalb Kilometer von einer großen Kolonie der Uahha entfernt lag. Da wir aber in den Tiefen eines großen Waldes verborgen waren, in dessen Nähe sich kein Weg befand, und da wir keinen Lärm machten oder Feuer anzündeten, sondern tiefes Schweigen beachteten, so konnten wir ruhig sein und bestimmt damit rechnen, nicht gestört zu werden. Am Morgen – das hatte uns unser Karawanenführer zugesichert – sollten wir aus Uahha heraus sein, und wenn wir dann am selben Tag durch Ukaranga marschierten, so würden wir am nächsten in Udschidschi sein.

Noch eine kleine Weile musste ich mich in Geduld fassen. Noch einige Stunden, und ich würde das Ende aller dieser Mühen kennen. Dann würde ich mich dem weißen Mann gegenüber befinden, der weiße Haare auf dem Gesicht hatte, wer es auch sein mochte!

9. November. Zwei Stunden vor dem Morgengrauen verließen wir unser Lager am Sunussi und schlugen uns durch den Wald in nordwestlicher Richtung, nachdem wir vorher unsere Ziegen geknebelt hatten, damit sie uns nicht durch ihr Meckern verrieten.

Dies war ein Irrtum, der ein tragisches Ende hätte nehmen können, denn gerade als der östliche Himmel eine bleichgraue Färbung annahm, kamen wir aus dem Dickicht auf die Heerstraße. Der Führer glaubte nämlich, wir hätten Uahha hinter uns, und hob ein Freudengeschrei an, in das alle Mitglieder der Karawane einstimmten. Alle zogen mit erhöhter Energie vorwärts, als wir plötzlich an die Ausläufer eines Dorfes kamen, dessen Bewohner im Begriff waren aufzustehen. Sofort wurde Stille geboten und die Expedition zum Halten gebracht.

Ich ging nach vorn, um mich mit dem Führer zu besprechen; er war jedoch vollkommen ratlos. Da keine Zeit für Überlegung war, ließ ich die Ziegen schlachten und auf dem Weg liegen und den Führer kühn durch das Dorf ziehen. Auch die Hühner wurden abgetan, und darauf nahm die Expedition ihren Marsch rasch und schweigend wieder auf, nachdem ich den Befehl erteilt hatte, schleunigst in das südlich vom Weg gelegene Dickicht zu ziehen. Ich blieb, bis der letzte Mann verschwunden war, dann bildete ich, nachdem ich mein Winchestergewehr in Bereitschaft gesetzt hatte, mit meinen Flintenträgern und ihrer Munition die Nachhut. Als wir im Begriff waren, an der letzten Hütte vorbeizuziehen, sprang ein Mann heraus und stieß einen Alarmruf aus, auch hörten wir laute Stimmen wie von Streitenden. In kurzer Zeit jedoch waren wir in den Tiefen der Wälder und eilten vom Weg in südlicher, leicht nach Westen sich hinziehender Richtung. Einmal glaubte ich, dass wir verfolgt wurden, und blieb hinter einem Baum stehen, um unsere Feinde, falls sie die Verfolgung aufnahmen, daran zu hindern. Nach wenigen Minuten aber stellte sich heraus, dass sich niemand hinter uns befand. Bis wir schließlich, durch einen hübschen kleinen Bach watend, dessen sanftes Gemurmel wir als liebliches Willkommen deuteten, die Grenzen des bösen Uahha überschritten und in Ukaranga eintraten, was mit jauchzendem Freudengeschrei begrüßt wurde.

Sofort fanden wir den ebenen Weg und gingen munter mit elastischen Schritten in beschleunigtem Tempo weiter, da wir wussten, dass der Marsch sich seinem Ende näherte. Was kümmerten uns jetzt die Beschwerden, die wir überstanden hatten, die unebenen, schwierigen Wälder, die dornigen Dickichte und scharf schneidenden Gräser sowie das Geschrei der Wilden, das uns so beunruhigt hatte? Morgen! Ja, der große Tag näherte sich, und wir hatten in dieser triumphierenden Stimmung gut lachen und singen. Wir hatten schwere Prüfungen erduldet; waren im Ungemach gegeneinander böse geworden, doch war das alles jetzt vergessen, und jedes Gesicht strahlte von der Glückseligkeit, die wir alle verdient hatten.

Zu Mittag machten wir einen kurzen Halt, um auszuruhen und uns zu erfrischen. Die Karawanenführer zeigten mir die Berge, von denen aus der Tanganjikasee zu sehen sein sollte. Bei ihrem Anblick konnte ich mich nicht länger halten; selbst dieser kurze Aufenthalt machte mich unruhig und unzufrieden. Wir nahmen den Marsch wieder auf; ich spornte meine Leute mit dem Versprechen an, dass sie morgen ihren Lohn empfangen und so viel Fisch und Bier bekommen sollten, wie sie essen und trinken könnten.

Wir befanden uns in Sicht der Ukaranga-Dörfer. Als die Bewohner uns erblickten, zeigten sie gewaltige Erregung. Ich schickte Leute voran, um sie zu beruhigen, und sie kamen auch heraus, um uns zu begrüßen. Dies war uns so neu und willkommen, so anders als das Verfahren der unruhigen Usavira und der Erpresser von Uahha, dass wir gerührt waren. Doch wir hatten keine Zeit, zu bleiben und uns der Freude hinzugeben, denn ich wurde durch fast unbezwingliche Empfindungen vorwärts getrieben und wünschte meinen Zweifeln und Befürchtungen ein Ende zu machen. War er noch da? Hatte er von meiner bevorstehenden Ankunft gehört? Würde er die Flucht ergreifen?

Wir erreichten die Ausläufer eines Berges und hörten Trommeln schlagen. Die Bewohner verließen ihre Dörfer und flohen in die Wälder, denn sie hielten uns für Ruga-Ruga, die Waldräuber Mirambos, die, nachdem sie die Araber von Unjanjembe besiegt hatten, gegen Udschidschi vorrückten. Selbst der Häuptling floh aus seinem Dorf, und jedermann folgte ihm angsterfüllt. Wir zogen in den Ort, ergriffen ruhig Besitz davon, und mein Zelt wurde aufgeschlagen. Schließlich verbreitete sich das Gerücht, dass die Träger meiner Karawane Wangwana aus Unjanjembe seien.

„Nun, ist Mirambo denn tot?“, fragten einige, die sich hervorwagten.

„Nein“, erwiderten wir.

„Wie seid ihr denn nach Ukaranga gekommen?“

„Über Usavira, Kawendi und Uahha.“

„Oh – *hi-le*!“ Darauf lachten sie herzlich über ihre Angst und fingen an, sich zu entschuldigen. Der Häuptling wurde mir vorgestellt und sagte, er sei nur in die Wälder gegangen, um uns anzugreifen, das heißt, er habe die Absicht gehabt, uns alle totzuschlagen, wenn wir Ruga-Ruga gewesen wären. Wir wissen ja aber, wie sehr das arme Dorfoberhaupt erschrocken war und dass er bestimmt nie gewagt hätte zurückzukehren, wenn wir Ruga-Ruga gewesen wären. Doch wir waren nicht in der Stimmung, uns mit ihm über seine eigentümliche Ausdrucksweise zu streiten, sondern schüttelten ihm lieber die Hand und sagten ihm, wie wir uns freuten, ihn zu sehen. Er nahm auch teil an unserer Freude und ließ uns sofort drei der fettesten Schafe, Töpfe mit Bier, Mehl und Honig als Geschenk bringen, und ich beglückte ihn noch mehr mit zwei der schönsten Tücher, die ich in meinen Ballen hatte. Auf diese Weise kam ein freundschaftlicher Vertrag zwischen uns zustande.

Während ich mein Tagebuch über die Erlebnisse dieses Tages führte, ließ ich Selim meinen neuen Flanellanzug auspacken, meine Stiefel mit Öl schmieren und meinen Tropenhelm mit Kreide reinigen, damit ich so anständig wie möglich vor dem weißen Mann mit dem grauen Bart und den Arabern von Udschidschi erscheinen konnte, denn die Kleidung, die ich im Dickicht und im Wald getragen hatte, war nur noch Fetzen.

Gute Nacht! Nur noch einen Tag, und wir werden sehen, was die Zukunft bringt.

Freitag, 10. November. Der 236. Tag seit Bagamoyo und der 51. seit Unjanjembe. Allgemeine Richtung nach Udschidschi, West zu Süd. Marschzeit sechs Stunden.

Es war ein herrlicher, beseligender Morgen. Die Luft war frisch und kühl. Der Himmel lächelte liebevoll auf die Erde und ihre Kinder. Die dichten Wälder waren von herrlichem grünem Laub gekrönt; das Wasser des Mukuti rauschte unter dem Smaragdschatten, den seine bewachsenen Ufer darboten, und schien uns durch sein beständiges Rauschen zum Wettlauf nach Udschidschi aufzufordern.

Wir befanden uns alle außerhalb des Rohrzaunes des Dorfes; ein jeder von uns sah so nett und sauber und glücklich aus wie damals, als wir uns in den Dauen in Sansibar einschifften, was eine Ewigkeit her zu sein schien; so viel hatten wir gesehen und erlebt.

„Vorwärts!"

„Ai Wallah, ai Wallah, Bwana janog!", und die Braven schritten leichten Herzens davon in einem Tempo, das uns bald in Sicht von Udschid-

schi bringen musste. Wir stiegen einen mit Bambus bewachsenen Berg hinauf, in eine Schlucht hinab, durch die ein wütender kleiner Wildbach stürzte, bestiegen noch einen niedrigen Hügel, gingen dann einen ebenen Fußpfad entlang, welcher an dem Abhang einer langen Bergkette verlief, und zogen so eifrig weiter, wie es nur Leute mit leichtem Herzen tun können.

Der Karawanenführer hatte mich darauf vorbereitet, dass ich nach Ablauf von zwei Stunden den Tanganjikasee erblicken sollte, denn er sagte, man sehe ihn von der Spitze eines steilen Berges. Ich fing vor Erregung fast an zu weinen; doch Geduld, wir mussten ihn doch erst sehen. So stürzten wir voran, atemlos den Berg hinauf, damit uns die große Szene nicht davoneilte. Endlich waren wir auf dem Gipfel; aber ach, noch war er nicht zu sehen. Noch ein Stück weiter, gerade dort; ja, dort war er, ein Silberstreifen. Ich erblickte ihn kaum zwischen den Bäumen – hier aber war der See endlich da, der Tanganjika, und das waren die blauschwarzen Berge von Ugoma und Ukaramba. Eine ungeheure weite Fläche, ein glänzendes Silberbett – darüber ein leuchtender blauer Baldachin –, hohe Berge als Faltensaum, Palmenwälder waren seine Fransen. Der Tanganjikasee! Hurra! Und die Leute erwiderten das Jubelgeschrei des Angelsachsen mit Stentorstimmen, und die großen Wälder und Berge schienen sich an unserem Triumph zu beteiligen.

Wir stiegen den westlichen Abhang des Berges hinab, das Tal des Liutsche vor uns. Ungefähr eine Stunde vor Mittag hatten wir das dichte Rohr- und Binsengestrüpp erreicht, welches an den beiden Ufern des Flusses wuchs, wateten durch den klaren Strom, kamen auf der anderen Seite an, traten aus dem Dickicht hervor, und die Gärten der Wadschidschi, wie die Bewohner von Udschidschi heißen, lagen vor uns, ein Wunder von Pflanzenreichtum. Einzelheiten entzogen sich meiner raschen, oberflächlichen Beobachtung. Ich war von meinen eigenen Gemütsbewegungen fast überwältigt, als ich die anmutigen Palmen, die netten grünen Gemüseplätze und die kleinen, von schwarzen Matetrohrzäunen umgebenen Dörfer erblickte.

Rasch eilten wir weiter, damit die Nachricht unserer Ankunft nicht die Leute von Udschidschi erreichte, ehe wir in Sicht und für sie bereit waren. Wir hielten an einem kleinen Bach, dann stiegen wir den langen Abhang einer nackten Hügelkette hinauf, die allerletzte der unzähligen, die wir überschritten hatten. Diese allein hinderte uns daran, den See in seiner ganzen gewaltigen Ausdehnung zu überblicken. Wir kamen auf dem Gipfel an, überschritten ihn bis an seinen westlichen Rand, und – halt ein, Leser! – der Hafen von Udschidschi lag, in Palmen gehüllt, nur fünfhundert Schritt von uns entfernt. In diesem großen Augenblick dachten wir nicht mehr an die hunderte von Kilometern, die wir marschiert, die zahllosen Berge, die wir erklettert, die vielen Wälder, die wir durchwandert hatten; die Erinnerung an die Dickichte und Dschungel, die uns belästigt, die heißen Salzebenen, die uns die Füße verbrannt, die glühende Sonne, die uns versengt hatte, an alle Gefahren und Beschwerden, die jetzt glücklich hinter uns lagen, war verschwunden. Endlich war die große Stunde da! Unsere Träume, Hoffnungen und Ahnungen waren jetzt in Erfüllung gegangen. Unsere Herzen und Empfindungen lagen in den Augen, wie wir in die Palmen spähten und zu erraten versuchten, in welcher Hütte, in welchem Haus der weiße Mann mit dem grauen Bart, von dem man uns am Malagarasi berichtet hatte, wohl wohnen mochte.

„Entfaltet die Fahne, und ladet die Gewehre!"

„Ai Wallah, ai Wallah, Bwana!", erwiderten die Leute eifrig.

„Eins, zwei, drei – Feuer!"

Eine Gewehrsalve aus fast fünfzig Flinten dröhnte wie ein Salutschuss von einer Artilleriebatterie. Wir sollten ihre Wirkung auf das friedlich wirkende Dorf da unten sofort erkennen.

„Jetzt, Karawanenführer, haltet die Fahne des Weißen hoch, und lasst die Sansibarer Flagge vor dem Nachtrab herwehen. Und ihr, Leute, haltet euch dicht aneinander, und feuert weiter, bis wir auf dem Marktplatz oder vor dem Haus des Weißen stehen. Ihr habt mir oft gesagt, dass ihr die Fische des Tanganjika riechen könnt; ich kann es jetzt auch. Hier gibt es Fische und Bier und eine lange Rast für euch. Marsch!"

Ehe wir hundert Schritte weitergegangen waren, hatten unsere Schüsse den gewünschten Erfolg. Wir hatten Udschidschi benachrichtigt, dass eine Karawane im Anmarsch war, und die Bewohner strömten uns zu hunderten entgegen. Der bloße Anblick der Fahnen ließ jedermann wissen, dass wir eine Karawane waren, doch erregte die von dem riesigen Asmani – der das Gesicht heute zu einem beständigen Lächeln verzog – hoch gereckte amerikanische Flagge zuerst allgemeines Erstaunen. Viele der Leute, die sich uns jetzt näherten, erinnerten sich der Flagge, denn sie hatten sie über dem amerikanischen Konsulat und vom Mast so manchen Schiffes im Hafen von Sansibar wehen sehen und begrüßten sie alsbald mit den Rufen: *„Bindera Kisungu!“* Die Flagge eines Weißen! *„Bindera merikani.“* Die amerikanische Flagge! Und sie machten uns fast taub mit ihrem Geschrei *„Jambo, jambo, Bwana! Jambo, Bwana!“*, da jeder Einzelne meiner Leute in dieser Weise begrüßt wurde.

Noch befanden wir uns etwa dreihundert Schritt von Udschidschi entfernt, doch mich umgab bereits eine dichte Menschenmenge. Plötzlich hörte ich zu meiner Rechten eine Stimme, die mir in englischer Sprache zurief: „Guten Morgen, Sir!“

Erstaunt darüber, diese Begrüßung inmitten einer solchen Menge Schwarzer zu hören, drehte ich mich rasch um, um den Mann zu betrachten, und erblickte ihn an meiner Seite mit ganz schwarzem, aber belebtem, frohem Gesicht, in einem langen weißen Hemd, einen Turban aus amerikanischer Leinwand um das wollige Haupt gewunden, und fragte ihn: „Ach, wer sind Sie denn?“

„Ich bin Gusi, der Diener von Dr. Livingstone“, sagte er, lachend und eine glänzende Reihe Zähne zeigend.

„Was? Ist Dr. Livingstone hier?“

„Jawohl!“

„In diesem Ort?“

„Jawohl!“

„Ganz bestimmt?“

„Ganz bestimmt. Ich komme ja soeben von ihm.“

„Guten Morgen, Sir!“, ließ sich eine andere Stimme vernehmen.

„Hallo“, sagte ich, „ist das noch einer?“

„Ja, Sir.“

„Wie heißen Sie denn?“

„Mein Name ist Dschumah."

„Wie, Sie sind Dschumah, der Freund von Wekotani?"

„Jawohl."

„Und ist der Doktor gesund?"

„Nein. Er ist nicht sehr wohl."

„Wo ist er so lange gewesen?"

„In Jandschama."

„Nun, Gusi, laufen Sie, um dem Doktor mitzuteilen, dass ich komme."

„Jawohl, Herr!" Und wie ein Toller eilte er davon.

Jetzt waren wir zweihundert Schritte von dem Ort entfernt. Die Menge wurde dichter und versperrte uns fast den Weg. Fahnen und Flaggen waren gehisst, Araber und Wangwana drängten sich durch die Eingeborenen, um uns zu begrüßen, denn nach ihrer Ansicht gehörten wir zu ihnen. Alle waren in höchstem Grade erstaunt und fragten: „Wie konntet ihr es schaffen, von Unjanjembe hierher zu kommen?"

Bald kam Gusi zurückgelaufen und fragte mich nach meinem Namen. Er hatte dem Doktor gesagt, dass ich im Anmarsch sei, dieser aber war zu sehr erstaunt, um es zu glauben, und als er ihn nach meinem Namen fragte, war Gusi in Verlegenheit geraten.

Während Gusis Abwesenheit war dem Doktor jedoch die Nachricht zugekommen, dass es wirklich ein Weißer war, dessen Flinten abgefeuert wurden und dessen Fahnen zu sehen waren, und die großen arabischen Magnaten von Udschidschi, Mohammed ben Sali, Said ben Madjid, Abid ben Suliman, Mohammed ben Kharib und andere, hatten sich vor des Doktors Haus versammelt, und dieser war aus seiner Veranda getreten, um die Sache zu besprechen und meine Ankunft zu erwarten.

Mittlerweile hatte die Spitze der Expedition Halt gemacht; der Karawanenführer war aus den Reihen ausgetreten, hielt eine Flagge hoch, und Selim sagte zu mir: „Ich sehe den Doktor. Ach, was das für ein alter Mann ist! Er hat einen ganz weißen Bart."

Und ich – was hätte ich nicht darum gegeben, einen Augenblick allein in der Wildnis sein zu können, um meiner Freude ungesehen in irgendeinem tollen Streich Luft zu machen, um nur die Erregung, deren ich kaum Herr werden konnte, zu beschwichtigen. Rasch klopfte mir das Herz; doch durfte ich meine Empfindungen nicht durch einen Gesichtsausdruck verraten, welcher der Würde Abbruch tun könnte, die ein Weißer unter solchen außergewöhnlichen Umständen an den Tag legen musste.

Ich tat also, was ich für das Würdigste hielt, stieß die Menge zurück und schritt, von hinten hervorkommend, durch eine lebendige Allee von Menschen, bis ich an den von Arabern gebildeten Halbkreis gelangte, an dem vorn der Weiße mit dem grauen Bart stand. Als ich langsam auf ihn zutrat, bemerkte ich, dass er blass und ermüdet aussah und einen grauen Bart hatte, eine bläuliche Mütze mit verschossenem goldenem Band trug, eine Weste mit roten Ärmeln und eine graue Hose. Ich wäre gern auf ihn zugelaufen; nur war ich in Gegenwart eines solchen Pöbelhaufens zu feige dazu. Ich wäre ihm gern um den Hals gefallen; nur wusste ich nicht, wie er als Engländer das aufnehmen würde.

Ich tat also, was Feigheit und falscher Stolz mir als das Beste anrieten, schritt bedächtig auf ihn zu, nahm meinen Tropenhelm ab und sagte: „Dr. Livingstone, wie ich vermute."

„Ja", erwiderte er mit freundlichem Lächeln, die Mütze leicht lüftend.

Ich setzte meinen Hut wieder auf, er seine Mütze, wir reichten uns herzlich die Hand, und ich sagte laut: „Ich danke Gott, Herr Doktor, dass es mir gestattet ist, Sie zu sehen."

Er antwortete: „Und ich bin dankbar, dass ich Sie hier begrüßen kann."

Hierauf wandte ich mich den Arabern zu, nahm als Antwort auf ihren Begrüßungschor von Jambos meine Kopfbedeckung ab, und der Doktor stellte sie mir mit Namen vor.

Dann traten Livingstone und ich, die Menge und die Männer, die meine Gefahren mit mir geteilt hatten, völlig vergessend, in sein Tembe ein. Er wies auf die Veranda unter dem breiten, überhängenden Dach hin und zeigte auf seinen eigenen Sitzplatz, dessen Konstruktion ihm, wie ich sah, sein Alter und die Kenntnis des Lebens in Afrika eingegeben hatten und der aus einer Strohmatte mit einem darüber gelegten Ziegenfell und noch einem anderen Fell bestand, das an die Mauer genagelt war, um seinen Rücken vor der Berührung mit dem kalten Lehm zu bewahren. Ich protestierte dagegen, seinen Sitz einzunehmen, der ihm so sehr viel mehr ziemte als mir, der Doktor aber gab nicht nach, und ich musste dort Platz nehmen.

Der Doktor und ich saßen mit dem Rücken gegen die Wand gelehnt. Die Araber ließen sich zur Linken nieder. Mehr als tausend Eingeborene befanden sich vor uns und füllten dicht gedrängt den ganzen Platz. Sie befriedigten ihre Neugier und unterhielten sich über die Tatsache, dass zwei Weiße in Udschidschi zusammentrafen, der eine eben von Mandschuema im Westen, der andere von Unjanjembe im Osten kommend.

Die Unterhaltung begann. Worum es dabei ging, habe ich, offen gestanden, vergessen. Ach, wir richteten Fragen aneinander wie folgende: „Wie sind Sie hierher gekommen?“ und „Wo sind Sie die ganze lange Zeit über gewesen? Die Welt hat Sie für tot gehalten.“

Ja, so fing die Unterhaltung an. Was der Doktor mir aber erzählte und was ich darauf erwiderte, kann ich nicht genau wiedergeben, denn ich war damit beschäftigt, ihn anzublicken und den wunderbaren Mann, an dessen Seite ich jetzt in Zentralafrika saß, zu studieren. Jedes Haar seines

Begegnung mit Livingstone

Hauptes und Bartes, jede Runzel seines Gesichts, seine hageren Züge und sein etwas abgespanntes Aussehen vermittelten mir die Botschaft, nach der ich mich immer während gesehnt hatte, seitdem die Worte: „Tun Sie, was Sie für das Beste halten, aber – finden Sie Livingstone!" gefallen waren. Was ich da sah, war für mich als Botschaft von höchstem Interesse, und es war eine ungeschminkte Wahrheit. Ich hörte und las zu gleicher Zeit. Was erzählten mir diese stummen Zeugen?

O Leser, wärst du an dem Tag in Udschidschi an meiner Seite gewesen! Wie beredt hätte sich dir das eigentliche Wesen dessen offenbart, was dieser Mann darstellte und was er erreicht hatte! Wärst du nur da gewesen, um ihn zu sehen und zu hören! Von seinen Lippen, die nie lügen, erfuhr ich so viele Einzelheiten seiner Expeditionen. Ich kann nicht wiederholen, was er sagte, denn ich war zu sehr von ihm eingenommen, als dass ich mein Notizbuch hätte herausziehen und seine Erzählungen stenografieren können. Er hatte so viel zu erzählen, dass er mit dem Ende anfing und anscheinend vergaß, dass er über fünf bis sechs Jahre Rechenschaft abzulegen hatte. Allmählich aber nahm sein Bericht Gestalt an, gewann dann rasch große Proportionen und entwickelte sich zu einer wunderbaren Geschichte von Taten.

Nach einer Weile erhoben sich die Araber mit einem Zartgefühl, das ich billigte, als ob sie instinktmäßig wüssten, dass wir uns selbst überlassen bleiben müssten. Ich schickte Bombay mit ihnen fort, damit er ihnen Nachrichten über den Stand der Angelegenheiten in Unjanjembe gab, nach denen sie so dringend verlangten. Said ben Madjid war der Vater des tapferen jungen Soud, der uns in Unjanjembe durch seine mitreißende Rede in die Schlacht von Simbiso geführt hatte und von Mirambos Ruga-Ruga im Wald von Wiljankuru getötet worden war. Da Said wusste, dass ich dabei gewesen war, wünschte er dringend, die Geschichte des Kampfes zu hören. Auch alle übrigen Araber hatten Freunde in Unjanjembe, und natürlich erwarteten sie sehnsüchtig Nachrichten über diese.

Nachdem ich Bombay Befehl gegeben hatte, die Träger der Expedition mit Essen zu versehen, rief ich Asmani, der die ganze Zeit über die an Dr. Livingstone eingeschriebenen Briefe verwahrt hatte, und stellte ihn dem Doktor als einen Soldaten vor, der die an ihn bestimmten Waren zu hüten gehabt und den ich in Unjanjembe gedungen hatte, mich nach Udschidschi zu begleiten, damit er persönlich seinem Herrn den Briefbeutel, der ihm von Dr. Kirk anvertraut worden war, übergeben konnte. Dies war der berühmte mit dem Datum vom 1. November 1870 bezeichnete Beutel, der dem Doktor jetzt, 365 Tage nachdem er Sansibar verlassen hatte, übergeben wurde. Wie lange wäre er wohl noch in Unjanjembe geblieben, wenn ich nicht den großen Entdeckungsreisenden in Zentralafrika aufgesucht hätte?

Der Doktor legte den Briefbeutel auf seine Knie, öffnete ihn dann sofort, sah sich die Briefe an, die darin enthalten waren, und las ein paar von seinen Kindern, wobei sich sein Gesicht aufhellte.

Darauf bat er mich, ihm die wichtigsten Weltneuigkeiten zu berichten.

„Nein, Herr Doktor", sagte ich, „lesen Sie zuerst Ihre Briefe, auf die Sie gewiss ungeduldig gewartet haben."

„Ach", meinte er, „ich habe jahrelang auf Briefe gewartet und habe Geduld gelernt. Das kann ich wirklich noch ein paar Stunden aufschieben. Nein, erzählen Sie mir erst die allgemein interessanten Neuigkeiten. Was hat sich in der Welt zugetragen?"

„Vermutlich wissen Sie schon, dass der Bau des Sueskanals verwirklicht worden ist, dass er eröffnet wurde und jetzt ein regelmäßiger Handel zwischen Europa und Indien beträchtlich erleichtert ist?"

„Ich habe von seiner Eröffnung nichts gehört. Das ist etwas Großartiges. Nun, was noch?"

Bald darauf befand ich mich ihm gegenüber in der Rolle des Berichterstatters einer Chronik. Ich brauchte nichts zu übertreiben oder zu Sensationsnachrichten aufzubauschen. Die Welt hatte in den letzten Jahren zu viel gesehen und erlebt. In Amerika war die Eisenbahn an den Pazifik vollendet worden. General Ulysses Grant, der im amerikanischen Bürgerkrieg die Südstaaten bezwungen hatte, war Präsident der Vereinigten Staaten geworden. Ägypten war von Gelehrten überflutet worden. Preußen hatte Dänemark gedemütigt und Schleswig-Holstein annektiert, und seine Armeen befanden sich jetzt um Paris. Kaiser Napoleon III. war seit der Schlacht von Sedan ein Gefangener in Schloss Wilhelmshöhe bei Kassel, Eugenie, die Königin der Mode und Kaiserin der Franzosen, befand sich auf der Flucht, und das im Purpur geborene Kind hatte auf immer die für sein Haupt bestimmte Kaiserkrone verloren. Die napoleonische Dynastie war durch die Preußen Bismarck und Moltke vernichtet und das stolze Kaisertum Frankreichs in den Staub getreten.

Wozu hätte man diese umwälzenden Ereignisse noch zu übertreiben brauchen? Was für eine große Anzahl erstaunlicher Neuigkeiten war das für jemanden, der aus den Tiefen der Urwälder von Afrika herauskam! Der Widerschein des glänzenden Lichtes der Zivilisation strahlte auf Livingstone, als er sich verwundert eines der alleraufregendsten Blätter der Geschichte berichten ließ. Wie verblassten die belanglosen Scharmützel der Barbaren gegenüber dem großen Weltgeschehen. Wer konnte wissen, von welch neuen Sorgen und Unruhen Europa eben jetzt heimgesucht wurde, wo wir, seine beiden vereinsamten Kinder, die Geschichte der neuesten Ruhmestaten und Leiden des alten Kontinents besprachen?

Kurz nachdem sich die Araber entfernt hatten, wurden uns von Said ben Madjid eine Schüssel heißer Fleischpasteten, von Mohammed ben Sali ein gewürztes Huhn sowie von Muini Kheri eine Schüssel gekochtes Ziegenfleisch mit Reis zugeschickt.

So kamen Geschenke von Nahrungsmitteln der Reihe nach an, und wir machten uns ebenso rasch, wie sie gebracht wurden, daran, sie zu verzehren. Ich hatte eine gesunde, kräftige Verdauung, und die Bewegung, die ich mir gemacht, hatte sie in guten Stand gesetzt; doch auch Livingstone, der sich darüber beklagt hatte, er habe keinen Appetit, sein Magen weise alles außer einer Tasse Tee ab, aß wie ein kräftiger, hungriger Mann, und als er die Pfannkuchen mit mir um die Wette verspeiste, wiederholte er immer: „Sie haben mir neues Leben gebracht."

„Wahrhaftig!", rief ich plötzlich. „Ich habe etwas vergessen. Rasch, Selim, bring uns die Flasche, du weißt, welche, und die silbernen Becher. Diese Flasche habe ich extra zur Feier dieses Ereignisses mitgebracht; ich hoffte immer, dass dieses Ereignis eintreten würde, auch wenn mir diese Hoffnung oft genug sinnlos erschien."

Selim wusste die Flasche Champagner zu finden und kehrte bald damit zurück.

Ich überreichte dem Doktor einen silbernen Becher, gefüllt mit dem erheiternden Wein, und sagte, indem ich etwas davon in meinen Becher goss: „Herr Dr. Livingstone, auf Ihr Wohl!"

„Auf das Ihrige!", antwortete er, und der Champagner, den ich für dieses glückliche Zusammentreffen aufbewahrt hatte, wurde mit herzlichsten gegenseitigen Segenswünschen ausgetrunken.

Wir plauderten und plauderten weiter; den ganzen Nachmittag wurden uns allerlei Speisen zugetragen. Jedes Mal wenn neue kamen, aßen wir weiter, bis ich vollständig gesättigt war und auch Livingstone genötigt war einzugestehen, dass er ebenfalls genügend hatte.

Dabei befand sich Halimah, Livingstones Köchin, in einem Zustand großer Aufregung. Sie hatte nämlich den Kopf wiederholt zur Küche herausgestreckt, um sich zu überzeugen, dass wirklich zwei Weiße dort auf der Veranda saßen, wo sich sonst nur einer befand, der nichts essen wollte oder konnte. Sie hatte gefürchtet, ihr Herr wisse ihre Kochkunst nicht genügend zu schätzen, war aber jetzt über die ungeheure Menge verzehrter Speisen sehr verwundert und zugleich entzückt. Wir hörten, wie sie mit großer Zungenfertigkeit die erstaunte Menge, die sich vor ihrer Küche aufhielt, mit ihren Neuigkeiten erbaute.

Während wir ihr lautes Geschwätz mit anhörten, berichtete der Doktor über ihre treuen Dienste und die furchtbare Angst, die sie an den Tag gelegt hatte, als unsere Flintensalven die Ankunft eines zweiten Weißen in Udschidschi ankündigten. Er erzählte mir, wie sie im Zustand höchster Aufregung aus der Küche zu ihm und dann wieder auf den freien Platz gelaufen sei und dabei alle möglichen Fragen gestellt habe; wie sie über die spärliche Einrichtung ihrer Speisekammer, ihre dürftigen Vorräte in Verzweiflung geraten sei und sich allerlei Gedanken gemacht habe, die Knappheit der Mittel durch glänzendes Auftreten zu verdecken. „Ist er denn nicht einer von uns?“, hatte sie gesagt. „Bringt er uns nicht viel Tuch und Perlen? Sprecht mir nur nicht von den Arabern! Wie kann man Araber mit Weißen vergleichen?“

Wir, Livingstone und ich, unterhielten uns über viele Themen, namentlich über seine unmittelbaren Sorgen und die Enttäuschung, die er bei seiner Ankunft in Udschidschi erlebt hatte, als man ihm mitteilte, alle seine Vorräte und Tauschwaren seien verkauft und er dadurch zum armen Mann geworden. Es waren nur noch etwa zwanzig Stück Tuch von dem ursprünglichen Vorrat übrig, den er einem Trunkenbold namens Scherif in Verwahrung gegeben hatte. Außerdem war er von einem Ruhranfall heimgesucht worden und hatte sich in einem sehr beklagenswerten gesundheitlichen Zustand befunden. Er war noch keineswegs wiederhergestellt, obgleich er heute gut gegessen hatte und sich schon kräftiger und besser zu fühlen begann.

Auch dieser für mich so glückliche Tag neigte sich schließlich, wie alle anderen, seinem Ende zu. Wir saßen mit unseren Gesichtern gen Osten gewandt, wie Livingstone es tagelang vor meiner Ankunft getan hatte, und beobachteten die dunklen Schatten, die aus dem Palmenhain außerhalb des Ortes den Wall von Bergen hinaufzogen, den wir an jenem Tag überstiegen hatten; beides verschwand rasch vor unseren Blicken in der eintretenden Dunkelheit. Wir lauschten dem lauten Donner der Wasser des Tanganjikasees und dem Chor der Nachtinsekten mit dankbarem Herzen gegenüber dem großen Geber allen Glücks und Segens. So vergingen die Stunden, und wir saßen noch immer, mit den bemerkenswerten Ereignissen des Tages innerlich beschäftigt, als mir einfiel, dass Livingstone noch nicht alle seine Briefe gelesen hatte.

„Herr Doktor“, sagte ich, „Sie werden jetzt wohl gerne Ihre Briefe lesen wollen. Davon möchte ich Sie nicht länger abhalten.“

„Ja“, erwiderte er, „es wird spät, und ich will die Briefe meiner Freunde wirklich gerne lesen. Gute Nacht! Gott segne Sie!“

„Gute Nacht, mein teurer Herr Doktor, und lassen Sie mich hoffen, dass die Neuigkeiten, die Sie erfahren werden, Ihnen recht erwünscht sein mögen.“

ELFTES KAPITEL

Früh am nächsten Morgen fuhr ich plötzlich aus dem Schlaf. Das Zimmer kam mir fremd vor. Ich befand mich in einem Haus und nicht in meinem Zelt. Ach ja! Jetzt erinnerte ich mich, dass ich Livingstone gefunden hatte und mich in seinem Haus befand.

Ruhig lag ich im Bett. Und zwar in einem richtigen Bett, auch wenn es nur ein sehr einfaches vierbeiniges Gestell war, worauf Palmblätter anstatt Daunen ausgebreitet lagen und Pferdehaar nebst einem Bärenfell die Stelle von Linnen vertrat. Wozu war ich ausgeschickt worden? Um Livingstone zu finden.

Hatte ich ihn gefunden? Ja, natürlich, bin ich nicht in seinem Haus?

Was wollte ich jetzt als Nächstes tun? Ich wollte ihm am heutigen Tag mitteilen, wer mich abgesandt, was mich hergebracht hatte. Dann würde ich ihn bitten, einen Brief an Mr Bennett zu schreiben und ihm so viel Neues über sich mitzuteilen, wie er für richtig hielt.

Ich war ja nicht hierher gekommen, um ihn auszuhorchen, sondern es genügte mir, dass ich ihn gefunden hatte. Insoweit war mein Auftrag vollständig erfüllt. Doch wenn Livingstone mir Briefe für Mr Bennett mit einer Bestätigung gäbe, dass er mich gesehen habe, wäre es ein wirklich glänzender Erfolg.

Ob er das tun würde? Warum nicht? Er hatte weder Vorräte noch Träger, wohl aber ich. Wenn ich ihm eine Freundlichkeit erwies, würde er sie mir dann nicht erwidern?

Gemessen daran, wie ich ihn gestern Abend erlebt hatte, glaubte ich durchaus nicht, dass er so eigenbrötlerisch und menschenscheu gesinnt war, wie Dr. Kirk und andere behauptet hatten, die ihn zu kennen meinten. Trotz seiner einsilbigen Begrüßung war er, als er mir die Hand reichte, sichtlich bewegt. Außerdem war er keineswegs davongelaufen, wie man es mir prophezeit hatte; freilich vielleicht nur aus dem Grund, weil er keine Zeit dazu hatte. Dennoch, wenn er sich dadurch belästigt gefühlt hätte, dass jemand extra seinetwegen gekommen war, so würde er mich nicht so empfangen haben, wie er es getan hatte, oder mich gar ersucht haben, bei ihm zu wohnen, sondern mich griesgrämig meiner Wege geschickt haben.

In der Absicht, am Ufer des Tanganjikasees entlangzuwandeln, ehe der Doktor aufgestanden war, kleidete ich mich rasch an, öffnete die Tür, die schrecklich in ihren Angeln knarrte, und spazierte auf die Veranda.

„Ah, Herr Doktor, Sie sind schon auf? Ich hoffe, Sie haben gut geschlafen."

„Guten Morgen, Mr Stanley. Es freut mich, Sie zu sehen; hoffentlich haben Sie gut geschlafen. Ich war gestern noch spät mit dem Lesen meiner Briefe beschäftigt. Sie haben mir gute und schlechte Nachrichten gebracht. Nehmen Sie aber doch Platz." Er machte mir an seiner Seite Platz. „Ja! Viele meiner Freunde sind tot. Meinen ältesten Sohn, das heißt meinen Sohn Thomas, hat ein schweres Unglück getroffen. Mein zweiter Sohn Oswald studiert Medizin, und es geht ihm gut, wie ich höre. Meine älteste Tochter Agnes hat sich auf einer Jacht mit Sir Young und seiner Familie amüsiert. Sir Roderick ist auch wohl und drückt die Hoffnung aus, mich bald wiederzusehen. Sie haben mir einen ganzen Stapel Briefe mitgebracht."

Der Mann war also durchaus kein Gespenst, und die Szenen des gestrigen Tages gehörten nicht der Traumwelt an. Ich blickte ihn aufmerksam an, beruhigt, dass er nicht vor mir fortgelaufen war, was ich auf dem ganzen Weg nach Udschidschi ständig befürchtet hatte.

„Nun, Herr Doktor", sagte ich, „Sie wundern sich vielleicht, warum ich hierher gekommen bin."

„Freilich", sagte er, „habe ich mich darüber gewundert. Ich glaubte zuerst, Sie seien ein Abgesandter der französischen Regierung anstelle des Lieutenants Le Saint, der einige Meilen jenseits von Gondokoro verstorben ist. Ich hörte, Sie hätten Boote, viele Leute und Vorräte bei sich, und glaubte wirklich, Sie seien ein französischer Offizier, bis ich die amerikanische Flagge erblickte, und, um Ihnen die Wahrheit zu sagen, es freut mich eigentlich, dass es so ist, denn ich hätte mich mit jenem nicht auf Französisch unterhalten können."

„Ja", erwiderte ich lachend, „um Ihretwillen freut es mich, dass ich ein Amerikaner und kein Franzose bin und dass wir einander vollständig ohne Dolmetscher verstehen können. Doch im Ernst, Herr Doktor, erschrecken Sie nicht, wenn ich Ihnen sage, dass ich ausdrücklich nach Ihnen gesucht habe."

„Nach mir gesucht?"

„Jawohl."

„Wieso?"

„Nun, Sie haben doch bestimmt schon vom *New York Herald* gehört?"

„O gewiss. Wer hätte von dieser Zeitung nicht gehört?"

„Nun, der junge James Gordon Bennett, der Sohn von James Gordon Bennett, dem Besitzer des *Herald*, hat mich beauftragt, nach Ihnen zu suchen, mir so viele Nachrichten, wie Sie mir über Ihre Entdeckungen geben wollen, von Ihnen zu verschaffen und Sie mit allen zur Verfügung stehenden Mitteln nach Möglichkeit zu unterstützen."

„Wie? Der junge Mr Bennett hat Sie beauftragt, nach Afrika zu reisen, meinen Aufenthalt ausfindig zu machen und mir zu helfen? – Das ist sehr großmütig und großzügig von ihm."

„Ja, ich kenne ihn und bin stolz darauf, sagen zu können, dass er durchaus so ist, wie ich ihn Ihnen zu schildern versuche, nämlich ein eifriger, großmütiger, aufrichtiger Mann."

„Nun, ich bin ihm in der Tat sehr zu Dank verpflichtet. Sie sind gerade zur rechten Zeit angekommen, denn ich fing schon an zu glauben, ich müsse die Araber anbetteln. Doch selbst ihnen fehlt es an Tauschmitteln. Dieser Scherif hat mich vollständig ausgeplündert. Ich wünschte, ich könnte Mr Bennett in passenden Worten meinen Dank ausdrücken."

„Und jetzt, Herr Doktor, da wir diese kleine Angelegenheit erledigt haben, soll uns mein Koch Feradschi das Frühstück bringen, wenn Sie nichts dagegen haben."

„Sie haben mir Appetit gebracht", sagte er. „Halimah ist meine

Köchin, aber sie kennt nicht einmal den Unterschied zwischen Tee und Kaffee.“

Feradschi war wie gewöhnlich mit trefflichem Tee und einem Gericht dampfender Kuchen zur Hand. Ich habe mir nie viel aus dieser Art Pfannkuchen gemacht, Livingstone jedoch waren sie durchaus erwünscht, da er durch die harte Kost in Lunda fast alle Zähne verloren hatte. Dort war er genötigt gewesen, von grünen Maiskolben zu leben. Es gab nämlich in jenem Distrikt kein Fleisch, und die Anstrengung, an den Kolben zu nagen, hatte ihm sämtliche Zähne gelockert.

Livingstone sagte, schon als er meine große Badewanne erblickt habe, die mir einer meiner Leute nachtrug, habe er mich für einen sehr wohlhabenden Mann gehalten; heute aber halte er mich für noch reicher, als meine Gabeln, Messer, Schüsseln und Tassen, meine silbernen Löffel und meine silberne Teekanne herrlich glänzend auf meinem großen persischen Teppich ausgebreitet wurden.

Dies war der Beginn unseres gemeinsamen Lebens in Udschidschi. Ich hatte Livingstone vor meiner Ankunft nicht persönlich gekannt. Bisher waren mir nur sein Name und sein Schicksal geläufig, das stets ein großes Thema für die Tageszeitungen gewesen war wie die meisten Dinge, an welchen das nach Neuigkeiten gierige Publikum Freude hat. Ich hatte Schlachtfelder besucht, Revolutionen, Bürgerkriege, Aufstände und Metzeleien mit angesehen; ich hatte nahe bei einem zum Tode verurteilten Mörder gestanden, um über seinen letzten Gang und seine letzten Seufzer Bericht zu erstatten.

Niemals aber war es meine Aufgabe gewesen, über irgendetwas Bericht zu erstatten, das mich so sehr bewegt hätte wie die Entbehrungen und Leiden dieses Mannes, die Widrigkeiten und Enttäuschungen, mit denen er hatte kämpfen müssen und die ich jetzt in ihrem ganzen Umfang erfuhr.

Unter den Palmen von Udschidschi kamen und gingen die Tage friedlich und glücklich. Mein Gefährte nahm an Gesundheit und guter Laune zu. Ihm war das Leben wiedergegeben, die schwindende Lebenskraft wiederhergestellt worden; der Enthusiasmus für seine Aufgabe erreichte allmählich wieder die Höhe, die ihn zu dem Wunsch

Unser Haus in Udschidschi

zwang, wieder imstande zu sein, etwas zu leisten. Was konnte er aber mit fünf Menschen und 15 bis 20 Stück Stoff tun?

„Haben Sie das nördliche Ende des Tanganjikasees erforscht?“, fragte ich ihn eines Tages.

„Nein. Ich habe versucht, dorthin zu gelangen, doch taten die Wadschidschi alles Mögliche, um mir meine Vorräte und Tauschwaren abzunehmen, und ich hatte wahrhaftig nicht viel Tuch.

Ihre Frage richtet sich aber im Grunde auf die Erforschung der Flüsse und wie sie untereinander verbunden sind. Das große Flusssystem ist derjenige Fluss, welcher vom elften Grad südlicher Breite abfließt, den ich sieben Grad nach Norden hin verfolgt habe. Der Tschambesi, wie er an seinem südlichen Ende heißt, entwässert einen großen Landstrich, der südlich von der südlichsten Quelle des Tanganjika liegt; deshalb muss er der Wichtigste sein. Ich habe nicht den geringsten Zweifel, dass dieser See hier der obere Tanganjika und dass der Albert-Njansa-See der untere Tanganjika ist, welche durch einen Fluss verbunden sind, der vom oberen in den unteren läuft. Das ist meine Meinung, welche sich auf arabische Berichte und einen Versuch gründet, den ich mit Wasserpflanzen über seinen Verlauf angestellt habe. Doch habe ich eigentlich nicht viel darüber nachgedacht."

„Nun, wenn ich an Ihrer Stelle wäre, Herr Doktor, so würde ich, ehe ich Udschidschi verließe, das untersuchen und die diesbezüglichen Zweifel beseitigen für den Fall, dass Sie von hier fortziehen und nicht wieder auf demselben Weg zurückkehren. Die Royal Geographical Society legt viel Wert darauf zu erfahren, ob diese angenommene Verbindung zwischen den beiden Seen wirklich existiert, und sie hat erklärt, Sie seien der Einzige, der die Frage beantworten kann. Wenn ich Ihnen dabei von Nutzen sein kann, so haben Sie über mich zu befehlen. Obgleich ich nicht als Forscher nach Afrika gekommen bin, so bin ich doch in dieser Hinsicht ziemlich wissbegierig und würde Sie sehr gern begleiten. Ich habe ungefähr zwanzig Träger und Soldaten bei mir, die auch zu rudern verstehen; außerdem haben wir hinreichend viele Gewehre, Tuche und Perlen. Wenn wir also von den Arabern ein Boot bekommen können, so lässt sich die Sache leicht machen."

„O ja, wir können ein Kanu von Said ben Madjid bekommen. Dieser Mann ist mir gegenüber sehr freundlich gewesen, und wenn es einen arabischen Gentleman gibt, so ist er es."

„Dann ist es also abgemacht, dass wir diese Reise gemeinsam unternehmen?"

„Ja! Ich bin dazu bereit, sobald Sie es sind."

„Ich stehe zu Ihren Diensten. Hören Sie denn nicht, dass meine Leute Sie den ‚großen Herrn' und mich den ‚kleinen Herrn' nennen? Es würde doch nicht passen, dass der kleine Herr befiehlt."

Jetzt fing ich an, Livingstone gründlich kennen zu lernen. Ich behaupte, dass jeder, der näher mit ihm Umgang hat, ein vollständiges Bild seines Charakters gewinnt, denn es ist kein Falsch in ihm, und wie er äußerlich erscheint, so ist auch sein Inneres beschaffen. Ich hoffe, dass ich mit meiner Skizze seiner Eigenschaften und seiner Entdeckungen niemanden beleidige; denn ich gebe einfach meine Meinung über den Mann, wie ich ihn gesehen und gekannt habe, nicht wie er sich selbst darstellte oder wie man ihn mir geschildert hat. Ich habe vom 10. November 1871 bis zum 14. März 1872 mit ihm zusammengelebt, ihn in den Lagern und auf den Märschen beobachtet und empfinde für ihn unbedingte Bewunderung. Das Lager ist der beste Ort, um die Schwächen eines Menschen an den Tag zu bringen, denn hier offenbart er bestimmt, wenn er launisch oder querköpfig ist, seine Sonderbarkeiten und schwachen Seiten.

Dr. Livingstone war ungefähr sechzig Jahre alt, erschien jedoch, nachdem er völlig wiederhergestellt war, mehr wie ein Mann, der sein fünfzigstes Jahr noch nicht überschritten hatte. Sein Haar war noch von bräunlicher Farbe, hier und da jedoch an den Schläfen mit etwas Grau gemischt. Backen- und Schnurrbart waren sehr grau; die Augen nussbraun und außerordentlich klar; er sah so scharf wie ein Habicht. Nur die Zähne zeigten die Schwäche des Alters. Seine Gestalt, die bald etwas an Korpulenz gewann, war ein wenig mehr als mittelgroß und etwas gekrümmt. Wenn er ging, hatte er einen festen, aber schweren Tritt, der dem eines überanstrengten oder ermüdeten Mannes glich. Gewöhnlich trug er eine Matrosenmütze mit großem rundem Schirm, an der man ihn in ganz Afrika wiedererkannt hat. Seine Kleidung zeigte, als ich ihn zuerst sah, Spuren von Flickereien und Ausbesserungen, war aber pedantisch reinlich.

Nie habe ich eine Spur von Menschenfeindlichkeit oder Hypochondrie an ihm bemerkt, und was die Geschwätzigkeit betrifft, so ist Dr. Livingstone gerade das Gegenteil; er ist in höchstem Grade reserviert. Ich habe festgestellt, dass Livingstone einen ruhigen Humor besaß, den er zu jeder Zeit in Gesellschaft von Freunden an den Tag legte.

Während der vier Monate, die ich mit ihm zusammen war, habe ich jeden Abend gesehen, wie er sorgfältig Aufzeichnungen machte. Ein großer Blechkasten, den er mit sich führte, enthielt zahllose Notizbücher, deren Inhalt, wie ich glaube, noch einmal ans Tageslicht kommen wird. Auch seine Karten bekundeten viel Sorgfalt und Fleiß.

Man kann jeden Zug in Dr. Livingstones Charakter sorgfältig analysieren, und es wird kein Mensch daran etwas auszusetzen finden. Er war, wie ich weiß, empfindlich, doch ist das mancher Mann von gewissem Geist und edlem Charakter. Namentlich war er empfindlich, wenn man an ihm zweifelte oder ihn kritisierte. Wer aber zweifelte auch an ihm? Das taten nur stubenhockende Geographen, nicht aber die angestrengt tätigen Forschungs- und Entdeckungsreisenden, die zu hunderten in Diensten der Royal Geographical Society standen.

Ich habe viele liebenswürdige Züge an Livingstone gefunden. Seine Sanftmut verließ ihn niemals; ebenso wenig wie sein hoffnungsvolles Wesen. Weder aufreibende Sorgen noch Beunruhigungen des Geistes, noch lange Trennung von Haus und Familie konnten ihn zum Klagen bringen. Er glaubte, alles würde schließlich doch gut, denn er hatte einen festen Glauben an die Güte der Vorsehung. Er war, als Spielball unglücklicher Verhältnisse und der elenden Menschen, die ihm von Sansibar aus geschickt wurden, getäuscht und fast zu Tode gequält worden; dennoch wollte er die Aufgabe, die ihm sein Freund Sir Roderick Murchison gestellt hatte, nicht im Stich lassen. Den strengen Vorschriften der Pflicht allein hatte er Heimat und Bequemlichkeit, Vergnügungen und Genüsse des zivilisierten Lebens geopfert und hatte mit dem Heldenmut des Spartaners, der Unbeugsamkeit des Römers, der ausdauernden Entschlossenheit des Angelsachsen niemals seine Aufgabe hintangesetzt, wenn sich auch sein Herz nach Hause sehnte, sondern er wollte seinen Obliegenheiten nachkommen, bis er Finis unter sein Werk setzen konnte.

Livingstone hatte eine liebenswürdige Ungezwungenheit, die ich zu würdigen verstand. Sooft er zu lachen anfing, war dies so ansteckend, dass ich es ihm nachtun musste. Es war ein unwillkürlich wirkendes echtes Lachen, das den ganzen Menschen vom Kopf bis zur Zehe erschütterte. Wenn er eine Geschichte erzählte, so geschah dies in einer Weise, dass man von der Wahrheit derselben überzeugt wurde. Dabei war sein Gesicht von der überraschenden Komik der Geschichte so verklärt, dass ich bestimmt wusste, sie sei erzählens- und hörenswert.

Die hageren Züge, welche mich bei unserer ersten Zusammenkunft erschreckt hatten, der schwere Tritt, der von Alter und anstrengenden Reisen sprach, der graue Bart und die leichte Beugung seines Körpers gaben ein ganz falsches Bild von dem Mann. Unter diesem strapazierten Äußeren lag ein unendlicher Schatz von Lustigkeit und unerschöpflichem Humor; sein raues Äußeres schloss ein jugendliches, übersprudelndes Gemüt in sich. Jeden Tag bekam ich unzählige Scherze, reizende Anekdoten und interessante Jagdgeschichten zu hören. Noch ein Punkt, der meine Aufmerksamkeit besonders auf sich zog, war sein wunderbares Gedächtnis.

Die Charakterisierung von Dr. Livingstone wäre nicht vollständig, ohne die religiöse Seite seines Charakters zu berücksichtigen. Seine Religion war nicht theoretischer Natur, sondern eine beständige ernste, aufrichtige Praxis; sie war weder demonstrativ noch laut, sondern zeigte sich in ruhiger, praktischer Weise und war immer tätig; sie war nie aggressiv, was bisweilen sehr lästig, wenn nicht gar ungebührlich ist. In ihm zeigte die Religiosität ihre hervorragendsten Züge; sie beherrschte sein Benehmen nicht nur gegenüber seinen Dienstleuten, sondern auch gegenüber den Eingeborenen, den bigotten Mohammedanern und allen, die mit ihm in Berührung kamen. Ohne sie wäre Livingstone mit seinem hitzigen Temperament, seiner Begeisterung, seinem Mut und strebsamen Geist ein sehr wenig umgänglicher Mensch und harter Herr geworden. Die Religion hatte ihn gezähmt und ihn zu einem christlichen Gentleman gemacht; alles Rohe und Eigenwillige war dadurch veredelt und unterdrückt worden. Sein Glaube hatte ihn zu dem umgänglichsten Menschen und nachsichtigsten Herrn gemacht, zu einem Mann, dessen Gesellschaft in höchstem Grade angenehm war.

Ich habe oft zugehört, wie unsere Diener sich über unsere verschiedenen Eigenschaften unterhielten. „Euer Herr“, sagten meine Diener zu denen von Livingstone, „ist ein guter Mann, ein sehr guter Mann; er schlägt euch nicht, denn er hat ein gutes Herz; aber der unsrige – ach, der ist scharf und heiß wie Feuer, *mkali sana, kuna moto.*“

Während Livingstone anfangs bei seiner Ankunft in Udschidschi von den Arabern und Mischlingen gehasst und in jeder möglichen Weise schikaniert worden war, hatte er inzwischen durch seine stets gleichbleibende Güte und sein mildes, angenehmes Temperament die Herzen aller gewonnen. Ich habe gesehen, dass ihm allgemeine Achtung gezollt wurde. Selbst die Mohammedaner gingen nie an seinem Haus vorüber, ohne ihn anzusprechen und zu begrüßen und ihm ein: „Der Segen Gottes ruhe auf Euch!" zuzurufen. Jeden Sonntagmorgen versammelte er, wie der Missionar, der er früher einmal war, seine kleine Gemeinde um sich und las ihr Gebete und ein Kapitel aus der Bibel in einem natürlichen, ungezierten und aufrichtigen Ton vor. Darauf hielt er eine kurze Ansprache in Suaheli über den verlesenen Gegenstand, der seine Zuhörer mit offenbarem Interesse und großer Aufmerksamkeit folgten.

Es gibt noch einen Punkt in Livingstones Charakter, über den diejenigen, welche seine Bücher lesen und seine Entdeckungsreisen studieren, Auskunft haben möchten, und das ist seine Fähigkeit, dem schrecklichen Klima Zentralafrikas Widerstand zu leisten, die konsequente Energie, mit der er seine Forschungen verfolgte. Diese Energie war ihm und seiner Rasse angeboren. Er bot ein schönes Beispiel der Ausdauer, Standhaftigkeit und Zähigkeit, welche den Angelsachsen auszeichnen; doch war seine Fähigkeit, dem Klima Widerstand zu leisten, nicht nur der glücklichen Konstitution, die ihm angeboren war, sondern auch dem streng mäßigen Leben, das er stets geführt hatte, zuzuschreiben. Ein Trunkenbold oder ein Mann von lasterhaften Angewohnheiten könnte niemals das Klima von Zentralafrika vertragen.

Am zweiten Tag nach meiner Ankunft in Udschidschi fragte ich Livingstone, ob er sich nicht bisweilen danach sehne, seine Heimat wiederzusehen und sich nach sechsjährigen Entdeckungsreisen etwas auszuruhen. Die Antwort, die er mir darauf gab, kennzeichnete den ganzen Mann. Er sagte nämlich: „Sehr gern würde ich nach Hause fahren und meine Kinder noch einmal sehen; ich kann es aber nicht über mich bringen, die Aufgabe, die mir gestellt ist, jetzt, wo sie fast vollendet ist, im Stich zu lassen. Es bedarf nur noch sechs bis sieben weiterer Monate, um die Quelle, die ich entdeckt habe, in Zusammenhang zu bringen mit dem Arm des Weißen Nils oder mit dem Albert-Njansa-See. Warum sollte ich jetzt nach Hause fahren, ehe meine Aufgabe beendet ist, nur um später wieder zurückkehren zu müssen und dann erst etwas zu leisten, was ich jetzt gut zustande bringen kann?"

„Und warum", fragte ich, „sind Sie hierher nach Udschidschi zurückgekehrt, ohne die Aufgabe, von der Sie sagen, dass sie vollbracht werden müsse, zu beendigen?"

„Einfach, weil ich dazu gezwungen war. Meine Leute wollten nicht einen Schritt weitergehen. Sie empörten sich und beschlossen heimlich, wenn ich darauf bestände, fortzulaufen, Unruhen im Lande zu erregen und, nachdem sie das zustande gebracht, mich im Stich zu lassen. In diesem Fall wäre ich ermordet worden. Es war zu gefährlich weiterzugehen. Ich hatte tausend Kilometer der Wasserscheide erforscht und die hauptsächlichsten Flüsse, die ihr Wasser in das Zentral-Wassersystem ergießen, erforscht; als ich aber die letzten hundertfünfzig Kilometer untersuchen wollte, verloren meine Leute den Mut und machten sich daran, meine Absicht in jeder Weise zu vereiteln. Jetzt, wo ich tausendeinhundert Kilometer zurückgelegt habe, um mir neue Vorräte und eine neue Begleitung zu verschaffen, habe ich nicht einmal mehr genug, um auch nur ein paar Wochen zu überleben, und bin krank an Geist und Körper."

Bei Livingstone war es Prinzip, was er unternahm, gut durchzuführen, und im Bewusstsein, dass er dies tat, fand er trotz seiner Sehnsucht nach der Heimat, die bisweilen überwältigend war, einen gewissen Grad von Zufriedenheit, wenn nicht Glückseligkeit. Während anders geartete Menschen einen langen Aufenthalt unter den Wilden Afrikas mit Schrecken betrachten würden, so fand Livingstones Geist Freude und Nahrung für seine wissenschaftlichen Studien darin. Die Wunder der Urwelt, die großen Wälder und hohen Gebirge, die unversieglichen Ströme und Quellen der großen Seen, die Wunder der Erde, die Herrlichkeit des tropischen Himmels bei Tag und Nacht, kurz alle Erd- und Himmelserscheinungen waren Manna für einen Mann von solcher Selbstverleugnung und einem so hingebungsvollen philanthropischen Geist. Der urwüchsigen Einfachheit der dunklen Kinder Äthiopiens, unter denen er so viele Jahre seines Lebens zugebracht hatte, konnte er Reize abgewinnen. Er hatte einen festen Glauben an ihre Fähigkeiten, sah Tugenden in ihnen, wo andere nur Barbarei erblickten, und als er bei ihnen gewesen ist, hat er versucht, das Volk, das anscheinend von Gott und der Christenheit vergessen worden war, aufzurichten.

Livingstone war beinahe sterbend am 16. Oktober in Udschidschi angekommen. Da es ihm unmöglich war, gegen die Hartnäckigkeit seiner Leute anzukämpfen, hatte er unterwegs versucht, sich mit dem Gedanken zu trösten, er werde nicht viel Zeit, höchstens noch fünf bis sechs Monate, für einen neuen Vormarsch benötigen, und darauf käme es nicht an, da es sich doch nicht vermeiden ließe. In Udschidschi habe er ja seine Tauschwaren, und von dort könne er, mit neuen Leuten ausgerüstet, wieder losziehen. Durch solche Hoffnungen versuchte er sich einzureden, dass alles wieder in Ordnung kommen werde. Man kann sich also den Schreck vorstellen, als sich herausstellte, dass der Mann, dem er seine Güter in Verwahrung gegeben hatte, diese sämtlich gegen Elfenbein verkauft hatte.

Am Abend des Tages, als Livingstone nach Udschidschi zurückkehrte, sah er seine beiden treuen Diener Gusi und Dschumah bitterlich weinen. Er fragte sie, was ihnen fehle, und erfuhr darauf zum ersten Mal die betrüblichen Tatsachen, mit denen er sich in der Folgezeit abfinden musste. Denn sie sprachen: „All unser Eigentum ist verkauft, Herr! Scherif hat alles für Elfenbein losgeschlagen."

Später am Abend kam Scherif selbst zu ihm und bot ihm unverschämterweise die Hand, die Livingstone jedoch mit den Worten zurückstieß, er könne einem Dieb nicht die Hand reichen. Zu seiner Entschuldigung führte Scherif an, er habe aus dem Koran gewahrsagt und daraus erfahren, der *Hakim* (arabisch für Doktor) sei tot.

Jetzt hatte Livingstone fast alles verloren; es war ihm gerade genug geblieben, um sich und seine Leute ungefähr einen Monat zu unterhalten; dann wäre er genötigt gewesen, die Araber anzubetteln.

Vielfach beklagte sich Livingstone darüber, dass ihm Sklaven als Hüter seiner Waren geschickt worden seien, obgleich er den Konsul in Sansibar stets gebeten habe, ihm Freigelassene zu senden. Ohne große Mühe hätten diejenigen, die ihm Vorräte zuzuschicken hatten, sich gute, treue Freigelassene verschaffen können.

Dr. Livingstone behauptete, er habe wiederholt Dr. Kirk aufs Dringendste ersucht, ihm keine Sklaven zu schicken. Niemand wusste besser, wie wenig Verlass auf sie war, und man kann sich vorstellen, wie hoffnungslos ihm seine Aufgabe erscheinen musste, als er immer wieder von diesen unfähigen Menschen getäuscht wurde.

Wir verlebten mehrere glückliche Tage in Udschidschi, und es wurde nun Zeit, unsere Fahrt auf dem Tanganjikasee vorzubereiten. Livingstone erholte sich bei der neuen Kost, mit der ihn mein Koch versah, von Tag zu Tag. Wir hatten Käse und Butter, die ich selbst bereitete, frische Eier, Hühner, Hammelbraten, Fische aus dem See, herrliche saure Milch, Sahne, Palmwein, Eierpflanzen, Gurken, Süßkartoffeln, Erbsennüsse und Bohnen, weißen Honig, saftige, süße Singwe – eine pflaumenartige Frucht aus den Wäldern von Udschidschi – und Maiskuchen statt des Weizenbrotes.

Während der Mittagshitze saßen wir auf unserer Veranda und unterhielten uns über verschiedene Projekte, und am frühen Morgen und Abend suchten wir die Ufer des Sees auf und spazierten dort entlang, um die kühlen Lüfte einzuatmen, welche die Oberfläche des Wassers in Bewegung setzten und die unruhige Brandung weit auf den glatten weißen Sand hinaufrollten.

Es war die trockene Jahreszeit, und wir hatten herrliches Wetter; die Temperatur betrug nie mehr als 25 Grad.

Der Marktplatz, der sich zu der breiten silbernen Wasserfläche öffnete, bot uns Belehrung und Unterhaltung. Täglich waren hier Vertreter von fast allen Stämmen, die in der Nähe des Sees wohnten, zu sehen. Da gab es die Ackerbau und Viehzucht treibenden Wadschidschi mit ihren Herden; dort die Fischer aus Ukaranga und Kaole, aus der Gegend jenseits Bangwe und selbst aus Burundi mit ihren Breitlingen, mit Welsen, Barschen und anderen Fischen; oder die Palmölhändler, hauptsächlich aus Udschidschi und Burundi mit großen, fünf Gallonen fassenden Töpfen voll rötlichen Öls, das so fest wie Butter war. Hier standen die Salzhändler aus den Salzebenen von Uvinsa und Uahha; dort die Elfenbeinhändler aus Uvira und Usowa; die Bootmacher aus Ugoma und Burundi; die Trödler mit billigen Waren aus Sansibar, welche dünne, bedruckte Stoffe verkauften, sowie Wechsler, die blaue Mutunda-Perlen gegen Sami-Sami und Sungomassi oder Sosi umtauschten. Die Sosi-Perlen sehen aus wie kleine Stückchen dickes, gut einen Zentimeter langes Tonpfeifenrohr, und sie waren hier sehr gesucht.

Mit unbedecktem Haupt und fast unbekleidet tändelten die Jünglinge mit schwarzhäutigen, wollköpfigen Angebeteten, die nicht wie ihre weißen Schwestern vor dem glühenden Blick der Liebe zu erröten wussten. Alte Weiber tratschten und klatschten, wie sie es überall tun; Kinder spielten und lachten und balgten sich ebenso wie die Kinder bei uns zu Lande, und auf ihre Speere oder Bogen gestützte Greise waren ebenso schwatzhaft auf dem Marktplatz von Udschidschi wie die alten Leute anderer Himmelsstriche.

ZWÖLFTES KAPITEL

Hätten Livingstone und ich, nachdem wir uns entschlossen hatten, das nördliche Ende des Tanganjikasees zu erforschen, uns durch die übertriebenen Forderungen und Befürchtungen einer Schar Wadschidschi zwingen lassen, nach Unjanjembe zurückzukehren, ohne das Problem des Rusisi-Flusses gelöst zu haben, so hätten wir es gewiss verdient, in der Heimat mit allgemeinem Hohngelächter aufgenommen zu werden. Auch hatten wir ja eine hinreichende Zahl guter Matrosen bei uns, die ganz unter unseren Befehlen standen. Konnten wir uns daher nur ein Boot verschaffen, so ließ sich unseres Erachtens die Sache gut ausführen.

Wir wandten uns daher an Said ben Madjid, der uns sofort in freigebiger Weise den Gebrauch seines Bootes zu jedem beliebigen Zweck gestattete. Wir mieteten daher zwei Wadschidschiführer und trafen unsere Vorbereitungen, etwa eine Woche nach meiner Ankunft vom Hafen von Udschidschi aus die Reise über den See anzutreten.

Ehe wir uns einschifften, hatte sich Livingstone noch nicht definitiv entschlossen, was er danach in seiner traurigen Lage tun solle. Seine Dienerschaft bestand nur aus wenigen Leuten. Wohin konnte sich Dr. Livingstone mit diesen wenigen begeben angesichts des geringen Restes an Tuch und Perlen, der ihm noch von dem Vorrat übrig geblieben war, den der schwachköpfige Scherif vergeudet hatte? Es handelte sich um ein schwer zu lösendes Problem.

Ich war so kühn, trotz aller gebührenden Hochachtung gegenüber Dr. Livingstones großen Erfahrungen als legendärer Entdeckungsreisender, ihm verschiedene Möglichkeiten vorzuschlagen, von denen er die eine oder die andere annehmen konnte.

Auf jedem dieser Wege, welcher ihm auch als der zweckmäßigste

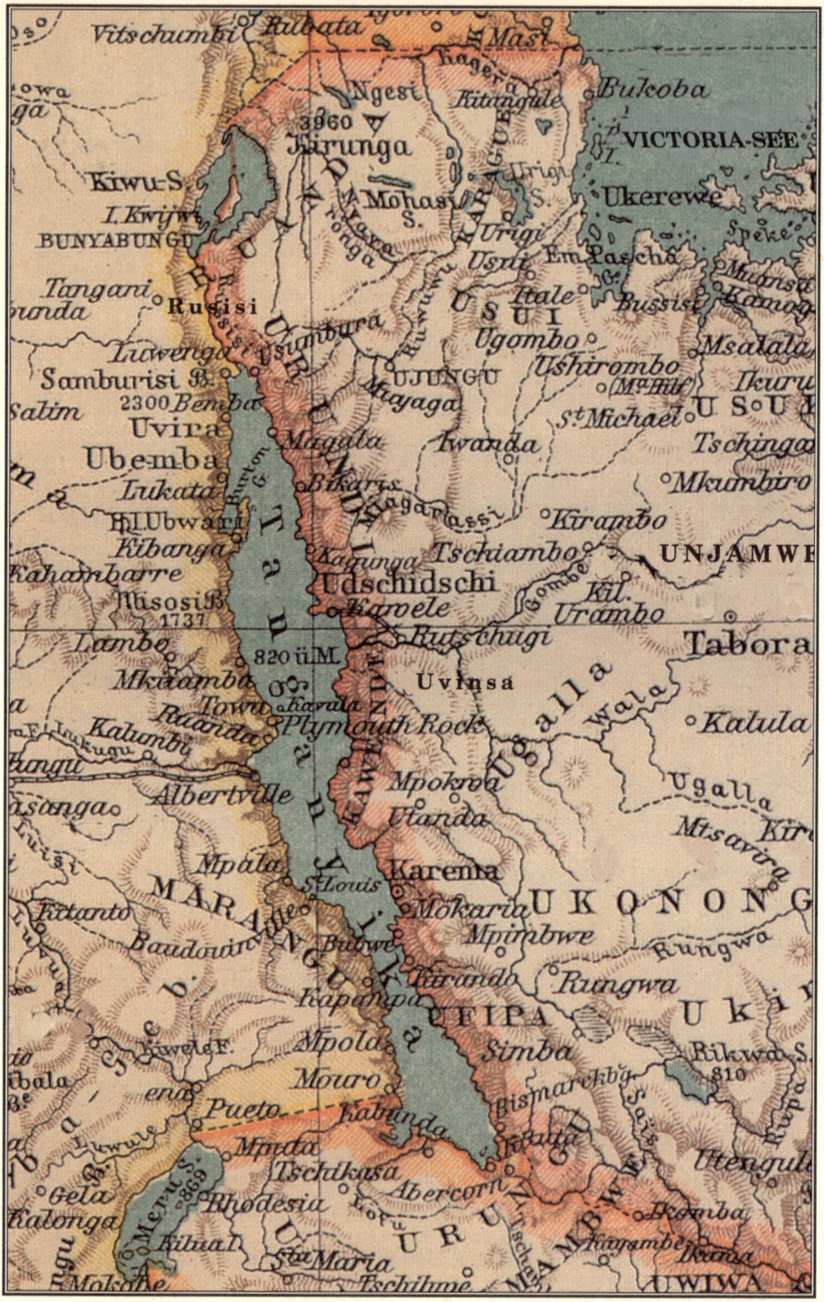

Vitschumbi
Rubata
Masi
Bukoba
VICTORIA-SEE
Ngesi
Kitangule
3960
Kirunga
Kiwu-S.
I. Kwijwi
BUNYABUNGU
Mohasi S.
Ukerewe
Urigi
Usui
Em Pascha
Speke
Tangani
Rusisi
Italie
Bussisi
Usumbura
U S U I
Ugombo
Msalala
Luwenga
Samburisi
UJUNGU
Ushirombo
Ikuru
2300 Bemba
Muyaga
St Michael
U S U I
Uvira
Magala
Iwanda
Tschinga
Ubemba
Mkumbiro
Lukata
Bikari
Kirambo
Ubwari
Kibanga
Kagunga
Tschiambo
UNJAMWE
Kahambarre
Udschidschi
Kil.
Misosi
1737
Kavele
Urambo
Lambo
Rutschugi
Tabora
820 ü.M.
Mkuamba
Uvinsa
Ugalla
Wala
Towa
Ruanda
Plymouth Rock
Kalula
Kalumbi
Lukugu
Albertville
Mpokwa
Ugalla
Utanda
Mtsavira
Mpala
Karema
MARANGU
St Louis
UKONONG
Baudouinville
Mokaria
Mpimbwe
Rungwa
Kirando
Rungwa
Kapampa
UFIPA
Ukir
Kwele F.
Mpola
Simba
Rikwa-S.
810
Mouro
Pueto
Bismarckbg
Kabunda
Mpanda
Tschikasa
Abercorn
Utengule
Meru S.
Gela
Rhodesia
Kalonga
Ikomba
URUNGU
MAMBWE
Kilua I.
Sta Maria
Kayambe
Ikansa
Tschibwe
UWIWA
Mokabe

erschien, wollten ich und meine Leute ihm als Eskorte und Lastträger nach besten Kräften beistehen. Wenn er die Heimfahrt wählte, so würde ich stolz darauf sein, ihn zu begleiten, und mich seinen Befehlen in Bezug auf Marsch- und Rasttage vollständig unterwerfen.

Schließlich schlug ich ihm vor, sich von mir bis Unjanjembe begleiten zu lassen, wo er seine Waren in Empfang nehmen, von mir große Vorräte des allerbesten Tuches, vorzüglicher Perlen, Gewehre und Munition, Kochgeräte, Kleider, Boote und Zelt erhalten und sich in einem bequemen Haus ausruhen könne, während ich an die Küste eilte, eine neue, aus fünfzig bis sechzig treuen, gut bewaffneten Leuten bestehende Expedition organisierte und ihm durch diese neue Vorräte von erwünschten Genüssen in Gestalt von Naturalien zuschickte.

Nachdem er in Unjanjembe seine Güter in Empfang genommen hätte, könnte er sich hinreichend viele Lastenträger mieten und nach Mandschema oder Rua marschieren, um das Nil-Problem, das seiner Meinung nach der Lösung so nahe war, zu erledigen.

Nach langer Überlegung entschloss er sich, diese Möglichkeit zu wählen, die ihm die beste, am leichtesten auszuführende zu sein schien.

Was wir nun alles auf der bevorstehenden Reise an das Nordende des Tanganjikasees entdecken würden, konnten wir nicht ahnen. Wir meinten, der Rusisi sei ein Ausfluss des Tanganjika, der diesen mit dem Albert- oder Victoriasee verbinde, da Eingeborene wie Araber uns sagten, der Rusisi fließe aus dem See heraus. Die ganze Unternehmung ging darauf aus, womöglich eine Heerstraße für den Handel zu entdecken, welche die Schiffe vom Nil bis Udschidschi, Usowa und nach dem fernen Marungu führen könne.

Unser Schiff war nur ein schwankendes, aus dem edlen Moule-Baum ausgehöhltes Ruderkanu. Said ben Madjid hatte behauptet, sein Nachen könne 25 Mann und 35 Zentner Elfenbein tragen. Auf diese Kunde hin schifften wir 25 Leute ein, von denen mehrere sich Beutel mit Salz für den Handel mit den Eingeborenen eingepackt hatten. Als wir aber vom Ufer bei Udschidschi abstießen, entdeckten wir, dass das Boot zu schwer beladen war und bis an den Hauptbalken einsank. Wir kehrten daher ans Ufer zurück, luden sechs Leute und die Salzbeutel aus und behielten somit 15 Ruderer, den jungen Araber Selim, den Koch Feradschi und zwei Wadschidschiführer bei uns.

Nachdem wir so unser Boot in Ordnung gebracht hatten, stießen wir ab und fuhren zunächst an der Bangew-Insel, die sieben bis acht Kilometer von dem Seehafen von Udschidschi entfernt liegt, vorbei. Unsere Wadschidschi-Führer erzählten uns, die Araber und Wadschidschi hätten während eines Watuta-Überfalls vor einigen Jahren, bei dem diese eine Menge Einwohner von Udschidschi massakrierten, auf dieser Insel Schutz gesucht. Nur diejenigen, die hierher geflohen waren, entkamen dem Feuer und Schwert der Watuta.

Dann folgten wir den verschiedenen Biegungen und Einschnitten des Ufers und kamen in Sicht der herrlichen Bucht von Kigoma, einem ausgezeichneten Hafen gegen die auf dem Tanganjikasee herrschenden, sehr veränderlichen Winde. Etwa um zehn Uhr vormittags fuhren wir ins Dorf Kigoma, da der Ostwind sich gerade erhob und uns in den See zu treiben suchte. Von Udschidschi nach Norden fahrende Reisende, die nicht sehr eilig sind, benutzen stets Kigoma als ersten Hafen, und wir übernachteten dort in Zelten.

Am nächsten Morgen fuhren wir weiter nach Norden.

Der See war ganz ruhig, sein dunkelgrünes Wasser spiegelte den heiteren blauen Himmel wider. Flusspferde kamen in beunruhigende Nähe unseres Nachens, um Luft zu schöpfen, und tauchten die Köpfe wieder unter, als ob sie mit uns Verstecken spielten. Als wir den hohen Waldhügeln von Bemba gegenüber und anderthalb Kilometer vom Ufer entfernt waren, hielten wir die Gelegenheit für günstig, das Wasser zu sondieren, da dessen Farbe auf eine bedeutende Tiefe schließen ließ. Hier fanden wir, dass sie 35 Faden, das sind annähernd 70 Meter, betrug.

An diesem Tag fuhren wir dicht am Ufer entlang, an dem sich eine schöne bewaldete und von grünem Gras überzogene Bergreihe sehr steil, fast jählings in die Tiefe des Sees herabsenkte. Jedes Mal wenn wir um die verschiedenen Vorgebirge und Vorsprünge fuhren, erweckte dies große Erwartungen neuer, wunderbarer Bilder, die sich unseren Blicken eröffnen würden, und sobald die tiefen Einschnitte vor uns lagen, wur-

Am Tanganjikasee

den wir nicht enttäuscht. Denn die Waldhügel mit ihren reichen, schön belaubten Bäumen, von denen viele aus ihrem Blütenschmuck unbeschreiblich süße Düfte entsandten, erhoben ihre Häupter in mannigfaltigen Umrissen, hier als Pyramiden oder abgestumpfte Kegel, dort tafelförmig oder in kirchdachähnlichen Formen, dort wiederum als eine herrliche Masse mit glatten Umrissen oder wilden, gezackten Konturen.

Die ausnehmend schönen Anblicke am Ende der verschiedenen Buchten entlockten uns manchen Ausruf der Bewunderung. Bei mir war es sehr natürlich, dass ich die höchste Bewunderung für diese Abfolge herrlicher Naturgemälde empfand; nicht minder aber war dies auch bei Livingstone der Fall, obgleich man hätte annehmen können, dass sein Sinn für Naturschönheiten längst abgestumpft sei, gesättigt von noch schöneren und großartigeren Panoramen.

Auf dem ganzen Weg von Bagamoyo nach Udschidschi hatte ich

nichts gesehen, was sich dem hier vergleichen ließe, nichts von solchen Fischeransiedlungen unter dem Schatten von Palmen-, Platanen-, Bananen- und Mimosenhainen oder von kleinen Feldern voll üppigen Korns, welche auf die ruhige Bucht niederschauten, deren stille Wasser am frühen Morgen die Schönheit der Berge widerspiegelten.

Offenbar befanden sich die Fischer hier in einer angenehmen Lage. Der See bot ihnen so viele Fische, wie sie wollten, mehr, als sie verzehren konnten, sodass die Fleißigen viel verkaufen konnten. Die steilen Abhänge der Hügel, die von den Frauen bearbeitet wurden, brachten reichen Ertrag, zum Beispiel Hirse und Mais neben Erd- oder Erbsennüssen und Süßkartoffeln. Die Palmen bescherten Öl und die Platanen herrliches Obst in reicher Menge. Die Schluchten und tiefen Gründe versahen sie mit hohen stattlichen Bäumen, aus denen sie ihre Kanus schnitzten.

Als wir in die Nähe von Riasanga, unserem zweiten Lagerort, kamen, ereigneten sich, wenige Minuten ehe wir unser Boot ans Ufer zogen, zwei kleine Zwischenfälle.

Ich schoss nämlich einen sehr großen Affen mit hundeähnlichem Gesicht. Er hatte weder eine Mähne noch einen Büschel am Ende seines Schwanzes, sein Körper aber war von langem, borstigem Haar bedeckt. Wir sahen zahlreiche Exemplare dieser Gattung wie auch kleinere mit Katzenköpfen und langen Schwänzen.

Das zweite Ereignis war der Anblick einer großen Eidechse von etwa 75 Zentimeter Länge, die in ihren Schlupfwinkel forthuschte, ehe wir sie genau sehen konnten. Dr. Livingstone hielt sie für den *Monitor terrestris.*

Unter einem Bananenbaum schlugen wir unser Lager auf. Unsere Umgebung bestand hier aus dem jetzt dunkelgrauen Wasser des Tanganjika, einem amphitheatralischen Bergzug und dem Dorf Riasanga, das an der Mündung des Flüsschens Riasanga liegt und von Palmenhainen, Platanendickichten und kleinen Korn- und Gemüsefeldern eingeschlossen ist. Von unserem Zelt aus blickte man auf die herrliche, von Lüftchen gefächelte Wasserfläche und in der Ferne auf die Insel

 Musimu, deren Berge und Höhenzüge tiefblau aussahen. Zu unseren

Füßen befanden sich reine, in kleinen Reihen und Haufen angeschwemmte Kieselsteine.

Vor dem Zelt befanden sich zu beiden Seiten dicke, hohe Binsen, die gleichsam eine Hecke zwischen dem Ufer und dem das Dorf Riasanga umgebenden bebauten Land bildeten.

Unter den hier vorkommenden Vögeln waren die munteren Bachstelzen am bemerkenswertesten, die von den Eingeborenen als Friedensboten und von guter Vorbedeutung angesehen wurden, weswegen jeder Schaden, den man ihnen zufügte, sofort mit einer Strafe geahndet wurde; sie boten ja auch nur Böswilligen eine Verlockung zur Gewalttätigkeit dar. Bei unserer Landung kamen sie uns entgegengeflogen und schwebten in der Luft vor uns her, sodass wir sie leicht mit den Händen hätten ergreifen können. Im Übrigen kamen Krähen, Turteltauben, Fischhabichte, Königsfischer, Ibisse, Reiher, Gänse, Stoßvögel, Reisvögel, Meisen und Adler vor.

An diesem Ort litt Dr. Livingstone an Diarrhö, was, wie er selbst sagte, sein einziger schwacher Punkt war; später fand sich, dass er sehr häufig daran zu leiden hatte. Jede Gemütsbewegung oder Unregelmäßigkeit im Essen zeigte sich bei ihm in dieser Weise. Bei mir fand gerade das Umgekehrte statt. Wenn ich mich der Malaria aussetzte, in der Nähe eines schädlichen Sumpfes kampierte oder Gemütsbewegungen hatte, so bekam ich sofort starke Verstopfung und bisweilen einen Wechselfieberanfall.

Der dritte Tag unserer Reise auf dem Tanganjika brachte uns an den Fluss und in das Dorf Sassi, nachdem wir vier Stunden gerudert waren. Auf unserem Weg dorthin erhoben sich die Berge 600 bis 750 Meter über dem Wasser des Sees. Mir kam es vor, als ob die Landschaft bei jedem Schritt malerischer und belebter würde. Die verträumten Landstriche am Ende der Bucht mit ihren stets schönen Federpalmen und breiten grünen Platanen waren alle von Fischern in Besitz genommen, deren konische, bienenkorbförmige Hütten aus dem Laub hervorblickten. Jede Terrasse, jedes kleine Plateau und Stückchen ebenen Bodens an den Gestaden war dicht bevölkert.

Sassi lässt sich leicht erkennen durch eine Gruppe kegelförmiger

Hügel, die sich in der Nähe erheben und Kirassi heißen. Ihnen gegenüber, in einer Entfernung von ungefähr anderthalb Kilometern vom Ufer, sondierten wir und fanden eine Tiefe von 35 Faden wie am Tag zuvor. Eineinhalb Kilometer weiter konnte ich mit meinem 115 Faden langen Senkblei keinen Grund finden. Als ich es zurückzog, riss die Leine, und ich verlor drei Viertel ihrer Länge mitsamt dem Blei. Bei dieser Gelegenheit erzählte mir Livingstone, er habe eine Stelle, dem hohen, im Süden von Udschidschi gelegenen Berg Kabogo gegenüber, sondiert und die große Tiefe von dreihundert Faden erreicht. Auch er hatte dabei sein Blei und hundert Faden Leine verloren, hatte aber noch ungefähr neunhundert Faden übrig, die sich in unserem Boot befanden. Diese lange Lotleine hofften wir bei unserer Überquerung des Sees vom östlichen zum westlichen Ufer benutzen zu können.

Am vierten Tag kamen wir in Ndschabigma an, einer sandigen Insel in Burundi. Wir hatten die Grenze zwischen Udschidschi und Burundi eine halbe Stunde vor Ndschabigma passiert.

Von Ndschabigma aus kann man eine recht schöne Aussicht auf die tiefe Bogenlinie der großen Gebirgskette genießen, die vom Kap Kasinga bis an das Kap Kasosu dreißig bis vierzig Kilometer weit läuft. Diese große, teils höckerige, teils kammartige, unregelmäßige Gebirgslinie gibt eine höchst imposante Szenerie ab. Weiße Wölkchen umhüllten fast immer den Gipfel des Gebirges.

Die sämtlichen Deltas der Flüsse, die sich in den Tanganjika ergießen, werden von allen Seiten von einem aus Matete, einer riesigen Grasart, und Papyrus gebildeten Dickicht eingehegt. In einigen dieser Deltas haben sich Moräste gebildet, in denen das Matete- und Papyrusdickicht undurchdringlich ist. In ihrem Inneren befinden sich stille, tiefe Pfuhle, die von verschiedenen Wasservögeln bewohnt sind. Ihren Aufenthaltsort zu erreichen ist jedoch für den auf Wild ausgehenden Jäger sehr schwer und wegen der tückischen Natur dieser Moräste oft mit großer Gefahr verbunden, auch wegen der schrecklichen Fieberanfälle, die in diesen Gegenden immer auf Durchnässung der Füße und Kleidung folgen.

In Ndschabigma bereiteten wir uns durch das Austeilen von zehn

Patronen an jeden unserer Leute auf einen Kampf mit den zwei Stationen weiter wohnenden Burundi vor für den Fall, dass sie uns durch ein naseweises Kundgeben ihres Vorurteils gegen Fremde dazu veranlassen sollten.

In der schönen Gegend von Mukungu, wo wir am fünften Tag weilten, wurde uns Honga abverlangt. Das Tuch und die Perlen, von denen wir während unserer Fahrt auf dem See lebten, gehörten mir; da Dr. Livingstone aber der ältere, erfahrenere und wichtigste Mann unserer kleinen Gruppe war, oblag es ihm, alle solche Anforderungen zu erledigen. Wie oft hatte ich mich nicht dieser langwierigen, peinvollen Aufgabe des Tributzahlens unterziehen müssen! Ich war daher sehr neugierig zu sehen, wie er, der große Entdecker und Forschungsreisende, dieses Geschäft durchführen würde.

Der *Mateko* (der Rangstufe nach weniger als ein Mutware) von Mukungu forderte uns zweieinhalb Doti Stoff ab. So viel betrug die an uns bald nach Eintritt der Dunkelheit gestellte Forderung. Der Doktor fragte darauf, ob für uns nichts mitgebracht worden sei, und erhielt zur Antwort: Nein, es sei jetzt zu spät, um irgendetwas zu bekommen; wenn wir aber den Tribut bezahlten, so sei der Mateko bereit, uns bei unserer Rückreise etwas zu geben. Hierüber lächelte Livingstone und sagte dem ihm gegenüberstehenden Mateko: „Wenn Ihr uns jetzt nichts geben könnt und so lange warten wollt, bis wir zurückkehren, so werden auch wir mit dem Honga bis dahin warten."

Hiervon zeigte sich der Mateko überrascht und protestierte gegen diesen Vorschlag. Wir bemerkten nun, dass er verdrießlich geworden war, und drangen in ihn, uns ein Schaf, ein einziges kleines Schaf, zu bringen, da unsere Mägen fast leer seien und wir mehr als einen halben Tag darauf gewartet hätten. Dieses Ersuchen war auch von Erfolg gekrönt, denn der alte Mann eilte fort und brachte uns ein Lamm sowie einen Topf mit zwölf Litern süßem, aber starkem *Sogga* (Palmweinpunsch), und dafür zahlte ihm Livingstone zweieinhalb Doti Tuch. Das Lamm wurde geschlachtet, und da wir bei guter Verdauung waren, bekam uns sein Fleisch sehr gut, doch hatten wir die Wirkung des Sogga zu bedauern. Gusi nämlich, der unschätzbare Diener von

Dr. Livingstone, und Bombay, der Führer meiner Karawane, waren mit der Bewachung unseres Kanus betraut; da sie aber zu viel von diesem berauschenden Punsch getrunken hatten, so schliefen sie sehr fest, und am Morgen hatten wir den Verlust mehrerer wertvoller, unentbehrlicher Gegenstände zu bedauern, unter denen ich Livingstones neunhundert Faden lange Senkleine, fünfhundert Stück Nadel-, Reifen- und Hohlpatronen für meine Gewehre und neunzig mir gleichfalls gehörende Flintenkugeln nenne. Außer diesen uns gegen die feindlichen Burundi unentbehrlichen Dingen waren ein großer Sack Mehl und des Doktors gesamter Vorrat an weißem Zucker gestohlen. Dies war das dritte Mal, dass mein Verlass auf Bombay mir einen bedeutenden Verlust verursachte.

Nur die unwissenden Dieben eigene Furcht hatte die Wilden daran gehindert, das ganze Boot mit allem Inhalt zu nehmen und Bombay sowie Gusi zu Sklaven zu machen. Ich kann mir lebhaft die freudige Überraschung der Wilden vorstellen beim Anblick und vortrefflichen Geschmack des Livingstoneschen Zuckers sowie die Verwunderung, mit der sie die merkwürdige Munition der Musungu betrachtet haben mögen.

Sehr missgelaunt über unseren Verlust setzten wir am sechsten Tag zur gewohnten Stunde unsere Wasserreise fort. Jeder Tag brachte uns ähnliche Bilder. Fortwährend erblickten wir Kanus, die dicht an der Brandung fuhren und furchtlos der Möglichkeit einer Katastrophe Trotz boten, wie sie zum Beispiel durch Umschlagen der Boote und Verspeisen der Bemannung durch gefräßige Krokodile herbeigeführt werden konnte. Bisweilen tauchte ein Boot in geringer Entfernung vor uns auf, worauf sich unsere Ruderer, von gemeinschaftlichem Chorgesang ermuntert, aufs Äußerste anstrengten, es einzuholen. Wenn die Eingeborenen unsere Anstrengungen sahen, so verdoppelten auch sie die ihrigen und gaben zugleich, indem sie beim Rudern ganz nackt dastanden, reiche Gelegenheit, vergleichende Anatomie zu treiben. Dann wiederum sahen wir eine Gruppe Fischer, die ohne alle Bekleidung faul dalagen und mit neugierigen Blicken die an ihnen vorbeifahrenden Nachen verfolgten. An einem anderen Ort befanden sich furchtlos im Wasser spielende Kinder, deren Mütter unter dem Schatten eines Baumes mit Vergnügen zuschauten, woraus ich den Schluss zog, dass es in dem See außer in der Nachbarschaft der großen Flussmündungen nicht viele Krokodile gab.

Nachdem wir die niedrige Landspitze von Kisunwe, die durch den Kisunwe-Fluss gebildet wird, umfahren hatten, kamen wir in Sicht des ungefähr sechs bis acht Kilometer entfernten Kap Murembwe. Ungefähr auf halbem Weg zwischen Kap Kisunwe und Kap Murembwe befand sich ein Haufen von Dörfern, der Bikari hieß und einen Häuptling hatte, welcher gewohnt war, Tribut zu nehmen. Da es uns unmöglich war, uns auf längere Zeit in einer feindlich gesinnten Umgebung aufzuhalten, so vermieden wir alle Ortschaften, welche bei den Wadschidschi in schlechtem Ruf stehen. Doch selbst unsere Wadschidschiführer hatten nichts dagegen, in Bikari Halt zu machen, denn ihnen war der Aufenthalt im kühlen Schatten von Platanen, verglichen mit dem wie Holzpuppen aufgereihten Sitzen in einem schwankenden Kanu, unendlich lieber.

Ehe sie uns aber ihre Gründe auseinander setzten, rief uns das Volk von Bikari mit lauter Stimme ans Ufer und bedrohte uns mit der Rache des großen Wami, wenn wir nicht Halt machten. Da diese Stimmen durchaus nicht sirenenhaft klangen, so weigerten wir uns hartnäckig, ihrer Aufforderung nachzukommen. Als jene ihre Drohungen als erfolglos erkannten, nahmen sie ihre Zuflucht zu Steinen und bewarfen uns damit in eindringlichster Weise. Ein Stein flog nur knapp dreißig Zentimeter an meinem Arm vorbei.

Ich schlug vor, dass man ihnen dafür eine Kugel in die unmittelbare Nähe ihrer Füße entsenden sollte; Livingstone sagte zwar nichts dagegen, zeigte jedoch deutlich, dass er dies nicht ganz billige.

Da uns diese Feindseligkeiten durchaus nicht angenehm waren, fuhren wir weiter, bis wir nach Kap Murembwe kamen, welches als Delta des gleichnamigen Flusses durch breites Dornendickicht, stacheliges Rohr und dichte Papyrusbüsche so gut geschützt war, dass auch der kühnste Burundi vor einem Angriff zurückschrecken musste, namentlich wenn er daran dachte, dass sich jenseits dieses unwirtlichen Morastes die

Gewehre von Fremdlingen befanden, die seine Leute in so roher Weise herausgefordert hatten. Wir zogen unsere Kanus ans Ufer, und unser stets bereiter Koch Feradschi zündete auf einem kleinen Fleck reinen Sandes ein Feuer an und kochte uns einen prächtigen Mokka. Trotz der uns noch drohenden Gefahr waren wir sehr glücklich und würzten unser Mahl mit etwas Moralphilosophie, die uns unbewusst zu höheren Wesen machte als die uns umgebenden Heiden. Unter dem Einfluss des Mokkas und der Philosophie erzählte der Doktor einiges aus seinem Leben unter ähnlich gesinnten Völkerschaften, unterließ es aber nicht, mit der Weisheit eines erfahrenen Mannes solche Vorkommnisse dem unklugen Verhalten der Araber und Mischlinge zuzuschreiben.

Von Kap Murembwe setzten wir nach Beendigung unseres Kaffeegenusses unsere Reise fort und steuerten auf Kap Sentakedschi los, das wir, obwohl es mindestens zwölf Kilometer entfernt lag, doch bis zur Dunkelheit zu erreichen hofften. Die Wangwana ruderten mit Macht; doch schon waren zehn Stunden verflossen, die Nacht kam heran, und wir befanden uns noch immer sehr weit von Sentakedschi. Da es eine schöne Mondnacht war und wir uns unserer gefährlichen Lage sehr wohl bewusst waren, so gingen sie darauf ein, noch ein paar Stunden weiterzurudern. Ungefähr um acht Uhr abends ruderten wir an einen verlassenen Fleck am Ufer, auf eine reine Sandbank, die etwa neun Meter lang und drei Meter breit war und von der sich eine Lehmwand über drei Meter in die Höhe hob. Hier konnten wir uns unseres Erachtens durch stilles Verhalten der Beobachtung und daraus folgenden Belästigungen auf einige Stunden entziehen und, nachdem wir ausgeruht hatten, unsere Reise fortsetzen.

Unser Teekessel kochte, und die Leute hatten sich ein kleines Feuer angezündet und ihre irdenen Töpfe mit Wasser zum Grützekochen gefüllt, als unsere Späher dunkle Gestalten dem Biwak zukriechen sahen. Nachdem wir sie angerufen hatten, kamen sie sofort hervor und begrüßten uns mit „*Wake*", der Formel der hiesigen Eingeborenen. Unsere Führer erklärten ihnen, dass wir Wangwana seien, bis zum Morgen dort zu kampieren gedächten und, wenn sie etwas zu verkaufen hätten, uns freuen würden, mit ihnen am folgenden Tag in Handelsbeziehungen zu treten. Nach ihren Äußerungen waren sie hierüber hocherfreut und entfernten sich, nachdem sie noch ein paar Worte gewechselt und versprochen hatten, am nächsten Morgen mit Nahrungsmitteln wiederzukehren und Freundschaft mit uns zu schließen; wir hatten wohl bemerkt, wie sie genaue Beobachtungen in Bezug auf unser Lager anstellten.

Als wir den Tee tranken, ließen uns unsere Späher wissen, dass sich wieder ein Trupp näherte, der uns in derselben Weise wie der erste begrüßte und aufmerksam beobachtete. Auch dieser entfernte sich anscheinend in äußerst freudiger Stimmung, und nach kurzer Zeit kam noch eine dritte Gruppe, welche es wie die früheren machte. Aus alledem schlossen wir, dass die Neuigkeit sich rasch durch das Dorf verbreitete. Auch hatten wir bemerkt, wie zwei Kanus mit mehr als gewöhnlicher und nötiger Eile hin- und zurückfuhren. Wir hatten guten Grund, argwöhnisch zu sein, denn es ist durchaus nicht üblich, dass sich die Bewohner der Länder zwischen Udschidschi und Sansibar nach Eintritt der Dunkelheit unter irgendeinem Vorwand besuchen oder begrüßen. Wenn es dunkel wird, ist es niemand gestattet, um ein Lager herumzuschleichen, ohne dass man auf ihn schießt; und dieses Hin-und-her-Gehen, diese demonstrativen Freudenbezeigungen bei der Ankunft einiger Wangwana waren sehr verdächtig.

Während Livingstone und ich zu dem Schluss kamen, dass diese Bewegungen doch wohl Feindseligkeiten bedeuteten, kam eine vierte, sehr laute und lärmende Abteilung an und besuchte uns. Jetzt war unser Abendessen beendet, und wir hielten es nun für höchste Zeit zu handeln. Nachdem der vierte Besuch sich unter übermäßigen Freudenbezeigungen entfernt hatte, schickten wir unsere Leute rasch ins Boot, und nachdem wir alle, mit Einschluss der Wachen, Platz genommen hatten, stießen wir vom Land ab, aber auch nicht einen Augenblick zu früh. Als nämlich das Kanu in dem herrschenden Zwielicht vorwärts glitt, machte ich den Doktor auf mehrere dunkle Gestalten aufmerksam, von denen sich einige hinter den zur Rechten liegenden Felsen verbargen, andere darüber hinwegkrochen, um bessere Positionen zu gewinnen. Gleichzeitig kamen von der Linken Leute in derselben verdächtigen Weise heran, und alsbald rief uns eine Stimme von der Höhe der Lehmbank an, die über unseren eben verlassenen Ruheplatz hinüberragte. „Das war nett gemacht!“, rief Livingstone, als wir durchs Wasser schossen und die getäuschten Räuber hinter uns ließen.

Nachdem wir weitere sechs Stunden gerudert und in der Zeit um Kap Sentakedschi gekommen waren, hielten wir an dem kleinen Fischerdorf Mugedscho, wo man uns unbelästigt schlafen ließ. Mit dem Morgengrauen setzten wir unsere Reise fort und kamen ungefähr um acht Uhr morgens im Dorf des freundlichen Häuptlings von Magala an. Wir hatten 18 Stunden hintereinander gerudert, was bei vier Kilometern in der Stunde 72 Kilometer ausmachte. Die Breite des Sees betrug an diesem Punkt etwas mehr als zwölf Kilometer. Wir hatten einen schönen Blick auf die westlichen Hochlande, welche durchschnittlich neunhundert Meter über dem See zu liegen schienen.

Die Burundi von Magala waren sehr höflich und gafften uns gründlich an. Sie sammelten sich um die Zelttür und beobachteten uns hartnäckig, als ob wir Gegenstände höchsten Interesses seien, die jedoch plötzlich auf immer verschwinden könnten. Der Häuptling kam spät am Nachmittag in großem Staat, um uns zu besuchen. Er war ein junger Mann, der mir in der Menge der Gaffer aufgefallen war durch sein stattliches Aussehen und seine schönen

Halt in Magala

Zähne, die er, weil er das Lachen sehr liebte, beständig zeigte. Man konnte ihn nicht verkennen, da er mit vielen Elfenbeinzierraten, Halsbändern und schweren Messingringen um Hand- und Fußgelenke geschmückt war.

Die Wertschätzung, die wir für ihn an den Tag legten, erwiderte er und gab uns für zwei Doti Tuch und ein Fundo Sam-Sam ein schönes fettes, breitschwänziges Schaf und einen Topf Milch. Beides war in unserer Lage außerordentlich willkommen.

Am achten Morgen nach unserer Abfahrt von Udschidschi sagten wir dem gastfreien Volk von Magala Lebewohl und setzten unsere Fahrt in das Land des Häuptlings Mukamba fort, welches bald in Sicht kam. Nachdem wir die Grenze zwischen dem eigentlichen Burundi und der Gegend, die als Mugere bekannt ist, überschritten hatten, erhob sich ein Sturm aus Südwesten. Das furchtbare Schwanken unseres Bootes in den Wogentälern warnte uns weiterzufahren, und wir wandten den Nachen dem ungefähr sechs Kilometer weiter nördlich gelegenen Dorf Kisuka zu, wo Mugere anfängt.

In Kisuka besuchte uns ein bei Häuptling Mukamba lebender Medizinmann. Dieser Medizinmann gab uns auf unser Befragen interessante Nachrichten über den Rusisi. Denn er versicherte uns mit Kennermiene, die zu bezweifeln ein Zeichen großer Dummheit sei, dass der Rusisi-Fluss aus dem See nach Sunas Land fließe. „Wohin könnte er auch sonst fließen?“, fragte er. Livingstone war geneigt, dies zu glauben, oder wollte wohl mehr diese Behauptung auf sich beruhen lassen, bis sie durch Augenschein bestätigt war. Ich hatte, wie ich dem Doktor sagte, mehr Neigung, es zu bezweifeln.

Erstens war die Nachricht zu gut, um wahr sein zu können, und zweitens erging sich der Mensch zu begeistert über diesen Gegenstand, der für ihn doch gar kein Interesse haben konnte. Seine *Barikallahs* und *Inschallahs* waren mir viel zu warm, und seine Antworten stimmten viel zu sehr mit unseren Wünschen überein.

Der Doktor legte aber großes Gewicht auf den Bericht eines anderen Medizinmanns, mit dem er einst im fernen Süden zusammengetroffen war und der mit seinem oft ausgesprochenen und auch jetzt festgehaltenen Glauben übereinstimmte, dass das Wasser des Tanganjika irgendwo einen Abfluss haben müsse. Ich glaube, das war der Grund, weshalb Livingstone dem Bericht des hiesigen Medizinmanns zugetan war. Im weiteren Verlauf jedoch werden wir sehen, zu welchem Ziel dies führte.

Am neunten Morgen nach unserer Abfahrt von Udschidschi passierten wir etwa zwei Stunden nach Sonnenaufgang das breite Delta des

Mugere, der seinen Namen auch der am östlichen Ufer gelegenen Gegend gibt, über die Mukamba herrscht.

Über die dritte Mündung des Mugere hinaus zeigte sich eine Biegung, auf deren anderem Ufer sich eine Gruppe von Dörfern befand. Sie gehörten Mukamba, und in einem dieser Dörfer lebte dieser Häuptling selbst. Die Eingeborenen hatten noch nie einen Weißen gesehen, und wir wurden natürlich bei unserer Landung von einer großen Menge umringt, sämtlich mit langen Speeren bewaffnet. Dies waren außer Knütteln und einem hin und wieder vorkommenden Beil die einzigen Waffen, die man bei ihnen antraf.

Man wies uns in eine Hütte, welche Dr. Livingstone und ich gemeinsam einnahmen. Von den Ereignissen jenes Tages habe ich nur eine unklare Erinnerung, da ich, zum ersten Mal seitdem ich Unjanjembe verlassen hatte, vom Fieber niedergeworfen wurde. Ich erinnere mich nur dunkel, dass ich den Versuch machte, Mukambas Alter zu bestimmen, und bemerkte, dass er im Ganzen stattlich aussah und uns wohlwollend geneigt war. Während der Pausen zwischen den Qualen und der Bewusstlosigkeit glaubte ich zu sehen, wie Livingstone sich auf mich zubewegte, und zu fühlen, wie er mir den heißen Kopf und die brennenden Glieder liebevoll betastete. Obgleich aber das Fieber, von dem ich drei Monate lang frei geblieben war, diesmal stärker als gewöhnlich auftrat, so war ich doch nicht sehr traurig darüber, da ich jetzt die liebevolle, väterliche Güte des vortrefflichen Mannes genoss, dessen Reisekamerad ich war.

Am nächsten Morgen, nachdem ich vom Fieber etwas genesen und Mukamba mit einem aus einem Ochsen, einem Schaf und einer Ziege bestehenden Geschenk angekommen war, konnte ich den Antworten, welche er auf die Fragen über den Rusisi-Fluss und das Ende des Sees gab, meine Aufmerksamkeit widmen. Der stets muntere und enthusiastische Medizinmann befand sich auch da und war durchaus nicht beschämt, als uns der Häuptling durch ihn sagen ließ, dass der Rusisi, der sich in einer Entfernung von zwei Tagesreisen zu Wasser oder einer Tagesreise zu Lande vom oberen Ende des Sees mit dem Ruanda verbindet, in den Tanganjika hineinfließt.

Gusi

So wurden unsere durch die bestimmten und wiederholten Versicherungen, dass der Fluss aus dem See herausfließt, erregten Hoffnungen ebenso schnell zuschanden, wie sie erweckt worden waren.

Wir bezahlten Mukamba das aus neun Doti bestehende Honga. Hier wären die bedruckten Taschentücher, deren ich in Unjanjembe so viele hatte, gut gegangen. Nachdem der Häuptling sein Geschenk erhalten hatte, führte er seinen Sohn, einen hoch aufgeschossenen Jüngling von ungefähr 18 Jahren, bei dem Doktor ein als einen Menschen, der gern von ihm adoptiert werden wollte. Dieser aber wies mit einem gutmütigen Lachen alle solche Verwandtschaft von der Hand, da sie nur dazu bestimmt war, ihm noch etwas Tuch abzunehmen. Mukamba gab sich damit zufrieden und bestand nicht weiter darauf, mehr zu bekommen.

Am zweiten Abend unseres Aufenthalts bei Mukamba hatte sich Gusi, Livingstones Diener, infolge der freigebigen, reichlichen Gaben des Häuptlings gründlich mit Pombe betrunken. Gerade beim Morgengrauen des nächsten Tages wurde ich durch ein scharfes, knallendes Geräusch geweckt. Ich horchte auf und bemerkte, dass der Lärm in unserer Hütte stattfand. Er rührte vom Doktor her, der um Mitternacht gefühlt hatte, wie sich jemand an seiner Seite niedergelegt hatte; da er glaubte, ich sei es, hatte er in freundlicher Weise Platz gemacht und sich auf den Rand seines Bettes gelegt. Als er sich aber am Morgen ziemlich kalt fühlte, wurde er ganz wach und entdeckte, als er sich auf seinen Ellenbogen stützte, um zu sehen, wer sein Bettkamerad sei, zu seiner großen Verwunderung seinen schwarzen Diener Gusi, der von seinen wollenen Decken Besitz ergriffen, sie in egoistischer Weise um sich gewickelt hatte und jetzt fast das ganze Bett einnahm. Der Doktor hatte mit der ihm eigenen Sanftmut, statt sogleich einen Stock zu nehmen, sich damit begnügt, Gusi auf den Rücken zu klopfen und ihm zu sagen: „Gusi, steh auf, du befindest dich in meinem Bett. Wie kannst du dich in dieser Weise betrinken, nachdem ich es dir schon so oft verboten habe? Steh doch auf! Du willst nicht? Da hast du was!“, und damit gab er ihm einige Schläge mit der Hand. Gusi aber schlief und schnarchte weiter.

Daher fuhr der Doktor mit seinen Schlägen fort, bis selbst Gusis dickes Fell sie zu fühlen anfing und er zu dem Bewusstsein erwachte, wie wenig liebevolle Hingabe für seinen Herrn darin lag, dass er dessen Bett usurpiert hatte. Am nächsten Tag sah Gusi wegen dieser Mitteilung seiner Schwäche an den „kleinen Herrn“, wie ich hieß, sehr niedergeschlagen aus.

In der Dämmerung des folgenden Tages setzten wir uns in unser Boot und ruderten über den See, nachdem Mukamba uns Lebewohl gesagt und gebeten hatte, sobald wir seinen Bruder Ruhinga, dessen Gebiet am Ende des Sees lag, erreicht hätten, ihm unsere Nachen zuzuschicken. In neun Stunden waren wir am Ende des Sees in Mugihewa, dem Land Ruhingas, des älteren Bruders von Mukamba, angekommen.

Mugihewa liegt im Delta des Rusisi-Flusses. Es ist eine sehr flache Gegend, deren höchster Punkt keine drei Meter über die Wasseroberfläche ragt, und hat zahlreiche Senkungen, die von üppigstem Mateterohr

An der Mündung des Rusisi

und hoch geschossenem Papyrus bewachsen sind, sowie teichartige Vertiefungen, die, von stehenden Wassern erfüllt, massenweise Malariaausdünstungen verbreiten. Große Viehherden werden hier gezogen, denn wo der Boden nicht von Sumpfpflanzen bedeckt ist, erzeugt er gutes, kräftiges Gras. Die Schafe und Ziegen, namentlich Erstere, sind immer in gutem Zustand, und obgleich man sie nicht mit englischen oder amerikanischen vergleichen kann, so sind sie doch die schönsten,

die ich in Afrika gefunden habe. Auf diesem Boden sieht man zahlreiche Dörfer, weil der dazwischen liegende Raum nicht von den üppig wuchernden Urwäldern besetzt ist. Nur die abessinische Euphoriba Kolquall, welche ein Häuptling hier zur Verteidigung um die Dorfschaften hatte anpflanzen lassen, hindert daran, von einem Ende von Mugihewa bis ans andere zu sehen. Das Wasser am Ende des Sees vom westlichen bis zum östlichen Ufer wimmelt von Krokodilen. Vom Ufer aus zählte ich zehn Krokodilköpfe, und der Rusisi soll auch ganz voll davon sein.

Häuptling Ruhinga, der uns bald besuchte, nachdem wir in seinem Dorf unser Quartier aufgeschlagen hatten, war ein sehr liebenswürdiger Mann, dem es stets gelang, irgendetwas zu sehen, was seine Lachlust reizte. Obwohl er etwa fünf Jahre älter als Mukamba war – er selbst sagte, er sei hundert Jahre alt –, hatte er nicht halb so viel Würde und wurde auch nicht so sehr verehrt wie sein jüngerer Bruder. Ruhinga kannte jedoch das Land besser als Mukamba, hatte ein vorzügliches Gedächtnis und war imstande, uns in intelligenter Weise Auskunft darüber zu geben. Nachdem er uns als Häuptling die Honneurs gemacht und uns mit einem Ochsen und einem Schaf nebst Milch und Honig beschenkt hatte, versuchten wir eifrig, so viel Auskunft wie möglich von ihm zu bekommen.

Der Rusisi-Fluss entsteht nach dem Bericht Ruhingas in der Nähe eines Kiwu genannten Sees. Dieser See wird an seinen westlichen und nördlichen Ufern von Bergen umgeben. An der südwestlichen Seite eines dieser Berge entspringt der Rusisi, der zuerst ein kleiner, rascher Bach ist. In seinem weiteren Verlauf zum See nimmt er weitere Flüsse auf und schließlich den Ruanda-Fluss, welcher der größte von allen zu sein scheint. Der Kiwu-See führt seinen Namen von dem Land, in dem er liegt. Im Osten desselben befindet sich Ruanda; weiter im Süden, wieder dem Tanganjikasee zu, Burundi.

Nach so vielen genauen Einzelheiten über den Fluss Rusisi fehlte uns jetzt nur noch, ihn selbst zu sehen. Am zweiten Morgen nach unserer Ankunft in Mugihewa wählten wir zehn starke Ruderer aus und machten uns daran, das Ende des Sees und die Mündung des Rusisi zu erforschen. Wir erkannten, dass das nördliche Ende des Sees von Buchten ausgezackt ist, von denen jede zweieinhalb bis fünf Kilometer breit ist. Sondierungen ergaben eine Tiefe von nahezu zwei Metern, die sich einige hundert Schritt von der Hauptmündung des Rusisi gleich blieb. Der Strom floss sehr träge und lief nicht mehr als eineinhalb Kilometer in der Stunde. Obwohl wir beständig unser Fernglas benutzten, um den Fluss aufzufinden, konnten wir den Hauptkanal nicht eher sehen, als bis wir uns ihm auf zweihundert Schritt genähert hatten. Auch dann erkannten wir ihn nur daran, dass wir beobachteten, aus welcher Mündung die Fischerboote herauskamen. Die Bucht hatte sich an diesem Punkt von drei Kilometern auf etwa zweihundert Meter Breite verengt. Wir forderten ein Boot auf, uns den Weg zu zeigen, und aus bloßer Neugier der jeweiligen Besitzer fuhr uns eine ganze Flottille von Kanus voran. Wir folgten und fuhren in einigen Minuten den Strom hinauf, der nur ungefähr zehn Meter breit und ungemein seicht, nicht mehr als sechzig Zentimeter tief war. Ungefähr einen weiteren Kilometer ruderten wir hinauf, wo die Strömung stärker floss. Wir kamen weit genug, um die Natur des Stromes bei seiner Mündung beobachten zu können. Hier konnten wir sehen, dass er weiter wurde und sich in unzählige Kanäle spaltete, die an einzelnen Gruppen von Binsen und Mateterohr vorüberströmten, und dass er wie ein Morast aussah. Wir waren den mittleren oder Hauptkanal hinaufgefahren. Der westliche Kanal war ungefähr acht Meter breit. Nachdem wir zur Bucht zurückgekehrt waren, bemerkten wir, dass der östliche Kanal ebenfalls ungefähr acht Meter breit und drei Meter tief war, aber sehr träge floss. So hatten wir jeden der drei Mündungsarme untersucht, und unsere Fragen hinsichtlich des Rusisi als Aus- oder Zufluss waren damit erledigt. Jetzt war es nicht mehr nötig, weiter hinaufzufahren, da sich im Fluss selbst nichts Erforschenswertes befand.

Die Frage, ob es sich bei dem Rusisi um einen Aus- oder Zufluss handelt, ist damit auf immer beantwortet. In dieser Beziehung herrscht jetzt kein Zweifel mehr. Er kann nur für die allerkleinsten Boote schiffbar gemacht werden. Das einzig Merkwürdige an ihm ist, dass er von Krokodilen wimmelt, wogegen kein einziges Flusspferd sich sehen ließ. Dies kann gleichfalls als ein Beweis seiner Seichtheit gelten.

Ich darf nicht unterlassen, hier zu sagen, dass Livingstone gleichwohl von der Überzeugung durchdrungen war, der Tanganjikasee müsse doch irgendwo einen Ausfluss haben, weil alle Süßwasserseen Ausflüsse hätten. Livingstone kann seine Ansichten und Gründe hierfür viel besser als ich auseinander setzen, und um nicht über den Gegenstand falsch zu berichten, will ich ihn ruhen lassen, bis Livingstone selbst Gelegenheit hat, sich darüber auszusprechen, was er aufgrund seiner großen Kenntnis Afrikas sachkundiger zu tun vermag.

Unsere Aufgabe war jetzt beendigt; es gab nichts mehr, was uns in Mugihewa zurückhalten konnte. Ruhinga war sehr freundlich gegen uns gewesen und hatte uns einen Ochsen nach dem anderen zum Schlachten und Essen geschenkt. Dasselbe hatte Mukamba getan. Ihre Frauen versahen uns reichlich mit Milch und Butter, und wir hatten jetzt bedeutende Vorräte davon.

Früh am Morgen des 7. Dezember verließen wir Mugihewa, und auf unserer Weiterfahrt zeigten sich die westlichen Ufer des Sees als höher und kühner im Vergleich zu den Waldhöhen von Burundi und den struppigen Erhebungen von Udschidschi. Zwischen den gekerbten Spitzen der vorderen Berglinie zeigte sich ein dahinter liegender Höhenzug, der Vortrab der weiter ins Land sich erhebenden Berge, der eine Höhe von 750 bis 900 Metern über dem See erreichte. In den

Einschnitten der vorderen Gebirgsreihe strebten einzelne Berge von bedeutender Höhe plötzlich steil empor, waren höchst malerisch und boten eine üppige, bezaubernde Landschaft dar. Die Vegetation schien hier von selbst zu wachsen.

Gruppen von Palmen hüllen ein dunkelbraunes Dorf ein; eine Reihe majestätischer, herrlich gewachsener Moule-Bäume; eine weite, von lebhaft grünen Hirsestauden bedeckte Fläche; fallschirmartig belaubte Mimosen, ein schmaler Streifen weißen Sandes, auf welchen Boote der Eingeborenen weit außerhalb des Bereiches der wogenden Brandung hinaufgezogen sind; Fischer, die träge im Schatten eines Baumes liegen: Das sind die Szenen, welche sich uns auf der Fahrt in unserem Kanu auf dem Tanganjikasee darboten.

Sooft wir von der Romantik solcher wilden Tropenlandschaft ermüdet waren, brauchten wir nur das Auge zu den großen Gebirgsgipfeln zu erheben, die in düsterer Majestät rechts aus der Ferne herüberschauten; die leichten Zeichnungen der Federwolken zu beobachten, die ihre Gipfel streiften und durch den Wind nach Norden getrieben wurden; oder die Verwandlungen zu betrachten, welche die Wolken annahmen, wie sie aus diesen leichten Flocken in die dichteren finsteren Haufenwolken übergingen, die Vorläufer von Sturm und Regen.

Hinter Ngovi kamen wir an eine tiefe Bucht, welche sich im Bogen bis zu dem 15 Kilometer entfernten Kap Kabogi hinzieht. Nachdem wir etwa zwei Drittel des Weges zurückgelegt hatten, gelangten wir an eine Gruppe von drei sehr steilen Felseninselchen, von denen die größte etwa hundert Meter Länge und sechzig Meter Breite hatte. Hier trafen wir Vorbereitungen, die Nacht über zu bleiben. Die Inseln wurden von einem bunt gefiederten alten Hahn, der als Sühneopfer für den Geist der Insel gehalten wurde, von einer kränklichen, gelb aussehenden Drossel, einem hammerköpfigen Storch und zwei Fischhabichten bewohnt. Als sie entdeckten, dass wir den Ort in Besitz genommen hatten, der nach frommer Sitte ihnen vorbehalten war, flogen sie auf die westliche Insel fort, von wo aus sie uns feierlich von ihren Horsten aus weiter beobachteten.

 Da wir den Namen dieser Inseln, Kavunvweh, nur mit Mühe aussprechen konnten, nannte sie Livingstone in dem Glauben, sie seien die einzige von uns zu machende Entdeckung, die „New-York-Herald-Inseln“ und bekräftigte mir diesen Namen durch einen Händedruck.

Der Gipfel der größten Insel war sehr geeignet für einen Ausblick auf die gesamte Umgebung, und wir benutzten diese Gelegenheit, da wir eine sehr ausgedehnte Rundumsicht auf den breiten, länglichen See und seine umgebenden hohen Gebirgszüge genossen.

Mit dem Morgengrauen des 9. Dezember bereiteten wir uns auf unsere Weiterreise vor. In der Nacht waren wir einige Male von Fischern besucht worden, die jedoch durch unsere ängstliche Wachsamkeit gehindert worden waren, uns zu berauben. Es schien mir durchaus so, dass die uns besuchenden Bewohner des anderen Ufers eifrig auf eine Gelegenheit warteten, über unser Boot herzufallen oder uns persönlich als Beute fortzuschleppen. Durch diesen Gedanken wurden unsere Leute bedeutend beunruhigt, wenn man nach der Energie urteilen darf, mit der sie von unserem letzten Lagerplatz fortruderten.

Am Kap Kabogi kamen wir in das Gebiet der Usansi. Dass wir uns einem anderen Stamm gegenüber befanden, erfuhren wir durch die Begrüßungsformel *„Moholo!“*, die uns eine Gruppe von Fischern zurief. Die Begrüßung der Uvira lautet nämlich *„Wake!“*, von Burundi bis Uahha.

Da die Eingeborenen ruhig und höflich zu sein schienen, hatten wir keinen Grund anzunehmen, dass sie gegen Araber und Wangwana feindselig gestimmt seien. Wir ließen also unsere Mahlzeit kochen und legten uns danach wie gewöhnlich zu einem Nachmittagsschläfchen hin. Bald schlief ich ein und träumte in meinem Zelt ohne Ahnung von dem Streit und Zank, der, seitdem ich mich hingelegt hatte, entstanden war, als ich plötzlich eine Stimme mir zurufen hörte: „Herr, Herr! Stehen Sie rasch auf, soeben geht ein Kampf los!“

Ich sprang auf und trat aus meinem Zelt, nachdem ich meinen Revolvergürtel rasch vom Flintenständer genommen hatte. Es schien wirklich eine ernstliche Feindseligkeit zwischen den beiden Parteien, nämlich einer lärmenden, rachsüchtig ausschauenden Anzahl Eingeborener und unseren Leuten, zu bestehen. Sieben oder acht der Unsrigen hatten sich hinter dem Boot versteckt und ihre geladenen Gewehre halb auf die leidenschaftlich erregte Masse gerichtet, die jeden Augenblick sehr an Zahl zunahm; den Doktor aber konnte ich nirgends sehen.

„Wo ist der Doktor?", fragte ich.

„Er ist mit einem Kompass über jenen Berg gegangen", sagte Selim.

„Ist jemand bei ihm?"

„Gusi und Dschumah."

„Bombay, schick sofort zwei Leute zum Doktor, damit er hierher eilt."

Doch gerade in diesem Augenblick erschienen er und seine beiden Diener auf dem Abhang eines Berges, und er blickte in ruhiger Weise auf die tragikomische Szene, die sich ihm darbot. Denn trotz des ernstlichen Anscheins mischte sich wirklich manches Komische hinein, da ein nackter, vollständig betrunkener Jüngling, der sich kaum auf den Beinen halten konnte, mit seinem einzigen Lendentuch auf den Boden schlug und wie ein Toller schrie und wütete. In seiner eigenen Sprache schwor er hoch und teuer, kein Musungu oder Araber dürfe sich auch nur einen Augenblick auf dem geheiligten Boden von Usansi aufhalten. Sein Vater, der Sultan, war ebenso betrunken wie er, aber nicht ganz so heftig in seinem Benehmen.

Mittlerweile kam Livingstone hinzu, und Selim hatte mir mein Winchestergewehr, gefüllt mit Patronen, in die Hand gegeben. Ruhig erkundigte sich der Doktor, was vorliege, und erhielt von den Wadschidschiführern die Antwort, die Leute wünschten, dass wir fortzögen, da sie Feinde der Araber seien, weil der älteste Sohn des Sultans von Musimu, der großen, fast gegenüberliegenden Insel, von einem Belutschen namens Khamis in Udschidschi zu Tode geprügelt worden sei, als der junge Mensch es gewagt habe, in dessen Harem hineinzugehen. Seit der Zeit sei der Friede zwischen den Usansi und den Arabern gebrochen.

Nachdem wir uns mit den Wadschidschi beratschlagt hatten, kamen wir zu dem Schluss, es sei besser, den Versuch zu machen, den Sultan durch ein Geschenk zu beruhigen, als sich durch die überspannte Laune eines betrunkenen Jungen beleidigt zu fühlen. Dieser hatte in seiner unsinnigen Wut den Versuch gemacht, einen meiner Leute mit einer Sichel, die er bei sich trug, zu verletzen. Dies galt als Kriegserklärung, und die Soldaten waren zum Kampf bereit. Es lag jedoch keine Notwendigkeit vor, sich in einen Kampf einzulassen mit dem betrunkenen Pöbel, der, wenn wir es gewünscht, mit unseren bloßen Revolvern von der Stelle hätte verscheucht werden können.

Der Doktor entblößte seinen Arm und sagte, er sei kein Araber, sondern ein Weißer; sowohl die Araber wie die Wangwana unterschieden sich von uns durch die Hautfarbe. Wir Weißen seien in jeder Beziehung andere Menschen als die, welche sie zu sehen gewohnt seien. Kein Schwarzer habe je von einem Weißen etwas zu leiden gehabt. Diese Rede schien eine große Wirkung hervorzubringen, denn es bedurfte nicht vieler Worte, um den betrunkenen Jüngling und seinen ebenso berauschten Vater zu bewegen, Platz zu nehmen und ruhig zu sprechen. In ihrer Unterhaltung mit uns bezogen sie sich häufig auf den Sohn jenes Sultans von Musimu, der auf brutale Weise ermordet worden sei. „Ja, brutal ermordet!", riefen sie wiederholt in ihrer eigenen Sprache aus, indem sie durch eine ausdrucksvolle Pantomime andeuteten, wie der unglückliche Jüngling gestorben sei.

Livingstone setzte seine Unterhaltung mit ihnen in milder, väterlicher Weise fort, und eben ließen ihre lauten Proteste gegen die Grausamkeit der Araber nach, als der alte Sultan plötzlich aufstand, in sehr aufgeregter Weise hin und her lief, sein Bein auf dieser Wanderung absichtlich mit der scharfen Spitze seines Speeres verletzte und dann ausrief, die Wangwana hätten ihn verwundet!

Bei diesem Ausruf ergriff die Hälfte der versammelten Menge schleunigst die Flucht; ein altes Weib jedoch, das einen starken Stab trug, auf dessen Spitze das Bild einer Eidechse eingeschnitten war, begann, den Häuptling mit der ganzen Macht ihrer beweglichen Zunge zu beschimpfen und ihm vorzuwerfen, er wünsche, dass sie alle getötet würden. Andere Weiber kamen dazu und rieten ihm gleichfalls, ruhig zu sein und das Geschenk anzunehmen, das wir ihm gern geben wollten.

Offenbar gehörte nicht viel dazu, um alle in dem kleinen Tal anwesenden Leute zu einem blutigen Streit zu veranlassen. Das milde, geduldige Verhalten Livingstones bewirkte jedoch vor allen Dingen, dass Blutvergießen verhindert wurde, solange noch die geringste Aussicht auf eine freundschaftliche Beilegung des Streites bestand, und schließlich obsiegte er, und es gelang, sowohl den Sultan als auch seinen Sohn in froher Stimmung fortzuschicken.

Während sich der Doktor mit ihnen unterhielt und ihre wilden Leidenschaften zu beschwichtigen versuchte, ließ ich das Zelt abbrechen, die Boote ins Wasser bringen und das Gepäck besorgen; und als die Verhandlungen freundschaftlich geschlossen waren, bat ich den Doktor, ins Boot zu springen, da dieser Friede anscheinend nur eine Ruhe vor dem Sturm bedeute.

„Außerdem“, sagte ich, „befinden sich etliche Feiglinge in unserem Boot, die im Fall einer abermaligen Störung keine Bedenken hätten, uns beide hier zu lassen.“

Von Kap Kabogi fingen wir ungefähr um halb fünf Uhr nachmittags an, quer über den See zu rudern; um acht Uhr befanden wir uns gegenüber Kap Pansa, dem nördlichen Ende der Insel Musimu; um sechs Uhr morgens waren wir südlich von Bikari und ruderten auf Mukungo in Burundi los, wo wir um zehn Uhr morgens nach einer 17½-stündigen Überfahrt über den See ankamen, der, wenn man die Stunde zu 3¼ Kilometer rechnet, in direkter Entfernung beinahe sechzig Kilometer breit sein und dessen Länge vom Kap Kabogi bis hierher knapp siebzig Kilometer betragen kann.

Am 11. Dezember kamen wir nach siebenstündigem Rudern wieder im malerischen Sassi an; am 12. in der südlichen Bucht von Riasanga, und um elf Uhr vormittags waren wir um Bangwe gefahren, und Udschidschi lag vor uns.

Still, ohne wie gewöhnlich Flinten abzuschießen, da wir wenig Pulver und Kugeln hatten, fuhren wir in den Hafen. Bei unserer Landung kamen unsere Soldaten und die arabischen Großen an den Rand des Wassers, um uns zu begrüßen.

Mabruki hatte viel zu erzählen, was in unserer Abwesenheit geschehen war. Dieser treue Mensch, der als Wache für Livingstones Haus zurückgelassen worden war, hatte sich vorzüglich bewährt.

Vor allem willkommen war mir ein Brief von Kapitän Webb, dem amerikanischen Konsul in Sansibar, vom 11. Juni, welcher Telegramme aus Paris vom 22. April desselben Jahres enthielt. Der arme Livingstone rief aus: „Und ich habe keine! Wie angenehm es ist, einen wirklich guten Freund zu besitzen!“

Unsere Reise auf dem Tanganjikasee hatte 28 Tage gedauert, während deren wir mehr als fünfhundert Kilometer zu Wasser zurückgelegt hatten.

DREIZEHNTES KAPITEL

Wir fühlten uns ganz zu Hause, als wir uns auf unser schwarzes Bärenfell, den schön gemusterten persischen Teppich und die reinen neuen Matten setzten, den Rücken an die Wand lehnten, unseren Tee behaglich schlürften und uns über die Einzelheiten des „Picknicks" unterhielten, wie Livingstone unsere Reise an den Rusisi zu nennen beliebte. Es kam uns beinahe wie ein Stück alte Heimat vor, auch wenn wir uns mitten in Afrika befanden und Livingstones Haus äußerlich sehr einfach aussah. In dessen Nähe aber hatte ich Livingstone nach dem ereignisvollen Marsch aus Unjanjembe zuerst gesehen; auf dieser selben Veranda hatte ich seine wunderbare Schilderung der weiten, bezaubernden Gegenden im Westen des Tanganjikasees gehört. Die alten Lehmmauern, die kahlen Balken, das alte Strohdach und diese eigentümlich aussehende alte Veranda werde ich mein Leben lang in Erinnerung behalten. Hier hatte ich Livingstone zuerst kennen gelernt, und von dem Augenblick an war meine Bewunderung für ihn stets im Wachsen, und ich fühlte mich geehrt, als er mir zum ersten Mal mitteilte, er müsse unter meiner Begleitung und auf meine Kosten nach Unjanjembe gehen.

Livingstone wollte in Unjanjembe endlich seine am 1. November 1870 durch den britischen Konsul von Sansibar abgesandten Güter und Tauschwaren in Empfang nehmen. Da mir die Leitung der Eskorte anvertraut worden war, so war es meine Pflicht, die verschiedenen Routen von Udschidschi nach Unjanjembe zu studieren. Ich war mir der großen Verantwortung sehr wohl bewusst, die die Begleitung eines solchen Mannes mit sich bringt; auch waren meine eigenen Empfindungen bei dem Fall im Spiel. Wenn nämlich Livingstone, solange er sozusagen unter meiner Obhut stand, durch ein etwaiges Versehen meinerseits etwas zugestoßen wäre, so hätte man gleich gesagt: Wäre er doch nur nicht mit dem Stanley gereist, so wäre er jetzt noch am Leben!

Ich nahm also meine von mir selbst angefertigte Karte vor, auf die ich volles Vertrauen setzte, und entwarf eine Route, die uns nach Unjanjembe führen sollte, ohne auch nur ein Stück Tuch als Tribut zu zahlen, und die uns schlimmstenfalls durch dichte Urwälder führte, wodurch wir jedoch all die habgierigen Uvinsa und erpresserischen Uahha umgehen konnten.

Am 13. Dezember waren wir von unserer Erkundungsfahrt über den nördlichen Tanganjikasee zurückgekehrt. Von diesem Tag an begann Livingstone Briefe an seine zahlreichen Freunde zu schreiben und die wertvollen Erkenntnisse, die er während seiner Reisejahre im Süden und Westen des Tanganjika gesammelt hatte, aus seinen Tagebüchern in sein umfangreiches Notizbuch zu übertragen. Während er in Hemdsärmeln, das große Notizbuch auf den Knien, auf der Veranda saß, habe ich ihn gezeichnet, und die Ähnlichkeit des entstandenen Bildes ist vortrefflich, weil der mich unterstützende Künstler mit angeborenem Talent die Fehler meiner Skizze entdeckt hat. Dadurch bin ich imstande, Livingstone dem Leser genauso vor Augen zu führen, wie ich ihn gesehen habe, als er über die Erlebnisse auf seinen langen Märschen nachdachte.

Bald nach meiner Ankunft in Udschidschi hatte sich Livingstone darangemacht, einen Brief an James Gordon Bennett, den Inhaber des *New York Herald*, zu schreiben, worin er ihm dankte. Nachdem er den Brief beendet hatte, bat ich den Doktor, noch das Wort „junior" hinzuzufügen, da er nur dem jüngeren Bennett Dank schuldig sei. Ich hielt den Brief für vortrefflich und bat Livingstone, auch nicht ein Wort mehr hinzuzufügen. Die Empfindungen seines Herzens hatten ihren Ausdruck in so dankbaren Worten gefunden, und wenn ich Mr Bennett richtig einschätzte, so wusste ich, dass er damit zufrieden sein würde. Denn er war ja nicht so sehr daran interessiert, etwas über geographische Entdeckungsreisen, sondern vielmehr die große Tatsache zu erfahren, dass Livingstone selbst noch am Leben war.

Mittlerweile bereitete ich die Expedition für den Rückmarsch nach Unjanjembe vor und verteilte Ballen und Gepäck, sowohl des Doktors große Blechkästen als auch meine eigenen ausschließlich unter meine Lastenträger; denn ich hatte den Entschluss gefasst, Livingstones Diener einfach als Passagiere ohne Lasten mitmarschieren zu lassen, da sie ihre Pflicht gegenüber ihrem Herrn so vorzüglich erfüllt hatten.

Said ben Madjid hatte am 12. Dezember Udschidschi verlassen, um gegen Mirambo ins Feld zu ziehen und diesen schwarzen Bonaparte wegen der Ermordung seines Sohnes Soud in den Wäldern von Wiljankuru zu bekriegen. Der tapfere alte Scheich brannte vor Rachedurst und Wut und hatte dreihundert kräftige, mit Gewehren bewaffnete Burschen von Udschidschi mitgenommen.

Am 20. Dezember wurde die Regenzeit durch heftigen Regen, Donner, Blitz und Hagel eingeleitet, wobei das Thermometer auf 24 Grad fiel. Am Abend dieses Tages bekam ich zum dritten Mal in Afrika Nesselausschlag und war sehr leidend.

Weihnachten kam heran, und der Doktor und ich hatten den Beschluss gefasst, diese herrliche, von alters her gefeierte Zeit hier genauso wie in angelsächsischen Ländern, mit einem Festmahl zu begehen, so gut, wie es in Udschidschi eben möglich war. Am Abend vorher hatte mich das Fieber ganz und gar verlassen, und am Weihnachtsmor-

Dr. Livingstone mit seinem Tagebuch

gen stand ich, obgleich noch eher schwach, völlig angekleidet auf, belehrte den Koch Feradschi über die Wichtigkeit dieses Tages für uns Weiße und versuchte, diesem wohlgenährten Wilden einige Finessen der Kochkunst beizubringen. Wir verschafften uns vom Markt in Udschidschi und von dem guten alten Muini Kheri fette, breitschwänzige Schafe, Ziegen, ferner Pombe, Eier, frische Milch, Bananen, gutes Kornmehl, Fische, Zwiebeln, Süßkartoffeln und dergleichen. Leider jedoch führte meine körperliche Schwäche dazu, dass ich den Koch nicht ständig beaufsichtigen konnte, und dadurch verdarb Feradschi den Braten, verbrannte uns unsere Eierkuchen, und das Mittagessen missglückte total. Dass der dickköpfige Narr keine Prügel erhielt, kam nur daher, dass ich unfähig war, meine Hände zu seiner Bestrafung zu rühren; ich sah ihn aber mit einem so schrecklichen Blick an, dass jeder andere als Feradschi dadurch vernichtet worden wäre. Dieser sture, dumme Koch hingegen kicherte nur und hat wohl, wie ich glaube, nachher mit vielem Vergnügen die Pasteten, Eierspeisen und Braten, die durch seine Nachlässigkeit für den Gaumen von Europäern verdorben waren, selbst verzehrt.

Said ben Madjid hatte uns erlaubt, dass wir sein Boot für unsere Heimreise gebrauchen könnten, und freundlicherweise lieh uns auch Muini Kheri sein großes Fahrzeug für denselben Zweck. Denn die Expedition, die jetzt um den Doktor und seine fünf Leute nebst Gepäck vermehrt war, erforderte noch ein weiteres Boot. Für die Urwälder von Kawendi, durch die wir ziehen mussten, hatten wir uns mit Milch, Ziegen und Vorräten an fetten Schafen versehen. Die gute Halimah, Livingstones Köchin, hatte einen Sack voll schönem Mehl bereitet. Ich kaufte einen Esel für Livingstone, und zwar den einzigen, den man in Udschidschi erlangen konnte, für den Fall, dass er auf dem langen Marsch von seinem alten Übel heimgesucht werde. Kurz, wir hatten reichlich Nahrungsmittel, Schafe, Ziegen, Käse, Tuch, Esel und Boote, womit wir eine lange Strecke bewältigen konnten; es fehlte uns also an nichts.

Der 27. Dezember, der Tag unserer Abreise von Udschidschi, war angebrochen. Ich war im Begriff, dem Hafen, dessen Name meinem Angedenken stets heilig sein wird, wahrscheinlich auf immer Lebewohl zu sagen. Die Boote, große, schwerfällige, hohle Baumstämme, waren mit Vorräten schwer beladen; die Ruderer waren zur Stelle; die englische Flagge wehte am Heck von Livingstones Boot, die amerikanische über dem meinigen, und ich konnte sie nicht ansehen ohne einen gewissen Stolz, dass die beiden angelsächsischen Nationen an jenem Tag auf diesem großen Binnenmeer angesichts der wilden Natur und der Barbaren vertreten waren.

Die großen arabischen Kaufleute, die staunenden Kinder von Unjamwesi, die Freien aus Sansibar, verwundete Waguhu und Wadschidschi sowie wilde Burundi begleiteten uns an die Boote; alle waren an jenem Tag still, ja sogar traurig, dass die Weißen nun fortzogen.

Wir stießen um acht Uhr morgens vom Lehmufer am Fuße des Marktplatzes ab, überallhin die mit den Händen winkenden Araber und Neugierigen grüßend, während die Landabteilung unter der Führung von Bombay und des riesigen Asmani ohne irgendwelches Gepäck ihren Marsch nach Süden längs der Ufer des Sees antrat. Wir hatten abgemacht, mit ihnen an der Mündung eines jeden Flusses zusammenzutreffen und sie von einem Ufer ans andere überzusetzen.

Der Doktor fuhr in Said ben Madjids Boot, welches ungefähr ein Drittel kürzer als das unter meinem Befehl stehende war, voran, und die an einem Bambusrohr befestigte britische Flagge flatterte hinter ihm her wie ein scharlachroter Kometenschweif. Mein mit Wadschidschi-Matrosen bemanntes Boot, die ich gemietet hatte, um die Kanus von Kap Tongwe wieder nach Udschidschi zurückbringen zu lassen, folgte und hatte eine viel höhere Flaggenstange, auf der das immer schöne amerikanische Sternenbanner flatterte. Die bedeutende Höhe meiner Stange entlockte dem Doktor, dessen loyaler Patriotismus dadurch erregt wurde, die Bemerkung, er werde sich die höchste Palmyrapalme als Flaggenstange abschneiden, da es sich nicht gezieme, dass die britische Flagge so viel niedriger als die der Vereinigten Staaten aufgehängt sei.

Unsere Soldaten waren über den Gedanken, nach Unjanjembe zu gehen, genauso freudig erregt wie wir selbst. Sie stimmten den Freudengesang der Sansibarer Bootsleute an, welcher mit dem begeisterten Chorgesang endigt: „Kinan de re re Kitunga.“ So ruderten sie dann wie Tolle dahin, bis sie vor reiner Erschöpfung genötigt waren auszuruhen, während der Schweiß in Strömen an ihnen herabfloss. Sobald sie ausgeruht hatten, machten sie sich wieder an ihre Ruder und stimmten den Gesang der Mrima an: „O Mama, re de mi Ky“, der sie bald wieder zu großen Anstrengungen anspornte. Durch diese energischen, ruckweisen Anstrengungen sowie durch Gesang und Gelächter, Gestöhne und

Geschrei gaben unsere schwitzenden und keuchenden Leute ihrem freudigen Gefühl über den Gedanken Ausdruck, dass wir heimkehrten und dass auf der Route, die ich nach Unjanjembe gewählt hatte, durchaus keine Gefahr zu fürchten war.

Wir sind den Uahha entgangen, haha!
Die Uvinsa werden uns nicht mehr plagen! Oh, oh!
Mionvu bekommt kein Tuch mehr von uns! Hihi!
Und Kiala wird nimmer uns wiedersehen! Hehe!

Dies schrien sie mit wildem Gelächter und führten dabei wuchtige Streiche mit den Rudern, welche die alten ungelenken Boote vom Vorsteven bis zum Heck erbeben ließen.

Die Abteilung am Ufer schien an unserer Aufregung teilzunehmen und sang den wilden Refrain des tollen afrikanischen Liedes mit. Wir sahen, wie sie vorwärts eilten, um mit uns gleichen Schritt zu halten, wenn wir um die Kaps und Vorsprünge ruderten und an den Buchten vorbeifuhren.

Um zehn Uhr morgens kamen wir an der Wohnstätte Kirindos, eines alten Häuptlings, an, der wegen seiner großen Freundlichkeit gegenüber Dr. Livingstone und wegen seiner Feindseligkeit gegen die Araber bemerkenswert ist. Diese konnten sich das nicht erklären, wogegen der Doktor den Grund wohl wusste; denn er hatte nur freundliche, aufrichtige Worte mit Kirindo gewechselt, während alle Araber mit ihm ver-

Fahrt auf dem Tanganjikasee

kehrten, als ob er gar kein Mensch und erst recht kein Häuptling sei.

Kirindos Wohnsitz liegt an der Mündung des Liutsche, die sehr breit ist. Der Fluss schleicht hier langsam durch einen Wald von Markbäumen in den See. Diesen Ort hatten wir als Treffpunkt für die See- und Landabteilung bestimmt.

Die Mündung des Liutsche bildet die Bucht von Ukaranga, welche ihren Namen von dem gleichnamigen, am anderen Ufer einige hundert Schritt vom See entfernt liegenden Dorf Ukaranga führt, wohin wir die Landabteilung übersetzen sollten.

Aus dem größeren Boot wurde alles Gepäck entfernt und sorgfältig ins kleinere gepackt; einige ausgesucht gute Ruderer fuhren nun mit dem Doktor ab, der das Aufschlagen des Lagers in Ukaranga überwachen sollte, während ich zurückblieb, um den widerspenstigen, eigensinnigen Esel zu binden und ihn in das große Boot zu schleppen, damit er nicht Gefahr lief, umgeworfen und von hungrigen Krokodilen angegriffen zu werden, die ringsumher auf Beute lauerten. Dann wurde die Ziegenherde eingeschifft und daneben so viele von unseren Leuten als möglich. Etwa dreißig blieben noch mit mir zurück, und für diese sollte das Boot noch einmal zurückkehren.

Wir kamen alle gut in Ukaranga an, obwohl wir in die gefährliche Nähe einer Herde Flusspferde gerieten, und setzten über die zweieinhalb Kilometer breite Mündung des damals hoch angeschwollenen Liutsche in etwa vier Stunden.

Am nächsten Tag nahmen wir unseren Weg in derselben Weise, wie wir von Udschidschi abgereist waren, wieder nach Süden auf. Die Seeabteilung hielt sich zwar so nahe wie möglich am Ufer; wo es sich jedoch tun ließ und Wind und Wetter es gestatteten, setzten wir uns kühn über die zahlreichen kleinen Buchten, welche die Ufer des Tanganjikasees einkerben, hinweg. Die Ufer waren wunderschön grün infolge der kurz zuvor stattgehabten Regengüsse; das Wasser des Sees spiegelte das blaue Firmament treulich wider. Es gab zahlreiche Flusspferde; eines dieser Ungeheuer, das etwas spät auftauchte, wurde durch unser Boot, welches direkt darauf zusteuerte, so erschreckt, dass es jählings untertauchte und dabei seine ganze Körperlänge zeigte.

Die Vegetation der Ufer war, als wir weiterkamen, wahrhaft tropisch; jede Biegung des Sees zeigte uns neue Schönheiten. Den weichen Kreidefelsen, aus welchen die steilen Ufer des Sees in der Nähe des Malagarasi meist bestehen, hat die Brandung eigentümlich mitgespielt.

An der Mündung dieses Flusses langten wir ungefähr um zwei Uhr nachmittags an, nachdem wir ungefähr dreißig Kilometer von Ukaranga aus gerudert waren. Die Landabteilung stieß sehr ermüdet ungefähr um fünf Uhr nachmittags zu uns.

Der nächste Tag wurde dazu verwendet, die Karawane über die breite Mündung des Malagarasi in unser einige Kilometer nördlich vom Fluss gelegenes Lager überzusetzen. Diesen Fluss würde eine zivilisierte Gemeinde sehr vorteilhaft finden, um die Entfernung zwischen dem Tanganjikasee und der Ozeanküste vor Sansibar abzukürzen. Man könnte nämlich fast 160 Kilometer auf diesem Fluss fahren, der zu allen Jahreszeiten tief genug ist, um bis Kiala in Uvinsa schiffbar zu sein, von wo sich ein gerader Weg leicht nach Unjanjembe führen ließe. Auch Missionare könnten auf ihren Reisen nach Uvinsa, Uahha und Ugala Vorteil davon haben.

Am 30. kamen wir nach dreistündigem Rudern in Sicht der an der Mündung des rasch fließenden, aber trüben Rusugu gelegenen Dorfschaften und schickten am nächsten Morgen ein Boot mit Leuten aus, um uns Nahrungsmittel zu besorgen. Für vier Doti kauften wir genug, um die aus 48 Personen bestehende Karawane vier Tage lang zu ernähren. Dann lichteten wir die Anker, teilten dem Karawanenführer mit, dass wir nach Urimba wollten, und gaben ihm den Befehl, sich so nahe wie möglich am Ufer des Sees zu halten, wo es tunlich sei, sonst aber so zu verfahren, wie es am besten gehe. Von der Mündung des Rugusu, dessen Quellen wir auf unserer pfadlosen Herreise nach Udschidschi passiert hatten, bis in das sechs Tagesreisen zu Wasser entfernte Urimba gab es keine Dörfer und also auch keine Nahrungsmittel. Da jedoch die Landabteilung, ehe sie Udschidschi verlassen, Rationen für acht Tage mitbekommen und an diesem Morgen für vier Tage ausgeteilt erhalten hatte, befand sie sich in keiner Gefahr zu verhungern, falls die Gebirgsspitzen, welche sich jetzt steil und abschüssig hintereinander entfalteten, sie daran hindern sollten, mit uns im Kontakt zu bleiben.

Man darf nämlich nicht vergessen, dass eine Reise wie diese bisher noch nie von einem Araber oder Suaheli versucht worden war und daher jeder Schritt, den die Leute taten, in ein Land hinein geschah, von dem sie nicht wussten, an welchem Teil des Ufers der Weg sie hinführe. Wir segelten um das schroffe Kap Kabogo, dicht an seinen unheildrohenden Felsmassen vorbei, voll Dank für die Ruhe des Tanganjikasees.

An der glatten Fläche der Felsabhänge von Kabogo erblickte man deutlich ungefähr einen Meter über dem Spiegel des Wassers den höchsten Wasserstand des Sees. Dies bewies uns, dass der See während der Regenzeit ungefähr einen Meter über sein Niveau in der trockenen Jahreszeit stieg.

Bei einem Sigunga genannten Ort legten wir in einer gemütlichen Bucht an, um unser zweites Frühstück einzunehmen. Eine an der Mündung der Bai befindliche Insel machte ganz den Eindruck, dass dies ein sehr schöner Ort für eine Missionsstation wäre.

Nach einem kurzen Aufenthalt in dem schönen Sigunga stießen wir vom Land ab und kamen nach drei Stunden an der Mündung des Flusses Uwelasia an. Wir amüsierten uns damit, auf die zahlreichen Flusspferde und Krokodile zu schießen, wodurch wir auch hofften, die Aufmerksamkeit unserer Landabteilung auf uns zu ziehen, deren Flinten wir seit dem Rugusu nicht mehr hatten knallen hören.

Am 3. Januar verließen wir Uwelasia und kamen am Kap Herembe vorüber in der Bai von Tongwe an. Diese Bucht war ungefähr vierzig Kilometer breit und erstreckte sich vom Kap Herembe bis zum Kap Tongwe. Da wir uns so nahe an unserem Bestimmungsort befanden – Urimba ist nämlich bloß knapp zehn Kilometer von der Herembe-Spitze entfernt –, machten sich die Mannschaften beider Boote eifrig an ihre Ruder und ermutigten sich mit Geschrei, Gelächter und Gesang zu den äußersten Anstrengungen. Die Flaggen der beiden großen angelsächsischen Völker spielten in den milden Lüften, näherten sich bisweilen und entfernten sich dann wieder wie zwei schüchterne Liebhaber. Das schmale, kleine Boot von Livingstone blieb voran, und die rote Kreuzfahne Englands, die vor mir her flatterte, schien dem schönen nachfolgenden Boot zu sagen: Folge mir, England führt dich!

Urimba, ein großer Bezirk von Kawendi, hatte ein Dorf gleichen Namens, das von Flüchtlingen aus Jombeh bewohnt wurde, welche das Delta des Loadscheri, obgleich es wie das des Rusisi ein äußerst ungesunder Ort war, doch der Nachbarschaft Pumburus, des Sultans des

Unser Lager in Urimba

südlichen Kawendi, sehr vorzogen. Sie schienen von den nachhaltigen Verfolgungen ihrer Unterdrücker so eingeschüchtert und misstrauisch gegen Fremde geworden zu sein, dass sie uns durchaus nicht in ihr Dorf lassen wollten, worüber ich, aufrichtig gesagt, sehr erfreut war, nachdem ich mir die pesthauchende Fäulnis ihrer Umgebung angesehen hatte. In ihrer unmittelbaren Nachbarschaft, ja sogar in einer Entfernung von einigen Kilometern nach beiden Seiten könnte meines Erachtens ein Weißer auch nicht eine Nacht schlafen, ohne sich den Tod zu holen. Südlich vom Dorf, am äußersten südöstlichen Winkel der Tongwe-Bai, fand ich einen geeigneten Lagerplatz.

Die Eingeborenen hatten bisher noch nichts von unserer Landabteilung gehört, und da sich das Delta des Loadscheri und Mogambasi 24 Kilometer lang hinzog und eine ganz unpassierbare Gegend bildete, die vollständig flach, von hohem Matete, Markbäumen und Dornbüschen bewachsen und von Wasser überflutet war, so war es unnütz, unsere Ruderer dadurch zu strapazieren, dass sie in diesem unwirtlichen Land nach unserer Landabteilung suchten. Auch konnten wir uns keine Lebensmittel verschaffen, denn die Dörfer waren halb verhungert, sodass die Einwohner nur notdüftig lebten von dem, was ein widerwilliges Geschick ihnen in die Netze trieb.

Am zweiten Tag nach unserer Ankunft in Urimba begab ich mich mit meinem Flintenträger Kalulu, welcher Livingstones vorzügliches doppelläufiges Gewehr (ein Reilly Nr. 12) trug, auf die Suche nach Wild. Nachdem ich ungefähr eineinhalb Kilometer gegangen war, stieß ich auf eine Herde Zebras. Auf Händen und Füßen vorwärts kriechend, wusste ich es so einzurichten, dass ich auf etwa hundert Schritt in ihre Nähe kam. Es war aber ein schlimmer Ort, denn niedrige Sträucher stachen mich; die Tsetsefliegen ließen sich auf das Visier meiner Flinte nieder, zerstachen mir die Nase, flogen mir in die Augen, kurz brachten mich vollständig außer Fassung; und um meine Unzufriedenheit noch zu vermehren, beunruhigten meine Anstrengungen, mich von den Dornen freizumachen, die Zebras, welche sich den verdächtigen Gegenstand im Busch ansahen. Ich feuerte zwar auf die Brust eines derselben, verfehlte es aber, wie zu erwarten war. Darauf galoppierten die Zebras fort.

Erst am dritten Tag nach unserer Ankunft im Lager von Urimba langte unsere Landabteilung an. Sie hatte unsere große Flagge auf einem sechs Meter hohen Bambus über dem höchsten Baum in der Nähe unseres Lagers erblickt, als sie den scharfen, hohen Bergrücken überschritten hatte, und diese zuerst für einen großen Vogel gehalten; es gab aber scharfsichtige Leute bei ihnen, und unter deren Führung erreichten sie unser Lager, wo sie so begrüßt wurden, wie es nur Leuten widerfährt, die für verschollen gehalten wurden.

In diesem Lager bekam ich einen neuen Fieberanfall, der durch die Nachbarschaft des fürchterlichen Deltas herbeigeführt wurde, dessen bloßer Anblick mich schon krank machte.

Am 7. Januar brachen wir unser Lager ab und wandten uns nach Osten, was für mich so viel hieß wie nach Hause. Unser Weg führte uns durch das Tal des Loadscheri, welches sich, nachdem wir sein Delta verlassen hatten, immer mehr verengte, bis es zu einer Waldschlucht wurde, die ganz erfüllt war von dem laut brüllenden Strom, dessen überwältigender Sturz selbst die Luft, die wir atmeten, in Mitleidenschaft zu ziehen schien. In dieser engen Bergschlucht wurde es drückend, und rechtzeitig führte der Weg auf eine Anhöhe, weiter auf eine Terrasse, dann auf einen Berg und zuletzt auf ein Gebirge, auf dem wir unser Lager aufschlugen.

Als wir noch mit Vorbereitungen dazu beschäftigt waren, zeigte der Doktor schweigend nach einer Richtung, und sofort herrschte überall totenähnliche Stille.

Obgleich ich unter der schweren Last der Reillyflinte bebte, so kroch ich doch an die Stelle, wohin er zeigte. Ich blickte in eine tiefe Felsschlucht hinab, an deren anderer Seite ich einen Büffel heraufklettern sah. Er hatte eben den Gipfel erreicht und wandte sich um, um seinen Feind zu betrachten, als es mir gelang, ihm einen Schuss gerade hinter das Schulterblatt und dicht am Rückgrat zu verpassen, was ihm ein dumpfes Schmerzgebrüll entlockte.

„Er ist erlegt!“, rief der Doktor. „Das ist ein sicheres Zeichen, dass Sie ihn getroffen haben!“, und meine Leute erhoben sogar ein Freudengeschrei bei der Aussicht auf Fleisch. Ein zweiter Schuss in den Rücken brachte das Tier auf die Knie, und ein dritter beendete sein Leben. So hatten wir wieder Vorrat von Lebensmitteln, die uns, zerschnitten und über einem Feuer getrocknet, wie die Wangwana es zu tun pflegen, ein gutes Stück durch die vor uns liegende menschenleere Wildnis weiterbringen konnten. Für den Doktor und mich ließen wir die Zunge, den Höcker und einige besonders gute Stücke salzen, und so hatten wir nach einigen Tagen vorzügliches Pökelfleisch. Es ist nicht unangemessen, dass ich hier mitteile, dass die Wangwana das Gewehr mehr lobten als den Jäger.

Am nächsten Tag setzten wir unseren Marsch unter der Leitung unseres Karawanenführers nach Osten fort. Aus dem Weg, den er uns führte, war aber zu ersehen, dass er nichts vom Land wusste, obwohl er uns durch seine Redseligkeit hatte glauben lassen, er kenne die Gegend ganz genau. Als wir ihn von der Spitze der Karawane zurückriefen,

Erlegung eines Büffels

waren wir im Begriff, in den reißenden Loadscheri hinabzusteigen, auf dessen anderer Seite sich drei unpassierbare Bergzüge ausdehnten, die wir in einer ganz von unserem Weg abliegenden Richtung nach Nordnordost hätten passieren müssen. Nachdem ich mich mit dem Doktor besprochen hatte, trat ich selbst an die Spitze der Karawane, folgte dem Grat des Bergrückens und zog direkt nach Osten. An einer Stelle kreuzte ein ausgetretener Pfad unseren Weg, und als wir diesem folgten,

kamen wir an eine Furt des Loadscheri. Nach Überschreitung des Flusses benutzten wir diesen Pfad weiter, bis wir die nach Pumburu im südlichen Kawendi führende Hauptstraße erreichten.

Bald jedoch bogen wir von diesem offenbar viel begangenen Weg wieder ab und gingen auf eine in dem vor uns liegenden Höhenzug befindliche Öffnung zu, da sich Pumburu mit dem Volk von Manja Msenge in Nord-Kawendi im Krieg befand.

Am 10. Januar war ich, an der Spitze meiner Träger mit dem Kompass in der Hand, drei Stunden lang Führer. Ein schönes Parkland lag vor uns; das Gras stand jedoch sehr hoch, und die jetzt ernstlich eintretende Regenzeit machte mir meine Arbeit höchst unangenehm. Durch dieses hohe Gras, das mir immer bis an den Hals reichte, musste ich mir nämlich, auf meinen Kompass bauend, meinen Weg bahnen, um die Expedition zu führen, wo keine Spur vorlag, in einem völlig unbereisten Gebiet. An einem schönen, nach Norden fließenden kleinen Bach, einem der Zuflüsse des Rugusu, schlugen wir unser Lager auf.

Auch der 11. sah uns durch das Gras ziehen, das bei jedem Schritt Regentropfen auf uns herabschauerte. Nach zwei Stunden überschritten wir wieder einen kleinen Bach, der in seinem Bett schlüpfrige, den Einfluss heftiger Gießbäche bekundende Felsen enthielt. Viele große Pilze gediehen hier. Als wir den Bach passierten, rief ein alter unjamwesischer Lastenträger in wehmütigem Ton: „Mein Kibuju ist tot!", wodurch er sagen wollte, er sei ausgeglitten und habe beim Fallen seinen auf Suaheli „Kibuju" genannten Kürbis zerbrochen.

Am nächsten Tag schritten wir über mehrere Bergrücken, wo uns herrliche Landschaften von überwältigender Schönheit umgaben, und erblickten einen mächtigen, rasch fließenden Strom, dessen Bett zwischen enorm hohen Sandsteinmauern eingesenkt war und der dort wie ein kleiner Niagara lärmte und toste.

Nachdem wir unser Lager auf einer malerischen Anhöhe aufgeschlagen hatten, wollte ich den Versuch machen, uns Fleisch zu verschaffen, das in dieser interessanten Gegend doch vorhanden zu sein schien. Ich ging daher mit meinem kleinen Winchestergewehr die Ufer des Flusses entlang nach Osten. Etwa ein bis zwei Stunden zog ich so durch eine Gegend, die immer malerischer und lieblicher wurde, und ging dann eine vielversprechende Schlucht hinauf.

Ohne Erfolg an ihrem Rand entlangschreitend, befand ich mich alsbald zu meinem leicht begreiflichen Erstaunen direkt einem Elefanten gegenüber, der seine großen, breiten Ohren wie schwellende Segel ausgebreitet hielt – diesem furchtbaren Koloss, dem lebendigen Symbol der Macht in Afrika. Als ich seinen gewaltigen Rüssel wie einen warnenden Finger vorwärts gestreckt sah, glaubte ich, eine Stimme zu hören, die mir *„Siste, Venator!"* zurief. Doch ich weiß nicht, ob dies nur in meiner Einbildung lag oder von Kalulu herkam, der, wie ich glaubte, gerade rief: *„Tembo, tembo! Bwana jango!"* (Ein Elefant, ein Elefant, Herr!) Denn der junge Schelm war, sobald er den furchtbaren Koloss in solcher unmittelbaren Nähe erblickte, davongelaufen. Als ich mich von meinem Erstaunen erholt hatte, hielt auch ich es für klüger, mich zurückzuziehen, zumal ich nur eine mit wenig wirkungsvollen Schrotpatronen geladene Erbsenflinte in der Hand hatte. Zurückblickend sah ich, wie der Koloss seinen Rüssel bewegte, und verstand, dass er sagen wollte: Adieu, junger Mann! Es ist ein Glück für dich, dass du dich zu rechter Zeit entfernst, denn sonst hätte ich dich zu Brei zerstampft.

Als ich mir hierzu gratulierte, flog eine Wespe direkt auf mich zu und pflanzte mir ihren Stachel in den Nacken, sodass für diesen Nachmittag mein in Aussicht genommenes Vergnügen vereitelt war. Bei meiner Rückkehr ins Lager fand ich meine Leute murrend; ihre Nahrungsvorräte waren zu Ende, und für die nächsten drei Tage war keine Aussicht vorhanden, ihnen welche zu verschaffen. Mit dem gefräßigen Individuen eigenen Mangel an Vorsicht hatten sie ihre Kornration und den ganzen Vorrat an Zebra- und Büffelfleisch ziemlich rasch verzehrt und schrien jetzt, sie müssten verhungern.

Zahlreiche Spuren von Tieren waren zwar vorhanden, aber in der Regenzeit hatte sich das Wild überallhin zerstreut; in der trockenen Jahreszeit hätten wir in diesen Wäldern unsere Speisekammer jeden Tag mit neuen Vorräten versehen können.

Als der Doktor und ich ungefähr um sechs oder sieben Uhr morgens unseren Tee vor dem Zelt einnahmen, zog eine aus zwölf Elefanten bestehende Herde etwa achthundert Schritt an uns vorüber. Asmani und Mabruki wurden sofort abgesandt, um sie zu verfolgen. Ich wäre ihnen mit meinem schweren Reillygewehr gefolgt, wäre ich nicht so furchtbar ermüdet gewesen. Alsbald hörten wir das Knallen ihrer Flinten und hofften, dass sie Glück hatten, da sie dann einen tüchtigen Vorrat an Fleisch gehabt und wir beide uns an einem Elefantenfuß als zartem schönem Braten hätten laben können.

Nach einer Stunde aber kehrten sie jedoch ohne einen Erfolg zurück; sie hatten den Tieren nur etwas Blut entzogen, welches sie uns auf einem Blatt zeigten.

Um einen afrikanischen Elefanten zu töten, benötigt man ein sehr gutes gezogenes Gewehr. Ich glaube, dass ein Kaliber Nr. 8, mit einer Fraser'schen Kugel geladen und in die Schläfe geschossen, einen Elefanten mit Sicherheit zu Fall bringen würde.

Faulkner erzählt zwar einige sonderbare Geschichten, wie er auf einen Elefanten zugetreten sei und ihn durch eine in die Stirn gejagte Kugel sofort getötet habe. Die Erzählung ist jedoch so unwahrscheinlich, dass ich sie lieber nicht glaube; zumal er hinzufügt, der Abdruck der Mündung seines Gewehrs habe sich am Kopf des Elefanten vorgefunden. Reisende in Afrika, namentlich Jagdfreunde, lieben es oft zu sehr, Dinge zu erzählen, die für gewöhnliche Menschen unglaublich

Eine Überraschung

scheinen. Solche Geschichten muss man wegen des Amüsements, das sie heimischen Lesern gewähren, mit Vorbehalt aufnehmen. Wenn ich je in Zukunft von jemand höre, dass er auf fünfhundert Meter Entfernung einer Antilope das Rückgrat gebrochen habe, so werde ich annehmen, es sei durch einen Schreib- oder Druckfehler eine Null zu viel hinzugekommen, denn das ist eine in einem afrikanischen Wald fast unmögliche Heldentat. Vielleicht kann es einmal vorkommen, aber gewiss nicht zweimal nacheinander. Denn eine Antilope gibt bei einer

Entfernung von fünfhundert Metern eine sehr kleine Zielscheibe ab, und es gehören derartige Geschichten durch göttliches Recht dem Jäger an, der Afrika nur um der Jagd willen durchzieht.

An der Küste von Sansibar habe ich junge Offiziere getroffen, wenig über zwanzig Jahre alt, die mit erstaunlicher Zungenfertigkeit von ihren fürchterlichen Abenteuern mit Elefanten, Leoparden, Löwen und sonstigen Tieren zu erzählen wussten. Jedes Mal wenn sie nur auf ein im Fluss befindliches Flusspferd geschossen hatten, hatten sie es auch erlegt; wenn sie einer Antilope begegnet waren, war es bestimmt ein Löwe gewesen, und sie hatten ihn sofort hingestreckt; wenn sie einen Elefanten in einem zoologischen Garten erblickten, war es bestimmt derjenige, den sie in Afrika gesehen und ohne Mühe eingefangen hatten: „Ich habe noch jetzt seine Stoßzähne zu Hause und kann sie Ihnen, wenn Sie wollen, eines Tages zeigen." Bei manchen Leuten ist es eine Krankheit, eine wirkliche Manie, dass sie nie imstande sind, die tatsächliche, buchstäbliche Wahrheit zu erzählen, ohne dabei zu übertreiben.

Fast alle, die an einer früheren Expedition in Abessinien teilnahmen, werden sich des wunderlichen Majors erinnern, der seine furchtbaren, außerordentlich schrecklichen Geschichten massenhaft zu erzählen pflegte. Eines Tages beschenkte ich diesen Herrn mit einer mir von Satana, dem Häuptling der Kiowas, in der Nähe von Medicine Lodge in Kansas geschenkten Bisonhaut. Doch schon am nächsten Tag hörte ich, er habe den Bison auf einer amerikanischen Prärie selbst mit einer Pistolenkugel erlegt. Dies ist nur ein Beispiel der Fantasiestückchen, welche viele Reisende zu erzählen lieben.

Am 13. setzten wir unseren Marsch über verschiedene Bergrücken fort, die miteinander und mit dem Tanganjikasee parallel verliefen. Nach Osten fielen diese Berge in Abhängen und Terrassen steil in tiefe Täler ab, wogegen sie nach Westen hin weniger schroffe Abhänge bildeten. Dies waren die besonderen Charakterzüge von Kawendi, der östlichen Wasserscheide des Tanganjika.

An diesem Tag trafen wir in einem der Täler mit einer Kolonie Affen mit rötlichem Bart zusammen, deren Geheul von den Felsen widerhallte, als sie die Karawane erblickten. Es war mir unmöglich, mich ihnen zu nähern, denn sie kletterten an den Bäumen empor, kreischten mir drohend entgegen und sprangen dann rasch weiter, wenn ich mich noch mehr näherte. Beinahe hätten sie mich dazu gebracht, sie zu verfolgen, wenn mir nicht plötzlich eingefallen wäre, dass meine Abwesenheit die Expedition aufhielt.

Etwa um Mittag sahen wir einen großen, sich türmenden Berg, dessen steile, düster aussehende Masse unsere Blicke auf sich zog und der sich in seiner ganzen Großartigkeit über die Ebene erhob. Die umliegende baumbekleidete Ebene war von fast mystischer Schönheit und mit lebhaftem Grün geschmückt. Nach dem Regen sprossen alle Pflanzen, und Kräuter und Bäume standen in üppiger Lebenskraft. Flüsse, die in heißen Sommertagen gar nicht vorhanden waren, stürzten sich jetzt schäumend zwischen dicken Gürteln mächtiger Bäume tosend in die Täler hinab.

Schönes, bezauberndes Kawendi! Womit soll sich die Lieblichkeit deiner hehren, wilden, freien, üppigen Natur vergleichen? Gibt es etwas Gleiches in Europa?

Gegen den Ratschlag aller Führer und die Vorschläge der ermüdeten und halb verhungerten Träger unserer Expedition bestand ich nach wie vor darauf, mich nur vom Kompass und meiner Karte leiten zu lassen. Zwar setzten die Führer alles daran, mich dazu zu bewegen, meine

Route zu ändern und nach Südwest zu ziehen. Traurig fragten mich die alten, erfahrenen Soldaten, ob ich sie denn verhungern lassen wolle. Ich zog es aber vor, mein Vertrauen auf den Kompass zu setzen, und ich hatte das sichere Gefühl, dass mein Vorsatz bald von Erfolg gekrönt sein würde. Zwar erschien keine Sonne, als wir durch den Urwald, über Bäche und steile Bergrücken und in tiefe Täler hinabzogen, sondern ein dicker Nebel bedeckte die Waldung; häufig prasselte der Regen auf uns herab, und das Firmament bestand aus einem undurchdringlichen grauen Dunst; aber der Doktor setzte vollständiges Vertrauen in mich, und ich blieb meinem Vorsatz treu.

Sobald wir an unserem Lager angekommen waren, zerstreuten sich die Lastenträger im Wald, um Nahrung zu suchen. Ganz in der Nähe fanden sie einen Hain mit Singwebäumen. Auch genügten die zahlreichen, in der Nähe wachsenden Pilze, den nagenden Hunger meiner Leute zu stillen. Wäre nicht heftiges Regenwetter gewesen, so hätte ich gewiss Wild fürs Lager herbeischaffen können; die Ermattung und das schwächende Fieber hinderten mich jedoch ganz und gar daran, aus dem Lager zu gehen, wenn wir einmal Halt gemacht hatten. Die Jäger wurden durch die in unserer Nachbarschaft befindlichen zahlreichen Löwen, deren schreckliches Gebrüll Tag und Nacht zu hören war, so in Schrecken versetzt, dass sie trotz der Belohnung von fünf Doti, die ich auf jedes erlegte Tier ausgesetzt hatte, nicht wagten, in die finsteren Waldwiesen oder schrecklichen Holzgehege außerhalb des freundlich geschützten Lagers vorzudringen.

Am Morgen des zehnten Tages versicherte ich meinen Leuten, dass wir uns ganz in der Nähe von Nahrungsmitteln befänden, ermunterte die Liebenswürdigsten unter ihnen durch dieses Versprechen reichlicher Nahrung und drohte den Widerspenstigeren mit bösen Schlägen, falls sie meine Geduld zu sehr auf die Probe stellten. Dann zog ich Ost zu Nord durch den Wald, und die erschöpfte Expedition schleppte sich mit Mühe hinter mir her. Es war wirklich eine verzweifelte Lage, und ich bedauerte die armen Leute viel mehr, als sie selbst es taten. Obwohl ich in ihrer Gegenwart aufbrauste, wenn sie sich niederlegen und nicht weiterziehen wollten, war doch niemand weiter davon entfernt als ich, ihnen etwas zu tun, denn ich war zu stolz auf sie; aber unter diesen Umständen wäre es gefährlich, ja sogar selbstmörderisch gewesen, einen Zweifel an der Richtigkeit des Weges zur Schau zu tragen. Die einfache Tatsache, dass ich meinen Weg nach des Doktors kleinem köstlichem Ratgeber, dem Kompass, fortsetzte, übte einen großen moralischen Einfluss auf sie aus, und obwohl sie klagend und mit hageren Gesichtern protestierten, folgten sie doch meinen Fußstapfen mit einer geradezu rührenden Vertrauensseligkeit.

Viele Kilometer lang schritten wir so über glattes, etwas abwärts geneigtes Grasland, mit einem Blick in Wald und Parkschönheiten zur Rechten und Linken vor uns, wie man sie selten sieht. In einem Tempo, das bald den Hauptteil der Expedition weit hinter mir ließ, ging ich mit einigen tapferen Burschen voran, die trotz ihrer schweren Last gleichen Schritt mit mir hielten. Nach einigen Stunden stiegen wir den leichten, bequemen Abhang eines Bergrückens hinauf, auf dessen Kamm sich innerhalb weniger Minuten die Wahrheit oder Ungenauigkeit meiner Karte herausstellen sollte. Als wir an den östlichen Rand des Bergrückens kamen, erkannten wir in einer Entfernung von etwa acht Kilometern und dreihundert Meter unter dem Hochplateau, auf dem wir standen, das Tal von Imrera.

Zu Mittag befanden wir uns in unserem alten Lager in dem freundlichen Dorf, das die meisten Suahelihändler wegen des Mangels an Elfenbein gar nicht erst zu erreichen suchten. Die Eingeborenen sammelten sich um uns und brachten uns Vorräte an Nahrungsmitteln sowie ihre Glückwünsche, dass wir gut aus Udschidschi zurückgekommen seien. Es dauerte aber lange, ehe das letzte Mitglied unserer Karawane eintraf. Die Füße des Doktors waren nämlich sehr wund und bluteten infolge des mühsamen Marsches. Seine Schuhe waren so abgetragen, und er hatte dieselben so zerschnitten und mit einem Messer bearbeitet, um seinen mit Blasen bedeckten Füßen Erleichterung zu verschaffen, dass keiner von den Trägern sie als Geschenk angenommen hätte, wenn er auch noch so sehr erpicht darauf gewesen wäre, seine Füße nach Art der Musungu zu bekleiden.

 Der Führer Asmani war sehr erstaunt, als er sah, dass der kleine

Kompass den Weg besser kannte als er, und erklärte es feierlich als seine Überzeugung, jener könne nicht lügen. Sein Ruf litt sehr, weil das kleine Ding ihm die Palme streitig gemacht hatte, und nach diesem Vorfall wurde seine gerühmte Kenntnis des Landes erheblich in Zweifel gezogen.

Nachdem wir einen Tag Halt gemacht hatten, um uns zu erholen, setzten wir unseren Weg am 18. Januar 1872 nach Unjanjembe fort. Einige Meilen hinter Imrera verlor Asmani wieder den Weg, und ich war genötigt, ihm denselben zu zeigen, wodurch ich mir abermals Ehre und Vertrauen als Führer erwarb.

Auch meine Schuhe waren sehr schlecht geworden, und es war schwer zu entscheiden, ob die des Doktors oder die meinigen schlechter waren. Über das Land war eine große Veränderung gekommen, seit wir hier auf dem Weg nach Udschidschi durchgezogen waren. Der wilde Wein hing jetzt in Trauben am Weg; die Kornähren waren hinreichend gereift, um zur Nahrung gepflückt und geröstet zu werden; die verschiedenen Pflanzen ließen ihre Blüten fallen, und die dichten Wälder und Gräser des Landes waren grüner als je.

Am 19. kamen wir in dem verlassenen Dorf Mpokua an. Die Füße des Doktors waren durch den Marsch sehr wund gerieben. Obgleich er einen Esel besaß, war er den ganzen Weg von Urimba zu Fuß gegangen, während ich, zu meiner Schande sei es gesagt, hin und wieder geritten war, um mit meinen Kräften haushälterisch umzugehen, damit ich imstande war, nach unserer Ankunft im Lager auf die Jagd zu gehen.

Zu unserem Gebrauch wurden zwei Hütten geräumt; als wir es uns aber gerade bequem machten, entdeckten unsere scharfäugigen Burschen mehrere Herden von Jagdtieren in der westlich von Mpokua gelegenen Ebene.

Rasch verzehrte ich einen Bissen Brot und Kaffee und eilte mit Bilali als Flintenträger und Livingstones berühmtem Reillygewehr nebst den nötigen Kugeln davon. Ich stürzte mich durch einen tiefen Bach, wurde abermals nass, bahnte mir den Weg durch ein dichtes Farnkraut und kam schließlich an einem dünnen Wassergürtel an, durch den ich gezwungen war zu kriechen. Nach anderthalb Stunden befand ich mich bei einer Gruppe von Zebras, die sich 130 Meter entfernt spielend unter dem Schatten eines großen Baumes tummelten. Als ich mich plötzlich erhob, zog ich ihre Aufmerksamkeit auf mich, aber das treue alte Gewehr war schon an meiner Schulter, und „Piff! Paff!“ gingen beide Läufe los. Bald war ich von einem Dutzend meiner Leute umringt, welche ihre Freude an den Tag legten durch reichliche Komplimente, die sie meiner Flinte, nicht aber mir spendeten. Als ich mit dem Fleisch ins Lager zurückkam, empfing ich die Glückwünsche des Doktors, die ich viel höher schätzte, da er aus langer Erfahrung wusste, was Schießen bedeutet.

Als die essbaren Teile der beiden Zebras an die Waage gehängt wurden, fanden wir nach des Doktors Aufzeichnungen, dass wir 719 Pfund gutes Fleisch besaßen, was, unter 44 Leute verteilt, für jeden etwas über 16 Pfund ausmachte. Bombay war besonders glücklich, da er einen Traum gehabt hatte, worin ich eine Hauptrolle gespielt und nach rechts und links Tiere geschossen hatte; als er mich nun mit dem wundervollen Reillygewehr losziehen sah, hatte er meinen Erfolg nicht im Geringsten bezweifelt und daher seine Leute bereitgehalten, um mir zu folgen, sobald sie meine Flintenschüsse hörten.

Als ich am 20. Januar auf die Jagd ging, sah ich eine Herde von elf Giraffen. Nach Überschreiten des Mpokua-Baches gelang es mir, mich einer von ihnen auf 140 Meter zu nähern, von wo ich auf sie losfeuerte. Sie wurde zwar verwundet, doch gelang es mir nicht, sie zu Fall zu bringen, obgleich ich sehr wünschte, ein Fell zu besitzen.

Was für merkwürdige Tiere sind diese Giraffen doch! Wie schön sind ihre großen hellen Augen! Ich hätte einen Eid darauf leisten können, dass beide Schüsse gut getroffen hatten; die Tiere wandten sich aber mit so majestätischen Bewegungen zur Flucht wie ein Klipper, der sich umwendet. Wenn sie laufen, haben sie einen ungeschickten Gang, der etwas den Verzerrungen einer indischen oder tibetischen Tänzerin ähnelt und in einer träumerisch wogenden Bewegung besteht, an welcher sich selbst ihr Schwanz mit dem langen Büschel schwarzer Haare beteiligt.

 Livingstone, welcher es wohl verstand, einen eifrigen, aber getäuschten Jäger zu trösten, schrieb meinen Mangel an Erfolg dem Umstand zu, dass ich bloß mit Bleikugeln geschossen hätte, welche zu weich seien, um durch das dicke Fell der Giraffen zu dringen, und riet mir, meine Zinkfeldflaschen zu zerschmelzen und die Kugeln dadurch härter zu machen. Es war nicht das erste Mal, dass ich Ursache hatte, den Doktor als Reisegefährten zu bewundern. Niemand verstand es so gut wie er, jedermann im Unglück zu trösten oder das Selbstbewusstsein zu stärken. Wenn ich ein Zebra getötet hatte, so zeigte er sich selbst als schon seit langem überzeugt, dass Zebrafleisch das schönste in ganz Afrika sei. Wenn ich eine Büffelkuh erlegte, so war sie bestimmt die beste ihrer Art und ihre Hörner wert, als Muster nach Hause transportiert zu werden, und wie fett war sie! Wenn ich ohne Beute nach Hause kam, so war entweder das Wild sehr scheu, oder die Leute hatten zu viel Lärm gemacht und es erschreckt. Niemand könne doch bereits in Unruhe versetzte Tiere stellen. Er war wirklich ein sehr rücksichtsvoller Gefährte, und da ich wusste, dass er in allem die Wahrheit sprach, so war ich stolz auf sein Lob, wenn ich Glück gehabt, und leicht getröstet, wenn ich nichts erreicht hatte.

An den drei folgenden Tagen litt ich an einem schweren Fieberanfall und musste im Bett liegen bleiben. Ich wandte meine gewöhnlichen Heilmittel dagegen an, Koloquinten und Chinin. Die Erfahrung hat mich aber gelehrt, dass ein übermäßiger Gebrauch eines und desselben starken Abführmittels die Wirkung desselben schwächt und dass es daher für Reisende gut ist, verschiedene Laxativa mitzunehmen, um gehörig auf die Leber wirken zu können, wie zum Beispiel Koloquinten, Kalomel, Jalapenharz und Bittersalz, und dass man Chinin nicht eher nehmen sollte, bis ein Abführmittel den Organismus darauf vorbereitet hat.

Livingstones Füße waren so entzündet und wund, dass er keine Schuhe anziehen konnte. Auch meine Hacken waren wund, und törichterweise schnitt ich große Kreise aus meinen Schuhen heraus, um überhaupt laufen zu können.

Am 27. gingen wir nach Misonghi weiter. Ungefähr auf der Mitte des Weges sah ich den Führer der Expedition mit einem Mal losrennen, und sein schnelles Forteilen schien sich bald allen ihm Folgenden mitzuteilen, bis auch mein Esel anfing, mit den Hinterbeinen auszuschlagen. Im nächsten Augenblick wurde ich der Ursache dieser Aufregung gewahr, als mir eine Wolke wilder Bienen um den Kopf schwirrte, von denen sich drei oder vier auf mein Gesicht setzten und mich schrecklich zerstachen.

Wir liefen wie die Wahnsinnigen ungefähr einen halben Kilometer weit, wobei wir uns fast ebenso aufführten wie die armen zerstochenen Tiere.

Da dies ein ungewöhnlich langer Marsch war, so hegte ich Zweifel, ob der Doktor ihn wegen seiner wunden Füße aushalten konnte. Ich beschloss daher, ihm Träger mit einer Bahre entgegenzuschicken. Der tapfere alte Held wollte aber durchaus nicht getragen werden und legte den ganzen Weg bis zum Lager, einen Marsch von $28^1/_2$ Kilometern, zu Fuß zurück. Er war am Kopf und im Gesicht furchtbar zerstochen; die Bienen hatten sich in Mengen in seinem Haar festgesetzt; nachdem er aber eine Tasse warmen Tee und etwas Nahrung zu sich genommen hatte, war er so munter, als ob er noch keinen Kilometer weit gegangen sei.

In Mrera, in Zentral-Ukonongo, blieben wir einen Tag, um Korn zu mahlen und die Vorräte zu kaufen, die wir während unseres Durchzugs durch die zwischen Mrera und Mandschara liegende Wildnis brauchten.

Am 31. Januar trafen wir in Mwaru eine von einem Sklaven des Said ben Habib geführte Karawane, die uns in unserem in einem dichten Gestrüpp verborgenen Lager besuchte. Nachdem sich der Karawanenführer gesetzt und Kaffee getrunken hatte, fragte ich ihn: „Was für Nachrichten, mein Freund, bringst du uns aus Unjanjembe?“

„Meine Nachrichten sind gut, Herr.“

„Wie steht es mit dem Krieg? Wo ist Mirambo?“

„Mirambo? Ja! Er isst jetzt sogar Tierhäute. Er ist ausgehungert. Mein Herr, Said ben Habib, ist im Besitz von Kirira. Die Araber donnern an die Tore von Wiljankuru. Said ben Madjid, der in zwanzig Tagen von Udschidschi nach Usagosi gekommen ist, hat den König

Moto gefangen genommen und erschlagen. Simba von Kasera hat die Waffen zur Verteidigung seines Vaters, des Königs Mkasiwa von Unjanjembe, ergriffen. Der Häuptling von Ugunda hat fünfhundert Mann ins Feld geschickt. Ach, ach, wo ist jetzt Mirambo? In einem Monat wird er durch Hunger zugrunde gegangen sein."

„Das sind wirklich wichtige und gute Nachrichten, mein Freund."

„Jawohl – im Namen Gottes!"

„Und wohin ziehst du mit deiner Karawane?"

„Said, der Sohn Madjids, der aus Udschidschi kam, hat uns von dem Weg erzählt, den der Weiße eingeschlagen hat, und gesagt, er sei glücklich in Udschidschi angekommen und befinde sich jetzt wieder auf dem Rückweg nach Unjanjembe. Da haben wir geglaubt, wenn der Weiße den Weg gehen könne, könnten wir es auch. Und siehe da, die Araber ziehen jetzt zu hunderten auf dem Weg des Weißen, um in Udschidschi Elfenbein einzuhandeln."

„Ich bin dieser Weiße."

„Du?"

„Jawohl."

„Nun, man hat uns ja gesagt, du habest mit den Usavira gekämpft und seist jetzt tot."

„Ach, mein Freund, sieh mal her, dies ist der Weiße, mein Vater, den ich in Udschidschi besucht habe." (Dabei zeigte ich auf Livingstone. Es ist ein höflicher Brauch in Afrika, ältere Menschen als *Baba* [Vater] anzureden.) „Er reist mit mir nach Unjanjembe, um sein Tuch in Empfang zu nehmen, worauf er wieder an das große Wasser zurückkehren wird."

„Wunderbar! Du redest die Wahrheit."

„Was kannst du mir von dem Weißen in Unjanjembe sagen?"

„Von welchem Weißen?"

„Dem Weißen, den ich im Hause von Said, dem Sohne Salims – in meinem Tembe – in Kwihara zurückgelassen habe?"

„Er ist tot."

„Tot?"

„Wirklich."

„Das kann doch gar nicht der Fall sein!"

„Ja, er ist wirklich tot."

„Seit wann?"

„Seit vielen Monaten."

„Woran ist er gestorben?"

„Am *Homa*." (Fieber.)

„Sind noch mehr von meinen Leuten gestorben?"

„Das weiß ich nicht."

„Genug."

Ich sah den Doktor an, und dieser meinte: „Das habe ich Ihnen ja gesagt. Als Sie ihn mir als einen Trunkenbold schilderten, wusste ich, dass er nicht am Leben bleiben konnte. Gewohnheitssäufer bleiben hierzulande ebenso wenig am Leben wie Leute, die anderen Lastern ergeben sind. Ich schreibe einen Todesfall, der bei meiner Expedition auf dem Sambesi vorkam, ganz derselben Ursache zu."

„Ach, Herr Doktor, da sind nun zwei von uns tot. Ich werde der Dritte sein, wenn dieses Fieber lange dauert."

„O nein, keineswegs. Wenn Sie am Fieber sterben sollten, so wären Sie in Udschidschi gestorben, als Sie den schweren Anfall von remittierendem Fieber hatten. Denken Sie doch nicht daran. Ihr Fieber kommt jetzt nur von der Nässe. Ich selbst reise nie während der nassen Jahreszeit. Diesmal habe ich es nur getan, weil ich so besorgt war und Sie nicht in Udschidschi aufhalten wollte."

Ja, es gibt doch nichts Schöneres, als einen guten Freund hierzulande bei sich zu haben, durch den man ermutigt und aufrechterhalten wird. Armer Shaw! Er war zwar ein schlechter Mensch, aber trotzdem dauerte er mich sehr. Wie oft hatte ich versucht, ihn aufzuheitern; es fehlte ihm aber an Energie, und die letzten Worte, die ich vor unserer Trennung zu ihm sprach, waren: „Wenn Sie nach Kwihara zurückkehren, werden Sie sterben."

Vom Führer der Karawane des Said ben Habib erhielten wir auch die Nachricht, dass mehrere Pakete mit Briefen und Zeitungen und einige Kisten durch meine Boten und durch Araber für mich aus Sansibar angekommen seien. Livingstone erinnerte mich in seiner großen Gutmütigkeit auch daran, dass er nach seinen Berichten einen Vorrat von Fruchtsäften und Schiffszwieback, Suppen, Fischen, eingemachtem Schinken und Käse in Unjanjembe liegen habe und dass er sich freuen würde, diese Leckerbissen mit mir zu teilen. Das munterte mich sehr auf, und während der verschiedenen Fieberanfälle, die ich in dieser Zeit erlitt, liebte es meine Einbildungskraft, bei den Genüssen von Unjanjembe zu verweilen.

Ich stellte mir vor, wie ich die Schinken und Zwiebäcke und Fruchtsäfte wie ein Toller verzehren würde. Ich lebte von diesen rasenden Phantasien, mein armes, gepeinigtes Gehirn schwärmte für so einfache Sachen wie Weizenbrot und Butter, Schinken, Speckseiten, Kaviar, und ich hätte keinen Preis für diese Dinge für zu hoch gehalten. Ich war so weit von Europa und Amerika entfernt, und doch war es mir eine Freude, während dieses schweren Zustandes der Niedergeschlagenheit, in den ich durch immer wiederkehrende Fieberanfälle geraten war, bei diesen Dingen zu verweilen. Ich wunderte mich, wie Leute, die derartige Genüsse zur Verfügung hatten, überhaupt krank und des Lebens überdrüssig werden könnten, und meinte, ich würde imstande sein, selbst sterbend aufzuspringen und einen tollen Fandango zu tanzen, wenn mir ein Weizenbrot und ein schönes Stückchen frische Butter vorgesetzt würden.

Zwar fehlten uns diese eben aufgezählten Leckerbissen, aber wir besaßen dafür eingesalzene Antilopen- und gepökelte Zebrazungen, wir hatten von Halimah selbst verfertigtes Ugali, Süßkartoffeln, Tee, Kaffee und heiße Pfannkuchen; all dessen war ich nun aber überdrüssig. Mein geschwächter, von Arzneimitteln angegriffener und gereizter Magen verweigerte diese grobe Nahrung. In Verzweiflung rief meine Seele aus: „Hätte ich nur ein Weizenbrot! Fünfhundert Dollar für einen Laib Brot!"

Der Doktor aß trotz des unaufhörlichen Regens, Taues und Nebels, trotz der Marschanstrengungen und seiner wunden Füße wie ein Held, und ich fasste daher den ernsten Entschluss, es ihm in männlicher Weise in der ausdauernden Aufmerksamkeit, die er dem Wohl seiner Verdauungskraft widmete, nachzutun; aber es misslang mir vollständig.

Dr. Livingstone besaß alle Gaben eines Forschungs- und Entdeckungsreisenden. Seine Kenntnis von allem, was Afrika betraf, von Felsen, Bäumen, Früchten und deren Eigenschaften war sehr umfassend. Auch steckte er voller weiser Ansichten über ethnologische Dinge. Er war mit der Kunst, ein Lager aufzuschlagen, und mit allen dazugehörigen Kniffen vertraut. Sein Bett war so angenehm wie eine Federmatratze; jeden Abend wurde dies unter seiner Aufsicht zurechtgemacht. Erst ließ er sich dazu zwei gerade Stangen von acht bis zehn Zentimetern im Durchmesser schneiden; diese wurden parallel nebeneinander in einer Entfernung von sechzig Zentimetern gelegt, quer darüber einige kurze, einen Meter lange Stöcke, Schösslinge von Bäumen, und über diese ein hoher Haufen Gras. Dann kamen ein Stück wasserdichtes Segeltuch und wollene Decken, und so wurde ein Lager hergestellt, das für einen König gut genug gewesen wäre.

Auf Livingstones Anraten hatte ich schon in Udschidschi Milchziegen gekauft, durch welche wir seit unserem Abmarsch von dort dreimal täglich mit frischer Milch zum Tee und Kaffee versorgt wurden. Nebenbei gesagt, tranken wir viel von diesen angenehmen Erregungsmitteln und hörten selten mit dem Trinken auf, bevor nicht jeder von uns sechs bis sieben Tassen zu sich genommen hatte.

Als wir durch den Wald von Ukamba zogen, sahen wir den gebleichten Schädel eines Unglücklichen, der den Entbehrungen der Reise erlegen war. Bei dieser Gelegenheit bemerkte der Doktor, dass er nicht durch einen afrikanischen Wald und seine feierliche, heitere Stille ziehen könne, ohne den Wunsch zu haben, eines Tages ruhig unter den toten Blättern begraben zu werden, wo er sicherlich ungestört liegen bleiben werde. In England sei nicht Platz genug vorhanden, und daher würden die Gräber oft entweiht. Deshalb habe er, seitdem er seine Frau in den Wäldern von Schupanga beerdigt habe, sich immer nach einem solchen Ort gesehnt, wo seine Gebeine die ewige, von ihm ersehnte Ruhe genießen könnten.

Am 7. Februar kamen wir am Gombe an und schlugen unser Lager in der Nähe eines der größten Seen desselben auf. Dieser war mehrere Kilometer lang und wimmelte von Flusspferden und Krokodilen.

Von diesem Lager aus schickte ich den Koch Feradschi und Tschaupereh nach Unjanjembe, um uns die Briefe und Arzneien, die mir aus Sansibar zugeschickt waren, bis nach Ugunda entgegenzubringen.

Wir dagegen zogen am nächsten Tag in unser altes Quartier am Gombe, wo wir zuerst in das eigentliche zentralafrikanische Jägerparadies eingeführt worden waren. Der Regen hatte zwar die meisten Herden auseinander getrieben, es gab jedoch noch viele Jagdtiere in der Umgebung. Bald nach dem Frühstück nahm ich Khamesi und Kalulu mit mir auf die Jagd. Nach einem langen Marsch kamen wir an ein dünnes Gebüsch, wo ich die Spuren verschiedener Tiere, zum Beispiel von Ebern, Antilopen, Elefanten, Nashörnern, Flusspferden und eine ungewöhnliche Zahl von Löwenspuren entdeckte. Plötzlich hörte ich Khamesi rufen: „Herr, Herr, hier ist ein Simba!"

Erzfeige, wie der junge Bursche war, kam er, vor Furcht und Erregung zitternd, zu mir gelaufen, um mir den Kopf des Tieres zu zeigen, das gerade aus dem hohen Gras hervorsah und uns standhaft anblickte. Gleich darauf sprang der Löwe von einer Seite auf die andere; doch war das Gras so hoch, dass man ihn nicht genau sehen konnte. Indem ich einen vor mir stehenden Baum als Deckung benutzte, kroch ich ruhig weiter mit der Absicht, das schwere Gewehr gegen den Löwen auf einem Ast aufzulegen, da ich infolge mehrerer Fieberanfälle zu schwach und ganz außerstande war, aus freier Hand sicher zu zielen. Groß war aber mein Erstaunen, als ich das Gewehr vorsichtig auf den Baum gestützt und die Mündung auf den Punkt gerichtet hatte, wo ich das Tier hatte stehen sehen. Als ich nämlich weiter hinblickte, wo das Gras dünner und spärlicher war, sah ich das Tier, wirklich ein Löwe, sehr rasch davonspringen. Der König des Waldes befand sich in voller Flucht. Von dem Augenblick an habe ich aufgehört, ihn als das mächtigste Tier zu betrachten oder sein Gebrüll am helllichten Tag für furchtbarer zu halten als das Gurren einer Taube.

Am nächsten Tag machten wir wiederum Halt, und da ich außerstande war, mein Verlangen nach der Jagd an einem Ort zu unterdrücken, wo es so viel Wild aller Art gab, schlenderte ich bald nach dem Morgenkaffee, nachdem ich ein paar Leute mit Geschenken an meinen

Ein Löwe im Gras

Freund, Häuptling Mamanjara, dessen man sich von der Geschichte mit der Ammoniakflasche erinnert, geschickt hatte, noch einmal in den Wald hinaus. Kaum fünfhundert Schritte vom Lager entfernt, hielt ich nebst meinen Leuten plötzlich still, da wir in unserer unmittelbaren Nähe, etwa hundert Schritte entfernt, das Brüllen dreier Löwen hörten. Instinktiv erhoben meine Finger die beiden Drücker, da ich einen gemeinsamen Angriff auf mich erwartete; wenn auch ein einzelner

Löwe die Flucht ergriffen hatte, so war doch kaum anzunehmen, dass drei dasselbe tun würden.

Während ich mich scharf umsah, entdeckte ich in bequemer Schussweite eine schöne Gazelle, die zitternd hinter einem Baum kauerte, als ob sie die Krallen des Löwen schon in ihrem Nacken fühlte. Obgleich sie mit dem Rücken zu mir gewandt dastand, so meinte ich, eine Kugel könne sie doch tödlich treffen, und feuerte deshalb, ohne einen Augenblick zu zögern. Das Tier sprang hoch, als ob es durch den Baum springen wollte, erholte sich aber und stürzte sich dann durch das Unterholz nach einer anderen Richtung als die, in der ich die Löwen glaubte, und ich habe es nie wiedergesehen, obgleich ich von der blutigen Spur her weiß, dass ich es getroffen hatte. Auch habe ich nichts mehr von den Löwen gesehen oder gehört. Weit und breit suchte ich in dem Gehölz nach irgendwelcher Beute, war aber gezwungen, mit leeren Händen ins Lager zurückzukehren.

Über mein Missgeschick verstimmt, brachen wir bald nach Mittag nach Manjara auf, wo wir gastfreundlich von meinem Freund Mamanjara begrüßt wurden, der Leute zu mir geschickt hatte, damit sein weißer Bruder nicht im Wald, sondern in seinem Dorf Halt machte. Vom Häuptling wurden uns Honig und Nahrungsmittel geschenkt, die uns in unserer Lage sehr willkommen waren. Hier zeigte sich wieder die freundliche Gesinnung, wie sie den zentralafrikanischen Häuptlingen eigen ist, die noch nicht von Arabern verdorben worden sind, und wie sie auch Dr. Livingstone unter den Babisa und Ba-ulunga und in Manjema angetroffen hat. Von allen Häuptlingen von Imrera in Kawendi bis nach Unjanjembe wurde ich ebenso freundlich wie von Mamanjara aufgenommen.

Am 14. Februar langten wir in Ugunda an, und bald nachdem wir es uns in einer Hütte, die der Häuptling uns zum Gebrauch überlassen, bequem gemacht hatten, kamen Feradschi und Tschaupereh mit Sarmean und Uledi Manwa Sera zurück, welche, wie man sich erinnert, die beiden Soldaten waren, die ich mit Briefen nach Sansibar geschickt hatte, damit sie Arznei für den kranken Shaw mitbrachten.

Nicht weniger als sieben Pakete Briefe und Zeitungen aus Sansibarhatten sich während meiner Abwesenheit von Unjanjembe dort angesammelt. Sie waren zu verschiedenen Zeiten den Führern von Karawanen anvertraut worden, die sie, getreu ihrem dem Konsul gegebenen Versprechen, in meinem Tembe abgeliefert hatten. Darunter befand sich ein Paket von Dr. Kirk an mich, welches auch einige Briefe für Dr. Livingstone enthielt, dem ich sie natürlich sofort überreichte mit meinem Glückwunsch, dass er von seinem Freund nicht ganz vergessen worden war.

In demselben Paket befand sich auch ein Brief von Dr. Kirk an mich vom 25. September 1871, also fünf Tage nachdem ich Unjanjembe in meinem anscheinend hoffnungslosen Unternehmen verlassen hatte, Udschidschi zu erreichen. Darin bat er mich, Livingstones Waren in meine Obhut zu nehmen und mein Möglichstes zu tun, um sie ihm zukommen zu lassen.

Auch enthielt er einige fantastische Ratschläge, ich solle eine unmögliche Route über den See Ukerewe einschlagen. Der Brief war jedoch in einem herzlichen, freundlichen Ton abgefasst.

„Nun, Herr Doktor“, sagte ich zu Livingstone, „der englische Konsul bittet mich, alles zu tun, Ihnen Ihre Güter zukommen zu lassen. Es tut mir sehr Leid, dass ich diese Vollmacht nicht früher erhalten habe, denn dann hätte ich den Versuch gemacht; doch habe ich, ohne diese Instruktion, mein Möglichstes getan, Sie zu Ihren Gütern zu bringen.

Da der Berg nicht imstande gewesen, zum Propheten zu kommen, so war der Prophet genötigt, zum Berg zu gehen."

Dr. Livingstone war aber zu sehr in seine eigenen, aus der Heimat kommenden Briefe vertieft, die jetzt gerade ein Jahr alt waren.

Ich erhielt gute und schlechte Nachrichten aus New York; doch waren die guten die späteren und verwischten alle Gefühle, welche durch die schlechten in mir hervorgerufen worden waren. Auch waren die etwa hundert Ausgaben New Yorker, Bostoner und Londoner Zeitungen voll mit wundersamen Nachrichten. Die Pariser Kommune hatte sich in Waffen gegen die Nationalversammlung erhoben, das Tuilerien-Schloss, der Louvre und Teile der Pariser Altstadt waren durch die Schurken aus dem Faubourg St-Antoine in Brand gesteckt worden. Französische Soldaten hatten Männer, Weiber und Kinder ermordet. Zarte Kinder waren durch Bajonette an den Boden geheftet; Schuldige und Unschuldige erschossen, niedergemetzelt, erdolcht, vernichtet. O Frankreich! Derartiges ist selbst im Herzen des barbarischen Zentralafrika unbekannt. Wir stießen die Zeitungen mit den Füßen verächtlich von uns und blickten, um unseren verletzten Gefühlen Erleichterung zu verschaffen, auf die komischen Seiten der Welt, wie sie sich in den unschuldigen Blättern des *Punch* darstellte. O guter, freundlicher *Punch*! Der Segen des Reisenden komme über dich! Deine Scherze wirkten wie wohltätige Arznei! Deine freundliche Satire erzeugte eine hysterische Munterkeit in uns.

Unsere Tür war von vielen neugierigen Eingeborenen umdrängt, die mit unbeschreiblicher Verwunderung die enormen Papierbogen betrachteten.

Ich hörte sie oft die Worte wiederholen: „*Khabari Kisungu*", Nachrichten des Weißen, und vernahm, wie sie über die Fülle der Nachrichten sprachen und ihren Glauben äußerten, dass der Musungu „*mbiah sana*" und sehr „*mkali*" sei, womit sie sagen wollten, dass der Weiße sehr böse und sehr gescheit und gewandt sei. Durch das Wort „böse" wird häufig große Bewunderung ausgedrückt.

Am vierten Tag nach unserem Abgang von Ugunda oder am 18. Februar, dem 35. Tag seit unserer Abreise aus Udschidschi, erschienen wir mit fliegenden Fahnen und unter Gewehrfeuer im Tal von Kwihara, und als Dr. Livingstone und ich durch das Tor meines alten Tembes traten, begrüßte ich ihn in aller Form in Unjanjembe und in meinem eigenen Haus. Seit dem Tag, als ich die hiesigen Araber krank und fast lebensmüde, aber trotzdem von der hohen Hoffnung beseelt, meiner Mission möge Erfolg beschieden sein, verlassen hatte, waren 131 Tage vergangen – unter welchen Wechselfällen weiß der Leser jetzt. In dieser Zeit hatte ich ungefähr zweitausend Kilometer zurückgelegt. Aus dem Mythos, dem ich durch die Wildnis nachgezogen war, war eine Tatsache geworden, und diese wurde mir umso deutlicher, als der lebendige Mann Arm in Arm mit mir in mein altes Zimmer trat und ich ihm sagte: „Herr Doktor! Endlich sind wir zu Hause!“

VIERZEHNTES KAPITEL

Jetzt erschien mir Unjanjembe wie ein irdisches Paradies. Livingstone war nicht weniger glücklich, denn er befand sich in einem bequemen Quartier, das im Vergleich zu seiner Hütte in Udschidschi ein Palast war. Unsere Vorratsräume waren mit Leckerbissen angefüllt und enthielten außerdem noch Tuch, Perlen, Draht und tausenderlei zu einer Reise gehörige Dinge, mit denen ich einst mehr als 150 Träger in Bagamoyo bepackt hatte. Ich besaß noch 74 Lasten verschiedener Sachen, von denen jetzt die wertvollsten Livingstone für seinen Marsch an die Quellen des Nils übergeben werden sollten.

Wir erlebten einen großen Tag, als ich mit Hammer und Meißel Livingstones Kisten aufbrach, damit wir unsere ausgehungerten Mägen an den Leckerbissen ergötzen konnten, die uns von den Wirkungen der schlecht nährenden Hirse- und Maisnahrung, mit der wir uns in der Wildnis begnügen mussten, erlösen sollten.

Ich war der festen Überzeugung, ein aus eingemachtem Schinken, Schiffszwieback und Fruchtsäften bestehendes Festmahl würde mich unbesiegbar machen.

Die erste von mir geöffnete Kiste enthielt drei Blechbüchsen mit Zwieback und sechs Blechbüchsen mit eingemachtem Schinken, kleine Dinger, nicht viel größer als Sardinenkonserven, und als wir sie aufmachten, enthielten sie nur einen Esslöffel voll reichlich gepfefferten Fleisches.

Darauf kamen fünf Krüge mit eingemachten Fruchtsäften, von denen wir einen öffneten. Auch dies erwies sich als eine Enttäuschung; denn in den Steinkrügen befand sich nur wenig mehr als ein Teelöffel voll Saft. Ja, wir fingen wirklich an zu glauben, dass unsere Hoffnungen und Erwartungen zu hoch geschraubt waren. Darauf kamen drei Flaschen

Curry; aber wer macht sich etwas aus Curry? Noch ein Kasten wurde aufgemacht, und es fiel ein kurzer, dicker holländischer Käse heraus, der so hart wie ein Ziegel, aber sonst gut und unversehrt war. Dann kam noch ein Käse zum Vorschein, doch war er ganz verschimmelt. Der dritte Kasten enthielt nur zwei Zuckerhüte; der vierte Kerzen; der fünfte Flaschen mit Salz, verschiedenen Soßen, Anschovisessenz, Pfeffer und Senf.

Um Gottes willen! Das sollte Nahrung sein, um einen Sterbenden wie mich wieder ins Leben zu rufen?

Die sechste Kiste enthielt vier Hemden, zwei Paar starke Schuhe, einige Strümpfe und Schnürsenkel, welche den Doktor so entzückten, dass er, als er sie anprobierte, ausrief: „Nun bin ich wieder ich selbst!"

„Wer Ihnen das geschickt hat, ist wirklich Ihr Freund", meinte ich.

„Ja", sagte er, „das hat mein Freund Waller getan."

In den fünf anderen Kisten befanden sich eingemachtes Fleisch und Suppen; die zwölfte aber, die ein Dutzend Flaschen medizinischen Branntwein enthalten sollte, war verschwunden, und durch ein genaues Verhör kam heraus, dass nicht nur diese eine Kiste mit Branntwein fehlte, sondern auch zwei Ballen Tuch und vier Säcke von in Afrika höchst wertvollen Perlen, nämlich von Sami-Sami, die von den Eingeborenen so hoch wie Gold geschätzt werden.

Alles in allem war ich sehr enttäuscht. Von den Blechdosen mit dem Zwieback erwies sich nur der Inhalt von einer als genießbar, und der reichte nicht einmal für eine vollständige Mahlzeit. Und die Suppen – wer macht sich in Afrika etwas aus Suppen? Gibt es dort nicht genug junge Ochsen, Schafe und Ziegen, aus denen sich eine weit bessere Suppe als eine solche eingemachte, bereiten lässt? Erbsen- oder andere Gemüsesuppen wären prächtig gewesen; aber Hühner- und Wildsuppen! Was war das für ein Unsinn!

Dann untersuchte ich meine eigenen Vorräte. Da fand ich noch etwas guten alten Branntwein und eine Flasche Champagner. Als ich jedoch die Tuchballen ansah, wurde mir klar, dass die Unehrlichkeit auch hier ihre Hand im Spiel gehabt hatte, und der schuldige Aufseher wurde ermittelt. Als ich seine Habseligkeiten untersuchen ließ, fand ich acht bis zehn farbige Tücher mit dem Zeichen meines Agenten in Sansibar. Da er außerstande war, darüber Rechenschaft zu geben, wie sie in seinen Kasten gekommen waren, konfiszierte ich sie sofort und verteilte sie unter die verdienstvollsten Bedienten des Doktors. Livingstone entließ den Aufseher sofort. Wären wir nicht so bald in Unjanjembe angekommen, so wäre wohl der ganze aus Sansibar hergeschickte Vorrat verschwunden gewesen.

Da Unjanjembe reich an Früchten, Korn und Rindvieh ist, beschlossen wir, uns noch einmal ein Weihnachtsessen, diesmal aber ein ordentliches, bereiten zu lassen, und da ich bei ziemlich guter Gesundheit war, konnte ich die Vorbereitungen dazu selbst beaufsichtigen. Nie hat man wohl in einem Tembe von Unjamwesi einen so großen Aufwand wie in dem unsrigen gesehen, und nie hat es da so viele Delikatessen gegeben.

Am 22. Februar hörten die Regengüsse auf, die uns auf der ganzen Strecke von Udschidschi hartnäckig verfolgt hatten, und wir bekamen schönes Wetter. Während ich meinen Rückmarsch zur Küste vorbereitete, schrieb der Doktor fleißig an seinen Briefen und trug Notizen in das Tagebuch ein, welches ich seiner Familie mitnehmen sollte. Wenn wir nicht damit beschäftigt waren, besuchten wir die Araber in Tabora, die uns beide mit der großartigen Gastfreundschaft aufnahmen, für die sie berühmt sind.

Mit den Waren, die ich Dr. Livingstone übergab, verfügte er alles in allem über siebzig Lasten. Allerdings konnte er trotz dieses prächtigen Sortiments von Waren mit den neun Leuten, die ihm jetzt nur noch zur Verfügung standen, nirgendwohin gehen. Deshalb erhielt ich den Auftrag, sobald ich Sansibar erreicht hätte, fünfzig Freie anzuwerben, jeden von ihnen mit einem Gewehr, einem Beil und sonstigem Zubehör auszurüsten sowie zweitausend Gewehrkugeln, tausend Feuersteine und zehn Fässchen Pulver zu kaufen. Die Leute sollten Livingstone als Lastträger überallhin begleiten, wohin er es verlangte. Dieses gelobte ich mir zu tun.

Livingstones Briefe waren beendet. Er übergab mir zwanzig nach Großbritannien, sechs nach Bombay, zwei nach New York und einen nach Sansibar. Die beiden nach New York gerichteten waren für James Gordon Bennett jun.; nur dieser und nicht sein Vater hatte meine Expedition veranlasst. Ich bitte den Leser um Entschuldigung, dass ich einen dieser Briefe hier wieder veröffentliche, da er nach Inhalt und Stil den Mann charakterisiert, für den es sich lohnte, eine kostbare Expedition auszurüsten, um sichere Nachrichten über sein Leben oder seinen Tod zu erhalten:

Udschidschi am Tanganjika, Ostafrika. November 1871
Herrn James Gordon Bennett jun.

Verehrter Herr!

Für gewöhnlich ist es etwas schwer, an jemanden zu schreiben, den man nie gesehen hat; es kommt einem zunächst recht unpersönlich vor. Doch benimmt mir die Anwesenheit Ihres Repräsentanten, Mr H. M. Stanley, in diesen fernen Gegenden das Gefühl des Fremdseins, das ich sonst empfinden würde, und ich fühle mich ganz vertraut, wenn ich Ihnen schreibe, um Ihnen für die große Güte zu danken, die Sie dazu veranlasst hat, ihn herzusenden.

Wenn ich Ihnen den verzweifelten Zustand darstelle, in welchem er mich aufgefunden hat, so werden Sie leicht einsehen, dass ich allen Grund habe, mich sehr starker Ausdrücke der Dankbarkeit zu bedienen.

Ich erreichte Udschidschi nach einer Fußreise von siebenhundert bis achthundert Kilometer Länge, die ich unter einer glühenden Sonne zurückgelegt hatte, enttäuscht, ermattet und, fast am Ende des geographischen Teils meiner Mission, zur Rückkehr gezwungen durch eine Anzahl mohammedanischer Halbblutsklaven, die mir statt freier Männer aus Sansibar zugeschickt worden waren. Die Leiden meines Gemüts wurden durch den traurigen Anblick der Inhumanität der Menschen gegeneinander noch gesteigert und hatten einen höchst nachteiligen Einfluss auf meine Konstitution ausgeübt und sie über alle Maßen geschwächt. Ich glaubte, an Ort und Stelle sterben zu müssen. Es ist nicht zu viel gesagt, dass fast jeder Schritt auf dem peinigenden, durchglühten Wege mir schmerzhaft wurde und ich in Udschidschi als ein bloßes Knochenskelett anlangte.

Hier fand ich, dass Waren im Wert von etwa fünfhundert Pfund Sterling, die ich aus Sansibar herbestellt hatte, unverantwortlicherweise einem Trunkenbold, einem Schneider, mohammedanischem Halbblut, anvertraut worden waren, der sie teilweise 16 Monate lang auf dem Weg nach Udschidschi verschwendet und den Rest zu seinen eigenen Gunsten gegen Sklaven und Elfenbein verkauft hatte. Er hatte aus dem Koran prophezeit und angeblich herausgefunden, ich sei tot. Auch hatte er dem Gouverneur von Unjanjembe geschrieben, dass er mir Sklaven nach Mandschuema nachgeschickt habe, die mich bei ihrer Rückkehr für tot ausgegeben hätten, und um die Erlaubnis nachgesucht, die wenigen Waren, die seine Trunksucht noch übrig gelassen hatte, zu verkaufen.

Er wusste jedoch ganz genau von Leuten, die mich gesehen hatten, dass ich am Leben war und auf meine Güter und Leute wartete; er ist aber, was die Moralität betrifft, offenbar ein Idiot, und da es hier kein Gesetz als das des Dolches und der Muskete gibt, musste ich, äußerst entkräftet und von allem entblößt, in Udschidschi sitzen bleiben, außer mit ein paar Tauschtuchen und Perlen versehen, die ich vorsichtigerweise für den Fall der äußersten Not hier gelassen hatte. Die nahe Aussicht auf Bettlerarmut unter den Wadschidschi machte mich ganz elend.

Zwar konnte ich nicht verzweifeln, da ich einmal so sehr über einen Freund gelacht hatte, der mir bei seiner Ankunft an der Mündung des Sambesi mitteilte, er sei deswegen der Verzweiflung nahe, weil er die Fotografie seiner Frau zerbrochen habe, und behauptete, nach solch einem Schicksalsschlag könne man einfach kein Glück mehr haben. Seit der Zeit hat der Gedanke an Verzweiflung für mich einen so starken Beigeschmack des Lächerlichen bekommen, dass bei mir daran nicht mehr zu denken ist.

Als ich nun ungefähr auf die niedrigste Stufe herabgesunken war, verbreiteten sich unbestimmte Gerüchte, dass ein Engländer mich besuchen komme. Zwar hatte ich mich in Gedanken mit dem Mann aus dem Lukasevangelium verglichen, der auf dem Weg von Jerusalem nach Jericho ausgeraubt und verwundet worden war, doch konnte ich wohl kaum damit rechnen, dass ein Priester oder ein Levite oder gar ein Samariter meinen Weg kreuzte. Dennoch war der gute Samariter nahe bei, und einer meiner Leute stürzte auf mich zu und rief in großer Aufregung: „Da kommt ein Engländer, ich sehe ihn!“, worauf er fortschnellte, um ihm entgegenzugehen.

An der zum ersten Mal in diesem Teil der Welt gesehenen amerikanischen Flagge, welche sich an der Spitze der Karawane befand, erkannte ich die Nationalität des Fremden.

Ich habe durchaus ein so kühles und verschlossenes Naturell, wie es bei uns Engländern üblich sein soll, aber Ihre Güte drang mir durch Mark und Bein. Sie überwältigte mich geradezu, und ich rief in meinem Innern: „Möge der Höchste Ihnen und den Ihrigen seinen reichsten Segen zuteil werden lassen!“

Auch die Nachrichten, die mir Mr Stanley mitzuteilen hatte, waren erschütternd.

Die mächtigen politischen Veränderungen auf dem europäischen Kontinent; der Erfolg der atlantischen Kabel; die Wahl von General Grant zum amerikanischen Präsidenten und viele andere Dinge fesselten meine Aufmerksamkeit tagelang und hatten einen unmittelbaren und höchst wohltätigen Einfluss auf meine Gesundheit. Ich war jahrelang völlig ohne Nachrichten von zu Hause gewesen, außer den spärlichen, die ich aus einigen Ausgaben der *Saturday Review* und des *Punch* vom Jahre 1868 erhalten hatte.

Mein Appetit kam wieder, und in einer Woche fühlte ich mich sehr gekräftigt.

Mr Stanley brachte mir auch eine sehr gütige, ermutigende Depesche von Lord Clarendon, welche die erste ist, die ich seit dem Jahre 1866 vom Auswärtigen Amt erhalten habe, und zugleich die Nachricht, dass die britische Regierung gütigerweise tausend Pfund zu meinem Beistand abgeschickt hat.

Bis Mr Stanley zu mir kam, wusste ich gar nichts von dieser Geldunterstützung. Ich bin ohne Besoldung hierher gekommen; jetzt ist aber dieser Mangel glücklich behoben, und ich wünsche dringend, dass Sie und alle meine Freunde es erfahren, dass ich, obwohl nicht durch Briefe ermutigt, doch mit der uns Engländern eigenen Zähigkeit und immer im Glauben an ein glückliches Ende der Aufgabe treu nachgegangen bin, die mir mein Freund Sir Roderick Murchison gestellt hat.

Die Wasserscheide des südlichen Zentralafrika ist mehr als 1 100 Kilometer lang. Die dort befindlichen Quellen sind fast unzählbar, das heißt, es würde ein Menschenleben dazu gehören, sie zu zählen. Von der Wasserscheide aus laufen sie in vier große Flüsse zusammen, und diese vereinigen sich wiederum zu zwei mächtigen Strömen im großen Niltal, welches zwischen 10° und 12° südlicher Breite anfängt. Es dauerte lange, ehe mir ein Licht über dieses alte Problem aufging und bis ich einen klaren Begriff von den Wasserverlusten erhielt. Ich musste mir selbst den Weg Schritt für Schritt erkunden und tappte meist im Dunkeln, denn wer kümmerte sich darum, wie die Flüsse verliefen?

Die Portugiesen, welche Kasembe besucht haben, fragten nur nach Sklaven und Elfenbein und nach weiter nichts. Ich hingegen erkundigte mich nach den Gewässern in Kreuz- und Querfragen, bis ich beinahe fürchten musste, man werde mich für einen Schwachkopf halten.

Meine letzte Aufgabe, in der ich aus Mangel an geeigneter Begleitung so behindert worden bin, bestand darin, das zentrale Wassersystem durch das Mandschuema genannte Land der Kannibalen zu verfolgen. Dieses Wassersystem enthält vier große Seen. Dem vierten war ich nahe, als ich zur Rückkehr gezwungen wurde. Dieser ist zwischen eineinhalb und fünf Kilometer breit und an allen Punkten und zu jeder Jahreszeit unzugänglich.

Nun habe ich zwar tausend Kilometer der Wasserscheide kennen gelernt, aber leider sind gerade die noch fehlenden hundert Kilometer die interessantesten von allen, denn dort entstehen, wenn ich nicht irre, vier Quellen aus einem Erdhügel, von denen die letztere in nicht sehr großer Entfernung zu einem großen Fluss wird.

Zwei von ihnen laufen nördlich nach Ägypten, und zwei fließen südlich ins innere Äthiopien. Sind das nicht die Quellen des Nils, die der Schreiber der „Minerva“ in der Stadt Sais Herodot gegenüber erwähnte?

So häufig und an so entfernten Orten habe ich von denselben gehört, dass ich ihr Dasein nicht bezweifeln kann, und trotz des schweren Heimwehs, das mich jedes Mal ergreift, wenn ich an meine Familie denke, wünsche ich doch meine Aufgabe durch ihre Wiederentdeckung zu Ende zu führen.

Abermals sind Waren im Wert von fünfhundert Pfund Sterling in unverantwortlicher Weise Sklaven anvertraut worden und mehr als ein Jahr unterwegs gewesen anstatt der dafür üblichen vier Monate. Auf Ihre Kosten muss ich an den Ort reisen, wo sie sich befinden, ehe ich die mir gestellte Aufgabe zu Ende bringen kann.

Wenn meine Enthüllungen in Bezug auf die schreckliche Sklaverei von Udschidschi dazu führen sollten, dass der Sklavenhandel an der Ostküste unterdrückt würde, so würde ich das als einen noch größeren Erfolg ansehen als die Entdeckung der Nilquellen.

Jetzt, da Sie und Ihre amerikanischen Landsleute die Sklaverei in den Vereinigten Staaten abgeschafft haben, leihen Sie uns doch Ihre mächtige Beihilfe zu diesem großen Zweck. Das herrliche Land hier ist wie von einem Fluch des Himmels heimgesucht, damit die sklavenhändlerischen Privilegien des kleinen Sultans von Sansibar nur nicht beeinträchtigt werden und die Krone von Portugal sich eine Anwartschaft auf Rechte, die mythisch sind, bis auf eine spätere Zeit bewahre, wo Afrika für die portugiesischen Sklavenhändler zu einem zweiten Indien werden soll.

Ich schließe, indem ich Ihnen noch einmal für Ihren großen Edelmut danke,

Ihr ergebener
David Livingstone

Dem obigen Brief habe ich nichts hinzuzufügen, er spricht für sich selbst.

Ich bin jedoch der Ansicht, dass er den besten Beweis für den Erfolg meiner Expedition darstellte. Livingstones Entdeckungen betrafen mich durchaus nicht, außer insoweit sie die Zeitung berührten, die mir den Auftrag gegeben hatte, ihn ausfindig zu machen. Freilich empfand ich eine große Neugier in Bezug auf das Resultat seiner Reisen, aber da er selbst seine Aufgabe noch nicht für vollendet hielt, so hätte ich es wenig rücksichtsvoll gefunden, ihn nach mehr zu fragen, als er freiwillig preisgab. Denn seine Entdeckungen waren die Früchte seiner eigenen Arbeit und gehörten ihm.

Das Folgende entnehme ich meinem Tagebuch:

12. März. Die Araber haben mir nicht weniger als 45 Briefe an die Küste übergeben. So bin ich in den letzten Tagen zum Kurier geworden. Der Grund dafür ist, dass in größerem Stil organisierte Karawanen Unjanjembe wegen des Krieges mit Mirambo nicht verlassen.

Heute haben sich die Eingeborenen versammelt, um mir zu Ehren vor meinem Haus einen Abschiedstanz aufzuführen. Meine Lastenträger beteiligten sich gleichfalls. Obwohl ich anfänglich zögerte, war ich durch die Musik so gefesselt, dass auch ich daran teilnahm und mittanzte, zur großen Verwunderung meiner Tapferen, welche darüber sehr erfreut waren, ihren Herrn von seiner gewöhnlichen Steifheit ablassen zu sehen.

Es war ein wilder Tanz. Die Musik war lebhaft und entstand durch den sonoren Ton von vier Trommeln, welche vier in der Mitte des Zauberkreises stehende Leute umgehängt hatten. Der stets komische Bombay, der sich beim Tanz der Mrima am gemütlichsten fühlte, hatte meinen Wassereimer auf dem Kopf, der kräftige, flinke, fest auftretende Tschaupereh eine Axt in der Hand und ein Ziegenfell auf dem Haupt. Varaka trug mein Bärenfell und hantierte mit einem Speer herum. Der stiernackige Mabruki schritt feierlich auf und ab wie ein Elefant. Ulimengo hatte eine Flinte und gebärdete sich wie ein wütender Bramarbas, sodass man meinen konnte, er wolle sich auf eine Schlacht mit hunderttausenden einlassen. Khamesi und Kamna standen Rücken an Rücken vor den Trommlern und warfen um die Wette die Füße in die Luft. Auch Asmani, die personifizierte Riesenkraft, ein wirklicher Titan, hatte ein Gewehr in der Hand, mit dem er in der Luft herumfuchtelte, als ob er der Donnergott Thor sei, der mit seinem Hammer tausende erschlägt. Unser aller Skrupel und Leidenschaften ruhten; wir waren Dämonen, die sich unter dem himmlischen Licht der Sterne bekämpften und an einem Zauberdrama teilnahmen, in welchem wir durch den furchtbaren Donner der Trommeln zu tätiger Bewegung angeregt wurden.

Die Kriegsmusik war zu Ende, eine neue begann. Der Chorführer war auf die Knie gesunken und tauchte mit dem Kopf zwei- bis dreimal in eine Aushöhlung des Bodens. Ein Chor, der ebenfalls auf den Knien ruhte, wiederholte in klagenden Tönen die letzten Worte eines feierlich langsamen Refrains. Wörtlich übersetzt lautete der Gesang so:

Chorführer:	Oh, oh, oh! Der weiße Mann geht nach Hause!
Chor:	Oh, oh, oh! Er geht nach Hause! Er geht nach Hause, oh, oh, oh!
Chorführer:	In das glückliche Eiland auf dem Meere, Wo es Perlen gibt in Menge. Oh, oh, oh!
Chor:	Oh, oh, oh! Wo es Perlen gibt in Menge. Oh, oh, oh!
Chorführer:	Während wir zurückbleiben, oh, so lange, In unserer Heimat, so lange; oh, oh, oh!
Chor:	In unserer Heimat, oh, oh, oh! Oh, oh, oh!
Chorführer:	Und wir hatten gar kein Essen, so sehr lange Zeit. Wir sind halb verhungert, oh, sehr lange Zeit!
Chor:	Sehr lange Zeit, oh, oh, oh!
Chorführer:	Mirambo ist in den Krieg gezogen, Zu kämpfen gegen die Araber; Die Araber und Wangwana Sind fort, Mirambo zu bekämpfen!
Chor:	Oh, oh, oh! Mirambo zu bekämpfen! Oh, Mirambo! Mirambo! Oh, Mirambo zu bekämpfen!

Chorführer:	Aber der weiße Mann wird uns erfreuen, Er geht nach Hause! Denn er geht nach Hause! Und er wird uns erfreuen! Sch-sch-sch!
Chor:	Der weiße Mann wird uns erfreuen. Sch-sch-sch! Sch – sch-h-h – sch-h-h-h-h-h! Um-m – mu – um-m-m – sch!

Dies war der eigentümliche Abschied, der mir durch die Unjamwesi zuteil wurde. Ich habe dieses Erlebnis wegen seiner bemerkenswerten epischen Schönheit, rhythmischen Vortrefflichkeit und gewaltigen Leidenschaft als eins der wunderbarsten Erzeugnisse der Chor liebenden Kinder Unjamwesis durch diese Blätter unsterblich machen wollen.

Am 13. März war der letzte Tag meines Zusammenseins mit Livingstone vorüber; der letzte Abend, den wir gemeinsam zu verleben hatten, war angebrochen, und ich konnte dem Morgen nicht ausweichen.

Ich hätte gerne gegen das Schicksal rebelliert, das mich von ihm trennte. Rasch folgten die Minuten aufeinander und wurden zu Stunden. Unsere Türen waren verschlossen, und jeder von uns war mit seinen eigenen Gedanken beschäftigt. Wie die seinigen beschaffen waren, weiß ich nicht; die meinigen waren traurig.

Es schien mir, als ob ich meine Tage in einem Paradies verlebt hätte. Warum sollte ich sonst die nahe Abschiedsstunde so schwer empfinden? Hatte mich nicht in letzter Zeit eine Reihe von Fieberanfällen Tag für Tag kraftlos auf ein schmerzhaftes Lager geworfen? Hatte ich nicht in furchtbaren Fantasien getobt? Nicht im Delirium die Fäuste wütend geballt und mit der wilden Kraft der Verzweiflung um mich geschlagen?

Dennoch bedauerte ich es, das Vergnügen aufgeben zu müssen, das ich in der so teuer erkauften Gesellschaft dieses Mannes empfunden hatte, und konnte doch nicht das unausweichliche Fortschreiten der Zeit hemmen, die heute Abend dahinflog, als ob sie meiner spottete und sich an meinem Elend weidete. So mochte es denn sein!

Ich wachte ebenso eifersüchtig über sein Tagebuch wie er selbst und habe in großen Buchstaben und deutlicher Schrift auf jede Seite des wasserdichten Segeltuchdeckels geschrieben: „Auf keinen Fall öffnen!", was er mit seinem Namen unterschrieben hat. Jedes Wort habe ich stenografiert, was er mir gesagt hat in Bezug auf die gleichmäßige Verteilung einiger Andenken an seine Freunde und Kinder und auf den letzten Wunsch betreffs „seines teuren alten Freundes Sir Roderick Murchison".

„Morgen Abend werden Sie allein sein, Herr Doktor."

„Das weiß ich wohl. In diesem Haus wird es so sein, als ob ein Todesfall darin stattgefunden hat. Sie würden doch besser daran tun, hier zu bleiben, bis die Regenzeit, die jetzt nahe bevorsteht, vorüber ist."

„Ich wünschte zu Gott, ich könnte das, lieber Herr Doktor; doch jeder Tag, den ich jetzt noch hier verweile, wo keine Notwendigkeit mehr vorliegt, hält Sie von Ihrer Arbeit und Ihrer Heimat zurück."

„Das weiß ich; aber denken Sie doch an Ihre Gesundheit. Sie sind nicht imstande zu reisen. Was haben ein paar Wochen mehr oder weniger zu bedeuten? Sie werden ebenso rasch an die Küste gelangen, wenn der Regen vorüber ist, wie wenn Sie jetzt fortziehen. Zwischen hier und Sansibar werden die Ebenen überschwemmt sein."

„Meinen Sie? Ich will aber die Küste in vierzig, allerhöchstens fünfzig Tagen erreichen. Der Gedanke, dass ich Ihnen dadurch einen wesentlichen Dienst leiste, wird mich anspornen."

Mit dem Morgengrauen des folgenden Tages waren wir aufgestanden; die Ballen und das Gepäck wurden aus dem Haus getragen, und die Träger bereiteten sich auf den ersten Marsch nach der Heimat vor.

Wir trafen uns zu einem traurigen Frühstück, ich aber konnte nichts essen; auch mein Gefährte schien keinen Appetit zu haben. Wir fanden noch etwas zu tun, was uns etwas länger zusammenhielt. Um acht Uhr war ich noch nicht fort und hatte doch die Absicht gehabt, um fünf Uhr morgens abzuziehen.

„Herr Doktor", sagte ich, „ich werde zwei Leute bei Ihnen lassen, die heute und morgen hier bleiben können, denn es kann doch sein, dass Sie bei der Eile meiner Abreise etwas vergessen haben. Einen Tag bleibe ich in Tura an der Grenze von Unjamwesi, um gegebenenfalls ein letztes Wort, einen letzten Wunsch von Ihnen in Empfang nehmen zu können. Jetzt müssen wir scheiden, es hilft doch nichts. Leben Sie wohl!"

„Nun, ich werde Sie noch ein Stückchen begleiten. Ich muss sehen, wie Sie sich auf den Weg machen."

„Vielen Dank. Nun, Leute, nach Hause! Karawanenführer, erhebe die Fahne und marsch!"

Das Haus sah verödet aus, es entschwand unseren Blicken. Die Vergangenheit, die Gedanken an meine Bestrebungen und Hoffnungen überwältigten mich. An die alten Berge, die mir früher interesselos und unbedeutend erschienen waren, hatten sich persönliche Erinnerungen geknüpft. Auf jenem Ruhelager hatte ich stundenlang gesessen, geträumt, gehofft, geseufzt. Auf jenem Hügel hatte ich gestanden und die Schlacht und Zerstörung von Tabora beobachtet. Unter jenem Dach war ich krank gewesen, hatte ich deliriert und wie ein Kind über das Geschick geweint, das meiner Mission drohte. Unter jenen Bananenbäumen lag mein toter Kamerad, der arme Shaw! Ich hätte ein Vermögen darum gegeben, wenn ich ihn jetzt an meiner Seite gehabt hätte. Von diesem Tembe aus war ich nach Udschidschi gezogen; mit einem neuen, teuren Gefährten war ich dorthin wie zu einem alten Bekannten zurückgekehrt, und nun musste ich alles verlassen. Schon jetzt erschien mir alles wie ein sonderbarer Traum.

Wir gingen Seite an Seite; die Lastenträger stimmten einen Gesang an. Ich blickte Livingstone lange an, um mir seine Züge recht genau ins Gedächtnis zu prägen.

„Soweit ich es verstehe, Herr Doktor, liegt also die Sache so, dass Sie nicht beabsichtigen heimzukehren, bis Sie sich hinsichtlich der Quellen des Nils vergewissert haben. Wenn Sie darüber aber Gewissheit erlangt haben, so werden Sie nach Hause kommen und diese Gewissheit mit anderen teilen, nicht wahr?"

„Jawohl! Sobald die Träger, die Sie mir zuschicken werden, angekommen sind, werde ich sofort nach Usipa aufbrechen, dann nach Süden über den Rungwa-Fluss und um das untere Ende des Tanganjikasees gehen. Darauf werde ich mich nach den Kupferminen von Katanga begeben, und acht Tagesreisen südlich von Katanga sollen sich nach den Angaben der Eingeborenen die Nilquellen befinden. Wenn ich sie gefunden habe, kehre ich nach Hause zurück."

„Was glauben Sie, wie viel Zeit diese kleine Reise in Anspruch nehmen wird?"

„Höchstens anderthalb Jahre von dem Tag an, an dem ich Unjanjembe verlasse."

„Nehmen wir lieber zwei Jahre an; es könnten ja doch unvorhergesehene Verhältnisse eintreten. Es wird also gut sein, wenn ich Ihre Träger auf zwei Jahre miete, und zwar von dem Tag an, wo diese in Unjanjembe ankommen."

„Ja, das wird gut sein."

„Nun aber, mein lieber Herr Doktor, auch die besten Freunde müssen sich trennen. Sie haben mich weit genug begleitet; daher bitte ich Sie umzukehren."

„Ich kann Ihnen nur Folgendes sagen: Sie haben etwas geleistet, wozu nur wenige imstande sind, und zwar viel besser als verschiedene andere Entdeckungsreisende, die ich kenne. Ich bin Ihnen dankbar für das, was Sie für mich getan haben, Gott geleite Sie sicher nach Hause und segne Sie, mein Freund!"

„Und möge Gott auch Sie glücklich zu uns allen heimführen, mein teurer Freund! Leben Sie wohl!"

„Leben Sie wohl!"

Wir schüttelten uns die Hände, und ich musste mich von ihm losreißen, um nicht zu weich zu werden. Doch auch Gusi, Dschumah und Hamojdah, die getreuen Diener des Doktors, wollten mir unbedingt die Hand drücken und küssen, ehe ich ganz fortkam. Daher verriet ich meine Empfindungen!

„Adieu, Herr Doktor, teurer Freund!"

„Adieu!"

„Marsch! Was bleibt ihr hier stehen? Vorwärts! Wollt ihr nicht nach Hause?" So trieb ich meine Leute vor mir her. Jetzt keine Schwäche mehr. Ich werde sie marschieren lassen, dass sie an mich denken sollen.

Von heute an in vierzig Tagen werde ich das hinter mich bringen, was mich früher drei Monate gekostet hat.

Vier Monate und vier Tage hatte ich mit David Livingstone unter einem Dach, auf demselben Boot oder in demselben Zelt zugebracht und hatte nie eine Schwäche an ihm entdeckt. Ich selbst bin ein hitziger Mensch und habe wohl schon oft ohne ausreichende Ursache Bande der Freundschaft zerrissen; aber bei Livingstone habe ich nie Ursache gehabt, mich gekränkt zu fühlen. Jeder Tag, den ich mit ihm verbrachte, hat meine Bewunderung für ihn erhöht.

Ich habe nun nicht die Absicht, meine Leser mit einer genauen Schilderung unseres Rückmarsches zu belästigen, und werde nur einige Ereignisse, die uns auf der Reise an die Küste passierten, erzählen.

17. März. Wir kamen an den Kwalah-Fluss. Am heutigen Tag fiel der erste Regen der Regenzeit. Ehe ich zur Küste komme, werde ich angeschimmelt sein. Im vorigen Jahr begann die Regenzeit in Bagamoyo am 23. März und hörte am 30. April auf.

Am nächsten Tag hielt die Expedition in West-Tura, auf der Grenze von Unjamwesi, und am 20. kamen wir in Ost-Tura an. Bald darauf hörten wir ein lautes Schießen, und Gusi und Hamojdah, Livingstones Diener, erschienen mit Uredi und einem anderen von meinen Leuten nebst einem Brief von Livingstone zur Weiterleitung an Sir Thomas MacLear auf der Sternwarte des Kaps der Guten Hoffnung sowie einem Brief an mich, in dem er nochmals seinen Dank an mich bekundete und mir Glück für die Heimreise wünschte.

Einige Wangwana kamen nach Tura, um sich unserer heimkehrenden Expedition anzuschließen, da sie sich fürchteten, allein durch Ugogo zu ziehen; andere sollten nachkommen; da man ihnen aber in Unjanjembe ausdrücklich gesagt hatte, dass die Karawane jedenfalls am 14. abgehen werde, so wollte ich auf jene nicht länger warten.

Als wir Tura am 21. verließen, wurden Gusi und Hamojdah zum Doktor zurückgeschickt, während wir unseren Marsch an den Ngwala-Fluss fortsetzten.

Am 24. schlugen wir unser Lager auf einer romantisch gelegenen Lichtung auf.

Wir lagerten in der Nähe eines glatten, breiten Granitblocks, an dessen einer Seite sich ein massiver viereckiger Fels hoch emporhob, die verschiedenen in der Nachbarschaft befindlichen Bäume überragend; am anderen Ende stand noch ein eigentümlicher Felsblock aufrecht, der an seinem Fuß gelockert war.

Meine Leute benutzten die große Felsplatte, um sich ihr Korn selbst zu mahlen, was hier ja gewöhnlich geschieht, wenn Dörfer nicht in der Nähe sind oder das Volk feindlich gesinnt ist.

Darauf kamen wir in die Distrikte der Gummibäume und wussten, dass wir uns in Ugogo befanden; denn die Wälder dieses Landes bestehen hauptsächlich aus Gummi- und Dornbäumen, Mimosen und Tamarisken sowie verschiedenen wilden Fruchtbäumen. Es gab viele Trauben, die jedoch noch nicht reif waren; auch fanden wir eine runde rötliche Frucht von der Süße der Sultanatraube mit stachelbeerähnlichen Blättern. Eine andere, etwa von der Größe einer Aprikose, hatte einen sehr bitteren Geschmack.

Als wir aus dem dichten Dorngestrüpp heraustraten, erblickten wir die ausgedehnten Ansiedlungen von Kiwjeh und fanden östlich vom Dorf des Häuptlings einen Lagerplatz unter dem Schatten einer Gruppe kolossaler Baobabs.

Die Bevölkerung von Kiwjeh bestand etwa zu gleichen Teilen aus Wakimbu und Ugogo. Der alte Kiwjeh war tot, und jetzt regierte sein

Die Wagogo zum Krieg ausziehend

junger Sohn das Gebiet. Obgleich die Herrschaft dieses Jünglings äußerlich gut aussah und seine loyalen Untertanen ihr Vieh zu hunderten zählten, so war seine Lage doch eine missliche, denn seine große Jugend bot den ihn umgebenden Ugogohäuptlingen viele Versuchungen.

Kaum waren wir im Lager, als überall Kriegshörner laut ertönten und Boten nach allen Richtungen rasch dahinflogen, um Kriegslärm zu schlagen. Als ich erfuhr, dass das Volk durch die Hörner zu den Waffen gerufen wurde, hatte ich zunächst den Verdacht, dass unsere Expedition angegriffen werden solle, doch erklärten mir die Wörter *Urugu, Marugu* (Dieb, Diebe), die allgemein im Umlauf waren, alsbald die Ursache. Mukondoku nämlich, der Häuptling des bevölkerten, zwei Tagesmärsche nach Norden liegenden Bezirks, wo wir auf unserem früheren Zug nach Westen etwas in Angst geraten waren, stand im Begriff, den jungen Kiwjeh anzugreifen, und deshalb wurden die Soldaten von Kiwjeh zum Kampf zusammengerufen.

Die Eingeborenen stürzten sich in ihre Dörfer, und in kurzer Zeit sahen wir sie in vollem Kriegskostüm heranziehen. Straußen- und Adlerfedern wogten auf den Stirnen oder Zebramähnen um die Köpfe; Knie und Knöchel waren mit kleinen Schellen besetzt. Vom Nacken flatterten ihre Djoho-Gewänder, Speere, Knüppel und Bogen schwenkten sie über dem Kopf oder hielten sie in der rechten Hand, als ob sie zum Wurf bereit seien. Zu beiden Seiten eines großen Heereskörpers, der in gleichmäßigem raschem Doppelschritt aus dem Hauptdorf herauskam, wobei die Schellen an Fuß- und Kniegelenk harmonisch erklangen, befanden sich Trupps von jungen Kämpfern, die ganz besonders begeistert zu sein schienen und sich auf dem Weg in Scheinkämpfen übten. Eine Kolonne nach der anderen, Kompanien und Gruppen liefen eilig aus jedem Dorf an unserem Lager vorüber, bis etwa fast tausend Soldaten in den Krieg gezogen waren.

Diese Szene gab mir die beste Vorstellung von der Verletzbarkeit selbst der größten Karawanen, die zwischen Sansibar und Unjanjembe reisen.

Gegen Abend kehrten die Krieger aus dem Wald zurück, da der Alarm sich als grundlos erwiesen hatte. Anfangs hieß es allgemein, die Eindringlinge seien Wahehe oder Wadirigo, unter welchem Spottnamen dieser Stamm wegen seiner Neigung zum Diebstahl bekannt ist. Die Wahehe unternehmen oft Raubzüge auf das fetteste Vieh von Ugogo. Aus ihrem eigenen im Südwesten gelegenen Land ziehen sie durch das Dickicht und bücken sich bei Annäherung an die Herden, indem sie sich den Körper mit aus Ochsenhaut bestehenden Schilden bedecken. Wenn sie so zwischen das Vieh und die Hirten gekommen

Unamapokera

sind, erheben sie sich plötzlich, fangen an, das Vieh mit Gerten zu peitschen, treiben es in den Urwald zu den zu diesem Behuf Zurückgebliebenen, kehren dann schnell um und pflanzen ihre Schilde vor sich hin, um mit den empörten Hirten zu kämpfen.

Am 31. kamen wir zu Kamjendschi, dem großen Häuptling. Als wir gerade an dem Tembe des Sultans vorüberzogen, war sein *Msagira* oder erster Rat, ein angenehmer Mann mit grauem Haar, damit beschäftigt, eine Dornhecke um ein Fleckchen jungen Korns zu ziehen. Er begrüßte die Karawane mit einem sonoren „Jambo", stellte sich an die Spitze und führte sie an unseren Lagerplatz. Als er mir vorgestellt wurde, war er sehr herzlich in seiner Manier. Ich ließ ihm einen Sessel anbieten, und er unterhielt sich mit mir in leutseliger Weise. Auch bot er mir Eselsmilch an, und die Art, wie ich sie trank, schien sehr amüsant für ihn zu sein.

Sein Sohn Unamapokera war ein hoch aufgeschossener Mann von etwa dreißig Jahren, der mit mir große Freundschaft schloss und mir versprach, den Tribut leicht zu machen und mir einen seiner Männer mitzugeben, welcher mir den Weg nach Mjumi zeigen solle, einem Dorf an der Grenze von Kamjendschi, wodurch ich den raubgierigen Kisewah vermeiden könne, der gewohnt sei, Karawanen großen Tribut abzunehmen.

Mithilfe Unamapokeras und seines Vaters gelang es uns, nur wenig, das heißt, zehn Doti zu zahlen, während andere sechzig Doti Tuch hatten bezahlen müssen.

Am 1. April standen wir früh auf und erreichten Mjumi nach einem Marsch von vier Stunden; dann zogen wir weiter und gelangten um zwei Uhr nachmittags an einen großen Teich inmitten des Urwalds und am nächsten Tag um zehn Uhr morgens auf die Felder von Mapanga.

Als wir an dem Dorf Mapanga vorbei an einen jenseits gelegenen Ruheplatz zogen, wo wir frühstücken und den Tribut bezahlen konnten, stürzte uns ein Bursche entgegen und fragte, wohin wir wollten. Nachdem wir ihm geantwortet hatten, dass wir an einen Lagerplatz gingen, eilte er vorwärts, und wir hörten ihn gleich darauf in einem Feld zu unserer Rechten mit einigen Leuten sprechen.

Mittlerweile hatten wir einen angenehmen, schattigen Platz gefunden

Ein drohender Kampf

und Halt gemacht; unsere Leute lagen auf dem Boden oder standen in der Nähe ihrer Lasten.

Bombay war eben im Begriff, einen Ballen zu öffnen, als wir eine große Menge Menschen zusammenlaufen und laut schreien hörten. Gleich darauf kamen vierzig bis fünfzig Bewaffnete mit einem Häuptling an der Spitze aus dem Dickicht hervorgestürzt, schwangen ihre

Speere über dem Kopf oder waren im Begriff, ihre Bogen zu spannen, und stießen ein Geheul aus, wie es nur Wilde können, das ungefähr wie ein lang gezogenes „Hhaat-uh – hhaat – uhh-uhh" klang und das zugleich trotzig, bestimmt und drohend war.

Ich hatte es schon geahnt, dass die von mir gehörten Stimmen nichts Gutes für uns bedeuteten, und infolgedessen meine Waffen und Patronen in Ordnung gebracht. Das war wahrhaftig eine schöne Gelegenheit für ein Abenteuer! Wenn sie nur einen Speer auf uns geworfen oder wir einen Schuss in diesen drohenden Haufen von Wilden hineingefeuert hätten, so wäre es zwischen den sich gegenüberstehenden Banden zu einem bösen Kampf gekommen. Es wäre keine geregelte Schlacht, kein äußeres Kriegsgepränge, sondern ein mörderischer Strauß geworden, ein rasches Feuern von Hinterladern und Musketensalven, in das sich fliegende Speere und das Zischen der Bogen gemischt hätten, wobei meine Memmen sofort, von brüllenden Wilden verfolgt, fortgelaufen wären.

Hierzulande ist es nicht angeraten zu kämpfen, wenn man nicht durch die alleräußerste Not dazu gezwungen wird.

Ohne also von dem Ballen aufzustehen, auf dem ich saß, bat ich den Karawanenführer, eine Erklärung für den furchtbaren Lärm und die drohenden Mienen zu verlangen und zu fragen, ob sie gekommen seien, um uns zu berauben.

„Aber seht ihr denn nicht, dass wir hier halten und der Ballen schon geöffnet ist, um euch den Tribut zu schicken? Wir sind so weit von eurem Dorf, um, nachdem der Tribut bezahlt ist, unseres Weges weiterzuziehen, da der Tag noch jung ist."

Der Häuptling brach in ein Lachen aus, in das auch wir einstimmten. Er war offenbar über sein Betragen beschämt, denn freiwillig gab er die folgende Erklärung ab: Als er und seine Leute eben Holz schlugen, um einen neuen Zaun für ihr Dorf zu machen, sei ein Jüngling zu ihm gekommen und habe erzählt, dass eine Karawane von Wangwana im Begriff sei, durch das Land zu ziehen, ohne Halt zu machen und zu erklären, wer sie seien.

Alsbald waren wir sehr gute Freunde. Er bat mich, ihm Regen zu machen, da sein Korn leide und es seit Monaten keinen Regen gegeben habe. Ich sagte ihm darauf, dass die Weißen zwar sehr groß und gescheit seien und weit über den Arabern stünden, aber doch keinen Regen machen könnten. Obwohl er sehr enttäuscht war, bezweifelte er diese Feststellung nicht weiter und gestattete uns, nachdem wir ihm ein geringfügiges Honga bezahlt hatten, unseres Weges zu ziehen, ja, er begleitete uns sogar ein Stück weit, um uns den Weg zu zeigen.

Über eine nackte rote, lehmige Ebene zogen wir weiter nach Kulabi. Von den Höhen von Usagara, die jetzt als bläulich schwarze Berge vor uns erschienen, heulte ein schrecklicher Wind über die Ebene. Mit heftiger, einschneidender Gewalt schienen die furchtbaren Stürme uns durch den Körper zu dringen, als würden wir nur aus leichtem Gazegewebe bestehen. Mannhaft kämpften wir gegen diesen mächtigen *Peppo* (Sturm), zogen durch Mukamwas Land und kamen über ein breites, sandiges Flussbett hinweg in das Gebiet von Mvumi, dem letzten Tribut erhebenden Häuptling von Ugogo.

Am 4. April schlugen wir uns durch ein Dickicht, nachdem ich Bombay und meinen freundlichen Ugogo mit acht Doti Tuch als Abschiedstribut an Mukamwa abgeschickt hatte, und in fünf Stunden waren wir an der Grenze zur Wildnis Marenga Mkali, dem „harten", bitteren oder salzigen Wasser.

Aus unserem Lager schickte ich drei Leute nach Sansibar mit Briefen an den amerikanischen Konsul, einer telegrafischen Depesche an den *Herald* und der Bitte an den Konsul, er möge die Boten bald wieder an mich zurückschicken mit einem Vorrat an Genussmitteln, wie sie hungrige, ermüdete und durchnässte Leute wohl zu schätzen wissen.

Die drei erhielten den Auftrag, sich durch nichts, ob Regen oder Flüsse oder Überschwemmungen, aufhalten zu lassen, da wir sie, wenn sie nicht vorwärts eilten, einholen würden, ehe sie die Küste erreichten. Mit einem inbrünstigen *„Inschallah, Bwana!"* zogen sie ab.

Am 5. begaben wir uns mit einem kräftigen, aufmunternden „Hurra!" mitten in die Wildnis, die wegen ihrer ewigen Ruhe und Einsamkeit den geräuschvollen Streitigkeiten der Ugogo-Dorfschaften sehr vorzuziehen war.

Neun Stunden lang zogen wir dahin und stöberten durch lärmende

Ausrufe wilde Nashörner, furchtsame Zebras und Herden von Antilopen auf, welche die Wälder dieser breiten Salzbecken massenhaft bewohnen.

Am 7. kamen wir in strömendem Regen in Mpuapua an, wo mein schottischer Begleiter Farquhar gestorben war.

Wir hatten den enormen Marsch von rund 550 Kilometern vom 14. März bis zum 7. April zurückgelegt, das heißt in 24 Tagen, mit Einschluss aller Aufenthalte, was also etwas mehr als 22 Kilometer täglich ausmachte.

Leucole, der Häuptling von Mpuapua, bei dem ich Farquhar gelassen hatte, gab mir folgenden Bericht von seinem Tod: „Bis zum fünften Tage, nachdem Ihr ihn verlassen hattet, schien der weiße Mann sich zu bessern; dann aber stürzte er bei einem Versuch, aufzustehen und aus dem Zelt herauszuspazieren, zu Boden. Von dem Augenblick an ging es ihm schlechter und schlechter, und er starb am Nachmittag wie ein Mensch, der einschlafen will. Beine und Unterleib waren ihm bedeutend angeschwollen, und ich glaube, etwas muss in ihm zerrissen sein, als er fiel, denn er schrie wie ein Mensch, der große Schmerzen erleidet, und sein Diener sagte: ‚Der Herr meint, er sei im Begriff zu sterben.' Wir ließen ihn unter einen großen Baum tragen, gruben ihn dort in die Erde und deckten ihn mit Blättern zu. Sein Diener nahm seine Sachen in Besitz, nämlich die Flinte, die Kleider und die wollene Decke, und zog in das Tembe eines Unjamwesi in der Nähe von Kisokwe, wo er drei Monate gelebt hat und dann auch gestorben ist. Vor seinem Tod verkaufte er das Gewehr seines Herrn für zehn Doti an einen Araber, der nach Unjanjembe reiste. Das ist alles, was ich davon weiß."

Er zeigte mir hierauf die Vertiefung, in welche Farquhars Leiche gelegt worden sein sollte; ich konnte dort aber keine Spur von seinen Gebeinen finden, obgleich wir uns genau danach umsahen. Obwohl wir keine Überreste des unglücklichen Farquhar entdecken konnten, sammelten wir doch eine große Menge Steine und bauten darauf einen Wall in der Nähe des Stromes auf, um den Ort zu bezeichnen, wo seine Leiche hingelegt worden war.

Erst als wir in das Tal des Mukondokua-Flusses kamen, hatten wir viel von der Regenzeit zu leiden. Der Fluss war eine mächtige braune Flut, die mit fast unwiderstehlicher Gewalt abwärts strömte. Die Ufer waren überflutet, die Felder überschwemmt, und noch immer fiel der Regen in Strömen. Dreimal passierten wir diese furchtbare Flut an den Furten vermittelst Seilen, die von einem Ufer ans andere gezogen und an Bäumen befestigt wurden.

Am 13. April erreichten wir nach dem ermüdendsten Marsch, den ich je zu bewältigen hatte, die Mündung des Mukondokua-Passes, aus welchem sich der Fluss in die Makata-Ebene ergießt. Wir erkannten, dass die Regenzeit in diesem Jahr ungewöhnlich heftig war, denn der üble Zustand des Landes, wie wir ihn im vorigen Jahr angetroffen hatten, war nichts im Vergleich zu dem diesjährigen. Dicht am Rande der schäumenden, aufgeregten Flut lag unsere Route, die sich häufig in tiefe Gräben senkte, worin wir uns bisweilen bis an den Gürtel, manchmal bis an den Hals im Wasser befanden. Doch wurden wir durch die dringendste Notwendigkeit weitergetrieben, und so ging es nicht an, in einer der Dorfschaften bis ans Ende der Monsunregen zu kampieren. So zogen wir denn weiter über Marschgründe, bis an die Knie im Schlamm watend, unter triefenden Urwaldgewölben, durch Pfuhle, die bis an die Achseln reichten. Jeder Wasserlauf schien bis zum Überfließen voll zu sein, und noch immer strömte der Regen weiter, schlug die Oberfläche des Wassers zu einem gelben Schaum und peitschte uns, dass wir fast den Atem verloren. Ein halbtägiger Kampf gegen diese Schwierigkeiten brachte uns, nachdem wir über den Fluss gesetzt hatten, zu dem traurigen Dorf Mvumi.

Die Nacht brachten wir damit zu, uns der stechwütigen schwarzen Moskitos zu erwehren und außerdem in heldenmütigen Versuchen, Ruhe und Schlaf zu finden, was uns zum Teil infolge der äußersten Ermattung des Körpers gelang.

Am 14. zogen wir von Mvumi fort. Es hatte die ganze Nacht über geregnet und hörte auch am Morgen nicht auf. Meilenweit zogen wir über überschwemmte Felder, bis wir wieder einmal ans Ufer eines Flussarmes kamen. Die Stelle war recht eng und in der Mitte zum Übersetzen zu tief.

„Nimm dich in Acht!"

Wir fingen also an, einen Baum zu fällen, und richteten es so ein, dass er gerade über den Strom fiel. Über diesen gefallenen Baum bewegten sich unsere Leute langsam mit ihren Ballen und Kisten; Rodschab aber, ein junger Bursche, nahm, entweder aus Übereifer oder aus Tollheit, Livingstones Kasten, der seine Briefe und das Tagebuch enthielt, auf den Kopf und ging damit in den Fluss. Ich kam als Erster am anderen Ufer an, um den Übergang zu überwachen, und erblickte plötzlich die-

sen Menschen, mit dem kostbaren Kasten auf dem Kopf im Fluss gehend. Auf einmal fiel er in ein tiefes Loch, und Mann und Kasten schwanden mir aus den Augen, sodass ich über das den Depeschen drohende Schicksal in Verzweiflung geriet.

Zum Glück erholte er sich wieder und kam herauf, während ich, einen auf seinen Kopf zielenden geladenen Revolver in der Hand, ihm zuschrie: „Nimm dich in Acht! Wenn du diesen Kasten fallen lässt, so wirst du sofort erschossen!"

Meine sämtlichen Leute hielten bei ihrer Arbeit inne und blickten auf ihren durch die Flut und die Kugel zugleich gefährdeten Kameraden. Der Mensch selbst schien den Revolver mit dem größten Schrecken anzusehen, und es gelang ihm nach einigen verzweifelten Anstrengungen, den Kasten glücklich ans Ufer zu bringen. Da die darin befindlichen Gegenstände keinen Schaden erlitten hatten, kam Rodschab ohne Strafe davon, wurde aber gewarnt, unter keinen Umständen den Kasten wieder anzurühren, welcher dem sicherfüßigen, vorzüglichen Träger Maganga zur Aufbewahrung übergeben wurde.

Von diesem Seitenfluss gelangten wir in etwa einer Stunde an den Hauptfluss; hier aber genügte uns ein Blick auf seine wilden Wasser. Wir arbeiteten angestrengt, um ein Floß zu bauen; nachdem wir aber vier Bäume abgeschlagen, die grünen Stämme zusammengebunden und dann in den wirbelnden Strom gestoßen hatten, sahen wir es wie Blei sinken. Darauf banden wir sämtliche starke Seile, die wir besaßen, zusammen und machten daraus ein Tau von 55 Meter Länge, wanden ein Ende um Tschaupereh und schickten ihn hinüber, um es an einem Baum zu befestigen. Er wurde weit stromabwärts getrieben; da er aber ein vorzüglicher Schwimmer war, so gelang ihm der Versuch. Darauf wurden die mit Seilen umschnürten Ballen in den Strom gelassen und durch den Fluss ans andere Ufer gezogen, und ebenso geschah es mit dem Zelt und denjenigen Dingen, die durch das Wasser keinen Schaden leiden konnten. Auch wurden mehrere meiner Leute und ich selbst durch das Wasser gezogen, wobei die besten Schwimmer auf die Jungen aufpassten.

Als die Reihe aber an die Briefkästen und Wertsachen kam, wussten wir kein Mittel, sie hinüberzubekommen. Es wurde daher auf jeder Seite des Stromes ein Lager aufgeschlagen; das eine auf einem Ameisenbau von erheblicher Höhe auf dem Ufer, das ich eben verlassen hatte, während meine Leute sich in einem flachen, schmutzigen Sumpf niederlassen mussten. Ein fast fußhoher Damm wurde in einem Kreis von neun Meter Durchmesser aufgeworfen, mein Zelt in die Mitte desselben gestellt, und ringsum wurden Lauben erbaut.

Dies war eine neue, außergewöhnliche Lage, in der wir uns befanden. Noch nicht zwanzig Schritt von unserem Lager entfernt schwoll ein Fluss an, der flache, niedrige Ufer hatte; über uns hing ein düsterer Regenhimmel; rundherum auf drei Seiten lag ein ungeheurer Wald, auf dessen Zweige wir beständig den Regen herabprasseln hörten; uns zu Füßen befand sich tiefer schwarzer, ekelhafter Kot. Hierzu kam noch der Gedanke, der Fluss könne weiter steigen und uns dadurch völlig vernichten.

Am Morgen schwoll der Strom noch immer an, und ein unvermeidliches Geschick schien unser zu harren. Noch war es Zeit zu handeln, die Lastträger mit den wertvollsten Gegenständen der Expedition herüberkommen zu lassen; Dr. Livingstones Tagebuch und Briefe und meine eigenen Papiere hielt ich für viel wichtiger als alles andere. Beim Anblick des schrecklichen Stromes kam mir der Gedanke, dass ich vielleicht die Kästen dadurch herüberschaffen könnte, dass ich zwei dünne

Stangen schneiden, quer darüber Stöcke binden und dadurch eine Art Tragbahre herstellen ließ, auf der ein Kasten festgebunden werden konnte. Zwei hinüberschwimmende Leute, die sich am Tau festhielten und gleichzeitig die Enden der Stangen auf ihren Schultern trugen, mussten meines Erachtens imstande sein, einen Kasten von siebzig Pfund bequem hinüberzuschaffen. In kurzer Zeit wurde eine solche Bahre angefertigt, und sechs Paar unserer stärksten Schwimmer wurden angefeuert durch ein Glas steifen Grog und durch die Aussicht auf einen Extralohn in Form von Tuch, falls sie alles unbeschädigt ans Ufer brachten.

Als ich sah, wie leicht sie sich mit der Bahre auf den Schultern hinüberzogen, war ich erstaunt, dass ich nicht früher auf diesen Plan verfallen war.

Eine Stunde nachdem das erste Paar das Übersetzen begonnen hatte, befand sich die ganze Expedition sicher am östlichen Ufer. Sofort brachen wir unser Lager ab und marschierten nach Norden durch den sumpfigen Wald, der an einigen Stellen einen Meter hoch unter Wasser stand. Nachdem wir sieben Stunden lang beständig im Wasser gewatet und manche eigentümlichen Unfälle erlebt hatten, kamen wir nach Rehenneko. Jetzt befanden wir uns am Rande der überschwemmten Ebene des Makata, welche schon in der Regenzeit des vorigen Jahres zu schrecklich gewesen war, als dass man kalten Blutes daran hätte denken können, sie zu überschreiten.

Zehn Tage lang, bis zum 25., lagerten wir daher auf einem in der Nähe von Rehenneko gelegenen Berg und entschlossen uns erst, als der Regen vollständig aufgehört hatte, über den Makata zu setzen. Die Tuchballen waren sämtlich, mit Ausnahme einer kleinen Anzahl, die ich zu meinem eigenen Unterhalt zurückbehalten hatte, an die Träger als Geschenke für ihre Arbeit verteilt worden.

Wir hätten jedoch eigentlich noch einen Monat länger warten müssen, denn die Überschwemmung hatte sich noch nicht um zehn Zentimeter verringert. Da wir nun aber einmal bis an den Hals im Wasser wateten, so war es unnütz zurückzukehren. Auf zwei Märschen von je acht Stunden arbeiteten wir uns durch Schlamm, tiefe Pfützen, bis an den Hals reichendes Wasser und wahre Kotfluten, schwammen über Vertiefungen, wateten durch Wasserrinnen und kamen am zweiten Tag gegen Sonnenuntergang bei dem Boma Kigongo an die Ufer des Makata-Flusses.

Diese Nacht werden meine Leute wohl nie vergessen; kein einziger von ihnen war imstande einzuschlafen, ehe Mitternacht lange vorüber war, wegen der dichten Schwärme von Stechmücken, die uns aufzuzehren drohten; und als am nächsten Tag das Marschhorn ertönte, war nicht einer unter ihnen, der nicht willig gewesen wäre, rasch von hier fortzumarschieren.

Um fünf Uhr morgens fingen wir an, über den Makata zu setzen; am anderen Ufer aber erstreckte sich zehn Kilometer weit ein großer See, dessen Gewässer langsam zum Wami flossen. Dies war der Zusammenfluss der Ströme; hier vereinigten sich vier Flüsse zu einem. Die Eingeborenen von Kigongo warnten uns zwar, den Versuch zu machen, da das Wasser uns über den Kopf reichen werde; ich brauchte aber meinen Leuten nur zu winken, und sie setzten ihren Weg fort. Selbst das Wasser – wir wurden geradezu wie Amphibien – war besser als der furchtbare Schmutz und die Haufen verwesender Pflanzen, die gegen die Einzäunung des Dorfes getrieben wurden. Bald waren wir bis an die Schultern im Wasser; dann sank der Wasserspiegel wieder bis an die Knie, darauf reichte es uns wiederum bis an den Hals, und wir mussten auf den Zehenspitzen waten und die Lasten über dem Wasser halten.

Es wiederholten sich die Leiden des vorigen Tages, bis wir am Rande des kleinen Makata halten mussten, der in einem Tempo von annähernd fünfzehn Kilometern in der Stunde daherstürzte. Der Fluss war jedoch nur fünfzig Schritt breit, und auf der anderen Seite erhob sich ein hohes Ufer und trockenes Parkland, das sich bis nach Simbo ausdehnte. Es blieb uns nichts anderes übrig, als zu schwimmen, was nur sehr langsam vor sich ging, da die Strömung so reißend und stark war. Doch bewirkten guter, tatkräftiger Wille, hohe Belohnungen, Geldgeschenke und das lebhafte Gefühl, dass wir uns der Heimat näherten, Wunder, und nach einigen Stunden befanden wir uns am anderen Ufer des Makata.

Freudig hoffend zogen wir den trockenen, ebenen Pfad dahin, der jetzt vor uns lag, von Heldenmut und Veteranenausdauer beseelt. An einem Tag marschierten wir so viel wie sonst an dreien und kamen lange vor Einbruch der Nacht in Simbo an.

Am 29. überschritten wir den Ungerengeri, und als wir nach Simbamwenni, der „Löwenstadt", kamen, welche Veränderung erblickten wir da! Die Fluten hatten die vordere Mauer der stark umwallten Stadt vollständig fortgeschwemmt und etwa fünfzig Häuser zerstört. Die Dorfschaften an den Abhängen der Uruguru-Berge hatten auch schwer gelitten. Wenn ein Viertel der Berichte, die wir erhielten, auf Wahrheit beruhte, so mussten auch mindestens hundert Menschen umgekommen sein.

Die Sultanin war geflohen, und die Festung Kisabengos existierte nicht mehr! Ein tiefer Kanal, den er zu Lebzeiten hatte ausgraben lassen, um einen Arm des Ungerengeri in die Nähe der Stadt zu leiten, die sein Stolz war, hatte Simbamwenni zugrunde gerichtet. Nach der Zerstörung des Ortes hatte sich der Fluss ein neues Bett ungefähr dreihundert Meter von der Stadt entfernt gesucht. Was uns am meisten in Erstaunen setzte, waren die Massen von Trümmern, die überall in Haufen dalagen, und die große Anzahl von Bäumen, die niedergestreckt waren. Sie schienen sämtlich in derselben Richtung zu liegen, als ob ein starker Wind von Südwesten gekommen wäre. Der Anblick des Ungerengeritals war vollständig verändert; aus einem Paradies war es zu einer furchtbaren Wüste geworden.

Wir setzten unseren Marsch bis nach Ulagalla fort, und bei unserer Weiterreise wurde uns klar, dass ein ungewöhnlicher Sturm über das Land gefegt sein musste, denn an einigen Stellen lagen die umgeknickten Bäume wie in Stapeln.

Ein sehr anstrengender langer Marsch brachte uns nach Mussudi am östlichen Ufer des Ungerengeri; doch lange bevor wir den Ort erreicht hatten, wussten wir, dass ungeheuer viel Menschenleben und Eigentum zerstört worden war. Man kann sich die Ausdehnung und den Charakter des Unglücks vorstellen, wenn ich sage, dass nach dem Bericht Mussudis fast hundert Dorfschaften fortgefegt worden waren.

Mussudi erzählte, die Einwohner hätten sich wie gewöhnlich zur Ruhe begeben, wie sie es seit 25 Jahren, seit er sich im Tal niedergelassen, immer getan hatten, als sie mitten in der Nacht ein Getöse wie von vielfachem Donner hörten, das sie aufweckte und ihnen die Tatsache klar machte, dass der Tod ihnen in Gestalt einer furchtbaren Wassermasse drohte, welche wie eine Mauer herabstürzte, die höchsten Bäume mit sich fortriss und mit einem grausigen Schlag Dörfer zu Dutzenden der völligen Zerstörung anheim gab. Der sechs Tage nach dem Ereignis sich darbietende Anblick, als der Fluss sich schon wieder in sein während des Monsuns normales Bett zurückgezogen hatte, war geradezu furchtbar. Wohin man auch schaute, fand man etwas, was auf die Verwüstung, die das Land heimgesucht hatte, hinwies. Kornfelder waren hoch mit Sand und Trümmern bedeckt, und es standen nur noch ungefähr drei Dörfer von jenen, die ich auf der Hinreise nach Unjanjembe gesehen hatte.

An Msuwa vorbei reisten wir rasch durch Urwälder, die uns schon auf unserem Weg nach Unjanjembe so viel Beschwerden bereitet hatten. Welch schreckliche, unbeschreibliche, Ekel erregende Düfte erzeugt doch dieses Dickicht! Es war so dicht, dass ein Tiger nicht hindurchkriechen, und so undurchdringlich, dass selbst ein Elefant es mit ganzer Kraft nicht durchbrechen könnte. Wenn man die hier von uns eingeatmeten Miasmen kondensieren und in eine Flasche füllen könnte, welch tödliches, augenblicklich wirkendes, in seinen Eigenschaften unenträtselbares Gift würde dies sein! Ich glaube, es würde rascher als Chloroform und tödlicher als Blausäure wirken.

Alle Schrecken der Dschungel fanden sich hier beisammen; Boas über unseren Häuptern, Schlangen und Skorpione zu unseren Füßen; Landkrabben, Schildkröten und Leguane bewegten sich in unserer Nähe; Malaria steckte in der Luft, die wir atmeten; der Weg war von „Heißwasser"-Ameisen heimgesucht, die uns die Beine so zerstachen, dass wir uns wie Tolle krümmten und tanzten.

In Kingaru Hera hörten wir am 1. Mai von einem starken Sturm, der auch in Sansibar gewütet und dort angeblich alle Häuser und Schiffe zerstört haben soll; ebenso soll er in Bagamoyo gewütet haben.

Ich bin zwar inzwischen hinreichend mit der Tendenz des Afrikaners zum Übertreiben bekannt, aber es mögen auch dort wirklich ernste Verluste stattgefunden haben, wie sich aus den Wirkungen des Sturmes im Inneren schließen lässt. Man sagt mir auch, dass sich Weiße in Bagamoyo befinden, die im Begriff sind, ins Innere zu reisen, um nach mir zu suchen. Ich kann gar nicht begreifen, wer sich nach mir umsehen sollte. Man muss wohl irgendeine dunkle Vorstellung von meiner Expedition haben, obgleich ich es nicht erklären kann, wie sie davon etwas erfahren haben, dass wiederum ich jemanden ausfindig machen wollte, denn ich habe, ehe ich Unjanjembe erreichte, keiner Seele etwas davon gesagt.

Kaum war ich am 2. Mai in Rosako angekommen, als die drei Boten, die ich nach Sansibar abgesandt hatte, dort eintrafen und mir vom freigebigen amerikanischen Konsul einige Flaschen Champagner, mehrere Krüge mit Fruchtsaft und zwei Büchsen Bostoner Zwieback mitbrachten. Nach den schrecklichen Erlebnissen im Makatatal war mir dies sehr willkommen.

In eine dieser Büchsen hatte der Konsul vier Ausgaben des *New York Herald* sorgfältig eingepackt. Von diesen enthielt eine meinen Korrespondenzbericht aus Unjanjembe, in dem sich einige merkwürdige Druckfehler namentlich in Bezug auf die Zahlen und die afrikanischen Namen befanden. Vermutlich hatte ich infolge meiner Schwäche sehr schlecht geschrieben. In einer anderen Nummer befanden sich mehrere Auszüge aus verschiedenen Zeitungen, aus denen ich ersah, dass viele Redakteure die Expedition nach Afrika als eine Fabel ansahen. Leider ist sie für mich eine schreckliche, ernste Tatsache gewesen, eine anstrengende, gewissenhaft durchgeführte Tat, die mit Entbehrungen und Krankheiten verknüpft war und leicht hätte zum Tod führen können.

Einige Menschen haben dieses Unternehmen mit dem Leben bezahlt. Auch der Tod meiner beiden weißen Begleiter, die von ihrem Schicksal in den unwirtlichsten Regionen des Inneren Afrikas ereilt wurden, war gewiss keine Fabel.

Einer dieser kritischen Artikel, der aus der Feder eines Redakteurs in

Tennessee stammte, endete, nachdem er sich humoristisch über die Expedition ausgelassen hatte, folgendermaßen:

> Das Schicksal dieser Expedition steht fest, und wenn Livingstone nicht selbst in der zivilisierten Gesellschaft wieder erscheint, so brauchen wir nicht darauf zu rechnen, je wieder etwas von diesem Kommissionär des *Herald* zu hören. Er wird wohl in einen zweiten großen Makata-Sumpf hineingeraten und darin untergegangen sein.

Während ich in Afrika mit einem Auftrag reiste, von dem ich in meiner Unschuld annahm, dass er sich den meisten Christenmenschen empfehlen müsse, gab es also Leute, die innig wünschten, dass ich keinen Erfolg haben möge. Es ist sonderbar, wie wenig Unterschied zwischen der Kultur und der Barbarei besteht, welch geringer Unterschied zwischen manchen Weißen und wilden Schwarzen existiert. Diese Letzteren habe ich, wenn man sie gut behandelt, als freundliche, angenehme Leute kennen gelernt; die im obigen Auszug sich darstellende Gesinnung zeigte mir aber, was ich in der Heimat zu erwarten hatte. Jedenfalls habe ich das Lachen auf meiner Seite. Wenn ich nur so lange lebe, um nach Hause zu kommen, so finde ich vielleicht Gelegenheit, noch mehr zu lachen.

Einer der Briefe, die die Boten mir aus Sansibar mitgebracht haben, berichtet, dass in Bagamoyo eine Expedition existiert, die sich „Expedition zur Auffindung und Unterstützung Livingstones" nennt. Was werden ihre Führer jetzt tun? Livingstone ist aufgefunden und hat schon die nötige Hilfe. Er selbst sagt, er brauche nichts mehr. Es ist doch ein Unglück, dass sie sich nicht früher aufgemacht haben, dann könnten sie mit Anstand weiterziehen und von ihm willkommen geheißen werden.

Am 4. Mai sind wir bei Kingweres Fähre angekommen, aber nicht imstande, die Aufmerksamkeit des Fährmanns auf uns zu lenken. Zwischen unserem Lager und Bagamoyo liegen wenigstens sechseinhalb Kilometer überschwemmte Ebene. Das Übersetzen unserer Expedition wird viel Zeit in Anspruch nehmen.

Einen Tag später kam Kingwere, der Besitzer des Kanus, ungefähr um elf Uhr vormittags aus seinem Dorf Gongoni vom anderen Ufer der Wasserfläche an. Er brachte zwei kurze, gebrechliche Nachen mit, in denen nur zwölf Mann Platz hatten.

Nachdem ich Kingwere die Notwendigkeit, rasch zu handeln, durch das Versprechen eines goldenen Fünfdollarstücks eingeschärft hatte, konnte ich mit Genugtuung den letzten Mann um halb vier Uhr nachmittags des nächsten Tages in meinem Lager ankommen sehen.

Eine Stunde später waren wir auf dem Weitermarsch, und zwar in einem Schritt, den ich meine Karawane nie zuvor hatte annehmen sehen. Die Empfindungen jedes Einzelnen sind außerordentlich gespannt, was sich durch eine gewisse Lebhaftigkeit, ja, ich möchte sagen, ein jähes Ungestüm der Bewegungen kundtut. Meine Gefühle entsprechen übrigens genau den ihrigen, und ich bin durchaus nicht zu stolz, die große Freude, die sich meiner bemächtigt hat, einzugestehen. Denn es erfüllt mich mit Stolz, dass ich die Expedition und meinen Auftrag glücklich zu Ende geführt habe.

Doch bin ich, ehrlich gesagt, weniger dadurch so freudig erregt als vielmehr durch die Hoffnung, morgen an einer reichlich mit den guten Dingen dieser Welt versehenen Tafel sitzen zu können. Welche Freude werde ich an Schinken, Kartoffeln und gutem Brot haben! Ist das nicht ein beklagenswerter Gemütszustand? Mein lieber Freund, warten Sie es ab, bis Sie durch abzehrenden Hunger und grobe, Ekel erregende Nahrung zu einem Skelett abgemagert sind; bis Sie durch einen Makata-Sumpf gewatet und in solchem Wasser wie wir 840 Kilometer marschiert sind; dann werden auch Sie ordentliche Speisen für etwas Göttliches halten.

Wir waren glücklich, dass wir uns nach Vollendung unserer Expedition, nach der Plage und Eile des Marsches, nach aller Angst vor feindseligen Stämmen, nach dem angreifenden, fünfzehn Tage dauernden Marsch durch wahrhaft stygischen Morast und Kot der friedlichen Ruhe der Küste näherten!

Konnten wir es da wohl unterlassen, unsere Glückseligkeit kundzutun durch Abfeuern von Gewehren, bis unsere Pulverhörner geleert, oder durch Hurrarufe, bis wir heiser waren, sowie jedes direkt von der

See kommende Menschenkind mit einem herzlichen, die Seele erfreuenden Jambo! zu begrüßen? Das hielten die Wangwana-Soldaten für unmöglich, und ich sympathisierte so sehr mit ihnen, dass ich, ohne sie zu tadeln, ihre tollsten Streiche gestattete.

Mit Sonnenuntergang kamen wir in die Stadt Bagamoyo. In Bagamoyo sagte man: „Der Weiße ist zur Stadt gekommen." Am folgenden Tag wollten wir nach Sansibar übersetzen und in die goldene Pforte eingehen; dort würden wir nichts mehr sehen, riechen oder schmecken, was den Magen beleidigt.

Der Karawanenführer stieß mächtig ins Horn, während sich Eingeborene und Araber um uns drängten; und die glänzende Fahne, deren Sterne über dem Wasser des großen Sees in Mittelafrika flatterten, die dem durch Unglück in Udschidschi fast aufgeriebenen Livingstone Hilfe brachte, kehrte, zwar zerfetzt und zerrissen, aber nicht entehrt ans Meer zurück.

Als wir in die Mitte der Stadt kamen, sah ich auf den Stufen eines großen weißen Hauses einen Weißen in Flanellkleidung und mit einer der meinigen ähnlichen Kopfbedeckung stehen. Er war jung, hatte einen rötlichen Backenbart, ein leuchtendes, lebendiges, munteres Gesicht und hielt den Kopf leicht zur Seite gebeugt, wodurch er ein etwas nachdenkliches Aussehen bekam. Da ich mich mit allen Weißen gewissermaßen verwandt fühlte, spazierte ich auf ihn zu. Auch er kam mir entgegen, schüttelte mir die Hand und hätte mich fast umarmt.

„Wollen Sie nicht eintreten?", fragte er.

„Besten Dank."

„Was wollen Sie trinken, Bier, Porter oder Branntwein? Bei Gott, ich gratuliere Ihnen zu Ihren glänzenden Erfolgen", sagte er mit großer Erregung.

Ich erkannte ihn sofort. Es war ein Engländer. Sie haben es an sich, in dieser Weise aufzutreten; aber in Zentralafrika war es etwas anderes. (Ein glänzender Erfolg! Ist das wirklich die Ansicht, die man hier von der Sache hat? Umso besser. Wieso weiß er aber überhaupt etwas davon? Ach, ich habe ja ganz vergessen: Meine Leute haben, wie ich sehe, geschwatzt.)

„Schönen Dank! Ich nehme alles sehr gern, wozu Sie mich einladen wollen."

„Junge, bring rasch Bier her, oder ich werde dir sieben Teufel ausprügeln", sagte er in lebhaftem Ton.

Es würde unnütz sein, Einzelheiten der Unterhaltung, die zwischen uns stattfand, mitzuteilen. Alsbald erzählte er mir mit der ihm eigenen leichten, lebendigen Weise, wer er war, wozu er hergekommen, was seine Hoffnungen, Gedanken und Empfindungen über die verschiedensten Dinge waren. Es handelte sich um Lieutenant William Henn von der königlichen Marine, Anführer der Expedition zur Aufsuchung und Unterstützung Livingstones, welche die Royal Geographical Society im Begriff stand abzusenden. Ihr erster Anführer und Organisator war Lieutenant Llewellyn S. Dawson, der, sobald er von meinen Leuten erfuhr, dass ich Livingstone gefunden hatte, nach Sansibar übergesetzt war und nach einer Besprechung mit Dr. John Kirk seinen Auftrag niedergelegt hatte. Er hatte jetzt nichts mehr damit zu tun, sondern der Oberbefehl war Lieutenant Henn zugefallen. Auch ein gewisser Herr Charles New, ein Missionar aus Mombas, hatte sich der Expedition angeschlossen; doch auch dieser war zurückgetreten. Jetzt blieb also niemand übrig als Lieutenant Henn und Oswald Livingstone, der zweite Sohn des Doktors.

„Ist Mr Oswald Livingstone hier?", fragte ich mit höchstem Erstaunen.

„Jawohl, er wird sogleich erscheinen."

„Was wird er jetzt tun?", fragte ich.

„Was mich anbelangt, halte ich es jetzt nicht mehr der Mühe wert, mich auf die Expedition zu begeben. Sie haben uns sozusagen den Wind aus den Segeln genommen. Da Sie ihm Hilfe gebracht haben, so hat es nach meiner Ansicht eigentlich keinen Zweck. Was meinen Sie?"

„Das hängt davon ab. Sie kennen die Ihnen erteilten Befehle am besten. Wenn Sie nur hergekommen sind, um ihn zu suchen und ihm Hilfe zu bringen, so kann ich Ihnen in Wahrheit sagen, dass dies bereits geschehen ist und dass er nichts als einige Büchsen eingemachtes Fleisch und noch ein paar Kleinigkeiten braucht, die Sie wohl nicht haben. Ich habe die von ihm selbst geschriebene Liste bei mir. Jedenfalls sollte aber sein Sohn hingehen, und für den kann ich mit Leichtigkeit zuverlässige Träger zusammenbringen."

„Gut, wenn er schon Hilfe hat, so ist meine Beteiligung an dem Unternehmen zwecklos ... Ich hatte auf gute Jagd gehofft, wovon ich ein großer Freund bin. Wie gern möchte ich einen afrikanischen Elefanten erlegen."

„Nun, Livingstone bedarf Ihrer nicht. Wie er sagt, hat er hinreichend viel Vorräte, um bequem seine Reise zu beendigen; und er muss es doch am besten wissen. Wenn ihm etwas fehlte, so hätte er es in seiner Liste aufgeführt. Eine größere Fülle wäre ihm nur eine Last, denn er könnte keine Träger dafür bekommen. Wie viel haben Sie denn vorrätig?"

„Ach", sagte Lieutenant Henn leicht lächelnd, „wir haben ein Magazin voll Tuch und Perlen, wir haben mehr als hundertneunzig Lasten an Vorräten."

„Hundertneunzig Lasten!"

„Jawohl."

„Wohin wollen Sie denn mit all diesen Lasten? Es gibt ja an der ganzen Küste nicht Leute genug, um eine solche Menge zu transportieren. Denn für hundertneunzig Lasten brauchen Sie zweihundertfünfzig Träger, da Sie mindestens fünfzig Überzählige mitnehmen müssten."

Jetzt trat ein hoch aufgeschossener, hagerer junger Mann mit hellem Teint, blondem Haar und dunklen glänzenden Augen herein, der mir als Mr Oswald Livingstone vorgestellt wurde.

Es bedurfte kaum der Einführung, denn in seinen Zügen lag viel, was an seinen Vater erinnerte. Er wirkte ruhig und entschlossen, und in der Art, wie er mich begrüßte, zeigte sich ein schweigsamer Charakter, woraus ich auf eine empfängliche Natur schloss, die für die Zukunft Gutes versprach.

Es konnte kaum einen größeren Kontrast geben als zwischen diesen beiden jungen Leuten. Der eine flüchtig, geschwätzig, inkonsequent, aufbrausend, von unbezwinglicher Lebenslust überschäumend, von der Beweglichkeit des Quecksilbers, heiter und jovial; der andere gesetzt bis zum Ernst, von gleichmäßig ruhigem Betragen, mit entschlossenem, festem Gesicht, aber aufblitzenden Augen, die seinen sonst unbeweglichen Gesichtsausdruck belebten.

Von beiden würde nach meiner Meinung wohl der Letztere der geeignete Führer einer Expedition gewesen sein; doch wäre Henn, wenn er Ausdauer, und zwar nicht bloß die zur physischen Konstitution gehörige, sondern auch den moralischen Mut besaß, mit Tapferkeit stets wiederkehrendes Unglück, Fieber, Entbehrungen und Beschwerden zu ertragen, wegen seines Humors und seiner übersprudelnden Munterkeit ein wünschenswerter Gefährte gewesen.

Livingstone schien seiner ganzen Natur nach imstande zu sein, die ganze Last der Verantwortung zu tragen, wogegen Henn bei seiner natürlichen Lebendigkeit und seinem impulsiven Wesen noch zu jung für eine solche Aufgabe zu sein schien, obwohl er sich im reifen Mannesalter befand.

„Ich habe soeben Lieutenant Henn gesagt, dass, gleichviel, ob er mitgeht oder nicht, Sie Ihren Vater auf jeden Fall aufsuchen sollten, Mr Livingstone."

„Gewiss, das will ich."

„Das ist schön. Ich werde Ihnen die Lastenträger und die Dinge, deren Ihr Vater bedarf, besorgen. Meine Leute werden Sie ohne Schwierigkeiten nach Unjanjembe bringen. Sie kennen den Weg gut, und das ist ein großer Vorteil; sie verstehen es, mit den Häuptlingen der Eingeborenen zu verhandeln, und Sie werden sich um ihretwillen nicht den Kopf zu zerbrechen, sondern nur zu marschieren brauchen. Vor allen Dingen ist Eile nötig, denn Ihr Vater wartet auf die Sachen."

„Ich werde sie schon rasch genug marschieren lassen, wenn es nur darauf ankommt."

„Sie werden mit wenig Gepäck landeinwärts ziehen und daher leicht lange Märsche machen können."

So war es denn abgemacht. Lieutenant Henn kam zu der definitiven Ansicht, dass er selbst nicht mehr benötigt wurde. Ehe er jedoch förmlich seine Stelle niederlegte, wollte er noch mit Dr. Kirk Rücksprache nehmen und zu dem Zweck am nächsten Tag mit unserer Expedition nach Sansibar übersetzen.

Um zwei Uhr morgens legte ich mich in einem bequemen Bett zum Schlafen nieder. Gewisse Dinge im Schlafzimmer wie zum Beispiel Ranzen, Tornister, Mantelsäcke, Sättel, Gewehrfutterale, hatten einen Geruch von Neuheit an sich. Offenbar fehlte es der neuen Expedition noch an Erfahrung; doch hätte eine Reise ins Innere bald den Vorrat von überflüssigen Dingen, mit denen sich jeder Neuling zuerst belastet, verringert.

Ach, wie seufzte ich erleichtert auf, als ich mich auf mein Bett warf und den Gedanken fasste: Gott sei Dank, mit dem Marschieren hat es ein Ende!

FÜNFZEHNTES KAPITEL

Am 7. Mai 1872, um fünf Uhr nachmittags, kam das Schiff, welches meine Expedition nach Sansibar zurückbrachte, im Hafen an, und meine Leute, hocherfreut, sich wieder so nahe ihrer Heimat zu finden, feuerten eine Gewehrsalve nach der anderen ab. Die amerikanische Flagge wurde gehisst, und alsbald sahen wir, wie die Hausdächer und Kaimauern von Zuschauern, unter denen sich viele Europäer befanden, besetzt waren, die ihre Ferngläser auf uns richteten.

Langsam kamen wir ans Ufer; ein Boot wurde ausgesetzt, um uns an Land zu bringen; wir stiegen hinein, und alsbald war ich bei meinem Freund Kapitän Webb, dem amerikanischen Konsul, der mich in Sansibar herzlich willkommen hieß. Bald darauf wurde ich dem Pastor Charles New vorgestellt, der noch vor einigen Tagen ein wichtiges Mitglied der englischen Hilfsexpedition für Livingstone gewesen war, einem kleinen, schmächtigen Herrn, der, obgleich er schwächlich aussah, doch einen solchen Grad von Energie besaß, dass er für diesen Körper fast zu groß zu sein schien. Auch er beglückwünschte mich herzlich.

Nach einem reichlichen Gastmahl, dem ich in einer Weise, die meine neuen und alten Freunde in Erstaunen setzte, Gerechtigkeit widerfahren ließ, machte mir Lieutenant Dawson, ein kräftiger, starker junger Mann von prächtiger Gestalt, stattlichem Aussehen und raschen, intelligenten Zügen, einen Besuch und sagte: „Mr Stanley, erlauben Sie, dass ich Ihnen gratuliere."

Dann erzählte er mir, wie er auf meinen Erfolg neidisch sei und dass ich ihm „den Wind aus den Segeln genommen" habe (ein seemännischer Ausdruck, den auch Lieutenant Henn gebraucht hatte). Als er von meinen Boten erfahren hatte, dass Dr. Livingstone aufgefunden sei, war er sofort von Bagamoyo nach Sansibar übergesetzt und hatte nach einer kurzen Unterredung mit Dr. Kirk seinen Auftrag zurückgegeben.

„Aber meinen Sie nicht, Mr Dawson, dass Sie auf den bloßen mündlichen Bericht meiner Leute hin etwas zu rasch verfahren sind?"

„Das kann sein", sagte er. „Ich hörte aber auch, dass der Konsul, Mr Webb, einen Brief von Ihnen erhalten hatte, in dem Sie ihm mitteilten, Sie und Livingstone hätten die Entdeckung gemacht, der Rusisi münde in den Tanganjikasee. Außerdem war zu vernehmen, Sie hätten Briefe und Depeschen des Doktors bei sich."

„Ja, aber Sie haben doch alle diese Nachrichten nur gerüchteweise von meinen Leuten erhalten; Sie hatten doch nichts selbst gesehen. Und trotzdem haben Sie Ihre Stelle niedergelegt, noch bevor Sie persönliche Beweise für die behaupteten Tatsachen besaßen?"

„Nun, Dr. Livingstone ist doch aufgefunden und hat Hilfe bekommen, wie Mr Henn mir sagte, nicht wahr?"

„Ja, das ist wahr. Er ist mit allem gut versehen, braucht nur noch einige wenige Genussmittel, die ich ihm durch eine Expedition von fünfzig Freien zukommen lassen will."

„Demzufolge habe ich doch vollständig richtig gehandelt?"

„Nicht unbedingt; obgleich es vielleicht am Ende auf ein und dasselbe hinausläuft. Denn ein größerer Vorrat an Tuch und Perlen, als Livingstone schon hat, wäre ihm nur eine Last. Andererseits haben Sie Ihre Anweisungen von der Royal Geographical Society. Da ich diese jedoch nicht kenne, kann ich nicht abschließend darüber urteilen, was Sie am besten hätten tun sollen. Hatten Sie noch andere Befehle, als Livingstone zu Hilfe zu eilen?"

„Falls ich ins Innere ging, sollte ich meine Aufmerksamkeit auch auf die Erforschung des Landes lenken. Da Sie mir aber beim Hauptzweck zuvorgekommen sind, so bin ich gezwungen, nach Hause zurückzukehren. Die Admiralität hat mir nur Urlaub gegeben, um nach Livingstone zu suchen, und durchaus nichts über die Erforschung des Landes gesagt."

„Steht denn in Ihren Befehlen gar nichts darüber, was Sie zu tun haben, falls Sie mit mir zusammenträfen?"

„Kein Wort, obwohl die Tatsache meinen Auftraggebern bekannt war; denn eines der Mitglieder der Geographical Society hat mir privatim gesagt, vielleicht könnte ich auch Ihnen Hilfe bringen. Ich wusste nichts von Ihrer Expedition, außer was in Ihren Berichten an den *Herald* stand; es war jedoch zu hören, Sie seien fieberkrank und vielleicht schon tot. Als ich hier ankam, hörte ich viel von Ihnen reden, und man erzählte, Sie hätten Livingstone gerade an dem Tag gefunden, als wir hier eintrafen; darauf legten wir aber nicht viel Gewicht. Erst nachdem ich Ihre eigenen Boten gesprochen hatte, bin ich zu dem Schluss gekommen, dass ich überflüssig bin, und habe deshalb mein Amt niedergelegt."

„Warum hat man meinen Namen in den Ihnen mitgegebenen Instruktionen nicht erwähnt? Man wusste doch nach dem, was Sie sagen, dass ich mich im Innern des afrikanischen Kontinents aufhielt. Selbst wenn ich meine Expedition nur in der erbärmlichsten Art und Weise durchgeführt hätte, bestand doch auf jeden Fall die Möglichkeit, dass wir aufeinander treffen könnten."

„Um die Wahrheit zu sagen, man wünschte nicht, dass Sie Livingstone finden. Sie können sich gar nicht vorstellen, wie eifersüchtig man bei uns in England auf Ihre Expedition ist."

„Man wünschte nicht, dass ich Livingstone finde! Es wäre doch völlig gleichgültig gewesen, wer ihn findet und ihm Hilfe bringt, wenn es nur wirklich geschah?"

Das waren die ersten erschütternden Neuigkeiten, die ich zu hören bekam, und von diesem Augenblick an betrachtete ich mich als einen bei den Engländern verurteilten Mann. Dass jemand so unmenschlich sein könnte, mir Misserfolg zu wünschen, bloß weil ich an der Spitze einer amerikanischen statt einer englischen Expedition stand, war mir nie in den Sinn gekommen. Bis zu diesem Augenblick hatte ich nie überhaupt darüber nachgedacht, wie andere meinen Erfolg oder Misserfolg beurteilen würden. Ich hatte zu viel mit meiner Aufgabe zu tun gehabt, als dass mir der an sich ja völlig unvernünftige und widersinnige Gedanke gekommen wäre, bestimmte Leute würden lieber Dr. Livingstone unwiederbringlich verloren geben, als dass ein amerikanischer Zeitungsschreiber ihn auffindet.

Ich war jedoch noch nicht lange in Sansibar, als ich die in England herrschenden Gesinnungen völlig durchschaute. Man zeigte mir Ausschnitte aus Zeitungen, worin verschiedene Mitglieder der Royal Geographical Society die amerikanische Expedition lächerlich gemacht hatten. Eines war sogar so weit gegangen zu sagen, es bedürfe des „eisernen Kopfes eines Engländers", um ins Innere von Afrika vorzudringen.

Dr. Kirk hatte sehr freundlich hingeschrieben und ausdrücklich dargelegt, dass er sich „voll und ganz auf mich verlasse"; dafür war ich ihm dankbar und bedauerte es, der Überbringer eines so zurückhaltend formell gehaltenen Schreibens von Dr. Livingstone an ihn zu sein.

An jenem Abend schickte ich einen Laufburschen ins englische Konsulat mit den Briefen des großen Entdeckungsreisenden an Dr. Kirk und Mr Oswald Livingstone.

Von den amerikanischen und deutschen Einwohnern wurde ich warmherzig begrüßt; sie hätten wirklich nicht mehr Gefühl an den Tag legen können, wenn Dr. Livingstone ein ihnen teurer, naher Verwandter gewesen wäre. Kapitän H. U. Fraser und Dr. James Christic lobten mich auch sehr. Wie es scheint, hatten diese beiden Herren versucht, aus privaten Mitteln eine Expedition auszusenden, um ihrem Landsmann Hilfe zu schicken; aber sie ist dann doch nicht zustande gekommen. Sie hatten fünfhundert Dollar zu diesem guten Zweck aufgebracht. Der Mann jedoch, dem sie das Kommando anvertraut hatten, war von einem anderen für einen anderen Zweck mit einem höheren Gehalt abgeworben worden. Statt sich jedoch darüber zu ärgern, dass ich ihre Absichten ausgeführt hatte, gehörten sie zu meinen begeisterten Bewunderern.

Am nächsten Tag besuchte mich Dr. Kirk und gratulierte mir herzlich zu meinem Erfolg. Er machte durchaus keine Anspielung auf den Inhalt des von Dr. Livingstone erhaltenen Briefes. Auch Bischof Tozer kam und dankte mir für den Dr. Livingstone geleisteten Dienst.

An diesem Tag entließ ich auch meine Lastenträger und Soldaten, warb jedoch sogleich wieder zwanzig von ihnen an, die sich erneut zum „großen Meister" begeben sollten. Bombay, der im Inneren des Landes jeden Gedanken an Geldbelohnungen verächtlich von sich gewiesen hatte und der in meiner größten Not jedoch versucht hatte, mir in jeder Weise in den Weg zu treten, erhielt außer seinem Sold ein Geschenk von fünfzig Dollar, und ein jeder der Übrigen je nach seinem Verdienst zwanzig bis fünfzig Dollar, denn am heutigen Tag mussten alle Feindseligkeiten begraben und alles Unrecht verziehen werden. Diese armen Leute hatten ja nur ihrer Natur gemäß gehandelt, und auf dem Rückweg von Udschidschi bis an die Küste hatten sie sich vorzüglich betragen, was ich nicht vergaß.

Als ich mich in einem Spiegel erblickte, fand ich mein Aussehen schrecklich abgezehrt und verändert. Jedermann bestätigte meine Ansicht, dass ich viel älter geworden und mein Haar ergraut sei. Kapitän Fraser hatte mich bei der Begrüßung erst erkannt, als ich ihm meinen Namen nannte. Offenbar hatte ich mich in dem kurzen Zeitraum von dreizehn Monaten, nämlich vom 23. März 1871 bis zum 7. Mai 1872, sehr verändert.

Auch Lieutenant Henn kam am Morgen nach meiner Ankunft zu mir. Er bat um die Erlaubnis, den Auftrag, den ich von Dr. Livingstone erhalten hatte, zu sehen, was sofort geschah. Ich füge hier eine Abschrift des Auftrags bei:

> Unjanjembe, 14. März 1872
>
> Ich habe durch den Einsatz von Sklaven in den Karawanen, die mir durch den englischen Konsul zugeschickt wurden, bereits zu starke Verluste erlitten. Falls Mr Stanley wiederum einer derartig ungeeigneten Expedition begegnet, ersuche ich ihn, sie umkehren zu lassen, beziehungsweise in der ganzen Angelegenheit nach eigenem Gutdünken zu verfahren.
>
> David Livingstone

„Das bezieht sich aber gar nicht auf unsere Expedition", sagte Lieutenant Henn.

„Natürlich nicht", erwiderte ich, „es bezieht sich nur auf Karawanen, in denen Sklaven verwendet werden. Mit Ihrer Expedition habe ich überhaupt gar nichts zu tun. Was mich betrifft, können Sie tun, was Sie wollen. Aber Sie fragten mich gestern Abend, wie Sie sich erinnern werden, ob Dr. Livingstone bereits Hilfe habe. Darauf antworte ich Ihnen abermals mit ‚Ja', und hier sind die Dinge (die von Livingstone selbst aufgestellte Liste zeigend), welche er zu haben wünscht. Wenn Sie trotzdem glauben, zu ihm ziehen zu müssen, so rate ich Ihnen, das zu tun. Jedenfalls sollten Sie die Waren nicht eher verkaufen, was Sie, wie ich höre, vorhaben, bis Sie von der Royal Geographical Society neue Anweisungen erhalten haben. Diese hat vielleicht andere Absichten mit Ihnen, da sie jetzt schon so viele Kosten auf die Expedition verwendet hat."

„Ich werde mein Amt niederlegen und die ganze Sache dem jungen Livingstone überlassen."

„Tun Sie, was Sie wollen. Sie müssen Ihre eigenen Angelegenheiten am besten beurteilen können."

Lieutenant Henn ging denn auch direkt vom amerikanischen Konsulat aus zum britischen Konsul, um seine förmliche Entlassung einzureichen. Von da an befand sich die Expedition in den Händen von Mr Oswald Livingstone, der sich dazu entschloss, die meisten Vorräte zu verkaufen und nur das zurückzubehalten, was seinem Vater nützlich sein konnte. Ehe er sie jedoch verkaufte, sagte ich zu Dr. Kirk, es wäre doch am besten, sie aufzubewahren, weil die Royal Geographical Society sie vielleicht anderweitig für Forschungsreisen zu verwenden wünschte.

„Nein", erwiderte Dr. Kirk, „diese Waren gehören Dr. Livingstone, und da er sie nicht braucht, so kann man sie für ihn ohne viel Verlust in Geld umsetzen."

IN SANSIBAR bieten sich nur wenige Gelegenheiten zur Abreise. Das englische Kriegsschiff *Magpie* war am Morgen nach meiner Ankunft zum Kreuzen ausgelaufen, und wir erfuhren nachher, dass es, wie beabsichtigt, die *Wolverine* getroffen und durch dieses Kriegsschiff Briefe nach den Seychellen und England weiterbefördert hatte.

Ein englischer Geistlicher hat mir gesagt, sogar wenn Dr. Livingstone selbst in Sansibar erschienen wäre, hätte ein britischer Kreuzer sich nicht eine Stunde länger über seine Zeit aufhalten können, um ihn weiterzubefördern. Ich kann zwar kaum glauben, dass die notwendige Disziplin eines britischen Kriegsschiffes in einem solchen Ausnahmefall nicht hätte gelockert werden dürfen. Aber wenn es wahr ist, dass ein englisches Kriegsschiff selbst auf Dr. Livingstone auch nicht eine Stunde gewartet hätte, so habe ich kein Recht, mich darüber zu beschweren, dass es nicht wartete, bis ich ihm auch nur eine kleine Depesche mit guten Nachrichten über Mr Livingstone mitgeben konnte. Andererseits schien es mir aber sonderbar, dass der Kapitän eines Kriegsschiffes wegen eines Jagdausfluges nach Bagamoyo fahren konnte, wie es kurz vor meinem Aufbruch geschehen war, als der englische Gesandte in Bagamoyo erschien.

Nachdem ich die Expedition des *New York Herald* aufgelöst hatte, machte ich mich daran, Dr. Livingstones Bitte gemäß, eine neue zu formieren. Was der englischen Expedition fehlte, kaufte ich mit dem von Mr Oswald Livingstone mir gegebenen Geld. Auch die fünfzig Flinten wurden mir aus den Vorräten der englischen Expedition von ihm geliefert, ebenso die Munition, das Honga-Tuch für die Ugogo und das für den Unterhalt der Karawane bestimmte Tuch. Mr Livingstone arbeitete angestrengt im Interesse seines Vaters und stand mir mit allen seinen Fähigkeiten bei. Er übergab mir die Nautischen Jahrbücher für die Jahre 1872, 1873 und 1874 zum Einpacken; ebenso einen Chronometer, den Dr. Kirk aufbewahrt und der früher Dr. Livingstone gehört hatte. Alle diese Dinge wurden nebst einem Tagebuch, Kuverts, Schreibpapier, Arzneimitteln, eingemachten Früchten und Fischen, Wein, Tee, Messern, Gabeln und Tafelgerät, Zeitungen, Privatbriefen und Depeschen sowie einem Zentner Feinmehl und einigen Kästchen Zwieback in luftdichte Blechkästen verpackt.

Bis zum 19. Mai hieß es, dass Mr Oswald Livingstone die Karawane seinem Vater zuführen werde; aber ungefähr an diesem Tag änderte er seinen Entschluss und setzte mich in Erstaunen durch ein paar Zeilen, in denen er mir mitteilte, er habe sich aus Gründen, die er für ausreichend und richtig halte, entschieden, nicht nach Unjanjembe zu reisen. Ich erlaubte mir die Andeutung, dass es seine Pflicht sei, sich dahin zu begeben, nachdem er bis nach Sansibar gekommen war. Aber offenbar handelte er nach bester Erkenntnis, und wenn man in Betracht zieht, dass Dr. Kirk ihm den Rat gegeben hatte, seine Gesundheit nicht zu gefährden und seine Studien nicht zu unterbrechen, da keine absolute Notwendigkeit seiner persönlichen Beaufsichtigung der Karawane vorlag, so glaube ich, dass er ganz recht getan hat, den Plan aufzugeben. Denn Dr. Kirk war seines Vaters Freund und früherer Reisegenosse auf dem Sambesi; und da der junge Livingstone viel Vertrauen in dessen Urteil, und zwar mehr als in sein eigenes setzte, war es natürlich, dass er den Rat des Freundes seines Vaters befolgte.

Unter diesen Umständen war es meine Pflicht, den Anweisungen Dr. Livingstones nachzukommen und ihm einen guten, tüchtigen Führer, einen Araber, für die Expedition nach Unjanjembe zu besorgen.

Es gelang mir in wenigen Stunden, einen von Scheich Haschid, einem der arabischen Kaufleute in Sansibar, sehr empfohlenen Mann zu finden, den ich gegen Vorausbezahlung von hundert Dollar anwarb. Der junge Araber schien zwar nicht übermäßig intelligent, aber doch ehrlich und tüchtig zu sein. Ich überließ es aber Dr. Livingstone, ob er ihn nach seiner Ankunft in Unjanjembe noch weiter beschäftigen wollte, da dieser dann selbst entscheiden konnte, ob der arabische Karawanenführer ganz zuverlässig war.

Am nächsten Tag sammelte ich die Leute; da es aber gefährlich war, ihnen das freie Herumspazieren in der Stadt zu gestatten, so schloss ich sie in einen Hof ein, gab ihnen dort zu essen und ließ sie warten, bis alle 57 beim Namensaufruf sich als anwesend meldeten.

Als ein Schiff vor dem amerikanischen Konsulat vor Anker gegangen war, hielt ich folgende Ansprache an meine alten Gefährten: „Ihr steht jetzt im Begriff, nach Unjanjembe zum ‚großen Meister' zurückzukehren. Ihr kennt ihn und wisst, dass er ein guter Mann ist und ein gütiges Herz hat. Er ist anders als ich und wird euch nicht so schlagen, wie ich es getan habe. Aber ihr wisst auch, dass ich euch alle belohnt, euch alle mit Tuch und Geld reich gemacht habe. Ebenso wisst ihr, dass ich stets euer Freund gewesen bin, wenn ihr euch gut betragen habt. Ich habe euch reichliche Nahrung gegeben. Wenn ihr krank wart, habe ich mich um euch gekümmert. Wenn ich nun schon so gut zu euch war, so wird es der ‚große Meister' umso viel mehr sein. Er hat eine angenehme Stimme und spricht freundlich. Wann habt ihr je seine Hand gegen einen Frevler sich erheben sehen? Wenn ihr Böses getan habt, so sprach er nicht böse, sondern nur traurig zu euch. Wollt ihr mir jetzt versprechen, ihm zu folgen, ihm in allen Dingen zu gehorchen und ihn nicht im Stich zu lassen?"

„Das wollen wir, das wollen wir, Herr!", riefen sie alle voller Eifer.

„Dann bleibt noch eines übrig. Ich wünsche, euch allen die Hand zu drücken, ehe ihr fortgeht und wir uns auf immer trennen." Alle stürzten sogleich auf mich zu, und wir schüttelten uns gegenseitig kräftigst die Hände.

„Jetzt nehme ein jeder seine Last auf!"

Ich führte die Expedition nun auf die Straße und an den Strand, sah zu, wie sie alle eingeschifft und die Segel aufgehisst wurden und wie das Schiff westwärts nach Bagamoyo abfuhr.

Es war mir sonderbar zumute, und ich fühlte mich ziemlich verlassen. Meine schwarzen Freunde, die so viele hunderte von Kilometern mit mir gereist waren, so viele Gefahren mit mir geteilt hatten, waren fort, und ich blieb allein zurück. Werde ich wohl je eines ihrer freundlichen Gesichter wiedersehen?

Am 29. Mai 1872 fuhr der dem deutschen Konsulat gehörende Dampfer *Afrika*, auf dem die Herren Henn, Oswald Livingstone, Pastor New, Morgan und ich Plätze gebucht hatten, von Sansibar zu den Seychellen, begleitet von den besten Wünschen aller auf der Insel wohnhaften Europäer.

Am 9. Juni kamen wir auf den Seychellen an, ungefähr zwölf Stunden nachdem ein französisches Postschiff nach Aden abgefahren war. Da eine Verbindung zwischen Mahé auf den Seychellen und Aden nur einmal im Monat stattfand, so mussten wir einen ganzen Monat auf der Hauptinsel Mahé bleiben. Die Herren Livingstone, New, Morgan und ich mieteten ein kleines Holzhaus, welches wir Livingstone-Cottage nannten; Mr Henn dagegen zog in ein Hotel.

Der Aufenthalt in Mahé gehört zu den angenehmsten Erinnerungen an meine Rückreise von Afrika. Ich fand in meinen Gefährten angenehme Gesellschafter. Mr Livingstone entwickelte eine Menge liebenswürdiger Charakterzüge und erwies sich als ein fleißiger, nachdenklicher, ernster Mann. Als schließlich der französische Dampfer von Mauritius ankam, bedauerte ein jeder von uns, dass wir die schöne Insel und die gastfreien britischen Beamten, die dort stationiert waren, verlassen mussten.

In Aden bestiegen die von Süden kommenden Passagiere den französischen Postdampfer *Mekong*, der von China nach Marseille fuhr. In Südfrankreich wurde ich von Dr. Hosmer und dem Repräsentanten des *Daily Telegraph* mit offenen Armen empfangen. Diese sagten mir, wie man die Resultate der Expedition ansehe; aber erst nach meiner Ankunft in England wurde mir die Lage klar. Die englische Presse empfand ganz offensichtlich Neid und Eifersucht darüber, dass es einem Amerikaner überlassen worden war, Dr. Livingstone aufzufinden.

Mr Bennett, welcher das ganze Unternehmen ins Leben gerufen und erhalten hatte, krönte dasselbe jetzt durch eine der freigebigsten Taten, die man sich denken kann. Ich hatte Dr. Livingstone versprochen, dass ich, 24 Stunden nachdem seine Briefe und Berichte an Bennett in den Londoner Zeitungen veröffentlicht seien, die für seine Familie und Freunde in England bestimmten Briefe der Post übergeben würde. Um es mir zu ermöglichen, mein Versprechen einzulösen, und um keine Verzögerung in der Ablieferung dieser Familienbriefe eintreten zu lassen, beförderte Mr Bennetts Agent die Berichte für den *Herald*, welche ich von Dr. Livingstone erhalten hatte, durch den Telegrafen nach New York, was ihn nahezu zweitausend Pfund kostete.

UND NUN, teurer Leser, ist die Zeit für dich wie für mich gekommen, Abschied zu nehmen. Hoffen wir, dass es nicht für immer ist. Ein Reisender fühlt sich oft veranlasst, das schwere Abschiedswort wiederholen zu müssen. Während des Verlaufs des in diesem Buch geschilderten Marsches habe ich viele Male Lebewohl gesagt: den Ugogo mit ihrer wilden Unverschämtheit; Mionvu, dessen Brandschatzungen mich so erregten; den Uvinsa, deren lärmendes Gezänk oft böse Feindseligkeiten hervorzurufen drohte; den ängstlichen Warundi; den arabischen Sklavenhändlern und Mischlingen; allen Fiebern; den Pfuhlen und Sümpfen des Makata; den Bitterwassern und öden Ebenen; meinen eigenen schwarzen Freunden und Nachfolgern; dem heldenhaften Entdeckungsreisenden und christlichen Ehrenmann David Livingstone. Mit den herzlichsten Wünschen wiederhole ich daher allen denjenigen, welche meinen Fußstapfen auf diesen Blättern gefolgt sind, nochmals – Lebewohl!

SCHLUSS

Die folgenden Briefe und namentlich das letzte Schreiben, das von einer schönen, wertvollen, mit Brillanten besetzten goldenen Tabatiere begleitet war, werden von mir stets als eins der angenehmsten Resultate meines Unternehmens geschätzt werden.

Auswärtiges Amt, London, 1. August

An Mr Henry M. Stanley
Büro des New York Herald
46 Fleet Street, London

Sir,
Earl Granville gab mir den Auftrag, Ihnen den Empfang eines Päckchens anzuzeigen, welches Briefe und Depeschen von Dr. Livingstone enthält, das Sie so gut waren, an die Botschaft Ihrer Majestät in Paris zur Weiterleitung an das hiesige Amt zu übergeben. Ich habe ferner den Auftrag, Ihnen den Dank Seiner Lordschaft dafür auszusprechen, dass Sie sich dieser interessanten Dokumente angenommen haben.
Ihr ergebenster Diener
Enfield

An Mr Henry M. Stanley, London
London, 2. August

Mr Henry M. Stanley hat mir heute das Tagebuch meines Vaters, Dr. David Livingstone, übergeben, so, wie es von meinem Vater adressiert und gesiegelt wurde, und mit den darauf befindlichen von meinem Vater unterzeichneten Instruktionen. Für seine diesbezüglichen Bemühungen sowie für alles, was er für meinen Vater getan hat, schulden wir ihm den größten Dank. Wir hegen keinerlei Zweifel, dass es sich wirklich um das Tagebuch meines Vaters handelt, und ich bezeuge hiermit, dass die Briefe, die er uns mitgebracht hat, Briefe meines Vaters sind und von niemand anders herrühren.

Tom S. Livingstone

Auswärtiges Amt, London, 2. August

An Mr Henry Stanley
Büro des New York Herald
46 Fleet Street, London

Sir,
bis zu dem Moment, als Sie selbst darauf hinwiesen, war mir keineswegs bewusst, dass irgendein Zweifel hinsichtlich der Authentizität von Livingstones Depeschen, die Sie Lord Lyons am 31. Juli in Paris übergeben haben, existierte.

Aber aufgrund Ihrer Bemerkungen habe ich diesbezügliche Nachforschungen anstellen lassen. Als Ergebnis dieser Nachforschungen wurde mir mitgeteilt, dass weder Mr Hammond, Unterstaatssekretär des Auswärtigen Amtes, noch Mr Wylde, Leiter der Abteilung für Konsularangelegenheiten und Sklavenhandel, den geringsten Zweifel an der Echtheit der Schriftstücke hegen, welche Lord Lyons erhalten hat und die sich jetzt im Druck befinden.

Gerne benutze ich diese Gelegenheit, um Ihnen persönlich meine Bewunderung für Ihre charakterlichen Eigenschaften auszudrücken, die Sie in den Stand gesetzt haben, den Zweck Ihrer Mission zu erfüllen und eine Tat zu vollbringen, die sowohl in den Vereinigten Staaten wie auch hierzulande mit so großem Enthusiasmus begrüßt worden ist.

Ihr gehorsamer
Granville

Auswärtiges Amt, 27. August

Sir,
es gereicht mir zu großer Freude, Ihnen auf Befehl Ihrer Majestät Königin Victoria deren hohe Wertschätzung zu übermitteln, welche Ihre Majestät für die Umsicht und den Eifer hegt, dank deren es Ihnen gelungen ist, eine Verbindung zu Dr. Livingstone zu ermöglichen. Dadurch wurde Ihre Majestät

Andenken

von Sorgen befreit, die sie gemeinsam mit ihren Untertanen in Bezug auf das Schicksal dieses großen Entdeckers empfunden hat.

Die Königin hat mich beauftragt, Ihnen ihren Dank für den dadurch erwiesenen Dienst auszusprechen, verbunden mit der Gratulation zur erfolgreichen Durchführung Ihrer Mission, die Sie so furchtlos in Angriff genommen haben.

Es ist der Wunsch Ihrer Majestät, dass ich Sie ersuche, das diesen Brief begleitende Andenken von ihr anzunehmen.

Ihr ergebenster

Granville

GLOSSAR

Baniane	Indischstämmiger Kaufmann
Baobab	Afrikanischer Savannenbaum mit sehr dickem Stamm und ausladender Laubkrone
Belutsche	Angehöriger eines iranischen Volkes in Pakistan
Boma	Durch einen Dornverhau oder Palisadenzaun geschütztes Dorf oder Lager
Bubu	Schwarze Perlen
Doti	Arabische Maßeinheit für Stoffbahnen (1 Doti = ca. 4 Meter)
Dowa	Medizin
Frasileh	Arabische Gewichtseinheit (1 Frasileh = ca. 35 Pfund)
Fundo	Maßeinheit für Perlen (1 Fundo = 10 Halsbänder)
Hamal	Lastträger
Holcus	Honiggras
Honga	Tribut
„Jambo!“	Begrüßungsformel („Wie geht es Ihnen?“)
Kaniki	In Indien hergestellte blaue Tuchart
Merikani	Ungebleichte, in Amerika hergestellte Baumwollstoffe
Mtemi	Häuptling
Mukunguru	Wechselfieber; Malaria
Musungu	Eingeborenenwort für „weißer Mann“
Mutware	Häuptling
Pombe	Alkoholisches Getränk (bierähnlich)
Sami-Sami	Rote Perlen
Singwe	Pflaumenartige Frucht
Tembe	Großes viereckiges Haus mit Innenhof

WIE ICH LIVINGSTONE FAND.
DIE LEGENDÄRE SUCHEXPEDITION IN DIE WILDNIS AFRIKAS
Die Originalausgabe *How I Found Livingstone. Travels, Adventures, and Discoveries in Central Africa; Including Four Months Residence with Dr. Livingstone* erschien bei Karl Grädner, Hamburg 1878
Völlig neu bearbeitet von Wolfgang Seidel, basierend auf der deutschen Ausgabe von F. A. Brockhaus, Leipzig 1891

Cover: Christine Meisner, Karel Meisner

Die Briefe, Zitate und Dokumente können ebenfalls in leicht gekürzter Form wiedergegeben sein.

161
Printed in Germany
3 89915 045 7